Las 999 mujeres de Auschwitz

Heather Dune Macadam se posicionó como autora best seller en 2015 con su primer libro *Rena's Promise: A Story of Sisters in Auschwitz* y fue nominada para el National Book Award, el Christopher Award, el American Jewish Book Award y el National Library Association Award. Es directora y presidenta de la Rena's Promise Foundation, y actualmente está trabajando en la producción del documental *999*. Tras el éxito de *Las 999 mujeres de Auschwitz*, Roca Editorial publica ahora *Un amor imposible*, la historia real de una judía y un poeta de la Resistencia francesa, en el París ocupado por los nazis. Vive a caballo entre Nueva York y Herefordshire, Inglaterra.

Las 999 mujeres
de Auschwitz

Heather Dune Macadam

Traducción de Arturo Peral Santamaría

rocabolsillo

Penguin
Random House
Grupo Editorial

Título original: *999. The Extraordinary Young Women of the First Official Transport to Auschwitz*

Primera edición con esta cubierta: enero de 2024

© 2020, Heather Dune Macadam
Primera publicación por Kensington Publishing Corp.
Derechos de traducción acordados por Sandra Bruna Agencia Literaria, S. L.
© 2020, 2021, 2024, Roca Editorial de Libros, S.L.U.
Travessera de Gràcia, 47-49. 08021 Barcelona
© 2020, Arturo Peral Santamaría, por la traducción
Diseño de la cubierta: Penguin Random House Grupo Editorial / Laura Jubert
Imagen de la cubierta: © Shawshots / Alamy

Printed in Spain – Impreso en España

ISBN: 978-84-17821-88-3
Depósito legal: B-17.841-2023

Impreso en Black Print CPI Ibérica
Sant Andreu de la Barca (Barcelona)

RB 2 1 8 8 B

Para Edith en recuerdo de Lea & Adela

Índice

Durante la mayor parte de la historia, «anónimo» era una mujer.

VIRGINIA WOOLF

La medida de cualquier sociedad reside en cómo
trata a sus mujeres y niñas.

MICHELLE OBAMA

La mujer debe escribirse a sí misma: debe escribir sobre mujeres
y animar a las mujeres a que escriban... La mujer debe ponerse
a sí misma en el texto, en el mundo, en la historia...

HÉLÈNE CIXOUS, *La risa de la Medusa*

PRÓLOGO

por Caroline Moorehead

No se sabe a ciencia cierta, y quizá no se sepa nunca, el número exacto de personas transportadas a Auschwitz entre 1941 y 1944, ni quién murió allí, a pesar de que la mayoría de los investigadores acepta la cifra de un millón. Pero Heather Dune Macadam sí sabe exactamente cuántas mujeres de Eslovaquia fueron a parar al primer convoy que llegó al campo el 26 de marzo de 1942. También sabe, gracias a la investigación meticulosa en archivos y a entrevistas con las supervivientes, que a aquellas casi mil jóvenes judías, algunas con apenas quince años, las recogieron de toda Eslovaquia en la primavera de 1942 y les dijeron que las enviaban a realizar un servicio laboral para el Gobierno en la Polonia recién ocupada y que no estarían fuera más que unos pocos meses. Muy pocas regresaron.

Macadam ha partido de las listas aportadas por Yad Vashem en Israel, los testimonios del Archivo Visual de la Fundación Shoah y los Archivos Nacionales de Eslovaquia; ha buscado a las pocas que todavía viven y también ha hablado con sus parientes y descendientes para recrear en su investigación no solo el trasfondo de estas mujeres del primer convoy, sino sus vidas —y sus muertes— cotidianas durante los años que pasaron en Auschwitz. Su tarea se ha complicado, y sus descubrimientos se han vuelto más impresionantes, por la pérdida de registros, por la abundancia de nombres y apodos, que además adoptaban grafías muy diferentes, y por la cantidad de tiempo que ha transcurrido desde la Segunda Guerra Mundial. Escribir sobre el Holocausto y la muerte en los campos de concentración no es, como dice ella misma, fácil. La forma que ha elegido para contarlo, utilizando licencias de novelista para imaginar escenas y recrear conversaciones, le da inmediatez a su texto.

Fue a finales del invierno de 1940-1941 cuando IG Farben se asentó en Auschwitz. Cerca había un cruce de vías de tren, varias minas y acceso a abundantes fuentes de agua; era un lugar adecuado para construir una planta descomunal en la que se fabricaría goma artificial y gasolina sintética. Auschwitz también participaría en la «solución final al problema judío»: sería un lugar donde, además de alojar a los trabajadores, se podía matar a los prisioneros rápidamente y sus cuerpos se podían eliminar con la misma velocidad. Cuando, en septiembre, se llevó a cabo el primer experimento con ácido prúsico, o Zyklon B, y se vio su efectividad al gasear a 850 presos, Rudolf Höss, el comandante del campo, consideró haber dado con la solución al «problema judío». Puesto que los médicos del campo de concentración le aseguraron que el gas era «sin sangre», concluyó que así podría ahorrarles a sus hombres el trauma de ver escenas desagradables.

Pero primero había que construir el campo. Pidieron a un arquitecto, el doctor Hans Stosberg, que elaborara los planos. En la Conferencia de Wannsee, el 20 de enero de 1942, la Oficina de Seguridad del Reich estimó que la Europa ocupada solo incluía un total de cerca de once millones de judíos. En palabras de Reinhard Heydrich, número dos de la jerarquía de las SS después de Heinrich Himmler, había que «ponerlos a trabajar de un modo adecuado dentro del marco de la Solución Final». Había que matar de inmediato a quienes no pudieran trabajar, ya fuera por estar débiles, ser demasiado jóvenes o demasiado viejos. Los más fuertes trabajarían y se les mataría con el tiempo, puesto que «esta élite natural, de ser liberada, ha de considerarse el germen potencial de un nuevo orden judío».

Eslovaquia fue el primer estado satélite que se convirtió en un país deportador. Después de formar parte del reino de Hungría durante mil años y haberse integrado en Checoslovaquia desde finales de la Primera Guerra Mundial, consiguió la independencia en 1939 con la protección de Alemania, a quien cedía gran parte de su autonomía a cambio de asistencia económica. Jozef Tiso, un sacerdote católico, se hizo presidente, prohibió los partidos opositores, impuso la censura, fundó una guardia nacionalista y avivó el antisemitismo, que había ido creciendo por la llegada de oleadas de refugiados judíos que huían de Austria después del *Anschluss*. Un censo de la época determinó que el número de judíos era de 89 000 personas, es decir, el 3,4 por ciento de la población.

La orden dirigida a judías solteras de entre dieciséis y treinta y cinco años para que se registraran y llevaran sus pertenencias a un punto de encuentro no resultó alarmante al principio, a pesar de que algunas familias clarividentes hicieron desesperados intentos por ocultar a sus hijas. De hecho, muchas chicas consideraron emocionante la idea de ir a trabajar al extranjero, sobre todo porque se les aseguró que volverían pronto a casa. Su inocencia hizo que la sorpresa de llegar a las puertas de Auschwitz fuera más brutal, y allí no había nadie que las preparase para los horrores que les esperaban.

A principios de marzo, 999 alemanas llegaron de Ravensbrück, que ya tenía 5000 prisioneras y no daba cabida a nadie más. Habían sido seleccionadas como funcionarias adecuadas antes de salir para supervisar los trabajos de las jóvenes judías, que incluían derruir edificios, limpiar el terreno, cavar, transportar tierra y otros materiales, además de cultivar y cuidar del ganado. Así podrían relevar a los hombres que ya vivían en Auschwitz, que fueron a trabajar en las más arduas tareas de expandir el campo de concentración. Las jóvenes eslovacas, que provenían de familias numerosas y cariñosas, acostumbradas a la amabilidad y a las comodidades de la vida, tuvieron que soportar que les gritaran, que las desnudaran, que les raparan el pelo. Tuvieron que soportar pases de revista interminables a la intemperie, tuvieron que andar descalzas por el barro, pelear por la comida, soportar castigos arbitrarios y trabajar hasta la extenuación y, a menudo, hasta la muerte. Tenían hambre, estaban enfermas y aterradas. Más tarde, Höss reconoció que las guardianas de Ravensbrück «superaban con creces la dureza, sordidez y resentimiento de sus homólogos masculinos». A finales de 1942, dos tercios de las mujeres del primer convoy habían muerto.

Y el propio campo de Auschwitz siguió creciendo. Llegaban judíos de toda la Europa ocupada, de Francia y Bélgica, de Grecia y Yugoslavia, de Noruega y más tarde de Hungría, a un ritmo de unos tres trenes cada dos días, compuestos por cincuenta vagones de ganado con más de ochenta prisioneros por vagón. En junio de 1943 había cuatro crematorios en marcha, con capacidad para incinerar 4736 cadáveres al día. La mayoría de los recién llegados, familias enteras con bebés y niños pequeños, iba directamente a las cámaras de gas.

Las eslovacas supervivientes, tras adquirir cierta fortaleza física y mental, idearon estrategias para sobrevivir: se prestaban voluntarias para los trabajos más desagradables y hallaban seguridad cosiendo, en las tareas agrícolas o en las oficinas del campo. Se hicieron expertas en evitar los exámenes diarios para seleccionar a las más débiles, las que estaban tan enfermas o tan delgadas que no podían trabajar. Era, en palabras de Macadam, «un balancín de la supervivencia». Las más afortunadas encontraban ocupación en «Canadá», el irónico término carcelario usado para hablar de las pertenencias que los nazis arrebataban a los judíos recién llegados, quienes tenían orden de traer de su casa 30 y 45 kilos de bienes personales que pudieran necesitar. Mantas, abrigos, gafas, vajillas, instrumental médico, máquinas de coser, zapatos, relojes de pulsera y muebles llenaban una extensa red de depósitos donde los hombres y las mujeres más afortunados de entre los prisioneros trabajaban en turnos continuos, preparando cargamentos que regresaban en tren a Alemania. Más tarde se ha estimado que cada semana llegaban a Berlín al menos dos contenedores de mil kilos cada uno con objetos valiosos.

Durante mucho tiempo, las familias de las mujeres eslovacas no sabían adónde habían ido a parar sus hijas. Las pocas postales que llegaban, llenas de referencias crípticas a parientes fallecidos, eran tan desconcertantes y a veces tan curiosas que muchos padres conseguían convencerse de que sus hijas estaban a salvo y cuidadas. Pero con el paso de los meses creció el miedo, y todo empeoró cuando empezaron a llevarse a familias enteras. Uno de los momentos más impresionantes del libro de Macadam es la llegada de miembros de las familias a Auschwitz, que fueron recibidos por las aterradas supervivientes, conscientes del destino que les esperaba a sus padres y hermanos.

Mucho se ha escrito sobre la experiencia de Auschwitz, sobre la lucha por sobrevivir, sobre el tifus, el gas, las condiciones de vida que no hacían más que empeorar, sobre el hambre y la brutalidad, y Macadam no se ahorra estos horrores. Libros como el suyo son fundamentales: recuerdan a los lectores modernos unos acontecimientos que no se deben olvidar.

Su libro, además, representa bien el trasfondo de las deportaciones eslovacas, la vida de las comunidades judías antes de la guerra, la organización de la persecución judía y la inocencia de las familias que preparaban a sus hijas para ser deportadas. Escribe de un modo muy evocador sobre la tristeza de las pocas supervivientes que volvieron a casa y se encontraron con que sus padres habían muerto, sus tiendas estaban selladas con tablones de madera y sus vecinos se habían quedado con sus casas y posesiones. De los judíos eslovacos antes de la guerra, 70 000 —más del 80 por ciento— murieron, y el partido único del régimen de posguerra prohibió cualquier debate sobre el Holocausto. Las que estuvieron en el primer transporte se habían ido siendo niñas. Tres años y medio después volvieron hechas mujeres, envejecidas más allá de su edad por todo lo que habían visto, sufrido y soportado. El hecho de sobrevivir las hacía sospechosas: ¿qué habrían hecho, a qué concesiones morales habrían llegado para no morir con sus amigas?

Hay una imagen de este estupendo libro que perdura en la imaginación. Una de las jóvenes supervivientes, Linda, tras escapar de Auschwitz y de las marchas de la muerte que se llevaron la vida de tantos supervivientes, después de atravesar países sumidos en el caos y la devastación de la guerra, corriendo siempre el peligro de que la violaran, por fin acaba en un tren rumbo a casa. Los vagones están repletos de refugiados, así que se sube al techo y ahí, en lo alto de un tren que avanza lentamente, observa un paisaje que no está lleno de alambre de espino ni torres de vigilancia, donde no hay guardias ni armas. Se da cuenta de que es libre. Es primavera y los árboles están verdeando.

*E*s demasiado poco, es demasiado tarde», dice Ruzena Gräber Knieža en alemán. La línea telefónica crepita. Mi marido,
que es mi intérprete, se encoge de hombros. Al principio, Ruzena fue la única superviviente viva del primer transporte a
Auschwitz que encontré. Su número de prisionera era #1649.
Pocos meses antes se había mostrado dispuesta a que yo la
entrevistara en un documental que quería producir sobre las
primeras chicas de Auschwitz; sin embargo, mi propio estado
de salud me impidió viajar a Suiza a entrevistarla. Ahora la
que está enferma es ella.

Intento explicarle que mi interés principal es hablar con
ella sobre Eslovaquia, cómo la reunieron a ella y a las demás
y cómo las traicionó su Gobierno. Suspira y dice: «No quiero
pensar en Auschwitz antes de morir». Tiene noventa y dos
años, es normal.

Le mando una tarjeta de agradecimiento y después localizo su testimonio en el Archivo Visual de la Fundación Shoah.
Está en alemán. Podemos traducirlo, pero advierto que el entrevistador no hizo las preguntas que yo querría hacer. Las
que me han surgido desde que me reuní y trabajé con Rena
Kornreich Gelissen, una superviviente del primer transporte,
en 1992, hace unos veinticinco años. Desde que escribí *Rena's
Promise*, se pusieron en contacto conmigo miembros de familias de mujeres que estuvieron en el primer transporte
para contarme historias sobre sus primas, tías, madres y
abuelas, y cuanta más información tenía, más preguntas surgían. Filmé y grabé entrevistas con estas familias, pero sin
una superviviente que quisiera hablar conmigo —o una fa-

milia que me dejara hablar con ella—, esas preguntas nunca tendrían respuesta. Entiendo el deseo de proteger a esas señoras mayores. Si has sobrevivido a tres años en Auschwitz y los campos de la muerte y has llegado a los noventa años, ¿por qué recordar aquel infierno? No quiero hacerle daño a nadie, menos aún a esas mujeres extraordinarias, con preguntas dolorosas que despiertan fantasmas del pasado.

Un año después de mi conversación con Ruzena, envié un correo electrónico a la segunda generación (2G) de familias y les pregunté si alguien quería repasar los viajes de sus madres desde Eslovaquia a Auschwitz en el septuagésimo quinto aniversario de su transporte. Mucha gente contestó con interés, pero al final solo quedó un grupo pequeño e íntimo de tres familias: los hijos de Erna y Fela Dranger, de Israel (Avi y Akiva), la familia estadounidense de Ida Eigerman Neumann (Tammy, Sharon y los hijos de Tammy: Daniella y Jonathan) y la hija de Marta F. Gregor (Orna, de Australia). Entonces, pocas semanas antes de que nos reuniéramos, me enteré de que Edith Friedman Grosman, de noventa y dos años (#1970), iba a ser la invitada de honor en las ceremonias conmemorativas del setenta y cinco aniversario. Pocos días después, Edith y yo nos reunimos por FaceTime. Congeniamos de inmediato y me dijo que estaría encantada de reunirse conmigo ante mi equipo de filmación en Eslovaquia. Dos semanas después, estábamos sentadas juntas en un edificio de arquitectura soviética convertido en hotel de paredes blancas con una decoración espantosa. Le pregunté las cosas que no supe preguntarle a Rena Kornreich (#1716) veinticinco años atrás.

Al igual que Rena, Edith es inquieta, de mente despierta y aguda. Un pajarito que ilumina la habitación. El tiempo que pasamos juntas en Eslovaquia fue un torbellino que nos llevó desde el barracón donde alojaron a las demás chicas y a ella hasta la estación de tren desde donde las deportaron. En las ceremonias, conocimos al presidente y al primer ministro de Eslovaquia, al embajador israelí en Eslovaquia y a los hijos de otras supervivientes. En un homenaje emocionante, lleno de lágrimas y abrazos, el grupo de segunda generación con el que yo viajaba hizo migas con familias de segunda generación eslovacas. Al final de la semana, mi marido me dijo: «Esto no es solo un documental. Tienes que escribir un libro».

Escribir sobre Auschwitz no es fácil. No es el tipo de proyecto que se acepta a la ligera, pero, con Edith a mi lado, estaba dispuesta a intentarlo. Sin embargo, este libro no podía convertirse en unas memorias. Tendría que abarcarlas a todas, o al menos a tantas como pudiera documentar e introducir en esta compleja historia. En Canadá conocí a otra superviviente, Ella Rutman (#1950), y viajé a Toronto para que las dos supervivientes se vieran. Edith y Ella se recordaban, pero, incluso a su avanzada edad, se mostraban recelosas. Mientras hablaban en eslovaco, Edith me lanzó una mirada dolorida. No tenían el cálido vínculo que me había imaginado... Me di cuenta de que Ella no le había caído bien a Edith en su tiempo en Auschwitz. La reunión fue extraña y distante hasta que las dos ancianas empezaron a mirar sus números en el antebrazo izquierdo con una lupa.

—Ya casi no veo mi número, está muy borroso —dijo Edith.

Los recuerdos también están borrosos. Pero la verdad está ahí, si sabes buscarla. Un día, viendo fotografías con Edith, reconocí el rostro de Ruzena Gräber Knieža.

—¿Conocías a Ruzena? —pregunté.

—¡Por supuesto! —respondió Edith, como si fuera la pregunta más obvia del mundo—. Íbamos a clase juntas y después de la guerra nos llevábamos muy bien con Ruzena y con su esposo, Emil Knieža. Era escritor, como mi marido. Íbamos a verlos a Suiza.

Había cerrado el círculo.

Muchas de estas mujeres se conocían de antes de Auschwitz, ya fuera de sus pueblos de origen, sus escuelas o sus sinagogas. Sin embargo, en los testimonios del Archivo de la Fundación Shoah, es infrecuente que alguien mencione el nombre de soltera de alguna chica. A veces, las supervivientes mencionan a la chica por su apodo, o dan una descripción física de una amiga, así que es difícil confirmar si las supervivientes hablan de alguien del primer transporte. El testimonio de Margie Becker (#1955) es una de esas rarezas en la que aparecen los nombres completos de las mujeres con las que Edith y ella crecieron y, gracias a una fotografía de su clase, Edith ha sido capaz de identificar a la mayoría de esas chicas. No se me habría ocurrido preguntar a Edith si conocía a Ruzena antes de verlas juntas en una foto, porque en la lista de deportadas aparece el nombre de Ruzena como si viniera de otra localidad. No sabía que hubiera vivido en Humenné de pequeña. Ojalá hubiera empezado este viaje cuando todas estaban vivas.

Mientras reviso las últimas correcciones del libro, recibo un correo electrónico:

> Mi abuela estuvo en el primer transporte. Recuerdo las historias que nos contaba. Escribió un libro sobre la deportación, pero después lo tiró, porque pensaba que nadie la creería. Sobrevivió la primera página de su testimonio, y la tengo conmigo. Se llamaba Kornelia (Nicha) Gelbova, del pueblo eslovaco de «Humenné». Nació en 1918.

En cuestión de segundos, abro el archivo de Excel que he creado con todos los nombres de las jóvenes, sus ciudades de origen y su edad, y tengo delante el nombre de Kornelia Gelbova. Tiene el número 232 de la lista original archivada en Yad Vashem, en Jerusalén. Lo más extraordinario de todo es que Ruzena Gräber Knieža menciona a la hermana de aquella en su testimonio. Estuvieron juntas en Ravensbrück. Las dos chicas estaban en la misma página de la lista que las tres a las que pronto conocerás bien: Edith y Lea Friedman y su amiga Adela Gross. Y en la misma página figuran dos que ya conoces: Rena Kornreich y Erna Dranger.

Una de mis mayores preocupaciones al escribir este libro es la precisión. No deja de preocuparme dar con la fecha y la cronología correctas, y que las narraciones estén registradas al detalle. Edith me asegura que «es imposible que lo tenga todo bien. Nadie puede tenerlo todo bien. Es algo demasiado grande. Te falta alguna fecha, ¿y qué? Pasó. Eso basta».

Espero que tenga razón.

Esta historia tiene muchas narraciones. La narración central proviene de mis entrevistas con testigos, supervivientes y familias, así como de los testimonios del archivo de la Fundación Shoah. He utilizado memorias, literatura sobre el Holocausto y documentación académica para desarrollar las historias personales, la atmósfera y la política de la época. Mi objetivo es construir una imagen lo más completa que pueda de las jóvenes del primer transporte «oficial» de judíos a Auschwitz. Uno de los recursos que he utilizado para conseguir esto es la licencia dramática. Cuando aparezcan diálogos entre comillas, estoy utilizando citas directas de las entrevistas con las supervivientes o testimonios de conversaciones reales. En otros casos, para ilustrar con más detalle o para completar algunas escenas, he utilizado rayas para marcar los diálogos que he creado. Solo hago esto cuando en un testimonio se mencionan las conversaciones o explicaciones pero no se presentan con detalle.

Siento profunda gratitud por Edith Grosman y su familia, así como por las familias Gross, Gelissen y Brandel, que me aceptaron en su núcleo y me han tratado como un miembro honorario. «Eres como una prima», me dijo Edith en la fiesta de su nonagésimo cuarto cumpleaños. Junto a ella estaban su hijo, su nuera, sus nietas, un bisnieto y otro bisnieto en camino. Es un gran honor y un privilegio ser parte de la historia de estas mujeres, ser su adalid y su cronista. Eran adolescentes cuando las enviaron a Auschwitz. Solo unas pocas volvieron a casa. Su supervivencia es un homenaje a las mujeres de todas las edades y de todo el mundo. Esta es su historia.

Personajes principales del primer transporte

*E*l enorme número de Ediths, Magdas, Friedman y Neumann del primer transporte me ha obligado a crear nombres para identificar a nuestras jóvenes de una forma única. Eso implica a menudo utilizar una versión de su nombre de pila. Nos referiremos a los personajes principales por sus nombres reales o los nombres con los que figuran en la lista de transporte. (Por alguna razón, las chicas a menudo daban sus apodos en vez de los nombres que solían utilizar; mi primera opción será, por tanto, el nombre dado en la lista.) En cuanto a los muchos nombres repetidos, a menudo uso otra versión (por ejemplo, Margaret se convierte en Peggy). Si un nombre se repite más de dos veces, uso el apellido o algún nombre alternativo. Espero que las familias entiendan que esta decisión responde a la necesidad de que la narración sea clara. No se pretende faltar al respeto con los cambios de nombres, sino que se espera que los lectores puedan identificar —e identificarse con— esas jóvenes mujeres.

Una nota más: en lengua eslovaca, *-ova* es el equivalente de señorita. He optado por no usar *ova* en los nombres de deportadas porque algunas eran polacas y no habrían usado ese recurso lingüístico, y la Fundación Shoah no utiliza *-ova* en sus archivos.

MUJERES DEL PRIMER TRANSPORTE DE ESLOVAQUIA, POR REGIÓN O CIUDAD DE ORIGEN

Humenné
Edith Friedman, #1970
Lea Friedman, hermana de Edith #1969
Helena Citron, #1971

Irena Fein, #1564
Margie (Margarita) Becker, #1955
Rena Kornreich (originaria de Tylicz, Polonia), #1716
Erna Dranger (originaria de Tylicz, Polonia), #1718
Dina Dranger (originaria de Tylicz, Polonia), #1528
Sara Bleich (originaria de Krynica, Polonia), #1966
Ria Hans, #1980
Maya (Magda) Hans, #desconocido
Adela Gross, #desconocido
Zena Haber, #desconocido
Debora Gross, no identificada
Zuzana Sermer, no identificada
Ruzinka Citron Grauber, #desconocido

Michalovce
Regina Schwartz (con sus hermanas Celia, Mimi y Helena),
  #1064
Alice Icovic, #1221

Región de Poprad
Martha Mangel, #1741
Eta Zimmerspitz, #1756
Fanny Zimmerspitz, #1755
Piri Rand-Slonovic, #1342
Rose (Edith) Grauber, #1371

Prešov
Magda Amster, #desconocido
Magduska (Magda) Hartmann, #desconocido
Nusi (Olga u Olinka) Hartmann, #desconocido
Ida Eigerman (original de Nowy Sącz, Polonia), #1930
Edie (Edith) Friedman, #1949[*]
Ella Friedman, #1950[*]
Elena Zuckermenn, #1735
Kato (Katarina) Danzinger (mencionada en las cartas de Hertz-
  ka), #1843
Linda (Libusha) Reich, #1173
Joan Rosner, #1188
Matilda Friedman, #1890[*]

Marta F. Friedman, #1796*

Región de Stropkov
Peggy (Margaret) Friedman, #1019*
Bertha Berkowitz, #1048
Ruzena Gräber Knieža, #1649

MUJERES DEL SEGUNDO TRANSPORTE DE ESLOVAQUIA,
POR REGIÓN O CIUDAD DE ORIGEN

Doctora Manci (Manca) Schwalbova, #2675
Madge (Magda) Hellinger, #2318
Danka Kornreich, #2775

.* Sin relación familiar con Edith ni Lea Friedman. (*Nota de la autora.*)

PRIMERA PARTE

MAPA DE ESLOVAQUIA EN 1942. Muestra las fronteras en época de guerra y algunas de las ciudades de las primeras mujeres judías que fueron deportadas a Auschwitz. La ciudad de Ružomberok aparece señalada porque la bombardearon los alemanes en 1944. Muchas familias de Humenné murieron en aquel ataque.

© HEATHER DUNE MACADAM; DIBUJADO POR VARVARA VEDUKHINA.

Es un asunto triste, quizá peor que las estrellas
con las que nos han etiquetado...
porque esta vez lo van a pagar nuestros hijos.

LADISLAV GROSMAN, *La novia*

28 de febrero de 1942

*E*l rumor empezó como empiezan los rumores. Una mala intuición. Una sensación desagradable en el estómago. Pero al fin y al cabo era un rumor. ¿Qué más podían hacerles a los judíos? Hasta el tiempo parecía estar en su contra. Era el peor invierno que se recordaba. La capa de nieve le llegaba a la gente por la cabeza. Si el Gobierno hubiera tenido sentido práctico, habría decretado que la gente bajita se quedara en casa por miedo a desaparecer bajo tanta nieve. Cavar estaba afectando a las posaderas. Las aceras se habían convertido en parques infantiles para niños que no tenían trineos pero que se deslizaban por los montículos de nieve sobre sus nalgas. Lanzarse en trineo era el nuevo pasatiempo nacional... además de deslizarse en el hielo.

Cada tormenta venía acompañada de temperaturas bajo cero y viento de los montes Tatra. Sus rachas atravesaban abrigos gordos y finos, y eran imparciales y despiadadas, tanto con ricos como con pobres. El viento se abría paso a través de las costuras de las mejores prendas y se clavaba en la carne con dolorosa crueldad. Agrietaba labios y manos. Para evitar sangrados de nariz, la gente se aplicaba grasa de ganso en los orificios nasales. Las corrientes frías se colaban por los huecos de las ventanas y por debajo de las puertas mientras los padres cansados daban la bienvenida a vecinos cansados y les invitaban a sentarse para hablar sobre el rumor frente al fuego. Algunos compartían su preocupación ante hogares fríos, pues incluso la leña era difícil de conseguir. Algunas familias judías apenas tenían comida. Era difícil para todos, pero peor para algunos.

Las llamas de la duda y la incertidumbre se aplacaban mediante la razón. Si el rumor era cierto, decían los más razonables, y el Gobierno se iba a llevar a las chicas, no se las llevaría muy lejos. Y, si lo hacía, sería por poco tiempo. Solo durante la primavera, si es que la primavera llegaba alguna vez. Siempre y cuando el rumor fuese cierto, claro.

La duda era tan grande que nadie se atrevía a pronunciarla, por si acaso el hacerlo les maldijera con su realidad. Tenía que ser un rumor. ¿Por qué querrían llevarse a las adolescentes?

La nieve empezó a caer cuando las madres judías de toda Europa del Este preparaban las velas del sabbat. En casa de los Friedman, Emmanuel Friedman entró por la puerta principal cantando: «¡Sabbat Shalom! ¡Sabbat Shalom! ¡Shalom! ¡Shalom! ¡Shalom!». Cantaba y daba palmas, y los niños se unieron a su padre. La familia se reunió en torno a la mesa del sabbat en la que la madre encendía las velas. Después de pasar las manos en círculo tres veces sobre las llamas, se acercó la luz al corazón —porque le corresponde a la mujer traer la luz al hogar—, se colocó las manos sobre los ojos y murmuró la bendición:

> *Baruj ata Adonai, Eloheinu Melej ha-olam, asher kidshanu b'mitzvotav vetzivanu l'hadlik ner shel Shabat.* (Bendito seas, Dios, gobernante del universo, que nos santificaste con el mandamiento de encender velas de sabbat.)

Edith y su hermana Lea observaban con adoración respetuosa y su madre rezó en voz baja, parpadeó tres veces y después abrió los ojos. «¡Buen sabbat!» Sus hijas la abrazaron y ella las bendijo a cada una con un beso por orden de edad, de mayor a menor, pero dio un beso más largo en las frentes de sus hijas adolescentes, Lea y Edith. Se dijo que había otros rumores que no se habían llegado a cumplir, y estrechó a sus hijas contra su corazón. Había rezado en secreto a Dios esa noche para que aquel rumor tampoco se cumpliera.

Fuera, los truenos retumbaban en el cielo como un gran tambor. Los rayos centelleaban. La nieve caía como una manta. Nadie recordaba cuántos años habían pasado desde la última tormenta como esa.

En la mañana del sabbat, el temporal había dejado más de treinta centímetros de nieve, y a mediodía ya llegaba por la cintura. Como de costumbre, varios individuos bien dispuestos empezaron a quitar nieve con palas, pues pensaban que era mejor hacer el trabajo a medias y en dos sesiones que esperar a hacerlo todo de una vez con el doble de esfuerzo. La tienda de tabaco no solo estaba prácticamente despejada de nieve, sino que estaba abierta. El tiempo no podía ser un obstáculo para los fumadores empedernidos.

Era poco usual que el pregonero de la ciudad anunciara algo en sábado, todavía menos que los truenos se oyeran durante una tormenta de nieve. Por lo general, los anuncios se hacían el viernes o el lunes, en el mercado. Pero aquella tarde, delante de los ayuntamientos de todo el este de Eslovaquia, los tambores empezaron a sonar y, a pesar de la tormenta, varios gentiles que había en la calle se detuvieron a escuchar. El viento se había levantado y la nieve era profunda, por lo que ahogaban el llamamiento del tambor. Nadie lo oyó en el barrio judío, que estaba en la orilla opuesta del arroyo que discurría al sur de la ciudad. El tiempo —que siempre hacía acto de presencia en algún lugar, pero aquel día más de lo habitual— no ayudaba.

Entre el grupito de gente que se había reunido en torno al pregonero estaba Ladislav Grosman, de veintiún años. Por razones que solo él sabía, se encontraba en la plaza en vez de en la sinagoga o en casa con su familia. De ojos oscuros y rostro franco, Ladislav provocaba más sonrisas que ceños fruncidos, más risas que lágrimas. Tenía corazón de poeta, y quizás estaba paseando después de comer con su familia, observando la alfombra blanca e inmaculada de la plaza y haciendo muecas al sentir el frío de los copos de nieve que le herían la cara. Quizás andaba buscando tabaco. Por la razón que fuera, cuando el pregonero empezó a golpear su tambor, Ladislav corrió con los pocos que vagaban por la nieve a oír las últimas noticias.

Por lo general, el pregonero esperaba a que se reuniera un nutrido grupo de gente para empezar su anuncio. Ese día, no. Empezó de inmediato para poder refugiarse del tiempo espantoso que le empapaba y helaba el cuello. Los copos caían tanto sobre las cabezas de los judíos como de los gentiles, y eran grandes y húmedos, señal de que sin duda la tormenta iba a acabar.

Para algunos, estaba a punto de empezar.

A pesar del estrépito de la tormenta, el pregonero voceó: «Todas las jóvenes judías a partir de dieciséis años. Las chicas solteras [tienen] orden de presentarse ante la oficina de registro designada; los datos de la inspección médica y el propósito de todo el asunto [van a] notificarse cuando llegue el momento». No había casi nadie allí para oírle. Solo unos pocos fumadores empedernidos, pero los hombres que lo oyeron se volvieron hacia sus vecinos para decirles: «¿Lo ves? Ya te lo había dicho».

A falta de más datos sobre fechas, tiempos o lugares, el pregonero añadió su propia firma verbal, una especie de conclusión tipo Bugs Bunny con un último redoble de tambor: «Y eso es todo, de los pies a la cabeza, esto es lo que hay que saber y nada más, punto final, *ende*, fin, se acabó, y ahora todos a casa, que hace un tiempo de perros…».

Se acabaron las dudas de cualquier tipo: el rumor era cierto. Y, a la mañana siguiente, a pesar de que la nieve se amontonara frente a todas las puertas, todo el mundo lo sabía. El último pregón cayó sobre las cabezas de la comunidad judía como témpanos que caen de los tejados, pero era mucho más peligroso.

En lo referente a medidas draconianas contra los judíos, el Gobierno eslovaco pareció intentar superar a los alemanes. Jóvenes matones que se habían unido a los fascistas eslovacos de derechas llamados la Guardia Hlinka intimidaban y pegaban a jóvenes judíos y a hombres que llevaban los obligatorios brazaletes con las estrellas amarillas. Tumbaban o destrozaban lápidas, y las tiendas judías amanecían pintadas con eslóganes antisemitas. En las ciudades más grandes retumbaban escalofriantes canciones nacionalistas al rítmico son del lanzamiento de piedras y de los cristales rotos. Los quioscos de prensa vendían *Der Stürmer* (*El atacante*), el periódico propagandístico que alimentaba la ideología de la ignorancia y el racismo publicando caricaturas difamatorias de judíos con la nariz aguileña que violaban a vírgenes eslovacas, degollaban a niños, recogían su sangre para hacer pan ácimo y montaban la Tierra como si el planeta fuera un caballo al que domar y conquistar. Los heroicos soldados alemanes aparecían combatiendo a los diabólicos judíos, esos enemigos de la humanidad.

Una mujer llegó a preguntarle a Edith en el mercado: «¿Dónde tienes los cuernos?». Cuando Edith le enseñó que no tenía, la mujer se mostró sorprendida. ¿Cómo podía alguien ser tan estúpido de pensar que los judíos tenían cuernos, que hacían pan ácimo con sangre de niños o que habían matado a Dios? Pero ¡por Dios! ¡Si los judíos habían inventado a Dios!

¿Cómo era posible que alguien creyera lo que decía el periódico propagandístico?

En septiembre de 1941, el Gobierno eslovaco ideó un Código Judío: un conjunto de leyes y regulaciones que empezó a ponerse en marcha con mayor frecuencia a partir del otoño, hasta que pareció que el pregonero tenía que pronunciar un anuncio contra los judíos eslovacos a diario. Un día era:

Por el presente, se hace saber que los judíos deben registrarse, junto con todos los miembros de su familia, en la oficina del ayuntamiento en las próximas veinticuatro horas, con una lista de todos sus bienes y posesiones.

Al día siguiente:

Los judíos han de presentar sus libros de cuentas bancarias, tanto de entidades nacionales como extranjeras, y a partir de hoy tienen prohibido residir en cualquier calle principal, por lo que han de abandonar sus viviendas en un plazo de siete días.

Una semana después:

Los judíos deben llevar una estrella amarilla en la ropa de 24 x 24 centímetros.

Los judíos no pueden realizar viajes internacionales y, para viajes nacionales, deben obtener un permiso escrito de la Guardia Hlinka por un precio de cien coronas. Solo podrán obtenerlo si la Guardia Hlinka acepta su solicitud y la da por válida.

Pero ¿qué judíos tenían cien coronas, y qué judíos conocían a algún miembro de la Guardia Hlinka para que les validase la solicitud?

Los judíos deben depositar todas sus joyas en la oficina principal de la Guardia Hlinka en un plazo de veinticuatro horas.

Los judíos no pueden tener mascotas —ni siquiera gatos— ni pueden poseer radios o cámaras, para evitar que difundan las mentiras de la BBC.

Los judíos deben depositar sus abrigos de piel en el cuartel general de la Guardia Hlinka.

Los judíos deben entregar sus motocicletas, coches y camiones.

Los judíos no serán admitidos en ningún hospital y no se les podrá operar.

Los judíos no podrán matricularse en ningún instituto ni solicitar informes de ninguna autoridad gubernamental.

Edith todavía recuerda con pesar las leyes que truncaron su educación. «Mis hermanos seguían en la escuela, en quinto curso. Cuando acabaron, la ley dijo que tenían que seguir yendo a la escuela hasta los catorce años.» Así que tuvieron que repetir quinto curso tres veces. Mientras, Edith y Lea, que tenían más de catorce años, se vieron más perjudicadas, pues los judíos no tenían derecho a acabar el instituto, a pesar de su deseo de conocimiento y su mente despierta.

Entonces apareció una nueva ley.

Los judíos no podrán entrar en los parques públicos.

Y otra:

Los judíos no podrán contratar arios, ni tener trato con arios, ni entrar en hospitales, ni ir al teatro, al cine o a festividades culturales. Tampoco podrán reunirse en grupos de más de cinco. Los judíos no podrán estar en la calle a partir de las veintiuna horas.

Nadie pudo predecir la arianización de negocios judíos, que permitió a los gentiles apropiarse de empresas judías y de «cualquier establecimiento para facilitar el traspaso más rápido de dichos negocios a manos del empresario ario». Los propietarios de establecimientos judíos no recibieron ningún tipo de compensación.

«Lo único que se les dejaba hacer a los judíos era suicidarse», dijo la madre de Ivan Rauchwerger.

¿Y ahora querían a las chicas?

No tenía sentido. ¿Por qué querrían llevarse a adolescentes a trabajar? Los adolescentes son perezosos y peleones. ¿Y las chicas? ¡Las chicas son peores! Un segundo se ríen, otro se echan a llorar. Les dan dolores y se ponen quejicas. Están más preocupadas por su peinado y sus uñas que por hacer bien el trabajo diario. ¡Mira el suelo de la cocina! ¡Se suponía que Priska lo había barrido! Mira los platos, que todavía tienen *kugel* pegado al borde porque la que tenía que fregarlos estaba mirando por la ventana a Jacob, el hijo del rabino, en vez de la vajilla. Sin sus madres enseñándoles a limpiar y a enorgullecerse de su trabajo, la mayoría de ellas nunca daría ni golpe. ¿A qué adolescente le gusta trabajar?

Sin embargo, el mundo gira gracias a las chicas. Cuando son dulces y amables, son las más dulces y amables. Cuando te cogen del brazo, te sientes la criatura más querida y valorada del universo. Incluso las estrellas dejan de girar en el cielo para decir: «¡Mira eso!». Necesitamos su ingenio, su efervescencia y su esperanza. Su inocencia.

Por eso había sido tan difícil creer en el rumor que circulaba por las ciudades y los pueblos de Eslovaquia, el rumor que estaba a punto de convertirse en una ley. ¿Por qué querrían a chicas adolescentes para trabajar al servicio del Gobierno? ¿Por qué no se llevaban a los chicos? Todo el mundo coincidía en que era un asunto triste.

Donde hay un eslovaco, hay una canción.

Dicho tradicional eslovaco

*E*n casa, los Friedman parecían la familia Von Trapp en la versión eslovaca de *Sonrisas y lágrimas*. Edith y Lea siempre cantaban al ocuparse de las tareas de la mañana, por lo que el día era bonito independientemente del clima. ¿Y quién necesitaba la radio con voces como las suyas?

Hanna Friedman escuchaba el canto de sus hijas y temía el silencio que inundaría su casa si el Gobierno mandaba lejos a sus adolescentes. ¿Quién podría trinar como la melódica alondra de Edith o como el ronco gorrión de Lea? Desconocedoras de la emoción con la que su madre las escuchaba, las jóvenes afinaban sus voces mientras lavaban los platos del desayuno, barrían y fregaban el suelo de la cocina y finalmente abrían la puerta principal para dejar que entrara el aire limpio y frío. Ya se oía calle abajo a los niños que gritaban y reían en la nieve. La señora Friedman sacudió el polvo y el sueño de los edredones y luego dobló las colchas al pie de la cama para airear los colchones.

Fuera de casa, el mundo era una maravilla de blanco. En la nieve se reflejaban arcoíris de los témpanos que colgaban del borde del tejado en forma de prismas. Las negras ramas de los árboles estaban blanqueadas con polvo de hadas helado. El pálido sol asomaba tras nubes finas mientras un viento del sureste levantaba hilachas blancas en un cielo aún más pálido.

Un día de mercado cualquiera, Edith y Lea habrían ido al centro de la ciudad cargadas con una cesta entre las dos para hacer la compra para Babi, su abuela. Verían a sus amigas y vecinas, se pondrían al día de los últimos cotilleos y leerían las novedades colgadas en el tablón de anuncios y alrededor de la plaza. Un día típico de mercado… Pero aquel día no tenía nada de típico. En primer lugar, porque el mercado tendría poca afluencia, ya que los granjeros todavía estarían cavando en la nieve. Cuando llegaran, lo harían con los productos en el trineo, y lo poquito que tendrían estaría congelado del viaje. Pero así era el invierno. De todas formas, aquel día no era distinto por eso. Aquel día, todos iban al mercado para ver si el pregonero tenía algo que añadir a su pregón del sábado, un pregón que casi nadie había oído pero que todos estaban obligados a creer.

Las chicas aún no sabían nada. Aún no. Y, después de haber pasado las últimas veinticuatro horas en casa por la nieve, Edith y Lea debían de estar deseosas de ver a sus amigas, por lo que salieron corriendo por la puerta antes que su madre, cargando entre las dos con la cesta de Babi.

De camino al centro, mientras sus pies hacían crujir la nieve recién caída, las jóvenes debieron de oír puertas por toda la calle que se abrían y cerraban mientras hombres y mujeres jóvenes, deseosos de salir, sorteaban los montones de nieve de las aceras todavía ocultas. Habían oído un mínimo de los rumores, y la única forma de saber lo que estaba pasando de verdad era investigar en busca de la verdad. Quizás Anna Herskovic, con su gorro de punto cubriéndole el pelo rubio rojizo, corriera a reunirse con las hermanas Friedman en aquel atípico día de mercado.

Anna Herskovic era una chica alegre y parlanchina con grandes ojos castaños y la piel blanca. Una joven muy guapa entre chicas guapas. Antes de que el mundo se volviera contra ellas, a Anna y a Lea les encantaba ir juntas al cine. Eran auténticas aficionadas a las películas: siempre habían ahorrado para ir a ver los últimos estrenos, hasta que los cines pasaron a ser parte de los muchos sitios donde los judíos no podían entrar.

A lo largo de las estrechas orillas del río Laborec, las ramas de los abedules estaban llenas de cortes y botellas de cristal de colores para atrapar la savia de los árboles, que ascendía con la temperatura. Con el último episodio de frío, el fondo de las botellas apenas tendría líquido claro. Pero los días más calurosos estaban por llegar, y las botellas tintineaban al viento como campanas a la espera de que fluyera el tónico dulce de la primavera que mana de aquellas plantas.

A ambos lados de la vía del tren se podrían haber levantado fuertes de nieve después de la tormenta. En ellos, los niños pequeños se lanzaban bolas de nieve unos a otros en una guerra microcósmica que era eco de la que asolaba Europa, aunque con suerte ambos bandos celebrarían pronto el armisticio lanzándose juntos en trineo. Las chicas se armaban apretando bolas de nieve entre las manoplas y amenazando a los chavales que pretendían utilizarlas como diana. Las mayores, como Edith y Lea, llegarían ilesas hasta el puente del pueblo. Se desviaron un poco a la izquierda, por la calle Štefánikova, donde vivían sus amigas Debora y Adela Gross.

La gente del pueblo le había puesto a la calle Štefánikova el mote cariñoso de calle Gross porque once de las casas de esa calle estaban llenas de hijos y nietos del comerciante de leña llamado Chaim Gross. Ladislav Grosman y su familia, que no estaban emparentados con él, también vivían en la calle Gross.

Si Ladislav y su hermano Martin hubieran estado quitando nieve de las aceras con las palas cuando las chicas llegaron, sin duda las habrían saludado, a pesar de que Ladislav le hacía poco caso a la delgaducha Edith. Durante el fin de semana, la familia Gross no había perdido ni un minuto en asegurarse de que Martin y Debora, la mejor amiga de Lea, se comprometieran

Adela Gross, hacia 1940.
Imagen cortesía
de Lou Gross.

Lou Gross, hacia 1941.
Imagen cortesía
de Lou Gross.

formalmente. Cuando Debora y Adela se unieron a las hermanas Friedman y a Anna Herskovic, la noticia del futuro matrimonio de Debora debió de ser la comidilla.

¿Acaso aquellas chicas de diecinueve años tuvieron una de esas conversaciones que solo pueden tener las chicas que llevan sin hablarse veinticuatro horas? Si añadimos a la ecuación la boda de Debora, podemos imaginar abrazos de emoción y *mazel tov*. «Debora tendría la exención de la familia de su abuelo y la de Martin», recuerda Edith. «Doble protección» de la proclama. Además, el Gobierno solo quería mujeres solteras. ¿Se preguntó Lea si debería buscarse un marido rápido, o le parecía ridículo molestarse? Debió de parecer extraño celebrar buenas noticias servidas como aperitivo para las malas.

Edith y Adela no eran tan amigas como sus hermanas. Cuando Edith tenía diecisiete, no fueron a la misma clase, y ese año de diferencia entre ellas generó una separación que las adolescentes no pueden sortear con facilidad. El rostro ovalado y perfecto de Adela y sus gruesos labios, rematados con aquella masa de rizos pelirrojos, destacaba mucho más que los rasgos más delicados de Edith. El matrimonio les quedaba muy lejos a aquellas adolescentes, que todavía tenían que hacerse mujeres.

Irena Fein había trabajado de asistente en el estudio fotográfico de la ciudad, que acababa de ser arianizado. Era una muchacha pensativa y lectora que además estaba entregada a la profesión de fotógrafa y que sin duda habría mejorado sus habilidades fotografiando a sus amigas. Adela parece haber tenido la seguridad de una estrella de cine, y debió de ser la modelo perfecta, con sus trenzas pelirrojas y su piel de marfil. ¿Pudo ser Irena Fein con su Leica quien hizo las fotos de Adela sonriendo con falsa modestia al objetivo apenas un año antes de que el Código Judío les prohibiera tener cámaras?

Dentro del hogar de la familia Gross, Lou, el primo de Adela, de solo tres años, era la persona que desentonaba. Se abría paso por la nieve hacia sus primas mayores pidiendo a las chicas que jugaran con él. Las jóvenes quizá se rieron y le abrazaron, pero tenían planes que no incluían cuidar de un crío. No sería un día típico de mercado, pero seguía siendo un día de mercado. Tenían otras cosas que hacer.

Lou, temiendo quedarse sin nadie con quien jugar aparte de su caballito mecedor, corrió detrás de las chicas mayores, valiéndose de sus rechonchas piernas, y llamó a sus primas con las formas más dulces de su nombre —¡Adelinka! ¡Dutzi!— y sacando el labio inferior en un puchero desperdiciado.

—*Ljako!* —Su niñera le llamó usando su mote familiar y se llevó al niño al interior para envolverlo como un malvavisco antes de dejarle salir de nuevo.

No todas las jóvenes que se dirigían al centro de Humenné aquel día eran eslovacas. Después de la invasión alemana de Polonia en 1939, muchos judíos polacos habían mandado a sus hijas a la seguridad relativa de Eslovaquia, donde los judíos todavía tenían algunos derechos y las chicas judías no se enfrentaban a la amenaza de la violación.

Dina y Erna Dranger eran primas y vivían en un pueblo en la frontera de Polonia llamado Tylicz. Había sido una localidad tranquila hasta justo después de la invasión, cuando se convirtió en un enclave fronterizo estratégico lleno de soldados alemanes. Su mejor amiga, Rena Kornreich, fue la primera en huir a Eslovaquia. Las Dranger la siguieron. Tanto Rena como Erna tenían hermanas menores que vivían y trabajaban en Bratislava, la capital de Eslovaquia. Había al menos otra refugiada polaca en Humenné: Sara Bleich, que creció a pocos kilómetros de allí, en la ciudad balneario de Krynica, donde todavía hoy se pueden «tomar aguas» y disfrutar de las propiedades de diversos manantiales que brotan de la montaña. Todas debían de conocerse.

Podemos imaginar a Erna y a Dina paseando del brazo por la calle Štefánikova hacia el mercado aquel día, hablando animadamente sobre la futura boda de Rena, su amiga. Rena tenía que hacerse con un camisón para su noche de bodas, lo cual debió de provocar todo tipo de sonrojos y risas entre las jóvenes. Quedaban unas pocas semanas para la Pascua, así que estarían deseosas de enviar frutas deshidratadas y frutos secos a sus padres, a quienes no habían visto desde hacía un año.

Las chicas polacas eran varios años mayores que las hermanas Friedman, así que no se habrían movido en los mismos círculos sociales. Instaladas en la comunidad judía de Humenné, las Friedman provenían de una familia respetada en la zona, mientras que las refugiadas polacas trabajaban de niñeras para familias adineradas con niños pequeños. No obstante, al pasar por la casa de la familia Gross y al ver a las otras fuera, las chicas polacas habrían saludado. Las pecas de Adela y las ondas de su pelo rojo eran tan difíciles de pasar por alto como su sonrisa, y se habrían reconocido de la sección femenina de la sinagoga, en la planta superior. A pesar de que las hermanas Gross provinieran de una familia extremadamente rica, nunca trataban a los demás como si fueran inferiores. Se proponían vivir en un mundo amable, un mundo moral, un mundo que ayudaba a quienes tenían menos suerte y más necesidad.

La palabra *humenné* proviene de la palabra eslava para designar el «patio trasero». Ninguna ciudad había tenido un nombre tan adecuado. «Éramos una gran familia —dice Edith de su pueblo—. Todos nos conocíamos. ¡Todos!»

Humenné había sido una ciudad comercial de importancia en la ruta entre los reinos de Polonia y Hungría y había ganado peso cultural en las artes: se la conocía por su artesanía, sus ferias y su mercado. Había leones esculpidos en mármol que se erigían sobre las tejas de piedra, coronando la verja de hierro forjado de una casa al final de la plaza, aunque «plaza» no sea la palabra adecuada para designar la avenida larga y rectangular que configuraba el centro de la ciudad. La calle Mayor estaba sin pavimentar; se utilizaban rodillos de troncos de árbol con cadenas tirados por caballos para aplastar la tierra y la gravilla. Aquella plaza, que a un lado tenía árboles jóvenes y al otro las tiendas de la ciudad, era el lugar de reunión de judíos y gentiles. Humenné era una ciudad con un solo coche y un solo taxista.

Por el borde de la plaza, frente a los enormes montones de nieve, varios vendedores y granjeros habituales montaban sus puestos. El viento mordía las manos desnudas del carnicero gentil que ataba la última ristra de salchichas. Los quesos estaban cubiertos con estopilla para protegerlos del frío. No había todavía verduras de hoja verde, solo patatas, nabos y algunas chirivías. La policía militar de Eslovaquia —la Guardia Hlinka— pisoteaba con fuerza los montículos que el viento había formado, como si patrullar sobre la nieve fuera parte de su deber. Los jóvenes guardias procuraban tener un aspecto intimidatorio, con botas, pantalones de montar, cinturones y abrigos de lana negra, que llevaban abotonados para protegerse de los vientos del Bajo Tatra y de los Cárpatos. Todavía no tenían casi edad de afeitarse, así que apenas intimidaban a Adela y a las otras muchachas. ¿Por qué iban estas a tener miedo? Habían crecido juntos. Y los chicos siempre jugaban a ser soldados. No obstante, resultaba raro que, cuando las chicas decían hola, sus antiguos compañeros de clase se hicieran los sordos o ni las miraran.

El mundo era pequeño en este rincón. Era imposible no saludar a un vecino, pero en el último año los saludos se habían vuelto más serios y cautelosos, dichos en susurros en vez de a gritos. «De repente, los gentiles dejaron de hablarnos —cuenta Edith—. ¡Ni siquiera contestaban cuando mi madre los saludaba!» ¿Cómo era posible que los vecinos fueran tan maleducados entre sí? Todo el mundo estaba tenso.

Un día típico de mercado, Edith y Lea se adentraron sin preocupación alguna en el familiar bullicio de los tenderos anunciando sus bienes y de las melodías de los vendedores. Pero aquel era todo menos un día típico. Las hermanas Friedman y sus amigas se reirían con libertad al aire libre, pero en su alegría no se daban cuenta de las miradas melancólicas, de la lágrima que se llevaba el viento, del viejo policía que las observaba con ternura durante un instante, confundido por sus propias emociones.

Cuando el mercado de la tarde quedaba accesible para los judíos, la madre de Edith llegaría con la madre de Irena Fein y la cuñada de la señora Fein, la matrona que había ayudado en el alumbramiento de Edith, de Lea y probablemente de toda la prole de los Gross. Habrían visto a la señora Becker con Margie, su hija adolescente. Margie tenía una mente despierta y había actuado en varias obras de teatro en la escuela Beth Jacob con Edith y Lea. La familia de Margie también era propietaria de la tienda de al lado de la casa de los Friedman.

A pesar de vivir a la vuelta de la esquina de la familia Becker y de su tienda, los Friedman no se llevaban demasiado bien con ellos, porque de jóvenes, Emmanuel Friedman y Kalman Becker había competido por el amor de la misma mujer. «Mi madre no solo era muy guapa —explica Edith—, sino que era la mujer más lista de la ciudad.» Emmanuel Friedman se ganó su corazón y se casaron. Después, el padre de Margie se negó a hablar con el padre de Edith, salvo «cuando iban a la sinagoga para el *Kol Nidre*. Entonces se deseaban el uno al otro lo mejor para el siguiente año, un año de salud, un año de felicidad, un año de riqueza. El resto del año, no se hablaban». Edith ríe entre dientes.

Eran una comunidad de verdad. La gente se peleaba y se reconciliaba, algunos tenían principios religiosos estrictos y otros más laxos. No importaba. En el mercado, todos se conocían. Habrían saludado a la señora Rifka Citron —una sionista estricta y comprometida— mientras rebuscaba en una penosa selección de patatas de final de temporada. Los Citron eran pobres y tenían una familia muy numerosa. Sus hijos vivían con ellos, tuvieran más de treinta años o fueran adolescentes. Tenían un apuesto hijo llamado Aron y una hija preciosa llamada Helena, y ambos podrían haberse hecho pasar por estrellas de Hollywood si los oías cantar. La hermana de Helena, Ruzinka, acababa de volver de Palestina con su hija Aviva. Correteando tras su tía, la sobrina de Helena, de tan solo cuatro años, atraía las sonrisas tanto de judíos como de gentiles. Aviva era rubita, de melena muy rizada, y tenía la piel más clara que la mayoría de los arios.

«Hitler no habría sabido qué hacer con ella», bromeó la madre de Edith.

«Habrá una rama gentil en el árbol genealógico», decía otro chiste judío.

La señora Friedman sonrió a Helena, que tenía un aire dramático y actuaba con Margie Becker, Edith y Lea en las producciones teatrales anuales que se organizaban en la escuela Beth Jacob antes de que el Código lo cambiara todo.

A pesar de todo, los jóvenes guardias Hlinka observaron a las chicas, que avanzaban por la plaza. Al contrario que su sobrina, Helena tenía el pelo denso y negro y las mejillas rellenas. En pleno despertar de su feminidad, no necesitaba flirtear con los chicos para torturarlos. Le bastaba con estar ahí. La otra belleza local, Adela Gross, tendía más a sonreír con timidez y a bajar la mirada al suelo cuando algún chico le llamaba la atención.

En algún lugar entre el carro del pan y la carnicería *kosher*, Edith pudo haber visto a sus antiguas compañeras Zena Haber y Margie Becker. Le gustaba ponerse al día con sus amigas, pero su charla se cortó en cuanto vieron que alguien estaba pegando carteles en los lados de los edificios y el pregonero avanzaba hasta el quiosco de la música. Entonces su tambor retumbó en el aire, deteniendo el vaivén del mercado judío. Tenderos y clientes dejaron de regatear. ¿Habría alguna explicación más sobre el boletín que había pasado desapercibido en la tormenta de nieve? Con un público adecuado pendiente de su voz, el pregonero leyó el último anuncio, ahora fijado con un pegote de cola para evitar que el viento se lo llevara, impreso en blanco y negro para que todos lo vieran. Por supuesto, para quienes no supieran leer, iba a hacerlo él en voz alta. Dos veces.

Sonaron gritos de sorpresa. Quienes no creyeron la noticia antes vinieron ahora corriendo mientras el parlamento del pregonero se extendía a través de las orejeras y los sombreros de la multitud, anunciando de nuevo y dejando claro que todas las mujeres solteras entre dieciséis y treinta y seis años tendrían que registrarse en el instituto para pasar un examen físico el día 20 de marzo y después trabajar tres meses al servicio del Gobierno. ¡Oh! Y las chicas no podrían llevar consigo más de cuarenta kilos de pertenencias cada una.

Quedaban menos de dos semanas.

Estallaron las conversaciones. Todo el mundo —el rabino, el sacerdote, el tabaquero, los granjeros, los clientes, las chicas solteras— empezó a hablar a la vez, preguntando al pregonero, al policía, a los guardias y entre ellos.

—¿Qué clase de trabajo? ¿Y si se van a casar dentro de dos semanas? ¿Adónde van? ¿Cómo tienen que ir vestidas? ¿Qué tienen que llevarse?

Era una cacofonía de especulaciones liosas mezcladas con indignación y preocupación. Esta ordenanza no tenía nada que ver con mascotas, ni joyas, ni tiendas. No tenía sentido. ¿Por qué querría el Gobierno a sus muchachas? Lea rodeó con su brazo a Edith. Margie Becker miró a Zena Haber y se encogió de hombros. ¿Qué otra cosa podrían hacer? Helena Citron dejó de jugar con Aviva y miró a Ruzinka, su hermana mayor, que ya estaba casada. Adela y Debora Gross se apretaron las manos.

La ciudad más grande y rica de la región oriental de Eslovaquia es Prešov, a diecisiete kilómetros al oeste de donde estaban las hermanas Friedman y sus amigas, atónitas por el anuncio que cambiaría sus jóvenes vidas. Prešov tenía la mayor población judía de la zona, presente desde principios del siglo XVII, y albergaba la Gran Sinagoga en el centro de la ciudad. El edificio era engañosamente austero por fuera, pero competía en tamaño con la catedral gótica de la ciudad, la católica San Mikuláša.

Magda Amster en Prešov, hacia 1940.
IMAGEN CORTESÍA DE LA FAMILIA
DE BENJAMIN GREENMAN.

Entre abetos blancos y pinos salgareños, los capiteles de la catedral se clavaban en el cielo sobre la plaza de la ciudad junto a la fuente que conmemoraba el día en que los judíos obtuvieron permiso para vivir intramuros, hecho ocurrido unos cien años antes. Era un regalo de Marcus Holländer, el primer judío en mudarse dentro de los límites de la ciudad. La fuente de Neptuno recibió un lugar de honor y se había convertido en un punto de encuentro popular para judíos y gentiles. Pero ya no. Antes, cuando Magda Amster tenía dieciséis años, disfrutaba de sentarse allí y fantasear junto a las aguas de la fuente mientras esperaba reunirse con su amiga Sara. Ahora, tanto el parque como el centro de la ciudad estaban prohibidos para judíos, y la mejor amiga de Magda se había mudado a Palestina.

Hoy, en lo alto de la calle Hlavná, que sigue siendo la arteria principal a la plaza del pueblo, hay un cruce con mucho tráfico de cuatro carriles y un complejo despliegue de semáforos. En la década de 1940, el mercado se encontraba en este cruce, y los caballos que tiraban de trineos o carros de los vendedores trotaban ante judíos y gentiles. En busca de algún recuerdo del pasado, la hija de Marta F. señala una calzada muy transitada. Donde antes estaba la casa de su madre con su amplia familia ahora hay un paso de cebra. En una foto en blanco y negro algo desvaída, Marta F., de trece o catorce años, está en medio de la nieve mirando hacia un callejón estrecho. Resulta sorprendentemente similar a la actual calle Okružná, que todavía comunica con el centro judío de Prešov. Sonriendo con timidez a la cámara, Marta lleva su mejor ropa de sabbat, como si fuera de camino a la sinagoga.

Resulta extraño recorrer las calles del antiguo barrio judío de Prešov hoy en día. Un muro desconchado de grafitis de artistas eslovacos tiene el borde superior rematado con cuatro filas de alambre de espino sujetas a unos postes de hierro oxidados. Dentro del recinto hay edificios en ruinas, con la pintura pelada y las ventanas alambradas, así que resulta difícil imaginar que en este complejo antaño hubo tres sinagogas, una escuela infantil, una «zona de juegos para niños», una carnicería *kosher* y unos baños públicos. Mientras las hijas de Marta F. e Ida Eigerman pasean por el patio, encontramos la casa del guardés de la sinagoga y llamamos a la puerta. La abre un hombre fuerte de rostro agradable. Peter Chudý tiene una mirada profundamente triste y habla muy poco inglés. Orna explica en eslovaco rudimentario que las madres de ambas eran de Prešov y que estuvieron en el primer transporte.

«¡Mi madre también!», exclama. Minutos más tarde, estamos en su casa, viendo una fotografía de Klara Lustbader, con su pelo trenzado y con uniforme escolar. Es una foto del colegio, con Magda Amster.

Un rato después accedemos por una puerta privada a la Gran Sinagoga. Esta construcción es una prueba indudable de la vitalidad de la comunidad judía que vivió y rezó en Prešov. Su interior de dos plantas, con sus dos torres, es de una belleza sobrecogedora. Bajo una bóveda de color azul celeste con bordes pintados con una orla geométrica de estilo morisco cuelga un candelabro de latón muy ornamentado. Astros y estrellas de oro observan desde arriba a las fieles que se sentaban en el balcón de las mujeres. En el piso principal, los hombres rezaban ante un *Arón Ha-Kódesh*, o el arca de la Torá, elegante y de dos alturas.

Este es el museo judío más antiguo del país, y los turistas que visitan la Gran Sinagoga pueden observar en la sección femenina de la planta superior una exposición con urnas de la Colección Bárkány, con objetos de la diáspora judía medieval. Allí estuvo Giora Shpira ante la *bimá* (plataforma sagrada) y leyó la Torá en su *bar mitzvá*, y es el lugar en el que Marta, la madre de Orna Tuckman, podría haber rezado junto a Ida Eigerman y Gizzy Glattstein, Joan Rosner, Magda Amster y otras 225 jóvenes que estaban a punto de ser deportadas desde Prešov.

También hay un libro con la lista de nombres de las familias de Prešov que no sobrevivieron al Holocausto. Mientras pasan las páginas, el rostro de Orna Tuckman aparece reflejado en la vitrina de cristal bajo la estrella judía. «Esto lo hace real —dice cuando ve los nombres de sus abuelos e intenta contener una lágrima—. Existieron.»

Magda Amster provenía de una familia de clase alta, por lo que no era el tipo de chica que tenía que ir a hacer la compra el día de mercado. Pero este seguía siendo un acontecimiento social muy importante, y, tras la tormenta, todo el mundo estaría inquieto y deseoso de salir. Tenía una alegría que desarmaba, y el frío había coloreado sus delicadas mejillas de rosa pálido. Llevaba el largo cuello envuelto con una bufanda tejida a mano mientras corría colina abajo al encuentro de Klara Lustbader y otras chicas que había conocido en la escuela.

Ahora que ningún judío mayor de catorce años podía ir a la escuela, el día de mercado era una de las pocas ocasiones en las que los chicos y las chicas se encontraban sin demasiados adultos que vigilaran sus conversaciones. Giora Shpira, que por entonces tenía catorce años, era un chico intelectual que disfrutaba de la compañía de Magda, la mejor amiga de su hermana Sara, porque le trataba como a un hermano pequeño. Las gafas de montura negra de Giora enmarcaban sus ojos brillantes e inteligentes, unos ojos que no podían beneficiarse de la enseñanza formal de la escuela. Giora y su hermano pequeño, Schmuel, se pasaban la mayor parte del día estudiando en casa o haciendo recados para evitar problemas. Los jóvenes sabían lo inteligentes que eran las muchachas y en qué materia destacaba cada una. Conocían a sus familias y a sus hermanas, y habían crecido jugando al pillapilla con aquellas jóvenes que ahora se adentraban a toda prisa en la vida adulta.

En la plaza judía frente a la Gran Sinagoga, había *neologs* (judíos reformistas) y ortodoxos, además de algunos *hasidim*, que debían de haber llegado lentamente a pie sobre los adoquines helados para empezar la *minjá* (la oración de la tarde), y todos ellos conversaban sobre el rumor. En Prešov todavía no se había hecho un anuncio formal. Y, aunque las noticias volaran, no lo hacían tan rápido como para que en una ciudad supieran lo que estaba ocurriendo en otra el mismo día. En Eslovaquia oriental, las noticias dependían de los pregoneros.

No lejos del centro de la ciudad, el barrio judío de Prešov descendía con suavidad por una hondonada que lo protegía del viento de la montaña. Varios miembros jóvenes de la Gran Sinagoga ya se habían dirigido al ayuntamiento para ver si había algún anuncio. Giora y Schmuel tuvieron la misma idea y adelantaron a aquellos hombres rumbo a la plaza.

Resultaba difícil de creer que, apenas unos meses antes, había sido el *bar mitzvá* de Giora en el gran edificio de dos plantas y que habían celebrado su madurez en casa de Magda Amster con cuarenta de sus mejores amigos y compañeros de clase, tanto chicas como chicos. La familia Amster siempre fue generosa, y la relación entre los padres de Giora y los de Magda fue particularmente estrecha por la amistad que unía a sus hijas. Ahora, los rumores de un servicio gubernamental amenazaban a las mismas jóvenes. De camino a la calle Hlavná, Giora sintió preocupación y deseos de proteger a sus vecinas y amigas. Pasó por delante de la tienda de corsés de Gizzy Glattstein, donde una refugiada polaca llamada Ida Eigerman había encontrado trabajo.

Al huir de Polonia en 1940, Ida había dejado atrás a su familia en la ciudad de Nowy Sącz, donde ahora había un gueto. Ida se había escondido primero en la frontera polaca, en Bardejov. Allí vivió con su tío y trabajó en su carnicería *kosher*. En la calle Kláštorská, enfrente de la carnicería, estaba la sinagoga de Bikur Cholim. En la galería de las mujeres, Ida probablemente se sentó junto a Rena Kornreich, que se ocultaba en la casa de su propio tío, a la vuelta de la esquina. Las dos refugiadas polacas sin duda se conocían antes de que Rena se trasladara a Humenné. Ida Eigerman tenía las mejillas redondeadas y el pelo liso y negro, aunque se lo rizaba hacia atrás para apartárselo de la frente. Pasaba los días tomando medidas a las judías de clase media y alta de Prešov para venderles corsés y demás ropa interior.

Pasada la tienda de corsés, colina abajo hacia la catedral donde se alzaba la estatua de Neptuno, Magda Amster quizá reflexionó sobre su joven vida al borde de la plaza de la ciudad… la plaza a la que los judíos ya no podían acceder. Echaba de menos ir a clase y echaba de menos tener un gato. Pero, sobre todo, echaba de menos a Sara, la hermana de Giora Shpira. Sara había estado tan decidida a ir a Palestina que hizo una huelga de hambre cuando su padre no quiso dejarla ir. Magda no era tan descarada como para dejarse morir de hambre o desafiar los deseos de su padre, por lo que no la secundó. La hermana mayor de Magda y su hermano también se habían marchado a Palestina. Magda pensó que su padre deseaba tener al menos a una hija en casa. Como era la más pequeña, creyó que era su deber. No obstante, añoraba la compañía de su mejor amiga y de sus hermanos. Cuando fuera mayor, dentro de unos años, su padre había prometido que irían a Palestina de visita. Pero, para una adolescente, unos años son una vida entera. El viento azotó su cara y provocó lágrimas en sus ojos. La única razón que tenía para sonreír era ver a sus amigos Giora y Schmuel corriendo colina abajo hacia ella con una carta en la mano. El viento intentó arrancarles las hojas finas cuando le entregaron la misiva a Magda, que las recogió con sus manos enguantadas. Asió con fuerza la última carta que Sara había enviado a casa:

Vivir es sencillamente precioso. El mundo es perfecto. Contento con su propia felicidad, de la que se regocija y que resulta tan enriquecedora. Obtengo satisfacción con mi trabajo, y cada miembro de mi cuerpo canta su canción. Tras unos días de lluvia, los cielos se vuelven a alegrar, azules y profundos, sobre las casas grises. De pronto, hay verduras, flores de todos los colores, y setos de culantrillo aparecen entre las rocas. Todo se refresca, se satisface, como en primavera, y yo también me alegro y me encanta estar viva.

Aquel fue un momento de ensueño, resquebrajado por el tambor del pregonero de Prešov, que anunciaba la misma noticia que Edith y sus amigas de Humenné ya habían oído. Los miembros de la comunidad judía de Prešov regresaron corriendo a la sinagoga para informar a los mayores mientras los adolescentes empujaban a la multitud para leer la noticia que se acababa de encolar sobre la pared del ayuntamiento. El mismo cartel estaba apareciendo por toda Eslovaquia, al mismo tiempo que los pregoneros lo anunciaban tañendo campanas de metal o tocando tambores. Lo único que variaba entre comunidades era adónde debían ir las chicas: a la estación de bomberos, a la escuela, al ayuntamiento, a la parada de autobús… El resto de la noticia era igual:

Todas las mujeres solteras entre los dieciséis y treinta y seis años deben registrarse en… con el fin de pasar un examen físico el día 20 de marzo para comprometerse con un trabajo de tres meses al servicio del Gobierno. Cada mujer deberá llevar un máximo de cuarenta kilos de pertenencias a… el día del registro.

«¿Por qué se llevan a las chicas?», dijo Giora Shpira.
Se haría la misma pregunta el resto de su vida.

3

> ¿Por qué empieza Heródoto su gran descripción del mundo
> con lo que, según los sabios persas, no era más que una trivial
> historia de ojo por ojo sobre secuestros de jovencitas?
>
> RYSZARD KAPUŚCIŃSKI

Viernes, 13 de marzo de 1942

*E*l edificio severo y gris lleno de columnas del Departamento de Finanzas estaba en la esquina opuesta de una de las construcciones más bonitas de Bratislava: un edificio de estilo *art nouveau* construido en 1890 y diseñado por el arquitecto austriaco Josef Rittner que en la década de 1940 fue sede del Ministerio de Interior con el presidente Jozef Tiso. En principio, había sido diseñado para el ejército del Imperio austrohúngaro, pero era donde giraban los engranajes del Gobierno del Partido Nacional Eslovaco. Con vistas a las orillas del Danubio, decorado con antiguos cascos romanos en las cuatro esquinas de sus muchas cúpulas y arcos, era un tributo al pasado próspero y complicado del Imperio. El Departamento de Finanzas estaba en una estructura mucho más minimalista, con un toque *art déco* de los años veinte. Embutido entre estas dos construcciones incoherentes, el puente de Franz Joseph cruzaba el Danubio.

Todavía hoy se pueden ver pescadores por las orillas junto a pequeñas hogueras que arden en mitad de la niebla del río mientras los carritos traquetean en las calles de arriba. Algunas cosas han cambiado. El Departamento de Finanzas es ahora el Ministerio de Interior. Hay un centro comercial calle abajo y una autopista de cuatro carriles. Pero la misma escalinata conduce a las puertas de diez metros de altura hechas de madera tallada con pomos de latón grandes como una zarpa de gigante. En su interior, justo a la derecha del vestíbulo de mármol, un ascensor paternóster se ha movido continuamente en la cinta transportadora de la eficiencia burocrática desde que fue instalado en la década de 1940. El ascensor sin puertas nunca detiene su incesante ciclo de cubículos móviles. Al igual que la oración que le da su nombre, se mueve como las cuentas de un rosario en las manos. Tampoco es que ayude rezar antes de meterte dentro… Hay personas que han perdido la vida o algún miembro en estos gabinetes que se llenan de humanos, pero es lo que se hace para ahorrar tiempo. Este paternóster es uno de los pocos ascensores de este tipo que quedan en Europa.

El doctor Gejza Konka, ministro de Transporte y jefe del Departamento Judío, habría dominado la técnica de entrar en el cubículo ascendente cuando lo veía pasar, y habría estado acostumbrado al crujido con el que la madera protestaría por su peso cuando le subiera al lugar donde el ministro de Economía se afanaba en calcular el gasto de realojar a los judíos.

Como jefe del Departamento Judío, un organismo que había ayudado a crear en verano de 1941 con apoyo del ministro de Interior, el fascista Alexander Mach, Konka era responsable no solo de idear un plan para deportar a las chicas, sino también de organizar los transportes en ferrocarril. Como la financiación y la eficacia económica no eran su fuerte, y puesto que debía tener en cuenta ciertos gastos (alimentación, alojamiento, guardias y combustible), tenía que visitar con frecuencia al ministro de Economía. El Gobierno eslovaco pagaba a los nazis 500 marcos alemanes (en torno a doscientos euros actuales) para «realojar» a sus judíos en Polonia. El eufemismo que utilizaban para «realojar», según lo definió la Conferencia de Wannsee, era «evacuar». El sentido de ambos términos era el mismo. De hecho, en un pedido de cinco toneladas de Zyklon B (el gas utilizado para ejecutar a los judíos y otros «indeseables»), la terminología que utilizaron fue «materiales para el realojo de judíos».

En 1941, después de que los eslovacos aceptaran las exigencias alemanas de enviar a veinte mil trabajadores, fue Izidor

Koso, gran personalidad del Gobierno de Tiso y de las cancillerías del ministro del Interior Mach, quien propuso a los alemanes enviar a judíos en vez de eslovacos. El plan de reunir a veinte mil «personas» perfectamente capacitadas de entre dieciocho y treinta y seis años para construir los edificios donde los judíos serían «reubicados permanentemente» en Polonia se originó en 1941. No obstante, Koso sabía que no podrían proporcionar a los alemanes tantos trabajadores como pedían, por lo que insistió en bajar la edad a dieciséis. Que las primeras cinco mil de aquellas personas capacitadas fueran mujeres no se había estipulado en ningún documento. En la Conferencia de Wannsee, celebrada el 20 de enero de 1942, Reinhard Heydrich, miembro de la Schutzstaffel (SS) y jefe de la Oficina de Seguridad del Reich, y su asistente, Adolf Eichmann, bosquejaron «una tarea organizativa sin parangón en la historia». En una dramatización de las transcripciones que se han recuperado de la Conferencia de Wannsee, miembros de las SS y varios políticos discutían en torno a una gran mesa de roble sobre la aniquilación de los judíos europeos y proponían la Solución Final con una cruel falta de emoción. Entre los eufemismos que se utilizaban estaba el de «oportunidad» que se les daba a los judíos de «trabajar», o más bien trabajar hasta la muerte. Edith y sus amigas estaban a punto de enrolarse en esta «oportunidad».

Las reuniones que concluyeron con la fatídica decisión de deportar a las judías solteras debieron de celebrarse a puerta cerrada y sin estenógrafo. ¿Quién instigó esta idea? ¿Vino de Adolf Hitler y de Hermann Goering, o de Heinrich Himmler? Lo único que sabemos a ciencia cierta es que los sospechosos habituales detrás del plan en Eslovaquia incluían al capitán de las SS Dieter Wisliceny, a Alexander Mach, antiguo líder de la Guardia Hlinka y por entonces ministro de Interior, al primer ministro Vojtech Tuka, a Izidor Koso y a otros más. El doctor Gejza Konka no aparece dentro de este eminente grupo de fascistas. Este hombre calvo de rostro acerado y ojos duros no figura en ninguna de las fotografías de grupo que se hicieron en esta época. Tampoco se escribía sobre él. Pero su nombre aparece y desaparece en el registro histórico, y figura en suficientes documentos como para que tenga un signo de interrogación importante.

Todos los asistentes a estas reuniones a puerta cerrada habrían coincidido en que la arianización de Eslovaquia era de vital importancia, pero al Partido Nacional Eslovaco se le presentaban varios obstáculos: la ley y el Vaticano.

En primer lugar, era ilegal deportar a judíos porque todavía se les consideraba ciudadanos. La Asamblea eslovaca necesitaba aprobar una ley que lo hiciera legal, pero todavía no se había presentado a debate ninguna propuesta. El anuncio pedía a las jóvenes que se presentaran para cumplir con su deber. No las iban a deportar, sino que les daban la «oportunidad» de trabajar para el Gobierno. Por supuesto que aquellos hombres que pergeñaron este plan secreto no se preocupaban demasiado por la ley. Para Alexander Mach, el voto no era más que una formalidad. Para cuando se aprobó la medida, más de cinco mil chicas y varios miles de varones jóvenes ya estaban en Auschwitz. No en balde se habla del Gobierno eslovaco como «estado marioneta» del Tercer Reich alemán.

Aunque cambiar la ley era un obstáculo, las objeciones del Vaticano contra las deportaciones de judíos resultaban más problemáticas. Para disgusto tanto del Gobierno eslovaco como del alemán, el plan de enviar judíos a campos de trabajo se había filtrado en noviembre de 1941. En respuesta directa, el papa Pío XII inmediatamente envió al emisario Luigi Maglione a una reunión con los ministros eslovacos para entregar un mensaje de la Santa Sede que sostenía que los ciudadanos judíos de Eslovaquia no deberían ser enviados a campos de trabajo porque «no es cristiano».

Ir contra la Santa Sede era, de hecho, muy serio. Muchos de los ministros eran católicos devotos. No obstante, el Vaticano no se había mostrado tan tajante contra el Código Judío, así que los artífices de los traslados de judíos no estaban tan preocupados. Para colmo, el presidente de Eslovaquia era un sacerdote además de fascista. ¿Iba tan en serio el Vaticano si ni siquiera había reprendido al presidente Tiso en público?

El primer ministro Tuka mantuvo su característica expresión compungida, con aquellas gafas de montura redonda que le daban un aire de perpetua sorpresa (o de sufrir gases intestinales), mientras el rostro sorprendentemente atractivo de Alexander Mach echaba humo. ¡Cómo se atrevía el Vaticano a desafiarlos! La ética cristiana no tenía ninguna importancia para el Partido Popular Eslovaco. Su presidente era un mediador entre los hombres y Dios, no entre los judíos y Dios. Al presidente-sacerdote del país no le gustaban los judíos. El protocolo obstaculizaba la eficiencia.

El Vaticano se oponía a los planes del Gobierno eslovaco e insistió en que se incluyeran excepciones para los judíos que se convirtieran y fueran bautizados. Los que hicieran trabajo importante para el Estado de Eslovaquia, como fabricantes de bienes, granjeros y mercaderes, podrían estar exentos de la «reubicación». Aquello que llamaban caridad cristiana no incluía a los judíos.

Se suponía que el envío de judíos a campos de trabajo ahorraría dinero al Gobierno eslovaco, una teoría basada en la espada de doble filo de la propaganda, ya que el Gobierno aseguraba que la pobreza de los judíos los convertía en una carga para el Estado, aunque también insistía en que los judíos se estaban enriqueciendo a costa de los gentiles pobres. Nadie prestó atención a la paradoja. Los economistas fuera del Gobierno, que ya habían descalificado la teoría del ahorro, también fueron víctimas de menosprecio. Alexander Mach hizo que su propio economista, Agustín Morávek, presidente de la Oficina Económica Central, manipulara las cifras, pasando por alto un análisis completo de los costos, que tendría que haber incluido no solo la recogida y transporte de judíos a los campos de trabajo, sino también los cuidados a los trabajadores. ¿Qué pasaba si un trabajador enfermaba? Había que alimentarlos, ¿verdad? Al menos las chicas no comían tanto.

Por supuesto, la traición económica definitiva fue que Mach y sus compinches habían acordado con la RSHA (la Oficina Central de Seguridad del Reich) el traslado de judíos eslovacos en junio de 1941. Entonces, en marzo de 1942, el primer ministro Tuka le dijo a la Asamblea eslovaca que «los representantes del Gobierno alemán habían declarado su voluntad de llevarse a todos los judíos». El coste del «realojo» sería de unos 500 marcos alemanes por judío. Los alemanes no iban a pagar por la mano de obra esclava, sino que iban a obligar a los eslovacos a pagarles para llevarse la mano de obra esclava judía. Cualquiera se preguntaría si el gasto pagado por judío no sería una partida incluida en el presupuesto total.

El Departamento de Transporte, dirigido por el doctor Gejza Konka, debió de agonizar con cada minucia, por ejemplo determinar el tipo de vagón que utilizarían para transportar a mil «personas» por terreno difícil y montañoso lleno de curvas cerradas. Lo más rentable eran los vagones para ganado. Los alemanes ya habían medido este tipo de vagones y habían estimado que en su interior cabía el doble de personas que de caballos o reses. Para desplazar a mil personas harían falta al menos veinte vagones unidos. Esto no sería un simple tren... sería un convoy.

Era una tarea hercúlea. No solo requería que el sistema ferroviario se proveyera de los vagones para animales, también tendrían que fletar autobuses para enviar a las «personas» desde pueblos remotos a lugares centrales lo bastante grandes como para concentrar trabajadores y abaratar así el transporte a los campos de trabajo. También necesitaban una estación de tren que pudiera almacenar al menos veinte vagones de mercancía además de la línea activa. En Eslovaquia oriental solo podía ser la estación de Poprad, una pequeña ciudad donde la línea férrea del sureste y noreste podían cambiarse sin suspender los servicios habituales de trenes. Tras elegir la estación, Konka todavía tenía que encontrar un sitio donde alojar a la gente. Poprad tenía un barracón militar de dos plantas rodeado de vallas muy seguras. Problema resuelto.

Hoy en día, en Poprad hay vías de tren viejas y deterioradas, rodeadas de hierba demasiado alta, que asoman de las zarzas y que avanzan al lado de las vías activas. A menos de medio metro del barracón donde las chicas hicieron su primera parada, esta línea en desuso lleva a la zona de almacenaje. Allí los vagones antiguos se van oxidando, lejos de la línea principal. A lo lejos, las puntas blancas del Alto Tatra rasgan el cielo.

El hecho de que los primeros transportes vinieran de enclaves rurales probablemente estaba planeado. Por un lado, atraería menos atención si se producían errores. Por otro, si había protestas o disturbios, la Guardia Hlinka podría encargarse de la contención sin llamar mucho la atención. El Gobierno no quería preocupar a nadie. Puesto que la Asamblea eslovaca todavía no había votado una ley que legalizara las deportaciones de judíos, todo tenía que parecer lo más normal posible. Sin duda, no estaban deportando oficialmente a nadie. Los documentos gubernamentales se referían a las mujeres como trabajadoras «contratadas».

Entonces, ¿cuándo se convirtieron las solteras jóvenes en la población objetivo? ¿Quién lo propuso? No parece haber un culpable, pero sin duda fue una decisión tomada por hombres. ¿Se rieron al inventar la razón oficial para aquel transporte, aquello de proporcionar mano de obra para «construir alojamientos» para más trabajadores judíos? ¿Quién se lleva 999 chicas a trabajar a una obra? En algún momento se filtró la noticia de que las jóvenes iban a trabajar en una «fábrica de zapatos». En esa época, Eslovaquia era uno de los mayores productores de zapatos del mundo, y la empresa de calzado T. & A. Baťa era una de las compañías que más trabajo daba en el país. De hecho, sí hubo una fábrica de zapatos asociada a Auschwitz-Birkenau, y aunque ninguna de las 999 (que yo sepa) trabajara allí, el propietario de la empresa era, como se podía esperar, Jan Antonín Baťa. La idea de que las chicas fueran a trabajar a una fábrica de zapatos aplacó muchas de las preocupaciones de los afectados. Pero fue un juego de manos, y el Gobierno usaba una baraja marcada.

La implementación fue la siguiente fase de lo inevitable. Los alemanes ya habían observado que la mejor forma de deportar a cientos de personas era en los vagones que se utilizaban para transportar ganado. Konka y sus colegas estaban de acuerdo. ¿Acaso se pararon a pensar en el frío y el viento que sufrirían en los vagones para ganado las jóvenes con sus vestidos y faldas, sobre todo al atravesar el Tatra y los Cárpatos en marzo? ¿A quién se le ocurrió registrarlas en sabbat? ¿O lo de meter dos cubos en cada vagón, uno de agua para beber y el otro vacío para usarlo como letrina? ¿Alguno de esos hombres consideró que algunas chicas podrían estar menstruando? Por supuesto que no. Aquello era guerra psicológica, y pronto iba a sufrir metástasis y convertirse en genocidio. La logística de los transportes fue enorme, pero, llegado el momento de pasar a la acción, ¿alguno de los hombres pensó en sus propias hijas? ¿Hermanas? ¿Primas? ¿Alguno de ellos llegó a pensar: «Esto no está saliendo como yo pensaba, es peor, más desagradable, no son más que chicas»?

No había paternóster en el Ministerio de Interior. El edificio era demasiado antiguo para ascensores, así que el doctor Gejza Konka tuvo que subir por las escaleras para llegar a su oficina. En una habitación recubierta con paneles de roble, debió de llamar a su secretaria para que le trajera los documentos más recientes que tuviera que firmar. Recién mecanografiadas en papel cebolla, embutidas entre papel carbón para hacer triplicados, las órdenes llegaron a su mesa para que les diera el visto bueno.

Sin prestar atención al hecho de que las «personas» que iban a ser deportadas iban a ser mujeres, y jóvenes, además de solteras, se fijó en que los documentos no tuvieran errores tipográficos:

Bratislava-Patrónka, estación de tren de Lemec, con capacidad para 1000 personas.

Sereď: campo de trabajo para judíos de la estación de tren de Sereď, junto al río Váh, con capacidad para 3000 personas.

Nováky: campo de judíos, estación de ferrocarril de Nováky, con capacidad para 4000 personas.

Poprad: estación de ferrocarril de Poprad, para 1500 personas.

Žilina: estación de ferrocarril de Žilina, para 2500 personas.

En principio, los eslovacos planeaban llevarse a cinco mil judías en solo cinco días, una tarea monumental que todavía no habían conseguido ni los nazis alemanes. El documento que Konka se disponía a firmar era todavía más osado, pues confirmaba la deportación ilegal de doce mil «personas». ¿Llegó a preocuparse por la opinión del Vaticano justo antes de firmar el documento? Se había mostrado muy seguro respecto a la cuestión judía unos meses antes, pero ahora que su nombre iba a aparecer en el documento, ¿algún escrúpulo moral asaltaría su conciencia? Si no le importaba la opinión del papa al respecto, ¿le importaba la de Dios?

El Departamento 14 —el Departamento Judío— contaba con solo dos semanas para resolver las últimas cuestiones y empezar la mayor deportación de seres humanos de la historia hasta entonces. Pero, claro, el Todopoderoso había creado los cielos y la tierra en siete días. Nada era imposible.

Al otro lado de las ventanas de su oficina, se alzó una bruma que provenía del helado Danubio. Alzó la pluma sobre el papel, dispuesto a firmar, y Konka debió de pensar que su trayectoria profesional iba en la dirección correcta. Apretó la punta de su estilográfica sobre la hoja, garabateó «en nombre del ministro, el doctor Konka» y selló el destino de miles de mujeres jóvenes.

A pesar de que su firma basta para asegurarle un lugar destacado en los anales de la vergüenza, en cuestión de semanas Konka desapareció de los registros históricos, pues fue sustituido como jefe del Departamento Judío por su segundo, el infame Anton Vašek. Se trataba de un burócrata presumido, obeso y corrupto que acabaría siendo conocido como «rey de los judíos». No tenía problemas en recibir sobornos, vender exenciones al mejor postor o retirar exenciones a judíos eslovacos que no le pagaban suficiente dinero. En cambio, Konka, de no ser por su firma, desaparecería apenas unas semanas después del primer transporte de la historia, igual que los miles de adolescentes que deportó.

4

> ¿Qué querrían de ellos?
> No son más que niños, la mayoría.
>
> LADISLAV GROSMAN, La novia

*E*mmanuel Friedman estaba orgulloso de la inteligencia de sus hijas y quería que llegaran a ser profesionales con estudios —Lea abogada, Edith médico— para que pudieran controlar sus propias vidas. Los hombres con los que solía rezar, que obedecían las instrucciones antiguas del Talmud según las cuales las mujeres debían quedarse en casa y trabajar como madres, le reprendían por querer que sus hijas estudiaran. Emmanuel, que creía en el derecho divino de las mujeres para formarse, no tardó en cambiar de sinagoga en busca de un espacio más liberal. El Código Judío fue lo que obligó a Edith y a Lea a abandonar su sueño de tener carrera profesional. Una joven llamada Manci Schwalbova había estudiado para ser cirujana y solo le quedaba un examen para conseguirlo. Entonces se aprobó el Código. No dejaron que Manci se presentara a la última prueba.

Emmanuel y Hanna Friedman estaban preocupados por que sus hijas no pudieran acabar el instituto. ¿Cómo iban a tener éxito si ni siquiera tenían los títulos de secundaria? ¿Y ahora se suponía que tenían que trabajar para el mismo Gobierno que les había arrebatado los estudios?

La única buena noticia era que el Gobierno había prometido excepciones para familias cuyos negocios fueran económicamente esenciales para el Gobierno y los esfuerzos de guerra, y se suponía que los Friedman estaban entre ellas. Había algunas otras familias afortunadas. En principio, las nietas de Chaim Gross, Adela y Debora, también estarían exentas. Cuando los Gross pensaron que Debora era lo bastante mayor como para casarse con Martin Grosman, tuvieron la esperanza de conseguirle una doble protección a través de su marido, además de con su abuelo. Adela, que tenía dieciocho años, no contaba con esa doble seguridad.

A pesar de su extraordinaria belleza, Helena Citron todavía no estaba casada, y su familia no era rica. No habría exención para los Citron. A no ser que Helena se casara de inmediato, iría a trabajar para el Gobierno. Su hermana mayor, Ruzinka Grauber, estaba casada y tenía un hijo; Ruzinka estaría a salvo.

Hanna Friedman retorció su delantal y frunció el ceño. Las exenciones eran un alivio bienvenido para las familias importantes para el Gobierno, pero los vecinos de Hanna también tenían hijas. ¿Qué pasaría con las amigas de Edith y Lea? Zena Haber, Margie Becker o Anna Herskovic, la chica rubia rojiza de belleza delicada, no apta para el trabajo en una fábrica o en una granja. ¿Y qué sería de la buena de Annou Moskovic, la de la cara regordeta, que siempre buscaba una excusa para pasar por la casa de los Friedman el día que hacían pan? A Annou le encantaba el pan de la señora Friedman. ¿Irena Fein tendría una exención por trabajar en la tienda de fotografía y ayudar económicamente a su familia? ¿Por qué no podía quedarse todo el mundo a trabajar para el Gobierno desde casa? Hanna estaba preocupada y enfadada mientras sus hijas recogían la mesa después de la cena. Tendría que preparar un poco más de masa que de costumbre y amasar un pan trenzado para Annou.

Emmanuel, sentado junto al hogar en la «habitación blanca», observaba el rostro preocupado de su mujer. Sin duda, sus hijas estaban «maduras» para trabajar.

«Lea ya tiene los papeles para viajar a Hungría —recordó Hanna a su marido—. Que se queden allí, donde las cosas están más tranquilas. Cuando Lea llegue, Edith podrá colarse a través de la frontera y reunirse con ella. Es mejor que se vayan de aquí a que vayan a trabajar.»

Emmanuel no estaba de acuerdo con eludir las órdenes legales que les imponía el Gobierno. «Es la ley», le dijo a su mujer.

«Es una ley mala.»

«Pero es la ley.» Incumplir una ley no era lo mismo para un judío que para un gentil. Temía que hubiera consecuencias.

La discusión que estaban manteniendo los Friedman era una fracción del enorme dilema al que se enfrentaban los progenitores judíos en toda Eslovaquia. La nieve ya no estaba inmaculada ni blanca, sino gris y sucia. El hielo que cargaba los pinos los obligaba a doblarse y a romperse con el inclemente viento. Las sastrugi moldeaban el paisaje. Las serpientes de nieve ondulaban por el suelo helado. Grandes cúmulos de nubes surcaban el cielo nocturno y cruzaban la frontera húngara rumbo al frente oriental.

Aquella semana, ningún judío durmió bien.

En Prešov, a Adolf Amster, un hombre de negocios importante, le habían asegurado que obtendría exenciones para su familia. Magda estaría a salvo. Se suponía que los Hartmann, que dirigían una lechería importante, también tendrían exenciones. Al oír a algunos hablar se diría que todo el mundo iba a recibir una. Los propietarios de fábricas, los comerciantes más hábiles, los granjeros... Cualquier familia que tuviera un negocio que resultara viable económicamente, o que tuviera cierta importancia para apoyar al Gobierno eslovaco, obtendría una exención para que sus hijas se quedaran en casa.

Los documentos que autorizaban las exenciones no eran breves, y los secretarios del ministerio en Bratislava debieron de mecanografiar muchos con diligencia. Pero el proceso no era nada simple, y la burocracia gubernamental, que nunca había sido demasiado eficiente, ahora se había vuelto más lenta. Cuando llegaron a Roma las noticias del servicio de trabajo obligatorio, el Vaticano envió a otro representante en el mes de marzo para interceder por los judíos. Para contrarrestar la presión del Vaticano, Eichmann envió a Bratislava a su mano derecha, un miembro de las SS algo regordete llamado Dieter Wisliceny, su «especialista y consejero en asuntos judíos», para asegurarse de que el primer transporte de judíos «oficial» funcionara sin problemas. Wisliceny consultó a Konka sobre los asuntos más difíciles de la puesta en marcha de las deportaciones de las primeras mil chicas, pero Konka estaba seguro de que su «exagerado» plan de llevarse a cinco mil mujeres en cinco días iba a ser posible.

Ignorantes del caos político que habían causado las exenciones, los padres judíos confiaban en que el Gobierno les entregaría el papeleo prometido antes de que sus hijas tuvieran que presentarse a trabajar. Cada día, Hanna Friedman esperaba el correo con inquietud. Agarraba y abrazaba a sus hijas de un modo espontáneo, peinaba a Lea y le acariciaba la mejilla a Edith, cantaba con ellas mientras hacían sus tareas. Chaim Gross tenía a sus empleados llamando por teléfono a las distintas líneas del Ministerio de Interior. El matrimonio de Debora se adelantó. Como había sufrido de artritis reumatoide juvenil, sin duda se libraría de trabajar. Pero ¿qué pasaría con Adela, su otra nieta?

El alcalde de Humenné trató de transmitir confianza a las familias judías importantes, pero sin la documentación oficial del ministerio sus afirmaciones no valían nada. Emmanuel Friedman conocía desde hacía años a los trabajadores gubernamentales de la región, pero estaban igual de perdidos que él respecto a las exenciones. Nadie sabía cuándo iban a llegar. Lo único seguro era la severa advertencia que se repetía por todo el pueblo: si el nombre de una chica aparecía en la lista y ella no se presentaba, la detendrían.

¿Había una lista de nombres?

Pues sí, la había.

Cuando Alemania se anexionó Eslovaquia, se convocaron consejos judíos, en principio para defender a sus comunidades. Pero en realidad estos consejos no tuvieron ningún poder ni responsabilidad, aparte del acopio de información sobre la población judía local. Estos censos parecían papeleo y burocracia inofensivos, pero los datos se recogían por razones mucho más reprobables, y con el tiempo permitirían que la Guardia Hlinka se movilizara contra los judíos eslovacos. Era el pirateo informático del Gobierno al estilo de la década de 1940. Las listas regionales estaban por orden alfabético e incluían fechas de nacimiento y direcciones. Lo único que tenía que hacer la policía

1	2 Meno Priezvisko	3 Deň, mesiac, rok narodenia	4 Bydlisko	5 Poznámka
1.	Deutschová Priška	1.10. 1918	Humenné, Ul.HG 47	✓
2.	Davidovičová Margita	23.3. 1923	" Vyšný Majer	
3.	Ehrenbergová Hena	19.6. 1925	" Štefánikova 28	✓
4.	Ehrenbergová Helena	13.12. 1922	" Štefánikova 11	✓
5.	Eichlerová Edita	12.7. 1922	" Ul.HG.46	✓
6.	Engelmanová Edita	21.10. 1918	" Hviezdoslavova 850	✓
7.	Engelmanová Irena	14.6. 1930	" "	
8.	Erlichová Dorota	4.7. 1921	" Ružová 380	✓
9.	Feinová Janka	23.6. 1907	" Hlinkova 77	
10.	Friedmanová Róza	27.10. 1925	" Hlinkova 134	✓
11.	Friedmanová Ružena	9.9. 1925	" Hlinkova 117	
12.	Friedmanová Sara	26.6. 1925	" Hlinkova 117	
13.	Findglingová Serena	30.5. 1922	" Ul.HG.46	✓
14.	Friedmanová Margita	24.12. 1920	" Hlinkova 86	
15.	Friedmanová Lea	2.7. 1922	" Hlinkova 86	✓
16.	Friedmanová Edita	11.7. 1924	" Hlinkova 86	✓
17.	Friedrichová Anna	28.9. 1909	" Hlinkova 19	
18.	Friedrichová Ružena	21.8. 1911	" Hlinkova 19	
19.	Friedrichová Ida	9.10. 1914	" Hlinkova 19	✓
20.	Fuchsová Margita	6.6. 1908	" Hlinkova 69	✓

La lista de chicas de la ciudad de Humenné, con sus fechas de nacimiento y sus direcciones. Lea y Edith son los números 15 y 16. Las marcas a la derecha señalan que se registraron.

IMAGEN CORTESÍA DE LA FAMILIA DE JURAJ LEVICKY.

era presentarse en la casa o apartamento de la lista y detener a las chicas que no se hubieran presentado al registro, a no ser que sus nombres se hubieran tachado oficialmente.

El 20 de marzo de 1942 por la mañana, Brody Sloboda salió de su apartamento al mismo tiempo que un vecino gentil que trabajaba para el Gobierno.

«Es un mal día para ser judío», le dijo el hombre a Brody.

«¿Por qué?»

«¿Ves esto? —Le mostró una lista de nombres de mujeres—. Hoy se las van a llevar a un campo de trabajo.»

Al principio de la lista figuraba el nombre de una de las primas de Brody, Judita Hassova.

«¿Me haces un favor? —preguntó Brody—. ¿Podrías quitar ese nombre?»

El vecino sacó un lápiz y tachó el nombre.

Setenta y cinco años después, el hijo de Judita, Ivan Sloboda, todavía se pregunta si su madre fue la razón por la que solo hubo 999 chicas. «Quizá mi madre era la número mil.»

Pero quizás hubiera una razón más siniestra para la configuración numérica de 999.

La letra tet: ☽
9: representa un beneficio invertido u oculto.

𝐿os líderes del Tercer Reich estaban obsesionados con el misticismo oculto y estaban dispuestos a recurrir a cualquier práctica que les asegurase la victoria. Himmler era un astrólogo entusiasta; Goebbels estaba fascinado por Nostradamus y le contó cómo interpretaba sus predicciones a Hitler, quien se mostró «muy interesado». En la década de 1940, el Reich contaba con «científicos» de los campos de la astrología, la parapsicología y una división sobre Nostradamus, todos ellos dedicados a la interpretación de sus profecías para predecir la caída de Francia y de toda Europa. «¡Precaución! ¡No habléis a nadie de Nostradamus!», advirtió Goebbels a sus confidentes. Resulta interesante observar que Nostradamus utiliza el número 999: «En el juicio, aunque haya 999 que condenen a un hombre, se salvará si uno lo defiende». Nadie iba a defender a nuestras 999 chicas.

El uso que hizo Hitler de la mitología pagana para manipular a las multitudes está bien documentado, y cuanto más apoyo recibía la ideología nazi de los «cosmobiólogos», más convencidos estaban sus líderes de que «quien esté en contacto con ello pone en marcha la magia». Himmler consideraba que la astrología estaba «científicamente justificada y era de lo más precisa», así que no resultaba extraño que tuviera a su propio astrólogo personal, Wilhelm Wulff, del cual se hizo tan dependiente que hasta en 1944 utilizaba las estrellas para tomar decisiones y planear estrategias militares. Durante los últimos días del Reich, el líder del servicio de inteligencia internacional de las SS recurrió a Wulff «solo para averiguar qué iba a hacer Himmler», que para entonces ya era la segunda persona más poderosa del Reich.

La práctica de la numerología se remonta a la época de los griegos antiguos y el matemático Pitágoras, e incluso a tiempos de babilonios y caldeos. Los astrólogos solían usar la numerología y, teniendo en cuenta la amalgama nazi de Nostradamus, mitología pagana y astrología, cabe preguntarse si estas prácticas influyeron en el uso del número 999, pues el primer transporte de mujeres a Auschwitz lo encargó Himmler en persona.

El 3 de marzo de 1942, Himmler visitó Ravensbrück para discutir la nueva directiva que había surgido de la Conferencia de Wannsee —sobre la creación de campos de exterminio para judíos— con Max Koegel, el comandante de Ravensbrück. ¿Por qué meter a Koegel en esta conversación? Ravensbrück era el único campo de concentración alemán para mujeres, y aunque no tengamos pruebas concretas de que estuviera destinado en primer lugar a chicas jóvenes, Himmler ya sabía, o había decidido por su cuenta, que los primeros transportes de Eslovaquia serían de mujeres. El problema era que Ravensbrück ya tenía unas cinco mil prisioneras y no era lo bastante grande para alojar más. Había que crear un nuevo campo de concentración femenino. En Auschwitz.

Una vez informado del plan de Himmler, el comandante de Auschwitz, Rudolph Höss, ordenó que se sacara a los prisioneros varones de los bloques numerados del 5 al 10. Antes, esos bloques habían servido de alojamiento a veinte mil prisioneros de guerra rusos. Casi todos habían muerto o los habían asesinado antes de marzo de 1942. Los novecientos hombres que seguían vivos fueron trasladados a los antiguos establos de la caballería polaca, a cinco kilómetros de distancia. Después solo hacía falta construir una verja que separara los campos de hombres y de mujeres, así como encontrar a una mujer que supervisara.

Johanna Langefeld, de cuarenta y dos años y miembro de las SS, era la opción perfecta. Había trabajado en Ravensbrück desde 1939 y tenía una larga relación de trabajo con Himmler, quien confiaba en ella por su capacidad de organización para crear el nuevo campo para mujeres. Langefeld creía que reformar a una prisionera era castigar su cuerpo de un modo que hoy en día se consideraría tortura, pero apoyaba con firmeza a las prisioneras que trabajaban, que obedecían sus órdenes o que le caían bien. Las nuevas leyes que la Conferencia de Wannsee y Himmler pusieron en marcha no eran un secreto entre los miembros de las SS. Como supervisora del nuevo campo femenino de Polonia, Langefeld tenía que estar al corriente de que se explotaría hasta la extenuación a las mujeres judías bajo su control, como si fuesen esclavas, y que después las matarían. A pesar de que esta norma contradecía sus creencias religiosas, no le entusiasmaban los judíos, y vio su traslado a Auschwitz como un ascenso deseado. A menudo chocaba con Max Koegel, el comandante de Ravensbrück, así que por fin iba a ser responsable de un campo femenino entero y podría demostrar su valía a Himmler. Al menos, eso esperaba.

Solo parece haber una fotografía de Langefeld. Va andando detrás de Himmler y de otros tres oficiales de la Gestapo junto a las vallas de alambre de espino de lo que parece ser Ravensbrück. Himmler avanza por delante de los demás, con los guantes en una mano. Hay nieve en el suelo, y detrás de los Goliats de la Gestapo, Langefeld parece empequeñecida. Lleva una gorra estrecha y el pelo encanecido recogido en un moño muy tenso. Su abrigo es sencillo, sin galones de ningún tipo, y lo lleva abotonado hasta el cuello. Tiene la papada caída bajo una boca severa que la hace parecer una matrona amargada y avejentada.

Auschwitz iba a envejecerla todavía más. A tres semanas de recibir el primer transporte oficial de judías, había mucho que hacer. Himmler le había dado orden de seleccionar a mujeres de las SS, además de las 999 prisioneras de Ravensbrück, para que trabajaran de *kapos*.

¿Por qué no llevar a mil mujeres? ¿Que fueran 999 era coincidencia? ¿Himmler hacía cosas por casualidad?

Tradicionalmente se ha considerado que la numerología y la astrología eran «herramientas de sabiduría» que ayudaban a ordenar un universo caótico. Cada número recibe un significado específico y un poder, pero cuando un número se triplica, se supone que la intención de ese número aumenta a la tercera potencia. Así que crear un triplete numérico podría tener un fin.

En el sistema pitagórico, los números representan ciclos. El número uno es el de la iniciación. El número nueve es el punto culminante. La compleción. Poner tres nueves juntos señala un punto final decisivo, mientras que el número diez y el mil, que siguen al 9 y al 999 respectivamente, representan un nuevo comienzo, un milenio. Si nueve es un número sombrío,[*] un numerólogo vería la intención tras usar este número. En el caso del Holocausto, tres nueves indicarían un claro deseo de acabar algo. El nueve tiene su propia mística matemática, porque los números que son divisibles por nueve siempre se reducen o culminan en su número fuente: el nueve.

$9 + 9 + 9 = 27$; y $2 + 7 = 9$

Con las fechas, los numerólogos pitagóricos separan los dígitos del día, del mes y del año y luego suman los números hasta que les quede una cifra de un solo dígito. Según este sistema, el 26 de marzo de 1942 también es nueve: $2 + 6 + 3 + 1 + 9 + 4 + 2 = 27$; $2 + 7 = 9$.

Además, en el sistema pitagórico cada letra tiene un valor numérico. Heinrich acaba dando el número 9, al igual que Luitpold y Himmler. Su fecha de nacimiento, el 7 de octubre (mes 10) de 1900, también es un nueve. ¿Estaba Himmler utilizando las secuencias de números de su nombre y de la fecha de nacimiento oficial de la Solución Final en un intento de jugar con una baraja de cartas oculta contra los judíos? En la mente de Himmler, el poder de los números y de las cartas astrales de estos acontecimientos podría asegurar el éxito de aquella empresa. Y la cuestión judía quedaría resuelta. Por completo.

Resulta difícil determinar qué creía Himmler sin la prueba escrita en sus diarios, pero el hecho es que el número de chicas que llegaron a Auschwitz en el primer transporte no fue de 1500 «personas» documentadas en un principio en el informe firmado por Konka el 13 de marzo de 1942, sino 999, el mismo número que Himmler había ordenado diez días antes en Ravensbrück.

En este punto, debemos examinar la astrología oculta tras la fecha en la que llegaron las muchachas. Himmler era un astrólogo ferviente y devoto que había estado encargando cartas astrales desde 1928. Su propia carta se considera astrológicamen-

---

* Según la astróloga y numeróloga Molly McCord, un número sombrío implica connotaciones negativas. *(Nota de la autora.)*

te «extraordinaria», dijo Molly McCord, astróloga y numeróloga. No le había dicho de quién era la carta astral cuando le pedí que la hiciera, así que al principio no sabía que la fecha de nacimiento era la de uno de los oficiales de las SS más infames de Hitler. «Ciertos aspectos extraños muestran a un individuo de mente aplicada que haría grandes cosas en el mundo, que ostentaría un gran poder y que sería un gran líder.» Supongo que para los nazis sí hizo grandes cosas. En su ascenso dentro de las SS, el despiadado deseo de poder de Himmler le convirtió en un adversario y oponente político muy duro. Era un hombre al que se le daban muy bien los juegos de ingenio y la manipulación mental, un hombre que siempre buscaba el jaque mate mientras planeaba entre bambalinas cómo mejorar su posición y atraer poder hacia sí mismo.

Los cuatro elementos que dictan una carta astral son el aire (el intelecto), el fuego (la energía), la tierra (raigambre) y el agua (emoción). «Esta carta astral carece de emoción —prosiguió McCord—. En cero grados Escorpio, carece de compasión y tiene muy poca empatía con la humanidad.»

Por supuesto, es posible que las implicaciones del número 999 fueran particulares de la teoría personal y variopinta de Himmler. Y no es tan rebuscado como parece. Se sabe que Goebbels interpretaba a Nostradamus para favorecer sus planes. Si hay algún significado numerológico tras el 999, es el tipo de cálculo frío que demuestra cómo Himmler jugaba en el ajedrez de la Solución Final. Las mujeres eran sus peones. Si las 999 *kapos* de Ravensbrück fueron su primer movimiento, ¿las 999 chicas judías serían el segundo? ¿Hizo las dos jugadas voluntariamente en una fecha en la que le habían dicho que las estrellas se alinearían de forma favorable con su carta astral para conseguir el éxito definitivo?

Según el astrólogo histórico Robert Wilkinson, la fecha y la hora del transporte tenían varios factores que indicaban que era «una bifurcación en el curso del destino». «En astrología —me explicó—, la serie septil representa puntos en los que se han de tomar decisiones que determinarán el "destino" futuro de lo que esté ocurriendo, un "destino absoluto e irrevocable".» Por mucho que Himmler manipulara las señales o hiciera que las interpretaran a su gusto, es poco probable que sacara las fechas del 20 y 26 de marzo al azar, al igual que su decisión de elegir solo a 999 prisioneras de Ravensbrück en vez de a mil. Era demasiado controlador como para eso, y, al igual que otros personajes prominentes del Reich, habría querido la ventaja que creía que podía obtener de la astrología.

La tarde que partió el tren de la estación de Poprad, los planetas estaban alineados formando un trino complejo con la fecha de la visita de Himmler a Ravensbrück y la fecha de julio de 1941, cuando Goering «pidió la aniquilación total de la población judía europea». La petición de Goering fue lo que puso en marcha la maquinaria que llevó a la Conferencia de Wannsee a formular la Solución Final y a la rápida puesta en marcha, pocas semanas después, de lo que acabaría siendo la deportación de nuestras chicas.

Las fechas y las horas son elementos cruciales en las cartas astrales. Sabemos que el tren salió de la estación a las 20.20 horas, lo cual, según Wilkinson, se alinea con la visita original de Himmler. A la mañana siguiente, cuando los dos transportes de mujeres llegaron a Auschwitz —el de las *kapos* y el de las judías—, los planetas estaban alineados entre Marte y Géminis, lo cual coincidía con un eclipse lunar el 3 de marzo de 1942, la fecha en la que Himmler pidió en Ravensbrück 999 prisioneras para que trabajaran en Auschwitz. En círculos astrológicos, ese eclipse tenía una Gran Cruz Mutable, algo considerado muy poderoso y que puede generar una «fractura severa». Si hay tensión «de direcciones opuestas, puede ser muy destructiva». Y lo iba a ser.

Para terminar, hay una correlación con los anuncios de los pregoneros de unas semanas antes. El 20 de marzo, a las ocho de la mañana, cuando las chicas tenían que ir a registrarse para el trabajo y pasar el examen de salud, el sol estaba en la luna de Himmler, que estaba en Aries. Este es el primer signo del zodíaco —el dios de la guerra y la agresión—, y se le suele asociar con el poder y la iniciación. Eso significa que era un momento excelente para Himmler para empezar un plan de acción. Estaban en guerra, y Himmler atacó con las estrellas de su parte. Y atacó a jóvenes judías.

No es culpa de mis padres, pues ignoraban que era mi destino.

Rose #1371 (Edith Goldman)

$\mathcal{F}$ue el jefe del Departamento Judío, Gejza Konka, quien propuso que las órdenes individuales de deportación se entregaran con muy poca antelación para que no hubiera tiempo de escapar o esconderse. Por supuesto, el anuncio del primer transporte se había difundido con antelación, así que Konka debió de repensarlo cuando vieron que no alcanzaban la cuota esperada. Durante el mandato de su sucesor, las deportaciones se realizaban a veces en cuestión de horas. Las familias que vivían en pueblos de menos de veinte personas no tenían ni idea de lo que ocurría en las ciudades. Las noticias de las órdenes de trabajo de las mujeres todavía no habían llegado a las comunidades rurales más lejanas. En aquellos minúsculos asentamientos la gente ni siquiera sabía que se podían solicitar exenciones, aunque no tuvieran suficiente dinero ni fueran lo bastante importantes para optar a ellas.

A pesar de que el alcalde de Humenné hubiera asegurado que las exenciones de las hermanas Friedman y de otras familias importantes estaban a punto de llegar, la documentación todavía no había aparecido. Para los ciudadanos que cumplen con la ley, romperla nunca es una decisión fácil, así que, el 20 de marzo por la mañana, la mayoría de las familias llevaron a sus hijas a los centros designados a cumplir con las órdenes recibidas. Las Friedman estaban entre las que obedecieron la ordenanza. Se suponía que tenían un límite de equipaje de hasta cuarenta kilos, pero «no teníamos cuarenta kilos que llevar con nosotras», cuenta Edith. Su hermana y ella doblaron sus mejores prendas —un jersey, una falda, varias medias calentitas— porque, cuando te vas, te llevas lo mejor que tienes. Su madre envolvió el pan casero en una tela y colocó una rebanada en la maleta de Lea. Poniendo buena cara y convenciéndose a sí mismas de que estaban cumpliendo con su deber por el país, besaron a su madre, primero Lea, después Edith. Salieron de casa convencidas de que volverían pasadas unas pocas horas.

La idea de marcharse del lado de sus padres y sus familias durante tres meses asustaba a muchas de las jóvenes que habían crecido en hogares sobreprotectores y religiosos. Giora Shpira recuerda a su madre y a la de Magda lavándoles el pelo a sus hijas con agua de lluvia para que sus largas trenzas estuvieran suaves y limpias. Eran niñas mimadas que no podían hacer ningún mal a nadie. Sus padres harían lo que fuera por ellas.

Algunas muchachas pensaban que se iban a una aventura. Margie Becker confiesa que con la decisión de abandonar a su familia para «trabajar en una fábrica de zapatos» desobedecía por primera vez en serio a su madre. «Mi madre decía: "No tienes que ir". Pero yo quería ir con mis amigas. Las amigas eran muy importantes a esa edad. No quería quedarme atrás.» Lo mismo se aplicaba a Adela y su amiga Grizzy. No tenían miedo a trabajar y lo veían como una oportunidad de demostrar que los eslovacos y los alemanes se equivocaban respecto a los judíos. Iban a demostrarles lo fuertes que eran las jóvenes judías eslovacas.

Piri, Eta, Rena, Fanny, Olga, Marta, Ida y cientos de jóvenes de toda Eslovaquia se plantaron frente al espejo o a cristales reflectantes, se peinaron y se dijeron a sí mismas: «Todo va a ir bien, vas a volver a casa dentro de unos meses y te casarás, después acabarás el instituto y empezará tu vida...».

¿Por qué iban a dudar de lo que les habían dicho?

«Registrarse» implica presentarse a un deber de un modo oficial, pero no supone necesariamente que ese deber se active de inmediato, así que las mujeres que fueron a registrarse creían que volverían a casa para el sabbat. Esa era la trampa que había preparado Konka con tanto cuidado. El factor sorpresa era fundamental.

Los recuerdos sobre el registro variaban de una comunidad a otra. Lo único constante era que en los edificios donde las chicas se registraban había un ambiente surrealista y extraño. En Humenné, el edificio fue un colegio; en Prešov, un parque de bomberos; en Bardejov se utilizó el ayuntamiento. Sin saber qué esperar, pero seguros de que estaban haciendo lo correcto, algunos padres ni siquiera acompañaron a sus hijas a los centros de registro. Si lo hicieron, se vieron obligados a esperar fuera bajo la llovizna de marzo, que estaba derritiendo lo que quedaba de la nevada de febrero.

Las chicas de los pueblos vecinos llegaron en carretas tiradas por caballos o a pie, y tenían una costra de nieve y barro en las botas. Acompañadas por sus hermanos o sus padres, habían salido pronto por la mañana para llegar a la ciudad a tiempo. Al igual que las jóvenes de la ciudad, iban vestidas con sus mejores prendas de sabbat. No todas las jóvenes de las comunidades periféricas eran desconocidas: muchas estaban emparentadas entre sí. Multitud de familias rurales entregaron por voluntad propia a sus hijas, agradecidas por la oportunidad que se les brindaba a estas jóvenes de apoyar a sus empobrecidas familias.

Las de las ciudades que habían remoloneado en casa ahora se apresuraban a los centros de registro. Había madres yendo y viniendo por las calles de Humenné despidiéndose con la mano. Pasaron por allí Klary Atles, la adinerada hija del rabino; la larguirucha Zena Haber; la preciosa Helena Citron; la inquieta Margie Becker; Ria Hans, que parecía una estatua, y su hermana pequeña, Maya, que tenía el cabello rizado; Anna Herskovic, la amiga de Lea; y Annou Moskovic, con el pan que le había dado la señora Friedman. Las chicas que Edith y Lea conocían de toda la vida se fueron uniendo a ellas calle arriba hacia el edificio de la vieja escuela.

Un policía local permanecía en la puerta y daba instrucciones a los padres para que se quedaran fuera a esperar. Las chicas se organizaron formando una fila única y entraron en la escuela, donde no les permitían estudiar desde hacía un año. El agente debía de conocer a la mayoría de las muchachas desde que eran crías pegadas a las faldas de sus madres. A fin de cuentas, en Humenné todo el mundo se conocía. ¿Sabría algo más? De ser así, no lo parecía. Las persianas estaban bajadas en el edificio y nadie podía ver el interior.

Podemos imaginarlas entrando dócilmente en el edificio. La rubia rojiza Anna Herskovic, junto a Helena Citron, que tenía el pelo negro, y a su lado la pelirroja Adela Gross. Llevaban la melena cepillada y brillante, con rizos que caían bajo sus sombreros de invierno. Adela parecía un poco perdida sin su hermana mayor. Edith miraba a su alrededor preocupada, pero se quedó muy cerca de su hermana. La única vez que Edith había estado lejos de casa había sido para visitar a su tío en Stropkov, y pensar en irse de casa durante varios meses la llenaba de inquietud. Al menos tendría a su hermana y a sus amigas.

«Somos fuertes y jóvenes. No será para tanto», presumió una amiga de Adela, y su fanfarronada animó a las demás a ser optimistas.

Las chicas cuchicheaban mientras la fila avanzaba poco a poco hacia las dos largas mesas donde se daban nombres y se presentaban excusas bien ensayadas. Las más ricas hablaban con propiedad, pues les habían prometido exenciones y tendrían que poder librarse del trabajo. En cualquier momento podrían llegar sus padres corriendo calle abajo con los documentos para librarlas del trabajo físico obligatorio. Convencidas de que se las trataría con respeto por el papel prominente de sus familias en la comunidad, estas chicas ricas ocultaban cualquier duda o preocupación bajo una fachada de orgullo. Las más pobres aceptaban su destino o pedían ser liberadas enseñando a los oficiales documentos que demostraban su posición como ganadoras del sustento de sus familias. Ni uno solo de los oficiales civiles respondió a estas súplicas basadas en la adversidad, ni prestaron atención al estatus social de los padres de las más adineradas.

Si alguien tenía la suficiente confianza como para decir algo sobre las exenciones, iba a ser la chica de la familia más rica de Humenné. Orgullosa, Adela Gross miró con altivez a los hombres que tan intimidantes parecían. Sus cejas parecían una pregunta silenciosa. Informó a los oficiales de que su abuelo era Chaim Gross, el famoso magnate de la leña. El propio presidente Tiso le había prometido una exención. La miraron como si nada.

—¡Siguiente!

Los hombres ponen una cara muy concreta cuando no quieren que una mujer les moleste, una cara tan desdeñosa que la hace sentir desoída e invisible. Todas las chicas se enfrentaban a esa misma cara. Para muchas, aquella era la primera vez que afrontaban ese tipo de deshumanización.

Edith se dio cuenta de que en la larga mesa junto a la de los oficiales civiles había varios miembros de la Guardia Hlinka y uno de las SS. Eso le sorprendió. ¿Qué tenían que ver las SS con ellos?

Era una buena pregunta. De haberlo sabido, sus padres, sus vecinos y su comunidad se habrían resistido más. Pero no lo sabían, y aunque algunas chicas eran lo bastante listas como para observar y hacerse la misma pregunta, ninguna dijo nada. De todas formas, nadie habría contestado. ¿Quién contesta a las preguntas de unas chiquillas?

Los oficiales marcaban los nombres de la lista y preguntaban por sus profesiones: costurera, asistenta doméstica, sombrerera, trabajadora de una fábrica. Las adolescentes todavía vivían con sus padres y figuraban como «domésticas». En ningún sitio figuraba «niña» como vocación.

Cuando ya había más de cien en el edificio, les dijeron que se quitaran la ropa para que un médico pudiera hacerles un examen físico. Ellas se quedaron heladas al oír aquella orden. Ninguna se había desnudado nunca delante de un hombre. Los oficiales parecían encantados al ver el pavor en las miradas de las chicas. Los hombres gritaron para que se desnudaran. Reticentes, Edith y sus amigas empezaron a desabotonarse y desabrocharse lentamente las blusas y las faldas.

Margie Becker llevaba dos abrigos, uno de color gris claro y debajo su mejor abrigo, de color beis, para no pasar frío. Tenía mucho estilo vestida así, pero no menos que las demás chicas pudientes de Humenné. Dobló su precioso vestido azul con cuidado, dudó si dejarlo en el suelo, que estaba sucio del aguanieve de fuera. Otras también dudaron y buscaron con los ojos alguna percha de la que colgar bien sus prendas.

—¡Esto es un examen físico! ¡Quitaos todo! —bramó uno de los oficiales.

Vestidas con sus bragas y sostenes, se cubrieron la cintura y el pecho con sus delgados brazos. Estaban temblando.

«Estábamos muy avergonzadas, sin ropa delante de aquellos hombres», recuerda Edith. Un médico gentil recorrió las filas observando aquellos cuerpos incipientes.

«¡Abrid! —gritó, y les miró dentro de la boca—. ¡Sacad la lengua!» Se las examinó.

Edith se ríe de aquel recuerdo. «No era un examen físico.»

«El llamamiento era una oportunidad para disfrutar lascivamente de mujeres desnudas por decreto oficial», escribió Ladislav Grosman años después.

«Si querían verle los pechos a una chica, le decían que se quitara el sujetador —confirma Edith—. Los míos no les interesaron.»

Detrás del médico, un trabajador rebuscaba entre las páginas de su lista, marcando a Citron en una hoja. A Gross en la otra. Presente. Se suponía que tenía que tomar nota de cosas de salud, pero «el examen era totalmente falso». No importaba si estaban o no sanas. Los oficiales tenían que aparentar que les importaba. No les hacía falta ni siquiera preocuparse por eso.

«¿Cómo te sientes?», preguntó el trabajador a Edith.

«A menudo me mareo.»

«¿Cada mes?», dijo con desdén.

Edith se sentía más como un animal de granja que como un ser humano. Amontonadas y desnudas como un rebaño de ovejas descarriadas, las jóvenes temblaban bajo la mirada de los hombres. ¿Por qué no había matronas del colegio para protegerlas de los ávidos ojos de los oficiales? ¿Por qué no estaban allí sus padres? El único consuelo que tenían era pensar que casi era sabbat, que dentro de unas horas todo habría acabado y que serían libres para ir a los brazos de sus madres y a la luz de las velas sagradas. Edith solo quería oír a su padre cantar «Sabbat Shalom» y que le diera un abrazo reconfortante.

Fuera, en la acera, los padres daban taconazos para desentumecer los dedos de los pies. Habían pasado ya varias horas. Todos los judíos de la ciudad y la mitad de los gentiles andaban alrededor del colegio en diversos grados de confusión y preocupación. El rumor se había hecho realidad, y todavía quedaban preguntas en el aire. ¿Qué les estaban haciendo a las chicas? ¿Por qué tardaban tanto? ¡Ni siquiera habían parado para comer!

Empezaron a alzarse voces de protesta fuera de la escuela.

—¿Qué pasa con las chicas?

—Van a trabajar.

—¿De qué?

—Creo que en una fábrica de zapatos.

—¿Solo una? No puede ser.

—¿Cuánto tiempo?

—Tres meses.

—¿Dónde está la fábrica?

Nadie sabía la respuesta.

En el interior, las hermanas Friedman seguían desnudas junto a jóvenes que conocían de toda la vida. Algunas eran amigas de Lea, otras de Edith. Todas se conocían del mercado, de la sinagoga y de chapotear en el río en los días de calor. También había otro centenar de mujeres a quienes no conocían bien y que habían venido de la región. Bajo la lasciva mirada de los hombres, las chicas compartieron una amistad nueva y sin palabras. Sus rostros pálidos e inquietos se reflejaban entre sí. La clase ya no las dividía. El miedo las hizo iguales.

Entre las refugiadas polacas, Rena dejó su maleta en la casa donde trabajaba de niñera. «Alguien te la traerá para que la recojas», le dijo el policía. Dina, la sobrina de Erna, había decidido esconderse, pero por la tarde apareció tambaleándose en la escuela y escoltada por la Guardia Hlinka. Tenía la cara colorada de humillación y el pelo revuelto. La habían encontrado y la habían detenido.

El lento paso del tiempo hizo que las adolescentes se impacientaran y se irritaran. Entonces los engranajes del Gobierno empezaron a girar. Ya estaban dentro. Vistiéndose. Moviéndose. Las autoridades —todos varones— estaban gritando.

—¡Coged vuestras cosas!

—¡Poneos en fila!

—¡Salid!

Sorprendidas, no solo por las instrucciones sino también por la brusquedad de las órdenes, las mujeres chocaban entre sí rumbo a una puerta abierta. Rodeadas por guardias armados, se adentraron en el crepúsculo.

En la parte delantera de la escuela, alguien gritó que las jóvenes estaban saliendo por la puerta trasera de emergencias. La multitud se apresuró hacia la calle lateral. Algunos padres corrieron a casa a preparar la cena para sus hijas, seguros de que volverían pronto. Otros corrieron tras la fila de jóvenes gritando sus nombres. Las preguntas llenaron el aire impasible. ¿Adónde se las llevaban? ¿Cuándo iban a volver?

Margie Becker conocía bien a uno de los miembros de la Guardia Hlinka y le preguntó si podría volver a casa para despedirse de su madre. La sacó a escondidas de la fila y la acompañó a su calle. Su madre estaba junto a uno de sus vecinos, «que también era de la familia», y estaba retorciendo nerviosamente las cortinas con las manos. No quería llorar delante del guardia, a pesar de que la conociera desde que era un niño. ¿Por qué justo él se llevaba a su hija, a su amiga de la infancia? Las lágrimas cayeron por su cara mientras le murmuraba a su hija: «No voy a darle el gusto de verme llorar». Le dio a Margie algo de comida para el sabbat, «*jalá* recién hecho y varias hamburguesas», besó a su hija para despedirse. Margie no volvería a comer nada *kosher* en los siguientes tres años. También fue la última vez que vio a su madre.

De vuelta en la fila de chicas, Margie arrastró su maleta junto a sus amigas. Bajaron por la calle principal. Pasaron por la calle Gross. Las maletas les golpeaban las espinillas y les arañaban los tobillos, y las asas se les clavaban en las palmas de las manos. La de Edith pesaba casi tanto como ella. Sus hermanos siempre bromeaban diciendo que un viento fuerte podría llevársela. Su hermana alargó la mano para compartir la carga. Las lágrimas inundaron los ojos de Edith. Algo no iba bien. Lo notaba en su interior, pero era demasiado tarde para huir y esconderse. Buscó seguridad en los adultos de la multitud, pero solo percibió congoja.

La noticia de que se estaban llevando a las chicas directamente al tren se propagó por la ciudad al instante, y la población entera de Humenné corrió por la calle Ševčenkova para llegar a la estación de estuco amarillo y rojo antes de que fuera demasiado tarde.

Estar rodeadas de la Guardia Hlinka, con sus caras serias, los uniformes negros y las armas, hizo que las más jóvenes empezaran a llorar. Los guardias empujaban a madres que intentaban abrirse paso para abrazar a sus hijas. Edith buscó con frenesí a sus padres en la creciente turbamulta. Los vio. Lloró aún más. Las voces nerviosas gritaban sus nombres. Los hermanos llamaban a las hermanas. Madres y padres. Tías y tíos. Primos, abuelos, amigos. Los nombres ascendieron por el aire frío y se mezclaron con oraciones. ¿Cuántas jóvenes había? Más de doscientas. ¿Cuántas lágrimas? Más de las que se pueden contar.

«Teníamos tanto miedo de lo que podría ocurrir que no éramos capaces de pensar —recuerda Edith—. Había chicas llorando por todas partes.»

Lamentos. Lágrimas y despedidas. Despedidas y lágrimas. Un fuerte viento de marzo sopló desde las montañas. Lea cogió a su hermana de la mano para evitar que a Edith la arrastrara con las hojas podridas y las lágrimas.

En la estación, el tren de pasajeros estaba esperando. Las chicas llegaron a la plataforma a la fuerza, subieron su equipaje por las escaleras metálicas de los vagones y se subieron a bordo. Agolpadas junto a las ventanas, decían adiós con la mano a sus padres y familias. Lou Gross era demasiado pequeño y no recuerda ir a la estación y despedirse de Adela, pero su hermana y los demás familiares saludaban con las manos al viento a modo de despedida.

«¡La próxima vez que me veáis, ya estaré casada! —gritó Debora—. ¡Os voy a echar de menos, Adela, Lea, Anna!»

A través de las ventanas abiertas del tren, las jóvenes se asomaban y contestaban a gritos a sus familias. «¡No os preocupéis! ¡Volveré pronto! ¡Os quiero!»

Entre las cabezas de vecinos y familiares y toda la ciudad de Humenné, Edith oyó la voz de su madre. «Por Lea no estoy tan preocupada porque es fuerte, pero Edith… Es tan poquita cosa…»

Sonó el silbido del tren. Los vagones se pusieron en marcha. Humenné quedaba atrás, y Margie Becker intentó animar el ambiente acompañada por otras que se unieron a ella. Klary

Atles, que era mayor, les soltó una arenga a todas. Les recordó a las chicas mayores que tenían que ayudar a las más jóvenes, porque ahora todas tendrían que ser adultas. Entonces Gizzy Ziegler tentó a Adela. Lea y Edith empezaron a cantar. Helena, que tenía una exuberante voz de soprano, se unió a ellas. Con la resiliencia y el optimismo de la juventud, las muchachas revivieron su sentido de la aventura. Viajaban hacia el mundo. Iban juntas. Les habían pedido que hicieran algo por su Gobierno. Ahora eran adultas. Pronto todas se sintieron más emocionadas y optimistas ante lo desconocido. Incluso la idea de viajar en sabbat, que iba en contra de la tradición judía, les hacía sentir más maduras. Respetando el espíritu del día santo, Margie y las demás compartieron los alimentos que sus madres les habían empaquetado con la amigas y mujeres que no tenían nada, y que llevaban todo el día sin comer.

Cuando el tren tomó una curva, los montes más altos al este de los Alpes suizos aparecieron a lo lejos. Eran peñascos magníficos y blancos que brillaban a la luz del sol poniente. Las chicas se asomaron por las ventanas y gritaron que se veía el pico Gerlachovský.

Algunas campesinas no habían visto ni siquiera el Alto Tatra. Llenas de idealismo patriótico y de sentimiento de utilidad, empezaron a cantar el himno eslovaco. Las voces de Edith y Lea resonaron sobre el rumor de la locomotora.

Relampaguea sobre el Tatra,
rugen con fuerza los truenos.
Detengámoslos, hermanos,
ellos se perderán.

Y los eslovacos volverán a la vida.
Hasta ahora nuestra Eslovaquia
ha estado profundamente dormida,
pero los rayos y los truenos
la incitan a despertar.

Casi era de noche cuando el tren se detuvo con una sacudida en la estación de Poprad. Las chicas se apearon del tren con sus maletas y con aire risueño. Las recibieron miembros de la

Guardia Hlinka con abrigos negros y fustas. Estos no eran los chicos que conocían desde pequeñas. Eran hombres violentos con semblante serio que les gritaban y que les azotaban la espalda y el trasero para que avanzaran. Los escarpados picos del Alto Tatra que acababan de llenar sus corazones de música y patriotismo ahora parecían fríos y amenazadores. Todo lo desconocido se volvió todavía más extraño. Las esperaba un barracón de dos plantas del ejército. Desolada y cansada, Edith pensó que al menos ahora las informarían y sabrían qué esperar. Pero no había comité de bienvenida, ni una matrona, ni organización de cualquier tipo. Las jóvenes entraron en el enorme edificio sin saber en absoluto dónde iban a dormir. Nadie se lo dijo, así que se fueron a los rincones y, sin ningún orden, colgaron hamacas en las que acurrucarse. Cuando descendió la oscuridad, el edificio vacío se llenó del eco de las chicas que lloraban hasta quedarse dormidas.

7

Las mujeres traen la vida y la luz al mundo.

LA CÁBALA

Sabbat: sábado, 21 de marzo de 1942

¿Cuándo si no en sabbat iban a estar indudablemente en casa unas jóvenes judías solteras y bien educadas? Fijar el registro el día antes del sabbat aseguraba a las autoridades que cualquiera que intentara eludir la llamada del Gobierno sería fácil de encontrar al día siguiente en casa de sus padres.

Esconderse creaba sus propias incertidumbres, pero había pocas opciones, sobre todo para adolescentes. Para salvarlas de la soltería, que las hacía vulnerables de inmediato, algunas familias habían pasado las semanas después del primer anuncio intentando casar a sus hijas. Otras familias las enviaron a casa de familiares en la vecina Hungría. Las que confiaban en las exenciones del Gobierno no pensaban que aquellas acciones drásticas fueran necesarias. Pero cuando las exenciones no llegaron, estas familias se vieron ante dos opciones: obedecer la ley y entregar a sus hijas o incumplir la ley y esconderlas. Las familias Gross y Friedman cumplieron con la ley. Los Amster, no.

A primera hora del 21 de marzo, la policía local apareció en la puerta de la casa de campo de Adolf Amster con la Guardia Hlinka. Que llamaran a la puerta tan pronto por la mañana significaba solo una cosa. La madre de Magda corrió al dormitorio de su hija y la llevó a «un escondite debajo del tejado» de su amplia vivienda. Frotándose los ojos de sueño, el señor Amster abrió la puerta con toda la inocencia que pudo. Su recepción no fue agradable.

Giora Shpira recuerda haberse fijado en que sus antiguos compañeros de clase se habían unido a la Guardia Hlinka y que estaban buscando a sus amigas. Compañeros de clase arrestaban a compañeras de clase. Así que es probable que Adolf Amster abriera la puerta aquella mañana a los mismos jóvenes con acné que conocían a su hija y que esa mañana llamaban a la puerta de su casa con las armas desenfundadas. Amster les dijo que el Gobierno les había prometido exenciones para su familia, así que no tenían que molestarse en ir. Animados por el poder que les otorgaba su uniforme, los chicos lo sacaron a rastras a la calle, alzaron sus porras y le dieron una paliza.

¿Querían agredir y degradar en público a Amster porque era un judío rico? Los vecinos salieron y miraron horrorizados. Amster, amoratado y ensangrentado, pidió a los jóvenes que pararan. No era demasiado rico ni demasiado importante para suplicar.

Los jóvenes guardias le gritaron:

—¿Qué hija deja que a su padre le den una paliza de muerte? ¡Si Magda de verdad se preocupara por su padre, te habría salvado! ¿Qué clase de hija te dejaría sufrir tanto?

Le habían tendido una trampa con el cebo del amor. Oír que apaleaban a su padre con tanta violencia fue insoportable para Magda. La delgada niña de rostro amable salió a la calle. Su padre la abrazó y pidió a los guardias que la dejaran quedarse. No tenía más hijas. La necesitaban en casa. ¿Qué pasaba con el servicio que hacía él al Gobierno?

Los guardias se rieron a carcajadas y se burlaron de los Amster. Se llevaron a la joven Magda a toda prisa, empujándola por la calle nevada al encuentro de las demás muchachas que habían pensado que podrían esconderse. ¡Las buenas chicas eran muy fáciles de encontrar!

A pocos kilómetros de allí, en una comunidad de las afueras de Prešov, la Guardia Hlinka llegó a la vivienda de la familia Rosner y le dieron a su hija Joan dos horas para hacer la maleta. Junto con otras veintitrés jóvenes de Šarišské Lúky, la «embutieron en una camioneta», la llevaron a la ciudad y la dejaron en la estación de bomberos, donde pasaron lista a las mujeres. Para entonces ya eran las diez de la mañana, y estaban procesando a otras doscientas jóvenes.

A pesar de que fuera tan pronto, Giora Shpira y sus hermanos habían oído el altercado de la casa de los Amster y esperaban fuera de la estación de bomberos para ver qué pasaría después.

Giora Shpira (Amir), antes y ahora.
IMAGEN CORTESÍA DE GIORA AMIR.

De repente, cuando a las chicas las sacaron en fila a la calle, los jóvenes corrieron tras ellas, llamando a Magda y a Klara por su nombre. Como era sabbat por la mañana, algunos miembros de la comunidad judía no eran todavía conscientes de que las estaban tratando como a delincuentes comunes. Las chicas, despojadas de una última caricia o un último beso de sus familias, anduvieron hasta la estación de tren. La imagen de las mujeres maltratadas y confundidas todavía atormenta a Giora Shpira. «Lo peor de todo fue cuando cogieron a las mujeres y las reunieron... Era el prototipo de todo el mal que estaba por venir.»

Ver a sus hijas entrando en un tren de pasajeros reafirmó el espejismo de que la última proclama en realidad no era más que un servicio para el Gobierno, y probablemente aliviara las inquietudes de progenitores judíos que tenían que ver cómo se llevaban a sus hijas. A la luz de la mañana, las jóvenes abrieron las ventanas y lanzaron y recibieron besos al viento. Gritaban a sus padres, si es que los había. Oraron. Pocas obtuvieron respuesta.

Para Ida Eigerman, solo su tía estaba allí para decirle adiós. Se preguntó cómo estarían sus padres en Polonia; de haber sabido la respuesta, habría huido de la estación. De hecho, a los dos días, en su pueblo de Nowy Sącz, Polonia, a los judíos ancianos, así como a los empresarios judíos y a los gentiles, los iban a llevar al cementerio judío para ejecutarlos. Entre los asesinados estaban, con toda probabilidad, los padres de Ida, así como los de Rena Kornreich, de Tylicz.

La futura madre de Orna Tuckman, Marta F., tenía una familia muy numerosa que estuvo allí para despedirla desde lejos. En el mismo compartimento que ella estaban sus buenas amigas Minka, Margita y otra Marta. Estas jóvenes de veintipocos años tenían un sentimiento diferente de las adolescentes que se separaban de sus madres y padres por primera vez. Muchas de estas mujeres tenían trabajo y vidas más allá de su familia cercana. Ir a trabajar tres meses al servicio del Gobierno iba a hacer la vida más difícil para sus familias, porque trabajaban y aportaban ingresos muy necesarios. Posponer sus jóvenes vidas les hacía preocuparse por su futuro. ¿Cómo iban a enamorarse y casarse si pasaban tres meses cumpliendo con un servicio para el Gobierno? ¿Qué muchacho iba a esperar a una joven con quien no podía dar largos paseos ni intercambiar palabras bonitas? ¿Habría muchos judíos apuestos trabajando en la fábrica de calzado?

8

El sexismo es como el racismo. Es muy deshumanizador.

WILMA MANKILLER, jefe de la
nación cheroqui, Banda Oriental

*E*n el barracón de Poprad, Edith y Lea despertaron ante un mundo transformado. No había desayuno, ni canciones, ni madres. Los párpados de Edith estaban pegados por el tumulto, las lágrimas y la falta de sueño. Para empeorar las cosas, le había venido la regla. Lea y Edith recorrieron las salas y oyeron voces de chicas en estancias desnudas y el eco de pasos en el enorme barracón vacío.

La conmoción evita que muchas supervivientes recuerden detalles de su paso por el barracón de Poprad. Margie Becker recuerda trabajar en la cocina pelando patatas y dándole comida a escondidas a una de sus amigas, pero «me sentía mal porque le había dado comida que no era *kosher*». A las jóvenes de la cocina les habían dado instrucción de cocinar estofado de col para la cena y cortar exactamente 150 gramos de pan —pedazos del tamaño de un puño— para cada chica.

Otras tenían que limpiar el barracón. Edith y Lea contenían las lágrimas mientras trabajaban de rodillas frotando el suelo y las paredes. «Nadie nos dijo qué hacíamos allí —cuenta Edith—. Nos dieron trapos y fregonas y nos ordenaron limpiar el barracón. Y lo hicimos. Nos preguntábamos: "¿Será este el trabajo que se supone que vamos a hacer? No es tan malo, pero es un poco raro traer a varios cientos de chicas a limpiar un barracón. ¿Para qué tantas?" No sabíamos nada.»

Entonces llegaron 224 mujeres de Prešov. Setenta y cuatro de ellas eran adolescentes, incluida Magda Amster.

«Ya sabes —dice Edith—, las sensaciones son difíciles de explicar, porque una chica de diecisiete años, si no es una estúpida de remate, es mucho más optimista sobre el futuro que una persona mayor. A pesar del miedo y la inseguridad, el optimismo seguía ahí.» Las demás chicas y ella escucharon las órdenes que recibían y pensaron: «Quizá solo sea para trabajar. Quizá solo sea para algo especial. Quizá sea para un trabajo que no sea tan duro ni horrible». «No teníamos ni idea. ¿Cómo íbamos a saberlo? ¡Nadie sabía por entonces nada de Auschwitz. ¡Ni siquiera existía!»

En el grupo de muchachas de Prešov había dos mujeres de mediana edad. Fanny Grossmann y Etela Wildfeur tenían cuarenta y cinco años y, aunque no podemos asegurarlo, es posible que acompañaran a Ruzena Grossmann, de dieciocho, y a Marta Wildfeur, de diecinueve, que podrían haber sido sus hijas adolescentes.

El Gobierno había dejado muy claro que solo se iba a registrar a mujeres jóvenes y solteras para el trabajo. Entonces, ¿qué hacían Fanny y Etela allí? ¿Y las otras veintisiete mujeres de mediana edad que llegarían más tarde a unirse al primer transporte? No venían de una sola comunidad. Siete de ellas procedían de Prešov, cuatro del pueblo de Edith, tres venían de Levoča y una llegó en el autobús de Stropkov.

Quizás algunas de ellas planearan ir juntas, pero no hay forma de saber si se organizaron con tiempo como acto de resistencia, yendo en el lugar de sus hijas o sobrinas, o para mostrar su apoyo, negándose a que las chicas fueran solas y desprotegidas. Quizás estas mujeres estuvieran solteras o no tuvieran parentesco con las muchachas. El caso es que no lo sabemos. Lo sorprendente es que estas mujeres mayores estaban allí. Figuraban en la lista, así que las habían tenido en cuenta, y podrían representar un pequeño acto de rebelión solo al alcance de las mujeres. Los hombres no podían prestarse voluntarios para sustituir a sus hijas o hermanas. Solo las mujeres. Y cuando ellas aparecieron en los trenes y en las estaciones de autobús con sus maletas, no les dijeron que se fueran.

Cabría preguntarse lo siguiente: si no estaban en la lista original, ¿pasaron el registro en nombre de sus propias hijas o de familiares a quienes querían sustituir? ¿O dieron su propio nombre y se prestaron voluntarias para ir en lugar de mujeres más jóvenes? Fuera como fuese, para cuando se pasó lista con los nombres ya en papel, no rechazaron a nadie.

Esas mujeres religiosas y temerosas de Dios estaban ante los miembros de la Guardia Hlinka y pronunciaron sus nombres y su edad para que quedaran registrados: Eta Galatin, cuarenta años; Margita Gluck, cuarenta y cinco; Lenka Neumann, cuarenta y dos; Fanny, Paula, Ilona, Rezi... Con cuarenta y ocho años, Etela Jager era la mayor y estaba completamente sola: era la única del transporte con ese apellido y venía de un pueblo que ni siquiera aparece en los mapas. ¿Qué hacía allí? Quizá fuera en lugar de su nieta.

¿Estaban resistiendo contra el servicio gubernamental o iban en acto de solidaridad con sus hijas? No hay forma de saberlo. Su valor silencioso apela al alma de las mujeres, lo cual es una proeza que no ha tenido ningún reconocimiento. Ninguna de estas mujeres sobrevivió.

El primer transporte motivó otro acto de resistencia mucho mejor documentado. En la ciudad fronteriza de Bardejov, se suponía que trescientas chicas iban a registrarse el 20 de marzo y pasar la noche en la escuela judía de la población. Sin embargo, el 19 de marzo, el rabino Levi acudió a los doctores Grosswirth y Moshe Atlas con una idea arriesgada. Les pidió a los médicos que inyectaran a algunas jóvenes una dosis doble de la vacuna contra el tifus para que por la mañana tuvieran fiebre. Los médicos lo hicieron y por la mañana declararon que había una epidemia de tifus. Las autoridades locales pusieron en cuarentena toda la sección judía de Bardejov, y todas las chicas dentro del perímetro de la ciudad fueron excluidas del registro para «trabajar». Ni siquiera las dejaron entrar en el centro donde se estaba haciendo el reclutamiento.

El sábado por la mañana, tras pasar la noche en la escuela, unas doscientas jóvenes de la región se fueron en un tren de pasajeros hacia Poprad. Pero ninguna era de Bardejov.

Konka todavía tenía que cumplir con el cupo de cinco mil mujeres en una semana, lo cual explica por qué, de repente, los pregoneros estaban haciendo su anuncio en pequeñas ciudades. «Los pregoneros no siempre se daban prisa —cuenta Edith—. Iban de pueblo en pueblo haciendo sonar sus tambores, pero había muchos pueblos a los que ir, así que a veces las noticias tardaban semanas en llegar.» Pero ya habían pasado dos semanas desde el primer anuncio. Con la baja de Bardejov, Konka y sus compinches tendrían que buscar jóvenes solteras en otra parte.

Sábado, 22 de marzo de 1942

Mientras que las chicas de ciudades grandes como Humenné y Prešov tuvieron tiempo de prepararse o de escapar, las de las poblaciones más pequeñas no tuvieron apenas margen, un método que demostró ser muy eficaz. En torno a la mitad de la población de la ciudad de Stropkov era judía. Tenían una sinagoga y una *yeshivá*, y aunque la pobreza estaba muy extendida en las comunidades rurales, Stropkov tenía un mercado muy activo y su propio rabino. En los valles colindantes, había pueblecitos que no constaban más que de una o dos familias judías.

Peggy conocía absolutamente a todo el mundo en Kolbovce, el pueblo en el que había crecido. Eran todos familia, al fin y al cabo. Sus hermanos mayores, muy protectores, volvieron tristes del trabajo aquel domingo por la tarde e informaron a su familia de que el pregonero había estado tocando el tambor y Peggy tendría que registrarse al día siguiente para hacer un servicio gubernamental. La buena noticia era que el trabajo que haría Peggy iba a beneficiar a la familia, aseguraron sus hermanos. Les vendría muy bien recibir un sueldo por su esfuerzo. Eran malos tiempos, incluso peores para las familias judías, que necesitaban hasta la más mínima ayuda disponible.

Esa tarde, después de que Peggy empaquetara sus cosas, ¿acaso se detuvo a observar su rostro en el espejo y a preguntarse lo mayor que parecía de golpe? ¿Intentó alisarse la densa melena negra enrollándola con calcetines para parecer más sofisticada? Nunca se había ido sola, pero apoyar a su familia le parecía muy responsable y adulto. Como a casi todas las adolescentes, crecer le parecía fascinante: era algo que quería hacer rápido. Suspiró imaginando lo que pasaría. Peggy creía que iba a vivir una aventura para ella sola. Estaba ansiosa por que empezara.

Ese mismo domingo, en otro pueblo en las afueras de Stropkov, las hijas de la familia Berkowitz ya estaban escondidas cuando un policía local vino con una lista en la mano. La madre de Bertha aseguraba que las chicas se habían ido a visitar a unos familiares, pero él ya había oído esa excusa bastantes veces, así que amenazó con llevarse al padre de familia si no se iba con él al menos una de ellas.

La madre y el padre de Bertha preguntaron adónde se las llevaban. Querían saber qué iban a hacer. ¿Quién no querría saberlo?

Cuando el policía contestó a «una fábrica de zapatos», les pareció que no era tan terrible.

La señora Berkowitz llamó a su hija Bertha, de dieciséis años, para que saliera de su escondite. La hija menor, Fanny, se quedó escondida.

«No te preocupes —le aseguró a Bertha su madre—. Yo te acompaño al registro.»

Juntas metieron varias pertenencias de Bertha en un bolso mientras el policía esperaba. Cuando Bertha entró en la pieza central de su hogar, su padre le hizo un gesto para que se sentara en un taburete. Las lágrimas caían por su cara. Le puso las manos a su hija en la cabeza y oró: «Dios va a ayudarte. Volverás pronto a casa». Era la primera vez que ella veía llorar a su padre. Aquellas fueron las últimas palabras que le dijo.

Cuando se marchaban, la madre de Bertha llamó a sus hijos. «¡No olvidéis recoger la colada!» Las camisas y los calcetines se habían quedado congelados en la cuerda, y parecían decir adiós de un modo extraño cuando los mecía el viento.

La señora Berkowitz y el policía acompañaron a Bertha y a su mejor amiga, Peshy Steiner, a la ciudad de Kapišová, que era más grande, y allí les dijeron que pasarían la noche. Un autobús recogería a las chicas por la mañana. Bertha y Peshy pernoctaron en casa de una amiga con otras jóvenes que habían llegado de pueblos cercanos con sus madres o sus padres. Mientras las adolescentes dormían en el suelo, las voces llenas de preocupación atormentaron sus sueños. «No dormí muy bien —dice Bertha—. Mi madre no pegó ojo. Envejeció diez años en una noche.»

El lunes por la mañana, cuando Bertha y Peshy se estaban despertando, otro policía apareció en casa de Peggy. Su madre había preparado bocadillos y unos dulces para la caminata de dos horas y media hasta la ciudad, y Peggy abrazó a sus hermanos y a sus padres para despedirse. Con una bufanda alrededor del cuello y de los hombros para no tener frío, hizo un gesto de despedida al comenzar su aventura.

El único modo de salir del valle era por un camino de tierra entre las montañas. La nieve cubría las colinas y el suelo estaba duro y helado. Un sol cítrico se encaramó a las cumbres mientras las sombras de la mañana retrocedían hacia el bosque.

En Brusnica, el siguiente pueblo, Anna Judova se unió a Peggy. Las chicas habían crecido en tierras de labranza eslovacas, entre vecinos gentiles que le dedicaban poco pensamiento o interés al resto del mundo. El rostro inquieto de Peggy lucía una amplia sonrisa mientras caminaban. Tenía la cabellera negra recogida bajo el sombrero para calentarse las orejas. Una hora después, el policía que las escoltaba paró a recoger a Ruzena Kleinman. Las tres iban balanceando sus bolsas y charlando animadamente al aire de la mañana.

Otras cuarenta jóvenes estaban esperando en la parada del autobús de Stropkov cuando Peggy, Ruzena y Anna llegaron. Con sus tiernas voces, las muchachas parloteaban sobre los misteriosos trabajos para el Gobierno. Al igual que a Bertha, a algunas les habían dicho que iban a trabajar en una fábrica de zapatos. A otras les habían dicho que trabajarían en granjas. El conductor de autobús era amable y sonreía a las chicas, pero solo sabía que iban a Poprad. Quedaba una semana para Pascua, así que las jóvenes empezaron a pensar inmediatamente en si las dejarían volver a casa por Séder. A fin de cuentas, Poprad estaba solo a unas horas de distancia.

Para la señora Berkowitz, Peshy Steiner era como una hija. Mientras las demás entraban en el autobús, la madre de Bertha miró el rostro hermoso de Peshy y le dio la mano. Las otras muchachas con las que habían viajado estaban a su lado. «Prometed que vais a cuidaros una a la otra —les dijo—. Y recuerda que Bertha es la menor de las dos. Cuídala como cuidarías a tus hermanitas.»

Al instante, su promesa las unió, y formaron una hermandad propia. Cuando Bertha se despidió de su madre con un beso, sintió que algo había cambiado en su interior. Sobre ese momento, dice: «Me hice muy mayor».

El motor del autobús se puso en marcha con mucho ruido. El olor a gasolina se les metió en las narices cuando un humo negro empezó a salir por el oxidado tubo de escape. Las chicas estaban parlanchinas y animadas; la mayoría no estaban en absoluto tristes. «Ninguna pensaba que fuera la última vez que iba a ver a sus padres. Nos íbamos durante un tiempo y pensábamos volver pronto», recuerda Bertha.

«Íbamos riendo y cantando —dice Peggy—. Era una aventura. El conductor del autobús era muy agradable, y teníamos los bocadillos que nos habían preparado nuestras madres. ¡Era como una excursión!» Incluso el conductor fue bromeando y cantando con ellas.

Después de dos horas de viaje, el paisaje empezó a cambiar. Las montañas del Alto Tatra aparecieron, con sus cimas como dientes de dragón cubiertas de blanco invernal, majestuosas bajo el helado azul del cielo. Al igual que las chicas de Humenné, ver el Alto Tatra llenó a las muchachas de tal orgullo patriótico que, cuando el autobús tomó una curva y parecía que habían llegado a su destino, se pusieron a cantar.

Al aparcar ante el barracón de Poprad, el conductor abrió la puerta del autobús y el entusiasmo de las jóvenes se hundió. Miraron desconcertadas el complejo y sonrieron a los hombres con uniforme negro que avanzaban hacia ellas con las fustas en la mano.

«En cuanto nos bajamos del autobús, todo cambió —recuerda Peggy—. Los guardias nos gritaban y nos fustigaban.» Al ver que unos hombres maleducados y bruscos les daban golpes y empujones, se quedaron pasmadas y miraron al conductor del autobús esperando ayuda. ¿Qué era esto? ¿Qué estaba ocurriendo?

El conductor parecía tan sorprendido como sus pasajeras.

La confusión de las chicas se agravaba con la incongruencia

de la situación. Su despreocupado humor, marcado por la esperanza y la docilidad, se desintegró.

Vieron caer la noche a través de las ventanas del barracón. Ya no les quedaban bocadillos, pues se los habían comido en el autobús. Sus madres solo habían preparado almuerzo, pensando que a sus hijas les darían de cenar. Edith y las demás ya habían tomado su ración del lunes: 150 gramos de patatas. Las robustas mujeres de campo de Stropkov se encontraron con las jóvenes de mirada ojerosa que llevaban ya dos días en el barracón y cuyos rostros estaban deformados por la conmoción y el hambre. Desde su llegada el viernes, las jóvenes de Humenné no habían recibido más que 150 gramos de mijo, col, legumbres o *kasha* al día, además del pedazo de pan correspondiente. Resultaba difícil de creer que, apenas unos días antes, estas chicas habían estado cantando canciones patrióticas de camino a Poprad. Ahora nadie cantaba.

Ivan Rauchwerger, de dieciséis años, llegó con sus dos amigos a ver a las chicas de su pueblo, Spišská Nová Ves, a unos veinticuatro kilómetros de Poprad. A Ivan le había sorprendido mucho la noticia de que a la muchacha de la que estaba enamorado y a tantas otras mujeres con las que había ido a clase las estaban reuniendo para cumplir con un servicio para el Gobierno. ¿Por qué no habían llamado a hombres judíos, que eran más fuertes y más aptos para el trabajo? ¿Por qué no le habían llamado a él?

Como todos en la comunidad judía, la familia de Ivan estaba consternada por la repentina exigencia del Gobierno.

«No todo el país había hecho oídos sordos —recuerda—. Muchos gentiles dueños de negocios se pusieron en contacto con los obispos de Bratislava y pidieron que intercedieran ante el presidente Tiso por sus amigos judíos, pues la deportación de jóvenes solteras contradecía todas las enseñanzas de la religión cristiana, particularmente la de "querer a tus semejantes".»

Ivan Rauchwerger de joven.
IMAGEN CORTESÍA DE IVAN JARNY.

Ese lunes, Eugenie, la madre de Ivan, insistió en que fuera a ver cómo estaban las vecinas a las que se habían llevado. Uno de los amigos de Ivan había pedido prestado el coche a su tío. En compañía de Ivan y un par de amigos más, fueron al barracón de Poprad. El edificio sería fácil de localizar desde la carretera principal, pues era una construcción de dos pisos a menos de una manzana de las vías del tren. El perímetro estaba vallado, pero Ivan y sus amigos consiguieron convencer a los guardias de la puerta de que les dejaran entrar. Se vieron de inmediato rodeados de chicas aterradas. «Tenían el rímel corrido y nos suplicaban a mis amigos y a mí que les diéramos comida y medicamentos. Era horrible verlas tan desconsoladas. Estaban desesperadas.»

«Nos pasábamos el día llorando —dice Edith—. "¿Qué será de nosotras? ¿Qué hacemos aquí?" Los guardias no nos decían nada.»

Al día siguiente, cuando más hombres llegaron para ver

cómo estaban sus hermanas y primas, los guardias ya no les permitieron acceder al complejo. Luddy, el hermano de Joan Rosner, intentó ver a su hermana una y otra vez, pero no lo consiguió. Emil Knieža logró que un amigo gentil le prestara un uniforme militar y logró entrar a visitar a su joven esposa, Ruzena Gräber, una amiga de la escuela de Edith. Para mantener su libertad, Ruzena había alegado que era una mujer casada y que merecía una exención, pero a los oficiales no les interesaban aquellas minucias. Entrelazando sus dedos a través de la tela metálica de la verja, Ruzena y Emil entablaron una conversación desesperada.

—Te van a llevar a Polonia —le previno él.

Ninguno de los dos sabía lo que eso significaba.

Las chicas del barracón bullían de inquietud e impaciencia. Era como si esperaran algo. Pero ¿qué? Mientras tanto, seguían llegando autobuses desde ciudades lejanas.

La granja Hartmann estaba en manos de dos primos que se trataban como hermanos. Bela y Dula Hartmann eran inquilinos de una aristócrata húngara en aquella amplia granja con terrenos de cultivo propios, y lo compartían todo. La casa tenía dos alas, así que cada familia tenía su cocina y sus dormitorios, unidos en una sala comunal familiar donde los niños se reunían por la noche a cantar, jugar o leer en silencio a la luz de las velas. No había electricidad ni tuberías, pero eso no era ni inusual ni se consideraba un inconveniente.

Seis niños vivían bajo el techo del hogar Hartmann. La hija de Bela, Magduska, era una niña seria de pelo negro que sonreía como la Mona Lisa. La esposa de Bela enfermó de esclerosis múltiple cuando los niños eran pequeños. Antes de la guerra y de que se instaurara el Código Judío, la habían cuidado mujeres gentiles, pero cuando se hizo ilegal que los gentiles trabajaran para los judíos, Magduska se convirtió en la principal cuidadora de su madre. Era un trabajo duro. Limpiar y bañar a su madre, ayudarla a comer y a usar el retrete había hecho a Magduska una adolescente responsable, lo cual podría explicar por qué lanzaba miradas tan serias con aquellos penetrantes ojos marrones. Eugene, el hermano de Magduska, era un chaval de quince años igualmente responsable que trabajaba en los campos con su padre.

Su prima Olga tenía tareas menos arduas en su lado de la casa, pero como era la hija mayor de Dula, se tenía que encargar de sus hermanos Bianca, Valerie y Andrew (Bundi), el niñito de la familia que siempre corría al huerto a subirse a los árboles en busca de cerezas. Nusi (así llamaban todos a Olga) tenía dieciséis años y era una chica alegre muy distinta de su prima mayor, Magduska. Nusi tenía las mejillas redondas como tortitas y una sonrisa abierta que contrastaba con la constitución más oscura y el rostro serio de su prima. Siempre parecía que Nusi tenía un chiste que contar y Magduska un secreto que guardar, pero, a pesar de sus diferencias, las dos se llevaban como hermanas. Habían estado juntas en pañales y habían ayudado en la granja familiar desde que eran lo bastante mayores como para recoger los huevos de las gallinas.

Roškoviany era una comunidad agrícola que solo tenía tres familias judías de entre sus seiscientos residentes. No había antisemitismo entre los granjeros, que dependían del apoyo que se prestaban unos a otros durante la cosecha y los tiempos difíciles. Tanto Eugene como Andrew jugaban con niños gentiles y judíos y tenían buenos amigos de ambas religiones.

La próspera granja de los hermanos Hartmann daba trabajo a gente de la zona en la lechería y en los campos de trigo, maíz, avena y heno. Tenían rebaños de ovejas que había que ordeñar para hacer queso, además de huertos de perales, manzanos y cerezos.

La ciudad más cercana era Lipany, a tres kilómetros de distancia, donde había una sinagoga a la que acudían los Hartmann a orar. Puesto que había habido poco plazo desde que se diera el aviso en las comunidades rurales, los Hartmann solo tenían una idea muy vaga de la orden de trabajo. Bianca, la hermana menor de Nusi, casi tenía quince años, así que, por si acaso, Dula la mandó a casa de un amigo gentil a pasar la noche. Igual que la familia Friedman, los Hartmann no querían incumplir la ley. Nusi estaba en casa cuando el policía del pueblo se presentó para recogerla.

Andrew dice que ver a su hermana hacer la maleta era

«como si fuera a un campamento de verano». Guardó una cantimplora, una taza telescópica para beber que se plegaba y podía guardar en el bolsillo, el cepillo y la pasta de dientes, un lápiz y papel para escribir cartas a casa. Zapatos aptos para el trabajo. Su mejor abrigo. Manoplas. Bufanda. Sombrero. Pijama. Una muda de ropa.

Magduska no hizo la maleta. El policía, que conocía bien a la familia y sabía que era la cuidadora de su madre, dijo: «Oh, solo la llevamos a la ciudad. Seguro que la dejan marchar». Lo único que tenía que hacer Bela era explicar su situación familiar.

«Pues eso haremos.» Bela buscó su abrigo. Magduska dio un beso a su madre, le revolvió el pelo a su hermano y dijo: «Hasta luego».

Todo era «muy relajado —cuenta Eugene—. Solo la llevaban a la ciudad». Nadie estaba preocupado. Iba a volver dentro de nada.

Bela acompañó al policía con su hija y su sobrina, y vio a otras diecisiete chicas a las que también habían ido a buscar. Todas se conocían entre sí. Las hermanas Ellie y Kornelia Mandel eran buenas amigas de Magduska y de Nusi. Bela sintió alivio al ver que Nusi conocía a otras adolescentes, sobre todo porque Magduska no iría con ellas. Cuando Nusi fue a hablar con sus amigas, Bela tomó a Magduska de la mano, fue directo al oficial que pasaba lista y le explicó lo importantes que eran las tareas que su hija llevaba a cabo como cuidadora de su madre.

El burócrata chupatintas le lanzó una mirada incrédula al señor Hartmann. «No nos llevamos a la madre. Nos llevamos a la hija.»

«¡No puede hacer eso! —protestó Bela—. Dirigimos una granja importante que alimenta a las tropas y mis hijos están en el campo trabajando. Su madre está postrada en la cama.»

«Ese no es nuestro problema.»

«Por favor… Magduska es una parte fundamental de nuestra granja. No puedo cuidar de la lechería y de mi mujer a la vez. ¿Cómo vamos a ordeñar a las vacas y a las ovejas, cómo vamos a plantar avena y trigo, mientras cuidamos de una inválida? Dependemos de Magduska.»

«Tendrán que buscar a otra persona de la que depender. Esta tiene que cumplir un servicio de tres meses para el Gobierno.»

La fachada tranquila de Magduska se hizo añicos. Sus profundos ojos marrones se llenaron de lágrimas. ¿Qué iban a hacer sin ella? Ni siquiera se había despedido.

Nusi y las hermanas Mandel intentaron consolarla. Bela envolvió a su única hija con sus enormes brazos y la estrechó con fuerza. Les dijo a las chicas que escribieran a la familia en cuanto pudieran para comunicarles dónde estaban. Prometió que, en cuanto tuviera su dirección, le enviaría ropa y algo de dinero para que cuando llegara a la fábrica pudiera comprar lo que le hiciera falta. También les pidió a Ellie y a Kornelia que estuvieran en contacto.

Les pidió que se cuidaran entre sí y les recordó que Dios estaba con ellas. El tiempo pasaría tan rápido que, antes de que se dieran cuenta, estarían celebrando *Rosh Hashaná* juntos.

Sus sonrisas florecieron al oír aquellas palabras de tranquilidad y ánimo. Bendijo a su hija con besos en los ojos y las cejas, y pensó que la próxima vez que fuera a verla ya tendría diecisiete.

Esta vez no había autobús al que subirse. Era el último grupo de chicas, y había casi cuarenta jóvenes con su equipaje apretujadas en la caja de un camión. Bela ayudó a su hija y a su sobrina a subir a la plataforma y les dio un beso de despedida. El viaje a Poprad era de algo más de cien kilómetros. Las jóvenes se agacharon a los lados del camión para evitar el viento.

Entre las mujercitas que temblaban en el suelo del camión estaba Linda Reich, de dieciocho años, que había estado «tan tranquila en casa con su familia hasta que la Guarda Hlinka se puso a aporrear su puerta después de cenar».

Sorprendidos por la interrupción de una tarde tan tranquila, ni Linda ni sus padres entendieron lo que estaba pasando, «pero la Guardia Hlinka nos dijo: "Os vamos a llevar a trabajar a Alemania para que ayudéis a vuestras familias y podáis mantenerlas"».

Era joven, y dijo: «"Oh, sería maravilloso", porque todo ya era bastante horrible».

La familia Reich no tenía dinero para comida ni para combustible con el que calentar la casa. Sus hermanos trabajaban como jornaleros en una granja, pero había poca comida para judíos, y el invierno había sido duro. Como la mayoría de las chicas en el camión, Linda pensaba que al menos así podría ayudar a su familia.

«Vamos a poder mandar dinero a casa para echar una mano», les dijo a las otras.

Magduska y Nusi permanecieron en silencio. El dinero y la comida no eran cosas que faltaran en su familia. En la oscuridad, el camión se llevó a las chicas traqueteando a cada bache de la carretera sin asfaltar que conducía a Poprad. Llegaron después de medianoche.

Miércoles, 24 de marzo de 1942

Llegados a este punto de la historia, tenemos que imaginar lo que ocurrió después, porque la única prueba que tenemos del incidente está en un papel: una lista de nombres de todas las chicas del transporte, con fecha del 24 de marzo de 1942. Este documento está en los archivos de Yad Vashem, en Jerusalén. El tiempo lo ha amarilleado y ha abarquillado sus esquinas. La encuadernación es tan frágil que hay que utilizar guantes de algodón blanco para tocarlo. En él figuran los nombres. Los hijos de las supervivientes pueden encontrar ahí los nombres de sus madres. Las familias de las que no sobrevivieron pueden encontrar ahí los nombres de tías, hermanas y primas desaparecidas.

Los recuerdos sobre el barracón y el «campo» de Poprad son difusos en el mejor de los casos. Algunas ni siquiera recuerdan haber estado. La conmoción de que se las llevaran de sus casas, que las obligaran a dormir en el suelo o en hamacas, que les dieran raciones de hambre y que las vigilara la policía militar sencillamente no aparecía en el catálogo de horrores que tenían por delante. Su estancia en el barracón fue tiempo perdido, uno de los incidentes menos recordados en los testimonios, y el hecho de que se escribiera la lista de los nombres ha caído en la bruma de aquel olvido. Ninguna superviviente con la que he hablado de ella la recuerda.

Quizá la lista se organizara antes de que se sirvieran las legumbres que iban a comer como última cena allí, o quizá fuera más tarde, cuando obligaban a las chicas a colocarse en fila en una acción que se estaba convirtiendo en una maniobra militar. Quizá la compilaron a partir de las listas de Prešov, Bardejov y Humenné, y la escribieron manualmente en Stropkov. No lo sabemos con seguridad. Pero la lista es un documento de vital importancia, pues sin él no sabríamos los nombres de las integrantes del primer transporte y sin duda habrían desaparecido de la historia para siempre. No se sabe si pasaron ante una mesa para dar sus nombres en Poprad o si se compiló a partir de otras listas de los registros de las ciudades de origen; lo que sí sabemos es que el documento de veinticuatro páginas se escribió a máquina el 24 de marzo de 1942. Tuvo que escribirse después de la llegada del último grupo de chicas, que incluía a Magduska, Nusi Hartmann y Linda Reich.

Imagina una mesa con una máquina de escribir de metal negro de la marca Erika, o quizá Mercedes. El mecanógrafo está sentado con la espalda recta y alerta junto a un montón de hojas en blanco a su izquierda. Las hojas terminadas las pondrá boca abajo a su derecha. Al empezar a teclear, lo primero que hará será numerar la primera página, «I», y después tecleará las letras «*Soznam darujúcich zmlúv*».

Tenemos que considerar la frase «*Soznam darujúcich zmlúv*», que se traduce como «Lista de contratos de donación». Los eslovacos no querían que se supiera que usaban mano de obra esclava, así que la versión oficial era que las jóvenes tenían un contrato de voluntarias, pues «donaban» su tiempo al servicio del Gobierno. Así el Gobierno eslovaco sorteaba la ilegalidad de deportar a sus judíos.

Debajo de esa línea aparece escrito: «*Tábor Poprad*», es decir, «Campo Poprad».

El mecanógrafo ajusta el tabulador de la máquina de escribir, etiqueta las columnas en lo alto de la página y subraya los encabezados con una serie de guiones con un hueco minúsculo entre ellos. Todo resulta muy eficiente y organizado.

«Número de persona.» TAB.

«Apellido. Nombre.» TAB.

«Fecha de nacimiento.» TAB.

«Ciudad.» TAB.

Ahora el mecanógrafo está listo.

Al principio, parece haber un patrón organizado. La primera chica, Zlata Kaufmannova, viene de Malcov, y la siguen dos hermanas de la ciudad de Beloveža, que está a unos pocos kilómetros de Poprad. La mayoría de las chicas de la primera página eran de ciudades que estaban a veinte o treinta kilómetros de distancia entre sí, y no lejos de la frontera polaca, de poblaciones cerca de Bardejov, donde tuvo lugar el engaño del tifus. En las páginas siguientes, empiezan a emerger incongruencias. Algunas veces aparecen amigas o primas listadas cerca, pero otras veces, no. Hay páginas enteras de mujeres de las ciudades de Humenné o Prešov y en medio una chica suelta de un pueblo que está a varias horas de allí. Linda Reich, que acababa de llegar esa mañana, es la número 582, en mitad de la lista. Así sabemos que no estaban numeradas en el orden en el que las recogieron. El orden estaba implícito, pero no se cumplía a rajatabla, lo cual explicaría por qué Dina Dranger no figura después de su prima Erna. No obstante, Adela aparece junto a Edith y a Lea.

En la página ocho, el mecanógrafo ya había registrado más de doscientos nombres.

La página está ligeramente torcida, como si el papel carbón hubiera hecho que la hoja se deslizara cuando el mecanógrafo la introdujo a toda prisa en el rodillo, escribió el número de página, presionó la palanca de carro libre, pulsó el tabulador varias veces para sangrar el texto y después tecleó: «T-á-b-o-r-espacio-espacio-P-O-P-R-A-D». Después volvió y lo subrayó todo: _

Cerca del principio de la página, con el número 211, estaba Anna Herskovic, la amiga de Lea, la rubia rojiza con los rizos suaves y mirada preocupada. Después de ella vienen dos de nuestras refugiadas polacas. La escena debió de ser algo así:

—¿Apellido?

—D-r-a-n-g-e-r-o-v-a.

—¿Nombre?

—E-t-e-l-a.

¿Por qué Erna dijo Etela? Sus amigas la llamaban Erna. ¿Se había confundido o usaba un pseudónimo? No lo sabemos.

—¿Año? ¿En qué año has nacido?

—1-9-2-0.

—¿Ciudad? —El mecanógrafo presiona el tabulador.

—Humenné.

Presiona la tecla de mayúscula y el número dos para crear la marca del acento, pero las teclas se atascan y el número dos aparece en su lugar. No parece importarle.

—¡Siguiente!

Erna se aparta.

Rena avanza e imita a su mejor amiga dando un pseudónimo:

—Rifka Kornreich.

El mecanógrafo consigue que esta vez la tecla de mayúscula funcione, y cuando Rena dice que viene de Humenné, aparece un acento bien definido antes de que la siguiente tecla golpee el papel de nuevo.

Línea siguiente. Número siguiente.

La página va subiendo.

Línea siguiente. Número siguiente.

Cuando Lea avanza hacia la mesa, es el número 236. Edith, el 237. Adela es el 238.

El mecanógrafo tira de la página terminada, la saca de la máquina de escribir con una floritura y la coloca en dos montones bien ordenados: uno para los originales y otro para las copias de papel carbón. Saca dos páginas en blanco, coloca el papel carbón entre ellas, mete el papel en el borde del rodillo, lo hace girar para que entre sin torcerse y después gira el rodillo para avanzar hasta el principio de la página, donde teclea el número de la página: 9.

Avanza más. «T-á-b-o-r-espacio-espacio-P-O-P-R-A-D.» Retrocede de nuevo a la izquierda para subrayar cuidadosamente el encabezado: _

«2-3-9-.-espacio-B-e-r-k-o-v-i-c-o-v-a-espacio-J-o-l-a-n-a-espacio-1-9-2-5...»

Va a tardar horas.

El contenido de cada página es casi igual, pero el título «Campo Poprad» está a veces centrado y a veces justificado demasiado a la derecha, lo cual revela la inmediata presión de escribir rápido mientras las chicas de la fila avanzaban y decían sus nombres, su año de nacimiento, sus ciudades... Si la lista se hubiera escrito en una oficina silenciosa, la forma habría sido más coherente y las correcciones de los errores no se habrían hecho a mano.

En algún momento, debieron de cambiar la cinta de seda, porque la impresión se fue haciendo más fina y ligera y de repente volvió a ser de un negro rotundo. También es posible que hubiera otro mecanógrafo con otra máquina de escribir. En algunas páginas falta el título y los golpes del teclado son ligeramente más fuertes en unas páginas que en otras.

Los errores se hacen más frecuentes a medida que la lista se alarga y va llegando el cansancio. Los números 377 y 595 han desaparecido por completo, lo cual significa que en realidad fueron 997 chicas en el transporte, y no 999. En las páginas dieciséis y diecisiete se utiliza una pluma para corregir un nombre mal escrito, sustituyendo «hp» por «ph», y un pueblo aparece borrado y sustituido con unas comillas, lo que significa que debería repetir lo que aparece en la línea anterior. Quizás el mecanógrafo tuviera los ojos cansados y los dedos agarrotados, pues confunde los números de la página veintiséis, desde el 754 al 765. Después de sacar la hoja de papel y de escribir 790 al principio de la página siguiente, alguien debió de localizar el error. Un trazo negro tacha los números y corrige: «755. 756. 757», y así sucesivamente hasta el final de la página. Hay un 8 superpuesto sobre un 9 en lo alto de la siguiente página, y la lista prosigue, haciendo avanzar la fila de seres humanos: «780. 781. 782». En la página treinta aparecen juntas las primas Hartmann, Magduska y Nusi (que da su nombre como Olga). Son las únicas nacidas en el minúsculo pueblo de Rožkovany. Varios nombres después, las hermanas Guttmanova aparecen confundidas con las hermanas Birnova, y el copista tiene que retroceder, tachar el apellido y rescribir Birnova. ¿El orden era tan importante que las chicas no podían cambiarse de sitio en la fila?

Al final, el escribiente introduce la última página en la máquina de escribir para que las dos últimas mujeres den sus datos: Hermina Neuwirth, de diecinueve años, y su hermana Giza, de veinticinco años, de la localidad de Stropkov. Debió de ser por la tarde cuando se escribió el último número, incorrectamente: 9-9-9.

9

La historia les ha fallado a casi todas las personas corrientes.

Min Jin Lee

Poprad, jueves 25 de marzo de 1942

*E*l telegrama de la oficina de Konka que abordaba el tema de la «liberación de trabajo preliminar» de judías según la enmienda 255 se envió «a todos los gobernadores de distrito, jefes de policía y directores en Bratislava y Prešov, entregado en mano» y marcado como «confidencial y urgente». Entre las chicas que podrían haberse salvado con dicha enmienda estaban Edith y Lea, Adela Gross, Magda Amster y Magduska y Olga Hartmann.

> Es probable que a las judías que han solicitado una exención según las estipulaciones se las *haya permitido* trabajar [con cursiva de énfasis incluida] y se las haya incluido en las listas.
>
> En tales casos, los gobernadores están al corriente, pues las solicitudes se han enviado para su escrutinio a través de las oficinas locales o a través de la oficina presidencial.
>
> Solicito a los oficiales (presidentes) que no convoquen a estas judías para liberarlas del servicio por haber sido añadidas por error.
>
> ¡En guardia!
>
> De parte del ministro:
>
> Doctor Konka

Resulta difícil no fijarse en la sutileza de que «se las haya permitido trabajar». El telegrama también deja claro que el presidente Tiso todavía no había aprobado ninguna exención de servicio. Quizá fueran los alcaldes o los gobernadores de distintas zonas del país quienes enviaron las listas regionales de trabajadoras importantes, como aparecían definidas en la enmienda 255. Quizá le llegaran al Gobierno de Bratislava, pero allí el proceso se ralentizó, pues el presidente iba a decidir a quién iban a «permitirle trabajar». Por tanto, el alcalde de Humenné, que le había dicho al señor Friedman que sus hijas tenían que registrarse para cumplir con su deber porque lo exigía la ley, ahora recibía instrucciones de lo contrario: tenían que eliminarlas de las listas.

Pero la lista ya estaba escrita. Las chicas estaban a punto de partir rumbo a Poprad.

De hecho, solo hay una respuesta al telegrama de Konka, y provenía de la Rama del Distrito del Centro Judío de la ciudad de Levoča en la que se le pedía al presidente la liberación de tres de sus residentes. Ivan Rauchwerger las conocía.

La fecha del telegrama está corrida y resulta casi ilegible después de setenta y cinco años. El documento consiste en cintas de teletipo arrugadas pegadas a una hoja de papel rectangular amarilleada por el tiempo. Los sellos están rotos.

Dept. 14 [sic]

Levoča

Magdalena Braunova, nacida el 28 de marzo de 1926, ha sido llevada a Poprad a cumplir con su deber de trabajo tras cumplir dieciséis años.

Hermina Jakubovicova, nacida el 14 de agosto de 1921, fue reconocida incapacitada para el trabajo en un reconocimiento el 26 de febrero de 1942. A pesar de todo, ha sido llevada al campo de Poprad el 23.3.1942.

Lenka Szenesova (nacida Singerova) está casada y también ha sido llevada a Poprad. Las tres personas mencionadas han sido llevadas por error a cumplir con su deber de trabajo y por tanto solicitamos que se subsane el error y se las envíe a casa.

Rama del Distrito del Centro Judío de Levoča

Una ráfaga de telegramas de judíos desesperados empezó a llegar al ministerio.

En Poprad se estaban empezando a realizar ciertos preparativos muy diferentes. Para la cena de aquel jueves, las chicas de Levoča (Magdalena, de quince años; Hermina, discapacitada; y Lenka, que estaba casada) hacían cola para que les dieran un supuesto «gulasch» que en realidad parecía basura. Contenía, por órdenes nutricionales, su ración de 100 gramos de carne de la semana, menos que una lata de comida para gatos. Aquella iba a ser la última comida de verdad que tendrían en los tres años siguientes. Si es que sobrevivían tres años.

Por la tarde, los guardias gritaron a todas que recogieran sus cosas, que salieran y que se pusieran en fila. Tuvieron una extraña sensación de alivio. Después del constante estrés de lo desconocido, de una sensación fatídica y de días de espera en el barracón, las chicas por fin iban a alguna parte. Impacientes por ponerse en marcha y hacer algo distinto, recogieron sus pocas pertenencias y parlotearon entre sí, tratando de adivinar lo que iba a ocurrir. ¿Irían ya a la fábrica? ¿Iban a empezar a trabajar en breve? ¿Les darían más comida en la fábrica?

Organizar a mil personas para que hagan algo casi nunca sale a la primera. Hubo gritos entre las mujeres. Las hermanas y las primas se metían prisa entre sí. Era un caos.

Nadie había traído muchas cosas. La mayoría todavía llevaba puesta la misma ropa que al salir de casa. Vestidos de lana, zapatos cómodos, mallas de abrigo, quizá algunas medias entre las chicas de ciudad. Las de pueblo llevaban faldas más largas y jerséis de punto hechos a mano. Se cubrían la cabeza con todo tipo de prendas, desde sombreros de moda hasta bufandas largas dignas de cualquier *babushka*.

Por la mañana de ese mismo día consta que al menos dos médicos judíos se presentaron en Poprad después de que les ordenaran acompañar un tren cargado de mujeres. Se suponía que habría siete médicos judíos en todo el transporte. Cuando el doctor Weiszlovits llegó, le dijeron que ya no requerían sus servicios, así que fue excluido. La razón que le dieron las autoridades era que en el transporte ya había más médicos de los necesarios. En realidad, solo había uno: el doctor Izak Kaufmann. Claramente, un médico era insuficiente para 999 chicas.

La presencia del doctor Kaufmann en el transporte no está muy clara. Algunos creen que Kaufmann ocupó el puesto de la última chica de la lista, Giza Neuwirth, de veinticinco años, pero esto no encaja con los documentos de Yad Vashem. Su presencia no se podría haber ocultado en el barracón. A nadie se le habría olvidado la presencia de un hombre entre las mujeres, y menos un médico, pero ninguna superviviente menciona a un médico allí. Sin duda, Edith no le vio nunca. Y cuando nuestro joven testigo Ivan Rauchwerger fue a Poprad en coche para ver cómo estaba su novia, le pidieron que trajera medicinas para algunas chicas. Si hubieran tenido un médico en el campo, ¿por qué pedir medicamentos?

El doctor Kaufmann había sido reclutado como parte de la estrategia de las autoridades y, al igual que el doctor Weiszlovits, debió de llegar el día de la partida. Su nombre no aparece por ninguna parte en la lista de las 999 chicas del 24 de marzo de 1942. Solo aparece al final de una lista separada de noventa y nueve nombres de mujeres. Junto a su nombre figura que era el único médico para mil «personas».

¿Cuánto se tarda en cargar a casi mil mujeres en un tren de vagones para ganado? ¿Todavía era de día cuando la última de ellas salió, respiró el aire fresco de la montaña y elevó una oración a Dios en agradecimiento por librarse de aquel barracón horrible?

El momentáneo respiro desapareció cuando los guardias les gritaron que avanzaran hacia las vías del tren fuera del edificio.

Era la fila de vagones más larga que Edith había visto nunca. Incluso los trenes de ganado del mercado eran más cortos. El tamaño llenó a las chicas de inquietud. «No pensábamos que aquello fuera para nosotras», dice Linda Reich. Pero entonces la Guardia Hlinka abrió las puertas de los vagones para ganado y ordenó a las mujeres que entraran.

¿Quién en su sano juicio se subiría de buen grado a un tren de carga como aquel? No había rampas de esas que se usaban para animales, pero no para humanos. ¿Cómo iban a entrar? Los vagones estaban demasiado altos para chicas con falda, para chicas con equipaje. Ni una sola pensó cómo subir, ni una sola quería hacerlo. Retrocedieron solo de pensarlo.

Los guardias empezaron a gritar y a maldecir.

«¡Sois unas putas judías!»

Regina Schwartz, la menor de tres hermanas, preguntó con candidez: «¿Adónde nos llevan?».

«¡Al frente, para que los soldados alemanes se lo pasen bien con vosotras!», contestó un guardia Hlinka, y luego rio.

Eran hombres fríos a quienes no les preocupaba que las mujeres lloraran. Las fustas provocarían muchas lágrimas.

«Como un animal —dice Margie Becker para describir la mirada que le lanzó un miembro de las SS—. Todavía recuerdo sus ojos azules, eran de un azul penetrante. Me sacó la lengua.» El hombre le dijo, jadeando con fuerza: «Ahora vuestras lenguas colgarán también». Era una maldición y una amenaza. Pronto tendrían sed y hambre. «Fue espantoso.»

Aunque el primer transporte partió a escondidas por la noche, una semana después, para cuando el tercer transporte partía de Poprad, muchos padres habían alquilado coches «para estar con ellas», desesperados por tener que separarse de sus hijas. Las cargaban en los vagones de ganado, cada uno identificado con un cartel en el que ponía "ocho caballos" o "cuarenta personas". Así fue la última vez que aquellos padres las veían —recuerda Ivan Rauchwerger—. Las chicas estaban desconcertadas y desconfiaban, muchas de ellas lloraban». Es poco probable que las mujeres del tercer transporte recibieran palizas y las obligaran a entrar en vagones de ganado, como a las del primer transporte, porque ya había testigos. Mucha gente, tanto gentiles como judíos, acudieron a Poprad para ver cómo se las llevaban.

«Intentábamos mantenernos femeninas, pero no había forma de entrar en el tren con las faldas y los vestidos», dice Edith. Para evitar llevarse un golpe de fusta en la espalda, tenían que ayudarse unas a otras a subir a los vagones y a meter el equipaje sin ayuda de los hombres. Las mujeres más maduras se esforzaban por mantener la compostura y la dignidad. Las adolescentes lloraban histéricas. Eran buenas chicas. Chicas cuyos padres pagaban impuestos y cumplían la ley. Chicas que se habían registrado para trabajar porque su Gobierno les había dicho que debían hacerlo, a pesar de que muchas no habían pasado ni un solo día de sus jóvenes vidas lejos de casa. ¿Qué hacían esas buenas chicas en vagones utilizados para llevar animales al matadero, vagones que todavía olían a estiércol, a orina y a miedo?

Edith y su hermana iban dándose la mano con fuerza, pero Edith no recuerda apenas el viaje en tren. El cerebro tiene un límite, y después de tantas indignidades, su mente joven sencillamente había dejado de procesar el horror. La realidad se había convertido en una pesadilla de la que no podía despertar.

A pesar de que le hubieran liberado de sus deberes, el doctor Weiszlovits no se fue de la estación de Poprad de inmediato. Se quedó horrorizado al ver cómo metían a empujones a filas enteras de muchachas cargadas con su equipaje en vagones para animales. Después, corrió a casa a decirle a su mujer que Eslovaquia «no era lugar para niños». Tenían que sacar de allí a Yehuda, su hijo de doce años, antes de que fuera demasiado tarde. El niño llegó de forma ilegal a Hungría, donde se ocultó el resto de la guerra. Yehuda sobrevivió al Holocausto. Su padre y su madre, no.

Al caer la tarde, cuando las últimas muchachas subieron al tren, los guardias pasearon junto al vehículo para comprobar que los barrotes de metal de las puertas estuvieran bien cerrados. Del interior surgían voces agudas que gritaban y suplicaban. Los guardias golpearon las puertas y siguieron andando, anunciando con un gesto por vagón que estaban listos para partir. El maquinista hizo sonar el silbato. Apareció la señal de vía libre. La locomotora rugió. El jefe de estación accionó una palanca y el tren entró en la vía principal con un crujido. Los vagones se balancearon de derecha a izquierda, pues la carga no era lo suficientemente pesada para dar estabilidad al tren. El jefe de estación apuntó en el registro: «Hora de salida: 20.20».

10

Llegaron —siendo casi niñas— de los brazos de sus madres, en un estado de inocencia e ignorancia de su destino.

DOCTORA MANCI SCHWALBOVA

Además del telegrama de Konka, varias de las exenciones prometidas llegaron a Prešov el 25 de marzo de 1942 por la tarde. En el momento en el que Adolf Amster recibió la noticia, llamó a su chófer para que trajera el coche a casa y le llevara corriendo a la oficina del gobernador en busca del documento que liberaría a su querida hija. Salieron hacia Poprad de inmediato. Si todo salía según los planes, Magda estaría a salvo en casa dentro de pocas horas.

Hoy, la distancia entre Prešov y Poprad se puede hacer en coche en dos horas por carreteras bien asfaltadas y peajes de cuatro carriles. Incluso la ruta antigua y estrecha tiene dos carriles y está en buenas condiciones, aunque todavía se ven burros y algunas personas tirando de carros por la mediana. En 1942, la carretera no tenía más que un carril, y en algunas partes había sido de gravilla o macadán. El invierno más frío del que se tiene constancia también había pasado factura, pues provocó la creación de kilómetros de montículos helados y zanjas peligrosas.

Adolf Amster no era el único padre que intentaba vencer al destino. Los Hartmann también habían recibido la exención para su familia, y pidieron a un amigo que les prestara un camión para ir a Poprad a rescatar a Magduska y a Nusi. También habría otros hombres de la industria y el comercio, responsables de todo tipo de negocios, desde serrerías hasta bancos y granjas, que recibieron la exención e intentaron salvar a sus hijas.

Otras familias no consiguieron el papeleo necesario hasta varias semanas después. Tal era el caso de los Friedman y los Gross. El alcalde de Humenné en persona había asegurado al padre de Edith que las exenciones estaban al llegar, pero no lo hicieron a tiempo. El Gobierno hacía gala de ineficiencia.

El sol se estaba poniendo sobre el Alto Tatra cuando el coche de Amster se apresuraba hacia Poprad. Las manos impacientes de Adolf Amster sostenían el papel oficial con el sello del Gobierno. No ver el dulce rostro de su hija durante el desayuno ni oírla parlotear con su madre, no sentir sus adorables besos en la mejilla desde hacía días le estaba generando gran agitación. La madre había reducido el ritmo en la casa, y pasaba el tiempo preocupada junto a las cortinas de la ventana, desde donde observaba el mundo, que se había vuelto loco. Cuando llovía, se ponía a llorar, porque le habría lavado el pelo a Magda con el agua de la lluvia. Lo único que quería hacer era peinarle la melena a su hija junto al fuego hasta que lo tuviera suave.

Adolf Amster era un empresario confiado y exitoso, y no dudaba de que lograría liberar a Magda. Al hacerlo, la compensaría dejándola ir a Palestina con su hermana mayor, su hermano y su mejor amiga, Sara Shpira.

El cielo tenía un toque escarlata y naranja sobre los helados picos de las montañas que marcaban la frontera norte de Eslovaquia. Amster le pidió a su chófer que pisara a fondo el acelerador. Pocos minutos después, el paisaje se volvió más sobrio por el color gris del atardecer. Había hierba a ambos lados de la carretera. Un zorro perseguía a una liebre en los campos pajizos.

A oscuras en el fétido vagón de ganado, las chicas se buscaban unas a otras. A través de los huecos entre los tablones de madera pudieron ver la luz cambiar de amarillo pálido a rosa suave, luego a lavanda, gris y negro. El tren daba sacudidas. El cargamento era mucho más ligero que el ganado que solía llevar al matadero, por lo que los vagones se balanceaban de un lado a otro. Las jóvenes mareadas vomitaban en cubos hasta que no les quedaba más que bilis. Después de pasar hambre cinco días, tenían poco que echar. El tren aceleró, y el aire frío de la noche silbaba por los huecos. Las jóvenes temblaban en la oscuridad. Los dientes les castañeteaban. Las lágrimas era algo generalizado, igual que el miedo.

«Y todavía no sabíamos adónde íbamos.» La voz de Edith sigue sonando estridente e indignada setenta y cinco años después.

Cuando Adolf Amster llegó al barracón de Poprad ya era de noche, y encontró el edificio vacío. Probablemente los guardias que habían quedado atrás no fueran más que muchachos de la zona. Habían visto el caos en torno a la partida de las chicas que iban ya rumbo a Žilina. Amster regresó junto a su chófer corriendo, y juntos se dirigieron hacia la última gran estación de tren con conexión entre las fronteras eslovaca, checa y polaca.

La vía del tren oriental recorría una enorme meseta antes de dividirse en varias direcciones. No había intersecciones ferroviarias en toda la meseta. La vía ni siquiera tenía señales de aviso donde se cruzaba con las carreteras. El brillo verde de unos ojos flotaba en mitad de la noche oscura, pues los ciervos alzaban la cabeza y dejaban de pastar. Las luces del coche agujereaban la negrura, dejando atrás campos de cultivo, y empezó un largo y lento ascenso por bosques de pinos, serpientes de nieve y hielo negro. La carretera a Žilina se cruzaba con las vías del tren varias veces. A veces el tren quedaba por el lado del conductor, otras por la derecha, unas por debajo de la carretera y otras por encima. De haber estado lo bastante cerca, quizá Adolf Amster viera a través de la neblina nocturna las luces del furgón de cola ciñéndose a la orilla pedregosa del río Váh.

La niebla se fue alzando desde el fondo de la garganta del río. El tren seguía su rumbo al pie de colinas y a través de bosques vírgenes y frenaba en las curvas cerradas o en los ascensos y descensos de puertos hasta que, al dejar atrás la ciudad de Vrútky, las vías y la carretera se alzaban juntas por los traicioneros puertos de las montañas Malá Fatra. Entonces el tren acortó distancia internándose en la montaña, y un túnel engulló la luz del vagón de cola. Adolf Amster y los demás conductores avanzaban por curvas cerradas. El tiempo corría en su contra. El tren acortaba al menos media hora de viaje gracias al túnel, por lo que tardaría veinte minutos en llegar a la intersección ferroviaria de Žilina, muy por delante de los desesperados padres.

Un tren de pasajeros normal habría tardado menos que un coche, pero los trenes de ganado eran mucho más lentos, lo cual daba a los padres la opción de luchar por el rescate. No obstante, el tren no hacía paradas para recoger pasajeros. Se limitaba a reducir la velocidad al pasar por las estaciones de Štrba, Liptovský svätý Mikuláš y Vrútky y superaba trabajosamente las intersecciones hasta llegar a Žilina.

Žilina era, y sigue siendo, una enorme estación con un nudo ferroviario entre las líneas que van al este, hacia Poprad, la República Checa y Alemania; al sur, hacia Bratislava y Budapest; y al norte, hacia Polonia. Tanto trenes de carga como de pasajeros pueden conectar los vagones o separarlos, y los convoyes pueden cambiar de líneas nacionales a internacionales, y viceversa.

A medida que avanzaba la Solución Final, Žilina se fue convirtiendo en un lugar muy ajetreado: sería el centro de tránsito de todas las deportaciones eslovacas (y después las húngaras). Allí llegaban los transportes y se cambiaba de vía para enviarlos al norte.

Cambiar de vía no es un proceso rápido, sobre todo para vehículos de carga largos y voluminosos. Los trenes realizan una danza lateral entre vías, retrocediendo con lentitud para salir de una línea, esperando el cambio de agujas y luego avanzando trabajosamente hasta la línea nueva con un nuevo rumbo. Dependiendo de cuántas vías tenga que tomar para cambiar de dirección, repite los pasos en zigzag.

Desde el interior del tren, las muchachas miraban hacia fuera entre los resquicios de los tablones. El transporte rechinaba y se balanceaba por los apartaderos de aquellos cambios de vía con forma de diamante para tomar un rumbo desconocido.

Sin las vías de tren alemanas y polacas, el Holocausto no habría podido ser tan mortífero. Hicieron falta solo dos mil trenes para liquidar a dos tercios de los judíos de Europa. En 1944, solo 147 trenes transportaron a 450000 judíos húngaros. La estación de tren de la ciudad de Oświęcim y el campo de la muerte de Auschwitz se convirtió en uno de los puntos de mayor tráfico ferroviario, con 619 trenes que operaban las rutas de las deportaciones por toda Europa. Ni un burócrata del sistema ferroviario alemán les negó la autorización a aquellos transportes. De hecho, las SS estaban obligadas a pagar a la Deutsche Reichsbahn (la compañía ferroviaria alemana) por cada judío deportado; además, había recargos por tener que limpiar los vagones una vez que quedaban vacíos. El coste para adultos y niños mayores de diez años era de cuatro *pfennige* (peniques) por kilómetro. Los niños menores de cuatro años viajaban gratis. Hay unos 106 kilómetros desde Čadca, en la frontera eslovaca, hasta Oświęcim, lo cual costaría el equivalente a 4 euros por persona después de cruzar la frontera.

Varias semanas después, cuando más transportes de Eslovaquia y los transportes de Francia empezaron a llenar las vías, los judíos pasaron a ser los menos prioritarios en términos de viaje. Llegaban después de los trenes de tropas, de víveres, de los trenes médicos y de los viajeros regulares. Incluso los trenes vacíos tenían prioridad sobre los «cargamentos» judíos. Lo más seguro es que sea esa la razón por la que Edith y las demás no salieron de Poprad hasta las 20.20. La noche era la mejor hora de mover el cargamento, y la oscuridad proporcionaba una capa de clandestinidad y secretismo.

Las chicas ya estaban sufriendo un trauma bastante importante después de sentirse desenraizadas, de que las trataran como a delincuentes y de pasar tanta hambre. La vida en el barracón de Poprad había sido el primer paso en el proceso psicológico de la «deculturación». Pero que las encerraran en vagones para ganado y las trataran como un cargamento iba más allá de una cuestión de identidad cultural. Cuestionaba su lugar en la humanidad. Ninguna sabía ya qué creer. Las ruedas de aquel tren estaban aplastando cualquiera de sus expectativas.

Adolf Amster corrió por el andén gritándole a Dios. El transporte ya se había marchado de la estación. Lleno de rabia y angustia, se quedó en mitad del andén vacío, incapaz de ser el padre que quería ser: un hombre protector que rescatara a su hija. ¿Dónde estaba su pequeña Magda?

Cuarenta minutos después de que el tren partiera de Žilina, volvió a detenerse. Linda Reich, que se había despertado al oír voces muy duras hablando en alemán fuera del tren, miró por los resquicios del vagón y vio luces en un paso fronterizo. Apenas pesaba cuarenta y cinco kilos, así que le pidió a una de las chicas más altas que la levantara hasta la ventana de ventilación para poder mirar mejor. Fuera vio a la Guardia Hlinka entregando documentos a las SS. Leyó los carteles en polaco en voz alta para las que había abajo, porque todas querían saber adónde se dirigía el tren. Rena Kornreich estaba haciendo lo mismo para las de su propio vagón.

«¿Será que después de Polonia vamos a Alemania a trabajar?», preguntó Linda.

Lo que no sabía era que los eslovacos acababan de entregar el transporte entero a los alemanes. La barrera del cruce se alzó y el tren prosiguió. Cuando la barrera descendió detrás de ellas, su destino estaba sellado.

El tren avanzó trabajosamente aquella noche interminable, pulverizando los pocos ánimos que les quedaban. No había ruta directa adonde iban. Incluso hoy, un pasajero regular de Poprad a Oświęcim puede tardar más de seis horas. Las jóvenes durmieron de forma intermitente mientras el tren se adentraba en un paisaje cambiante. Las montañas disminuían y daban paso a una estepa azotada por el viento y aplanada por la guerra y la pobreza. El viento que ahora sacudía sus temblorosos cuerpos era extranjero. Acurrucadas contra sus amigas, hermanas y primas, buscando algo de calor y comodidad, perdían la vista en la tinta negra del vagón. El tren reducía la velocidad cuando pasaba cerca de pueblos cuyos nombres nunca habían oído —Zwardoń, Żywiec, Bielsko-Biała, Czechowice-Dziedzice—, y todavía más despacio a su paso por bosques de abedules y píceas o de cúmulos de nieve hasta el muslo. Cuando llegó el amanecer, su acuosa luz apenas tocó el rostro de las muchachas.

Como africanos amontonados en la bodega de barcos comerciales rumbo a las Américas, nuestras jóvenes eran parte de un creciente mercado esclavista. Los principales países de Europa habían prohibido la posesión de seres humanos y habían erradicado el comercio transatlántico de esclavos a principios del siglo XIX. Pero más de cien años después, Alemania estaba desobedeciendo sus propias leyes antiesclavistas y violando los derechos humanos de aquellas jóvenes. Por supuesto, al igual que a los africanos, a los judíos se les trataba como seres por debajo de los humanos, por lo que ni se planteaban prestarles ningún tipo de consideración humanitaria. Al final de la guerra, solo en Auschwitz, el diabólico comercio de esclavos había generado un beneficio de unos 60 millones de marcos alemanes (el equivalente a 110 millones de euros actuales) para la economía germana. No obstante, al carecer de valor intrínseco, nadie se preocupaba por comprar o vender a aquellos prisioneros.

Sobre las once de la mañana, la locomotora se detuvo en otra localidad polaca que solo les sonaría a unas pocas chicas: Oświęcim. Situada a orillas del serpenteante río Soła, al pie de un pintoresco castillo medieval, Oświęcim era una ciudad bonita y pequeña que había permitido que la Gran Sinagoga y el santuario de la Catedral de la Santa Virgen María se asomaran juntos a la orilla del río. Rodeada de edificios blancos, la plaza de la ciudad no tenía en su centro ninguna estatua o fuente que la definiera, pero había otra iglesia y al menos otra sinagoga. No faltaban espacios para la oración. Los habitantes gentiles y judíos trabajaban juntos en la comunidad, y los actos de resistencia eran frecuentes. Muchos residentes estaban detenidos en el campo de prisioneros de la zona, mientras que a otros los habían obligado a trabajar para las fuerzas de ocupación alemanas.

A varios kilómetros de la ciudad había hectáreas de territorio llano para cultivos y para el ganado. No era una comunidad pobre. Tenía industria y acuertelamientos del ejército polaco. Tras la invasión alemana, había que encarcelar a los prisioneros políticos y de guerra, y los alemanes decidieron que los barracones militares de Oświęcim, que estaban a varios kilómetros del pueblo, servirían perfectamente como campo de prisioneros. En 1942, para dar espacio a la expansión del campo de prisioneros, los residentes de los pueblos vecinos se vieron obligados a trasladarse. Sus hogares estaban a punto de ser demolidos.

Parecía que el tren se había quedado parado en mitad de la nada. Todavía no existía la famosa entrada a Birkenau. Todavía ni se había diseñado aquel símbolo infame. Birkenau no era más que algunos establos y tierras pantanosas.

Cuando las puertas para el ganado se abrieron, el panorama era un cielo gris y una tierra llana y beis. Una franja de nieve se alargaba por todo el horizonte. Franjas de gris oscuro. Gris claro. Gris marronáceo. Gris negruzco. Vistas tan abstractas como las pinturas de Mark Rothko. Edith y las demás observaron la versión real de aquellos cuadros y el riguroso paisaje las engulló. Una nada más allá de la imaginación.

Las pupilas de las chicas se contrajeron. Dolor y luz. Luz y dolor.

«No había nada. ¡Nada!», dice Edith.

Hay un tipo de sílex semiprecioso en Polonia que se forma cuando algunos cristales de caliza sufren tanta presión que se endurecen hasta convertirse en invisibles para el ojo humano. Sometidas a este tipo de presión tan brutal, las piedras forman paisajes abstractos minúsculos, con franjas de color gris y blanco apagado, que, cuando se pulen para formar cabujones, parecen minúsculas obras de arte expresionista abstracto. La gente que cree en los espíritus defiende que estas piedras curan a quienes les persigue el pasado, pero Edith y las demás primero tenían que sobrevivir. El trabajo forzoso, diseñado para pulverizarlas, estaba a punto de comprimirlas y endurecerlas.

Los SS ordenaron a algunos prisioneros varones que fueran a buscar a las chicas a los vagones de ganado. Los hombres gritaban. Los perros ladraban. Los látigos restallaban.

«Raus! Raus!»

Hombres de ojos vacíos con uniformes que parecían pijamas de rayas se asomaban al interior de los vagones. Eran prisioneros polacos, arrestados por crímenes tan minúsculos como repartir panfletos o tan serios como el sabotaje. Ninguno había visto a una mujer desde su encarcelamiento, que en algunos casos había ocurrido hacía dos años. Ahora, los miraban cientos de muchachas bien vestidas, con el pelo algo descuidado, pero aun así presentable. Las mujeres se quedaron sobrecogidas en el interior de los vagones. Aferradas a su equipaje sin saber qué hacer, se quedaron a las puertas sin moverse.

La respuesta inicial de los sorprendidos presos fue alargar las manos para ayudar a las chicas, pero los SS golpearon a los que se movían despacio o se mostraban demasiado amables. El tren estaba bastante alto y había una zanja debajo de las vías. Con sus faldas y sus vestidos ceñidos, las jóvenes no sabían si descolgarse del tren o saltar. Estaban petrificadas al borde de los vagones. Los gritos de los soldados aumentaron. Al final, una chica tiró su equipaje y saltó a regañadientes. Luego lo hizo otra. Como ovejas, las demás las siguieron. Ya en el irregular suelo, se estiraron los vestidos y las faldas. Las chicas de ciudad de más edad se revisaron las medias en busca de carreras. El campo se llenó rápidamente de mujeres que hablaban en eslovaco con los hombres, quienes les susurraban avisos insistentes en polaco. Las pocas polacas que había tuvieron de inmediato la ventaja de la lengua.

Sobre todas sus cabezas cayeron órdenes en alemán.

El doctor Izak Kaufmann se adentró en este caos de un salto desde el tren y exigió respuestas a los SS que estaban al mando. ¿Dónde estaban? ¿Por qué no había mantas en el tren para las chicas? ¿Por qué no había comida ni agua? Era de esperar que un médico preguntara estas cosas.

Los miembros de las SS se rieron de él y eso le enfureció.

Linda Reich observaba al consternado médico corriendo de acá para allá intentando evitar que los SS pegaran a las muchachas. No dejaba de gritar que las condiciones eran horribles. Quería saber quién era el responsable y cómo el presidente Tiso había aceptado una travesía como aquella.

Los SS se burlaron de él, le azotaron con una fusta en la espalda, en la pierna y en la cara. Él trató de defenderse. No tenía nada que hacer. Cojeando por un golpe, el médico cayó al suelo, donde los SS lo patearon hasta matarlo. El doctor Kaufmann no llegó a registrarse en el campo. Su nombre no aparece en los registros históricos de muertos de Auschwitz, pero al parecer fue la primera víctima del primer transporte judío. ¿O fue la segunda?

«Sabemos que una de las mujeres murió en el trayecto», dice el principal historiador del primer transporte, el profesor Pavol Mešťan. Estamos en su oficina en el Museo de Cultura Judía de Bratislava tras pasar el fin de semana en los actos del aniversario para honrar a las jóvenes del primer transporte. Desde 2001, el doctor Mešťan ha dedicado gran parte de su vida a preservar su historia. Gracias a sus esfuerzos, el Gobierno eslovaco colgó placas en la estación de tren de Poprad reconociendo a las jóvenes del primer transporte y en el antiguo barracón (ahora una escuela) donde se retuvo a las chicas antes de llegar a Auschwitz. En la mesa frente a nosotros hay documentos muy raros que lleva años recopilando: el protocolo de comida, la factura de las SS demostrando que el Gobierno eslovaco pagó por deportar a sus judíos... Estos documentos los ha desenterrado de cajas mohosas y antiguas del Archivo Nacional Eslovaco. Mediante su asistente y mi intérprete, la doctora Stanislava Šikulová, le pregunto si sabe el nombre de la chica que falleció.

Niega con la cabeza.

Había rumores de que una chica había saltado del tren al pasar por Hungría (lo cual era posible, porque en esa época las fronteras eran muy diferentes). Pero no podría haber escapado en el tramo entre Poprad y Auschwitz. Edith está segura de ello, igual que yo. Las mismas chicas que salieron de Poprad el 25 de marzo llegaron a Auschwitz el 26. Hay dos listas que lo confirman, una eslovaca y otra alemana.

Según un documento eslovaco de los archivos de Yad Vashem, una mujer murió en el transporte, pero no se da su nombre. Figura en un comentario al final de una extraña lista de solo noventa y nueve mujeres de distintas ciudades de origen. Hay tres de Polonia (¡una incluso de Cracovia!) y dos de Budapest, aunque en la lista original figuran como eslovacas. Todas las chicas de este confuso documento eran del primer transporte. Sus nombres aparecen en la lista original del 24 de marzo de 1942. Esta lista abreviada se escribió el 25 de marzo, pero parece haber sido compilada por un «historiador aficionado que ayudó a organizar el acto del primer homenaje en Poprad» en 2003. Jozef Šebesta «trabajó en la Sociedad Checa de Eslovaquia y pasó una enorme cantidad de tiempo en archivos y hablando con supervivientes» para reunir información sobre el transporte, como explican la doctora Šikulová y el profesor Mešťan. Entonces, ¿es esta una lista de supervivientes elaborada por Šebesta después de la guerra, o estaba intentado crear una lista de muchachas deportadas antes de que se descubriera la lista original en los archivos alemanes? Me aseguraron que «no hay ninguna razón para dudar de que una mujer muriera en el transporte, porque las supervivientes lo mencionan muchas veces, y Šebesta también, y debió de sacarlo de alguien».

Aunque los registros de las muertes de mujeres hayan desaparecido, sí hay un nombre en el *Sterbebücher*, los «Libros de muertes» de Auschwitz, que sobresale. Jolana Sara Grünwald nació el 14 de junio de 1917, y hay un certificado de defunción para Jolana fechado el 27 de marzo de 1942, el día después de la llegada de las chicas al campo. Tenía veinticinco años.

Al final de la lista de seis páginas, su compilador Jozef Šebesta escribió:

> Mil mujeres fueron deportadas desde Poprad. Pero solo 999 llegaron a Auschwitz. Una murió en el viaje. En el campo, las mujeres recibieron los números del 1000 al 1998. El número 1000 era el único médico deportado, el doctor Izak Kaufmann, nacido el 4 de febrero de 1892 en Beloveza...

> Firmado: JOZEF ŠEBESTA

Hay otra discrepancia: de la estación de Poprad salieron 997 chicas. Los alemanes escribieron una segunda lista el 28 de marzo de 1942 con los nombres de las jóvenes en orden alfabético, y tiene las mismas 997. ¿Por qué iban a apuntar el nombre de una chica en la lista de recepción en Auschwitz si estaba muerta?

Cuanto mayor el peligro, más cerca está Dios.

El padre de Eta Zimmerspitz (#1756)

*E*n aquella extensión vacía de la estepa polaca, las chicas se vieron obligadas a marchar a través de la niebla y un tiempo inclemente hacia lo que Linda Reich describió como «luces parpadeantes y cajas». Al acercarse, distinguieron barracones de ladrillo de dos plantas rodeados por una alambrada. Hacía un frío horrible. Vientos tan fuertes como de vendaval azotaban la llanura, creando lomas de nieve afiladas. La temperatura estaba en torno a los cero grados. Edith temblaba y se apretaba contra su hermana. Si sus padres supieran... Si sus padres supieran...

Por un camino de tierra, las chicas se metieron en este apocalipsis arrastrando los pies con incertidumbre. Con el cuerpo y la mente distantes, caminaban por el terreno helado de un país extranjero. Sobre sus frágiles siluetas, se alzaba una barrera roja y blanca. Las jóvenes pasaron bajo la mentira de hierro fundido que se alzaba en forma de arco sobre todos los prisioneros que entraban en Auschwitz: «*Arbeit macht frei*» (El trabajo hace libre). Ninguna de ellas se dio cuenta de que la B estaba cabeza abajo, pues los prisioneros polacos la habían soldado así como uno de los primeros actos de resistencia en el lugar que pronto engulliría sus vidas.

Al ver un edificio grande de ladrillo con una chimenea enorme, Linda le susurró a una amiga: «Esa debe de ser la fábrica en la que vamos a trabajar». En realidad, era una cámara de gas que todavía no estaba en funcionamiento.

Las tres hermanas Zimmerspitz y tres de sus primas entraron con paso indeciso en el complejo. Frida, la mayor, murmuró a las demás: «Aquí no nos quedamos».

No todas las 997 eran extranjeras. Resultaba irónico que las mujeres que habían huido de Polonia en busca de seguridad a Eslovaquia ahora hubieran vuelto a casa como prisioneras involuntarias. Cuando las chicas polacas pasaban junto a sus compatriotas, pensaron que aquellos hombres que las miraban parecían locos de manicomio. De hecho, eran parte de la primera línea de resistencia capturados tras la caída de Polonia en 1939. Muchos de ellos harían cualquier cosa por ayudar a las prisioneras, sobre todo a las polacas. Todavía no había hombres eslovacos en el campo.

Las muchachas avanzaron por la *Lagerstrasse*, o calle del campo, entre hileras de barracones de dos plantas hechos de ladrillo, hasta llegar a otra entrada que estaba unida a un muro también de ladrillo rematado con espirales de alambre de espino. Cuando la verja se abrió, las chicas cruzaron un puesto de guardia más pequeño y vieron a las otras mujeres. Para Regina Schwartz y sus hermanas, a quienes les habían dicho que las mandaban al frente para que los soldados alemanes las deshonraran, ver a mujeres debió de resultar un alivio. Al menos no estaban en el frente trabajando de esclavas sexuales.

Pero estas mujeres no les iban a proporcionar demasiado consuelo. Ellas mismas habían llegado unas horas antes que las jóvenes judías. Eran las primeras 999 que Himmler había encargado de la prisión más infame de Alemania, el penal de Ravensbrück. Eran un grupo ecléctico de asesinas, timadoras, prisioneras políticas (comunistas o antinazis), «santurronas fanáticas» (muchas eran Testigos de Jehová), prostitutas y «asociales» (lesbianas, a las que las demás presas llamaban «marimachos»). Aunque algunos de sus delitos parecen absurdos hoy en día, según la ley alemana tales «fechorías» se perseguían con rigor y se consideraba culpable a quien las cometía. Nuestras judías eran culpables solo de haber nacido.

Una de las prisioneras políticas transferidas desde Ravensbrück a Auschwitz, Bertel Teege, tenía la esperanza de que las condiciones fueran mejores si cumplía sentencia en Auschwitz. Iba a llevarse una gran decepción. Teege tenía una asimetría severa en la cara, y los ojos y la boca ligeramente torcidos. Pero era un rostro honrado, austero, y al mismo tiempo de mirada perdida, un rostro que no podía ocultar las cosas que había visto, cosas que la mayoría de la gente no lograría entender nunca.

Su mayor confidente y amiga era su compañera comunista Luise Mauer. Tenía treinta y seis años, una sonrisa de labios finos y una mirada que buscaba la verdad. Poco o nada asustaba a Mauer, incluso después de cinco años en Ravensbrück.

Al llegar a Auschwitz, Teege sintió cierta esperanza al ver «seis edificios de obra con una capacidad para mil personas cada uno». Habría un montón de espacio disponible para las prisioneras. Varias horas después, se sorprendió al ver a cientos de jóvenes judías. «Todas iban bien vestidas, con maletas llenas de ropa cara, con dinero y joyas, diamantes y comida. Les habían dicho que iban a pasar allí tres meses y que tenían que llevar consigo todo lo que necesitaran para sobrevivir. Iban equipadas, pues se habían creído las mentiras nazis.»

Ver a estas jóvenes bien educadas, hasta hace poco sanas y bien alimentadas, a pesar de sus mejillas mojadas por el llanto, llenó a algunas guardianas de Ravensbrück de piedad y a otras de odio sádico. Prisioneras de ojos afilados observaban a las chicas como zorros que acosan a las ovejas. Nuestras jóvenes, que no entendían la situación en la que estaban, no sabían lo que les esperaba. Las internas de Ravensbrück sí lo sabían. A partir de entonces podían repartir crueldad en vez de sufrirla. Profanar la inocencia da cierto gusto para las personalidades sádicas, y de eso había mucho entre las mujeres de Ravensbrück. Les iban a conceder carta blanca para castigar, acosar, golpear y matar a las jóvenes judías. Sin duda, no las habían traído a Auschwitz para realizar trabajo de oficina.

De las nuevas reclutas, el comandante Rudolph Höss escribió: «Creo que peinaron Ravensbrück en busca de lo "mejor" para Auschwitz. Superaban con creces la dureza, sordidez y resentimiento de sus homólogos masculinos. La mayoría eran prostitutas con muchas condenas, y algunas eran criaturas realmente repulsivas. Huelga decir que aquellas horribles mujeres dieron rienda suelta a sus deseos malignos sobre las presas a su cargo... Eran desalmadas y carentes de todo sentimiento». Por supuesto, Höss no escribió sobre su propia carencia de alma, ni la de sus hombres de las SS.

Antes de la década de 1990, los antiguos prisioneros y los eslovacos llamaban «primer transporte» a Auschwitz al de las 999 mujeres judías. Después, por un giro irónico, los historiadores modificaron ese cálculo y quitaron a las chicas de esa categoría. Lo sustituyeron por un único tren de cuarenta y tres varones judíos a quienes la Gestapo había detenido por delitos menores y que murieron «con Zyklon B» en un experimento el 15 de febrero de 1942. A las chicas también les negaron el reconocimiento histórico de ser el «primer transporte femenino a Auschwitz» porque se le dio esta nomenclatura al tren que llevó a 999 mujeres *reichsdeutsche,* es decir, prisioneras de etnia alemana de Ravensbrück. ¿Por qué las guardias alemanas, que a menudo también eran las verdugas de las chicas, recibieron el estatus del «primer transporte femenino a Auschwitz»?

Aunque la definición habitual del término «transporte» implica el movimiento de bienes o personas mediante un vehículo, en la Alemania nazi tenía un significado más amplio. Significaba la «Solución Final». Fue el 26 de marzo de 1942 cuando el término «transporte» adquirió ese nuevo significado. «Bienes» pasó a significar judíos; «transporte» pasó a significar muerte. No obstante, pocos libros de historia del Holocausto, y muchas menos páginas web, incluyen a las jóvenes del primer transporte en los mapas del tiempo del Holocausto, y casi nunca llegan a aparecer en una nota a pie de página.

En Eslovaquia, las chicas mantienen su lugar en la historia, donde se las reconoce y reverencia por su lugar en el primer transporte a Auschwitz. Los propios historiadores de Auschwitz hablan de su llegada como el «primer transporte judío masivo documentado». En 1942, la sección IVB4 —la Oficina de Evacuación de Judíos— las identificó como el primer transporte judío «oficial» de la Solución Final de Eichmann. Sin duda, así es como se debería recordar a las chicas.

Las mujeres avanzaron por la calle del campo rumbo a un complejo separado del de los hombres por una verja cerrada, un muro de ladrillo y alambrada de espino. Las jóvenes se preguntaban por qué había tantas medidas de seguridad. ¿La alambrada estaba allí para protegerlas de los locos del manicomio al otro lado del muro? No se les pasó por la cabeza que fuera para evitar que se fugaran. Al fin y al cabo, solo venían a trabajar unos meses.

Al otro lado de la verja, les dijeron a las chicas que apilaran su equipaje. El protocolo en Ravensbrück era confiscar las posesiones de las prisioneras, registrarlas y después devolverles sus bienes. Así que incluso las nuevas guardias de Ravensbrück estaban indecisas. ¿Cómo iban las judías a encontrar sus cosas en la montaña de bienes que se estaba formando? Algunas judías preguntaron lo mismo, pero las callaron con amenazas. Las que todavía tenían algo de comida también la tuvieron que dejar de lado. Esto fue especialmente cruel, porque no les habían dado de comer lo suficiente el día anterior y empezaba a preocuparles que no les dieran nada. Pero eran jóvenes que cumplían con la ley, buenas chicas, y obedecieron las órdenes de amontonar la comida y el equipaje.

En el mundo normal, después de un viaje en un tren sucio, uno espera poder pasar al baño, tomar una ducha, cambiarse de ropa y comer un cuenco de sopa caliente. En vez de eso, nuestras chicas tuvieron que pasar horas fuera, soportando el frío y la nieve, mientras la nueva comandante del campo femenino, la SS Johana Langefeld, y su equipo de mujeres de las SS intentaban poner orden en la situación. Nadie parecía saber lo que estaba haciendo, y su ineficacia se debería sin duda al hecho de que la lista que había acompañado a las chicas de Poprad estaba mal numerada. Las contaban una y otra vez, y el resultado siempre era 997. No 999. No podían dar cuenta de los números que faltaban. ¿Se habría escapado alguna chica? En algún momento, alguien debió de darse cuenta del error en las páginas y escribió encima de la lista de Poprad con lápiz rojo: «*wäre zu nummerieren und alph. zuordnen*» (es decir, «numerar y ordenar alfabéticamente»). La lista se escribió el 28 de marzo y confirma el número exacto de mujeres que subieron al tren de Poprad y que llegaron a Auschwitz al día siguiente. Había 997 judías en el campo, no 999.

Cuando por fin las dejaron ir, las *kapos*, que era como se llamaba desde entonces a las guardianas de Ravensbrück, abrieron la puerta del bloque 5, y las SS les ordenaron que pasaran. Heladas y desesperadas, las chicas corrieron hacia la puerta, empujándose entre las jambas y atascándose unas con otras mientras las *kapos* les pegaban por la espalda.

«Todas empujaban. Todas gritaban. Hacía un frío horrible —recuerda Linda. Se empujaban, se estrujaban entre amigas y desconocidas, se pisaban unas a otras, intentando entrar sin orden en el edificio—. Teníamos sed. Necesitábamos ir al baño.» Todas querían entrar en busca de calor, pero dentro no había luz, ni catres, ni calefacción. Había paja sucia tirada en el suelo. Había diez retretes para más de novecientas mujeres. La única fuente de agua disponible era una gotera de una tubería en el sótano, y tenían que lamer gotas de cañerías sucias. Deshidratadas y exhaustas, estaban al límite de sus mentes.

Irena Fein y su amiga Grizzy Grummer se fueron a sentar en uno de los bancos, otras se sentaron en las mesas. Estaban todas cansadas y querían descansar, pero «las *kapos* nos obligaron a tumbarnos en el suelo de paja sucia». En cuanto las chicas tuvieron que acostarse en la paja manchada de sangre, «millones de pulgas nos cubrieron de pies a cabeza. Solo eso habría bastado para volvernos locas. Estábamos rendidas y queríamos un respiro».

Las chinches se les subieron por las piernas. Las jóvenes que se habían dejado caer al suelo se levantaron de un salto, gritando y dándose golpes mientras aquellas criaturas les mordían y les chupaban la sangre por las piernas y la cara. Era como si todas las plagas que Dios envió sobre Egipto cayeran ahora sobre ellas: «diez plagas en un día», dice Helena Citron.

Una chica se puso tan histérica que se plantó delante de un hombre de las SS que estaba como si nada junto a la puerta observando el caos. «No quiero vivir ni un minuto más —le gritó a la cara—. ¡Ya veo qué nos va a ocurrir!» Cuando el hombre la miró, los gritos de terror de las demás se silenciaron. Incluso las chicas más histéricas se apartaron de la chica que le había gritado al SS. Él le indicó con un gesto que le acompañara. Ella dio un paso atrás.

Él señaló hacia la puerta.

«Cualquiera con cerebro sabía adónde se la llevaron —dice Helena Citron—: a un mundo mejor, seguro que no. Fue a la primera que se llevaron.» Podría haber sido Jolana Grünwald o Marta Korn, las únicas prisioneras muertas en marzo de 1942 que figuran en los «Libros de muertes».

Estaban demasiado asustadas para dormir. «Temíamos que las *kapos* o los hombres entraran a matarnos —dice Edith—. Nadie nos decía qué nos iba a pasar.» La ignorancia las puso al límite de la cordura.

Lo único que Edith recuerda con claridad es que ocultó sus pañuelos menstruales sobre un ladrillo encima de una estufa para recuperarlos más tarde. Aparte de eso, su joven mente se saltó aquella noche como quien salta un charco sucio para evitar mancharse la ropa, o, en el caso de Edith, la mente. A pesar de sus lloros, acabaron quedándose dormidas.

12

No deberíamos decir que todo el mundo es igual. No, creo
que siempre hay una excepción. En todas las desdichas,
hay algo de bondad. Tiene que haberla. De cada infierno
tiene que volver alguien.

Martha Mangel (#1741)

A las cuatro de la mañana, un ruido sordo se llevó cualquier sueño que tuvieran. Las *kapos* entraron en el bloque y
empezaron a golpear a cualquiera que todavía estuviera dormida o en el suelo. «*Zählappel! Zählappel!* ¡A pasar lista!
¡A pasar lista! *Raus! Raus!*» Aquello era una carrera desordenada por salir a la *Lagerstrasse*. Les mandaban formar en
filas de a cinco en un ritual que se iba a definir como su única forma de existir: que las contaran. Llevaba horas. En pie,
en mitad de la bruma antes del amanecer, Edith sintió que le
castañeteaban los dientes de miedo y que su cuerpo temblaba
de agotamiento. Cuando por fin llegó el día, a cincuenta chicas de las filas delanteras les ordenaron que entraran en un
edificio. Las demás formaron una fila fuera y esperaron.

Dentro, empezó su procesamiento. Primero les dijeron
que se quitaran la ropa. Toda la ropa. Incluso la ropa interior
y los sostenes acabaron formando una pila. Fueron a una
mesa donde les quitaron las joyas.

Una de las guardianas se acercó y dijo: «Quitaos los pendientes, los relojes, las cadenas y los anillos. Ya no os hacen falta».

Las muchachas los pusieron en la mesa. «Nos seguía pareciendo divertido —recuerda Laura Ritterova—. ¿Qué más daba?
Íbamos a ganar dinero, ya nos compraríamos joyas nuevas. Nos
decíamos unas a otras: "¿Qué más da? Puedo trabajar".»

Pronto dejó de ser gracioso. A algunas mujeres les habían puesto los pendientes siendo niñas y no se los podían quitar. Edith era una de las que no pudo quitárselos. Una *kapo* se acercó, agarró a Edith de los lóbulos y tiró de los pendientes, desgarrándole la carne. La sangre le corría por el cuello. Lea saltó a proteger a su hermana, pero ¿qué poder tiene una adolescente desnuda contra adultos armados? Apenas tuvo tiempo de consolar a su hermana antes de que oyeran a otra chica gritar.

«Así empezó la pesadilla», explica Edith.

Para jóvenes vírgenes criadas en hogares judíos conservadores u ortodoxos, estar desnudas ante otras mujeres era de por sí sorprendente. Pero ¿estar desnudas ante hombres, muchas de ellas por segunda vez en una semana? Eso era inaudito. Pero iba a empeorar. El procesamiento típico de prisioneras en Ravensbrück incluía más cosas que la desnudez. Obligaron a las primeras doscientas a pasar por un examen ginecológico brusco realizado con el mismo cuidado que un carnicero destripando pollos. Bertha Berkowitz, de dieciséis años, fue la número cuarenta y ocho. Cuando habla de aquel momento, se encoge de hombros con tristeza. No hay más que decir. Otras marcadas con los primeros números evitan hablar de aquella agresión.

«Nunca dije nada porque me daba demasiada vergüenza —confiesa Joan Rosner (#1188) más de cincuenta años después—. Cuando nos examinaron por dentro y las SS nos pusieron la mano en las partes íntimas, fue como si nos violaran. —Hace una pausa—. Estábamos sangrando y se lo hicieron a las cien primeras y a las cien segundas. Después dejaron de hacerlo, porque estaban buscando joyas. No encontraron nada, así que pararon. —Como la mayoría de las mujeres, Joan ocultó la experiencia—. Me daba demasiada vergüenza. Ahora soy una anciana y pienso: "¿por qué me avergüenzo?" Me hicieron eso. Estábamos sangrando y nos habían quitado los anillos de los dedos.»

Los testimonios varían sobre si se trataba de un médico varón o eran guardianas de Ravensbrück quienes metieron la mano en las vaginas de las chicas en busca de objetos valiosos. Quizás ocurrió de las dos maneras. La sangre corría por la parte interna de los muslos de las jóvenes violadas. Los exámenes ginecológicos se terminaron cuando el supuesto médico argumentó riendo: «¿Para qué molestarse? ¡Son todas vírgenes!».

Las guardianas de Ravensbrück estallaron en carcajadas burlonas. Las pobres desfloradas se unieron a la fila cojeando para pasar a la siguiente fase del procesamiento.

Todas lloraban. «Lloramos con ellas», explica Irena Fein.

Como si ser maltratadas por las guardianas no fuera bastante horrible, las chicas tuvieron que permanecer desnudas delante de los prisioneros varones a los que les habían asignado actuar como barberos. Los polacos también estaban horrorizados, pero, acostumbrados a recibir palizas hasta que se volvían dóciles, hicieron lo que se les mandaba: rapar primero la cabeza, luego el vello de las axilas, del pubis y de las piernas. Las obligaron a ponerse de pie en taburetes para que los hombres pudieran depilarlas más fácilmente. Los guardias de las SS se las comían con los ojos y se reían con lascivia de las vulnerables jóvenes. Mientras, los prisioneros varones mantenían la mirada a la altura de sus pubis.

Cuando Adela Gross entró en la sala, la gente giró la cabeza. Los densos rizos de su preciosa melena pelirroja caían sobre sus mejillas. Margie Becker recuerda: «Una amiga mía, en realidad, mi hermana, también tenía el pelo rojo y bonito, y le buscaron entre los rizos cuchillas o navajas o algo así». Cuando un miembro de las SS metió un palillo en las trenzas de Adela, ella mantuvo la frente alta a pesar de la humillación. Al acabar, el militar le lanzó una mirada brutal al vello púbico pelirrojo.

Le ordenó que se subiera a un taburete para que su entrepierna estuviera a la altura de los ojos de quien la iba a depilar. En cuestión de un momento, despojaron a Adela de su poder y su belleza única. Rapada, se parecía a todas las demás adolescentes a su alrededor. No quedaba ni un jirón de su característica melena. Solo quedaban pecas.

Condujeron a las chicas fuera del edificio de procesamiento y las obligaron a esperar desnudas con nieve hasta la rodilla a que las desinfectaran. El viento de marzo las hacía temblar, por lo que cruzaban los brazos sobre sus desnudos pechos. La recién afeitada piel se les puso de gallina. Sin ropa interior ni toalla sanitaria, era imposible ocultar el flujo menstrual. «Todas las chicas parecían tener la regla —cuenta Edith—. Había sangre en la nieve a nuestros pies.» Las que estaban delante pisaban la nieve rosa con los pies desnudos cuando avanzaba la fila hacia un contendor de desinfección.

Las jóvenes se preguntaban por qué tenían que desinfectarse.

«Las judías habéis traído las pulgas al campo», replicó un hombre de las SS.

«¡No teníamos pulgas! —exclama Irena Fein—. Era imposible. Acabábamos de llegar.» Intentar rebatir aquella idea era inútil. El término «sucio judío» era el único estereotipo en el que creían las SS.

¿Cuánto tiempo pasaron en la nieve? Demasiado. El calor de sus pies descalzos derritió en parte la nieve sobre la que estaban y después se convirtió en hielo. Cuando les ordenaban entrar en el contenedor con agua fría, lo hicieron en grupos de cincuenta, sangraran o no. El desinfectante les quemaba la piel recién depilada. Para cuando las primeras cien se dieron el baño antipulgas, el agua estaba asquerosa. No la cambiaron.

Al salir del contenedor, las chicas corrieron por la nieve al último edificio, donde les habían dejado uniformes rusos en montones para que se los pusieran. La lana estaba rígida de sangre seca y heces, y todas las prendas tenían agujeros de bala. No había ropa interior para proteger su delicada piel. Las insignias rusas de soldados muertos todavía se veían en las prendas. Linda recibió una camisa de hombre que era «demasiado grande, me llegaba hasta el suelo», y unos pantalones de montar que le llegaban hasta la cabeza. No tenía «nada con qué atarlos». Las treinta últimas recibieron un uniforme diferente. Edith, Lea, Helena y Adela recibieron vestidos a rayas. Los vestidos no abrigaban y no tenían ni mallas ni leotardos de algodón con los que cubrirse las piernas. Tampoco tenían ropa interior.

Les esperaba una montaña de zapatos. Algunas prisioneras los llamaban zuecos, pero era un término educado para designar aquellas «sandalias» consistentes en pedazos de madera plana con cintas de cuero clavadas por los lados que iban ceñidas por encima. Algo así como los zapatos Dr. Scholl pero sin ajuste de empeine ni hebilla, y sin pares a juego. Los habían hecho los prisioneros, que probablemente no tuvieran ni idea de que los iban a usar muchachas, por lo que no pensaron demasiado en adecuarlos a pies más pequeños y delicados. Solo en esto tuvieron suerte las chicas del principio de la fila. Rebuscaron en el montón de zapatos para buscar su talla. Las que estaban al final de la fila se quedaron con lo que había quedado.

Al final, les entregaron a las jóvenes rectángulos blancos de tela con números y estrellas amarillas. Tendrían que coserlo a su uniforme. La primera tira de tela blanca tenía los números 1-0-0-0 impresos. La siguiente chica recibió el 1-0-0-1, la de después el 1-0-0-2, y así sucesivamente. Un escribiente apuntaba los números de registro junto a los nombres de sus portadoras. Según algunos testigos, las hermanas Frida y Helena Benicova, de Modra nad Cirochou, en las inmediaciones de Humenné, estaban entre aquellas primeras chicas. Peggy, que había andado dos horas hasta la parada de autobús de Stropkov, era la número 1-0-1-9, y Berta Berkowitz, de dieciséis años, tenía el 1-0-4-8. Su primera tarea fue coser los números en la parte delantera de los uniformes para que pudieran hacerles una foto al día siguiente.

Por fin las habían registrado y estaban vestidas para «trabajar». Cada chica recibió un cuenco rojo y una cuchara sopera. Después las volvieron a dejar salir al frío, donde les ordenaron ponerse en fila a esperar. Filas de a cinco. Cinco por fila. Las habían arrancado de la rutina desordenada de la vida civil, y se estaban convirtiendo a toda prisa en maniquíes de regimiento.

#1474, nombre desconocido. Única foto conocida de una chica del primer transporte, tomada inmediatamente después del procesamiento, en torno al 27 de marzo de 1942.

IMAGEN CORTESÍA DEL ARCHIVO DEL MUSEO DE AUSCHWITZ.

Al salir del último edificio, las mujeres del principio de la fila vieron a sus amigas todavía fuera de los edificios de procesamiento, vestidas con sus mejores prendas, con botas prácticas, abrigos, guantes y sombreros. Les gritaron un aviso.

«¡Tirad las joyas!»

Las que todavía no estaban rapadas no reconocieron a las pobres desdichadas sin pelo que les gritaban desde la nieve vestidas con uniformes de soldados muertos y calzadas con sandalias abiertas. Estaban irreconocibles. Sonaba un nombre tras otro, y las chicas que todavía esperaban comprendieron que pronto serían ellas las desdichadas sin pelo.

Rena Kornreich se arrancó el reloj y lo pisó contra el barro, prometiéndose a sí misma que no dejaría que los nazis se quedaran con ninguna de sus pertenencias.

Al final de la fila estaba la mayoría de las jóvenes de Humenné: Sara Bleich, 1-9-6-6, estaba a tan solo tres chicas de Lea y Edith, 1-9-6-9 y 1-9-7-0 respectivamente. Helena Citron era el número 1-9-7-1. Cuando las últimas salieron a la *Lagerstrasse*, estaba anocheciendo. Todavía tenían que quedarse de pie y esperar a que las contaran. Fue la última vez que volverían a estar en fila en orden numérico. También sería la última vez que estarían todas vivas.

Al caer la noche, las llevaron al bloque 10, al final del campo femenino. Las chicas chocaban entre sí para alcanzar el calor relativo del bloque y protegerse del frío. Mientras se daban empujones desesperados, la decencia humana común ya se estaba disolviendo. La educación era algo del pasado, o reservado solo a amigos y familia. «Tengo buenos codos», repite Linda Reich (#1173) una y otra vez en su testimonio.

Dentro del bloque, lejos de los guardias y de los perros, las muchachas se miraban y gritaban los nombres de sus amigas.

—¡Adela! ¡Magda! ¡Lea! ¡Edith! ¡Gizzy!

Cabezas rapadas. Uniformes masculinos. Nadie tenía el aspecto que le correspondía. «No nos reconocíamos —dice Helena Citron—. Y luego, en vez de llorar, nos echamos a reír. Reímos como histéricas porque no podíamos hacer nada. Reímos porque las lágrimas no eran suficientes.»

Υ

Horas después, tras la degradación del procesamiento, Edith se coló a escondidas en el bloque 5 para recuperar los pañuelos menstruales que había escondido en la puerta de ladrillo de un horno grande en el centro del bloque. Alguien se los había llevado. «Tampoco es que los necesitara. No volví a tener la regla hasta después de la guerra.»

Esto fue algo generalizado en todas las chicas. Para que una mujer menstrúe, hace falta cierta cantidad de grasa corporal, y con una dieta de menos de mil calorías al día, no queda grasa que mantenga el cuerpo femenino. Y hay que añadir una dosis preventiva de té con sedante por las mañanas para que las presas fueran más maleables y estuvieran más confusas. «Te sentías como una zombi. Nos daban bromuro para que no nos funcionara el cerebro. No teníamos que pensar», cuenta Edie (#1949). El bromuro de potasio también ayuda a contener el deseo sexual e inhibir la menstruación.

Unas pocas mujeres de veintipocos siguieron menstruando durante varios meses, pero la única forma de conseguir un pañuelo era ir al hospital y enseñarle al médico que estabas sangrando. Rena Kornreich evitó aquella humillación utilizando trozos de periódico que encontraba en el campo. No eran higiénicos, pero le permitían mantenerlo en secreto. Despojadas del rito de paso a la madurez femenina —la menstruación—, algunas mujeres empezaron a cuestionar sus propias identidades. ¿Qué eran si ya no eran mujeres? ¿Todavía eran humanas? «Desde el punto de vista higiénico, estaba bien no tenerla [la menstruación] por higiene —admite Edith—. En Auschwitz todo estaba sucio, y sin la posibilidad de estar limpia y de lavarse a diario, era mejor no tener la regla. Pero sin ella sentíamos que no éramos mujeres.» Por supuesto, lo último que querían las SS era que se sintieran mujeres. Por eso las habían vestido con los uniformes de los presos de guerra rusos ejecutados.

El bloque 10 era un edificio de ladrillo de dos plantas que lindaba con un patio en el que había un muro de ladrillo a un lado. Al otro lado del muro estaba el bloque 11, denominado por los prisioneros varones el bloque *Smierci*, es decir, el bloque de la muerte. Allí estaban los prisioneros políticos y de guerra, los miembros de la resistencia y los espías en régimen de aislamiento y sometidos a torturas. Después los llevaban fuera y los fusilaban en el patio. No era fácil presenciar aquellas ejecuciones. Rena (#1716) durmió junto a las ventanas selladas de ese lado del bloque. Por la noche, al mirar a través de los listones, vio cómo ejecutaban a prisioneros de guerra rusos. Uno de los prisioneros varones le contó después que la ropa que llevaban eran los uniformes de los prisioneros de guerra muertos.

En lo alto de la planta superior del bloque 10 había ventanas que las chicas utilizaban para hablar con los prisioneros polacos de la segunda planta del bloque al otro lado del muro. Los gentiles polacos llamaban a las recién llegadas, deseosos de oír noticias del mundo exterior y las suaves voces de las mujeres, y ayudaban a sus compatriotas. Los polacos deseaban hablar en la lengua que compartían y buscaban conexión humana —algunos de ellos llevaban en el campo desde 1940—, por lo que les tiraban a las prisioneras polacas porciones de pan, cuerdas para atarse los pantalones demasiado anchos y notitas de amor. Las eslovacas no recibieron el mismo tipo de admiración.

A las cuatro de la mañana del segundo día, las chicas recibieron té. Algunas supervivientes también dicen que era café. Sabía tan mal que no podían estar seguras. Este «desayuno» líquido fue lo único que les sirvieron por la mañana. Poco después de llegar, Edith y Lea pensaron que podrían utilizar el té para cepillarse los dientes. No se podía escupir aquel líquido «valioso, valiosísimo», a pesar de su espantoso sabor. «El hambre duele mucho, duele un montón, [pero] la falta de agua es todavía peor. La sed era insoportable», dice Lea. A pesar de ello, Lea y ella «utilizaron un poco de té para lavarse las manos y la cara». Tras unos minutos de té y aseo, las jóvenes se pusieron en fila en grupos de cinco. De pie. De pie. Nunca en movimiento. El ritual se les estaba metiendo en el cerebro.

El amanecer apareció entre los tejados, las alambradas de espino y las torres de vigilancia que las rodeaban mientras los miembros de las SS y las *kapos* contaban. Después de pasar lista, las 996 chicas recibieron la orden de limpiar su barracón.

Algunas de las mujeres de mayor edad fueron seleccionadas para los puestos de supervisoras del bloque. Al ser judías, seguían siendo inferiores, pero las mujeres que alcanzaron esas posiciones de poder subieron inmediatamente de categoría, desde lo más bajo hasta algo un poco más importante. Les encomendaron la tarea de mantener el orden, así que despertaban al bloque por las mañanas, servían la comida y decidían quién se quedaba dentro a limpiar, quién trabajaba fuera y quién recibía más pan. La primera jefa del bloque 10 era una mujer joven llamada Elza. Nadie parece recordar su apellido. Era estricta, y en cuestión de días se la conocía por pegar a quienes llegaban tarde cuando se pasaba revista o a las que se ponían en su camino. Cuando le pidieron que eligiera a una ayudante, le dio el puesto a su hermana. ¿Quién podría culparla? ¿A quién iba a elegir si no?

Hoy en día, el bloque 10 no está abierto al público, pero los supervivientes, los hijos de supervivientes y los investigadores obtienen un permiso especial y entran con paso respetuoso. El piso de la primera planta es de cemento y tiene un pasillo con habitaciones a ambos lados. En ellas, las chicas dormían originalmente en literas. En la parte delantera del bloque hay varios retretes rotos y sucios frente a una estancia en la que había un aguadero largo para lavarse, aunque no hubiera jabón para las prisioneras. En el centro del edificio hay una chimenea que habría tenido estufas de leña en las dos plantas.

Hay una escalera ancha que conduce a un rellano amplio. En lo alto de las escaleras hay dos habitaciones pequeñas donde dormían las jefas de bloque y sus asistentes. El resto del espacio está abierto, y solo hay una pared que lo divide. En 1942 estaba lleno de literas con colchones finos llenos de paja y mantas de lana todavía más finas.

Las jóvenes eligieron dormir cerca de sus amigas y formaron pequeñas camarillas de apoyo. Casi todas sabían o reconocían a las chicas de sus provincias. Por la noche, desde las literas, algunas hablaban de comida, de sus casas y de sus padres. Otras no hablaban de nada. Se limitaban a llorar hasta que se dormían.

La recién casada Ruzena Gräber Knieža (#1649) lloraba con amargura en su catre cuando Annie Binder, una de las *kapos*, se le acercó y le dijo en checo: «No llores. Cariño, no debes llorar. Tienes que ser fuerte. Tienes que esforzarte y sobrevivir». Históricamente, las prisioneras de Ravensbrück tienen malísima reputación, pero Ruzena cuenta que «entre ellas había mujeres maravillosas». Annie Binder era una. Otras dos *kapos*, una de ellas una prostituta llamada Emma, la otra una comunista llamada Orli Reichert, que acabaría recibiendo el mote de «el ángel de Auschwitz», aparecen en muchos testimonios y se les atribuye haber salvado muchas, muchas vidas.

Puesto que las nuevas *kapos* eran también prisioneras, entendían la vida del cautiverio en el régimen nazi, por lo que algunas intentaron avisar a las chicas. «Muchas de las *kapos* alemanas nos ayudaron mediante una campaña de susurros indirectos [y de avisos] de que, si no trabajabas, no te iban a conservar.» Nadie entendía qué estaba en juego ni qué significaba aquello de que no te «conservarían». Algunas pensaban que volverían a casa antes si no trabajaban. En ese momento, no entendían que el verdadero propósito de Auschwitz era acabar con ellas. A pesar de lo penoso de las condiciones y del trato, seguían creyendo que las mandarían a casa pasados unos meses.

El gesto de Edith se vuelve solemne. «Entonces las chicas empezaron a morir.»

SEGUNDA PARTE

MAPA DE BIRKENAU (AUSCHWITZ II). Gran parte del campo estaba por construir cuando se trasladó a las mujeres allí en agosto de 1942. La entrada de la muerte no estuvo en pie hasta 1944. Birkenau seguía en obras en 1945.

© HEATHER DUNE MACADAM; DIBUJO DE VARVARA VEDUKHINA.

28 de marzo de 1942

Cuartel general, doctor Konka, Bratislava
Liptovský svätý Mikuláš

Solicito cancelar temporalmente la orden para la jefa de conta-
bilidad de la alcoholera de Liptovský svätý Mikuláš, Alzbeta
Sternova. Tiene permiso para trabajar en nuestra empresa
dado que no hay trabajadores arios que puedan sustituirla.

*I*gual que con el telegrama de liberación de Magdalena Braunova, el que se envió para liberar a Alzbeta Sternova llegó
demasiado tarde como para salvarla. Magdalena Braunova ya
estaba en Auschwitz cuando debería haber celebrado su deci-
mosexto cumpleaños con su familia. En vez de eso, vio la
llegada a Auschwitz en el segundo transporte de Alzbeta con
otras 768 adolescentes.

Al igual que las del primer transporte, estas jóvenes habían
estado en una estación de espera donde también se las dejó
pasar hambre con el régimen alimenticio diseñado por el Gobierno. Cuando este transporte paró en Žilina, se añadieron al
convoy otros dos vagones de ganado con otras cien jóvenes de
la región oriental. Entre ellas estaban Manci Schwalbova
(#2675) y Madge Hellinger (#2318).

Manci Schwalbova era una mujer de corazón amable y de
las que no les gustan los sinsentidos. También iba a casarse,
por lo que tendría que haber estado exenta. Por suerte para
Edith y muchas otras, no pudo librarse. Manci era una de las
jóvenes a quienes no les habían permitido hacer el examen

final para licenciarse en medicina, pero en Auschwitz no se pedía un título para trabajar de médica. Le permitieron ejercer casi de inmediato y pasó a ser conocida como la doctora Manci Schwalbova.

Madge había sido profesora de educación infantil y también se suponía que iba a recibir una exención. Cuando rechazó una oferta sexual de un policía local, este vendió su exención a otra judía, se guardó el dinero y la mandó a Auschwitz. Madge era una joven decidida que acabó llegando a jefa de bloque, y desde entonces se esforzó por actuar de un modo ético para tratar con igualdad a todas desde su posición de poder.

La hermana de Rena Kornreich, Danka (#2779), también estaba en este transporte, al igual que muchas primas y hermanas de las primeras chicas. No era una reunión familiar que quisieran celebrar. Las muchachas como Rena observaban aterradas a ver si sus hermanas o primas llegaban. No obstante, cuando las recién llegadas entraron en el campo, pensaron que las jóvenes con las cabezas rapadas y miradas trastornadas eran del manicomio. Nadie reconoció de inmediato a las demás. «Pensamos: "Quizá nuestro trabajo sea cuidar de estas pacientes"», cuenta Magde Hellinger.

Después de que se pasara revista, las mujeres del segundo transporte fueron a parar al bloque 5, con la paja manchada de sangre en lo que al parecer era la «dirección» hacia el campo femenino. Las chicas estaban aterradas y lloraban histéricas, matando las pulgas, las chinches y los piojos que mordían sus tiernas carnes. Como si eso no fuera bastante, las *kapos* de Ravensbrück pensaron en «divertirse» a expensas de las nuevas prisioneras: se burlaron de ellas diciéndoles que la sopa y el té que les iban a dar «os matarán si los tomáis».

Quizá porque había sido maestra y era mayor que casi todas las demás, Madge Hellinger asumió la responsabilidad de probar la comida. «Era asquerosa, pero les recomendé a todas que se la tomaran. Avisé a las más jóvenes de que estaban deshidratadas y que necesitaban beber para sobrevivir.» Por desgracia, el único líquido disponible aparte del té con bromuro era una sopa de «verdura podrida» recogida en campos que todavía estaban cubiertos de nieve y caballos muertos que habían llegado del frente ruso.

«La sopa estaba tan mala que nadie se la tragaba», confirma Edith.

Muchas chicas ortodoxas se negaban a comer una sopa que no fuera *kosher*. Margie Becker (#1955) «no se la podía tragar». Otras intentaron ayudarla tapándole la nariz para que no devolviera mientras ella se obligaba a engullir aquel «caldo» tibio y apestoso, sin éxito. «Me daban mucha envidia las que podían [beber la sopa] cuando yo no era capaz.» Era demasiado sensible al olor y, durante aquellas primeras semanas, daba igual lo hambrienta que estuviera, acababa regalando la sopa.

Pero había otra razón para evitar la sopa. A todas les provocaba ardor y diarrea. Lo único que las ayudaba a asentar el estómago era el pan, pero no había suficiente. Después de casi cinco días de inanición en Poprad, las chicas se estaban consumiendo.

Cuando las nuevas miraban por las ventanas del bloque 5, vieron a las locas haciéndoles gestos con la mano y gritándoles: «¡Si tenéis alguna bufanda o calcetines, escondedlos para nosotras!».

«Decían que encontrarían nuestras cosas en cuanto pasaran a limpiar los barracones. —¿Bufandas? ¿Calcetines?—. Pensábamos que estaban locas.» ¿Por qué iba alguien a esconder su propia ropa? Era una idea ridícula... hasta que, al día siguiente, cuando a las chicas del segundo transporte les confiscaron todas sus pertenencias ellas también echaron de menos calcetines para calentarse los pies y bufandas para proteger del frío sus cabezas recién rapadas.

Después de que desnudaran, raparan y despiojaran a las muchachas del segundo transporte, les permitieron unirse a la población de la prisión. Descubrieron a sus hermanas y primas entre quienes habían considerado enfermas mentales, y entraron en lo que la doctora Manci Schwalbova llamaba el «jorobado mundo» de Auschwitz.

¿Había alguna diferencia entre el primer y el segundo transporte? Edith se muestra inflexible en que la había, «porque nosotras no sabíamos qué iba a pasar. Las chicas de los demás transportes nos tenían a nosotras. Podíamos hablar con ellas. Pero nosotras no tuvimos nada. Llegamos a la nada. Las que vinieron después nos tenían a nosotras para hablar. Les enseñamos lo que habíamos aprendido para que no estuvieran tan asustadas. Ellas pasaron miedo, pero menos que nosotras. Nosotras no sabíamos nada. Solo porque vivíamos el horror de una cosa tras otra. Y después de unos días, ya éramos las veteranas. —Después añade—: Ayudar es mucho decir, porque no había forma de hacerlo. ¿Qué podíamos hacer aparte de decirles a las nuevas que tuvieran cuidado, que mantuvieran la cabeza baja, que no hicieran esto o aquello? Tampoco es que nos estuviéramos reuniendo para darnos consejos. No charlábamos. Eso no pasó ni una vez. Trabajábamos, trabajábamos, y estábamos cansadas, muy cansadas. No hablábamos de música, ni de literatura, ni de estudios. Hablábamos de cosas como: ¿qué nos va a pasar? ¿Qué podemos hacer con esto? ¿Cómo robar más pan? ¿Cómo robar una manta más? Éramos chicas bien, de buenas familias, intentando aprender a robar de otras chicas bien y de buenas familias. No era humano. Nos habían deshumanizado. Nos habían vuelto unas contra otras para sobrevivir».

Al haber sido creados «*b'tzelem Elokim*» (a imagen de Dios), los judíos tradicionalmente evitan marcar su cuerpo de forma permanente porque el cuerpo no es propiedad de la persona, sino que es de Dios. En Auschwitz, esa dignidad última de pertenecer al Todopoderoso y a los padres que te habían puesto el nombre se robó sin ningún miramiento.

Auschwitz fue el único campo en el que se tatuó a los prisioneros. Este sistema único y permanente de numerar era el equivalente de ser registrado, lo cual es una razón por la que los historiadores modernos empezaron a describir al primer transporte oficial de judíos como «el primer transporte masivo de judíos registrados». No se tatuaba a las chicas nada más llegar, pero los testimonios varían en cuanto al momento en el que se hacía. Algunas mujeres cuentan que las tatuaron el día después de su procesamiento, otras que fue a partir de la llegada del segundo transporte. Rose (#1371) recuerda que la tatuó un amigo eslovaco de su padre, lo cual significaría que las tatuaron semanas más tarde. Lo que sí sabemos es que, cuando cosieron sus números en los uniformes, el número se convirtió en su nombre y el tatuaje tenía el mismo número. Si el número de uniforme no coincidía con el tatuaje del brazo, les pegaban un tiro.

Metían a las mujeres en un cuarto lleno de mesas, las obligaban a sentarse con el brazo izquierdo hacia delante. Unos hombres fuertes les sujetaban los brazos. Los SS les gritaban: «¡Deprisa!». No había tiempo para la vanidad. Eran números irregulares y caídos, nada atractivos, sin florituras artísticas. Los unos parecían sietes. Los errores se tachaban y se reescribían por debajo. Las cifras se colocaban justo por debajo de donde se flexionaba el codo, en el antebrazo. El dolor de la aguja del tatuador, que atravesaba una y otra vez la piel delicada de las jóvenes, hacía que hasta a las más valientes se les llenaran los ojos de lágrimas. Cada punzada de tinta quemaba como desafiar la palabra de Dios.

Aunque la experiencia de que las tatuaran era realmente deshumanizadora, tener un tatuaje tenía más significado del que podía imaginar cualquier prisionero al llegar. Significaba una cadena perpetua. La vida sería efímera, pero seguía siendo vida.

Si la esclavitud se puede llamar vida.

Una mañana, poco después de la llegada del segundo transporte, una joven se salió de su escuadrón de trabajo y gritó: «¡No trabajéis para los nazis! Nos matarán de todas formas. ¡Mejor que nos disparen!».

Un disparo resonó entre las filas de mujeres. La chica cayó al suelo.

La llevaron al improvisado pabellón hospitalario, donde la doctora Manci Schwalbova ya estaba trabajando, y la pusieron en una mesa. «La bala había atravesado sus pulmones y su abdomen», escribe Manci. El médico de las SS le negó a la chica cualquier cuidado paliativo. Manci tuvo que quedarse mirando cómo moría desangrada. No llegó a saber su nombre.

Desde el principio hubo intentos de resistencia de muchos tipos, pero no eran efectivos. Una chica del segundo transporte llamada Lia decidió hacer una huelga de hambre en protesta contra las condiciones y la falta de comida. En circunstancias normales, este acto habría llamado la atención, pero en Auschwitz resultaba sencillamente conveniente. Las chicas ya tenían una dieta de hambre. Además, se suponía que los judíos iban a morir de todas formas, a los captores les daba igual cómo. Las muestras de disconformidad casi nunca aparecen reflejadas en el registro histórico, pero sí quedan en la conciencia de los testigos que vieron las «protestas personales de las mujeres que, llevadas al límite de la desesperanza, dejaron de preocuparse por aquella vida y dejaron de creer en otra nueva». Había pocas cosas en las que creer.

Ni la muerte de Lia ni las de Jolana Grünwald y Marta Korn se apuntaron formalmente en la *Auschwitz Chronicle*, que recogía las muertes, los asesinatos y los gaseamientos y los acontecimientos de Auschwitz, desde su apertura hasta el día en que cerró. De hecho, las SS no apuntaron ni una sola muerte de mujer en ningún archivo histórico que haya sobrevivido hasta el 12 de mayo de 1942, cuando una prisionera apareció colgada de las vallas electrificadas. Había sido un suicidio. Un mes después, el 17 de junio, se anotó la muerte de otra mujer en la alambrada. Si estas mujeres hubieran sido prisioneros varones, habrían apuntado sus nombres. Al ser mujeres, las dejaron en el anonimato.

No sabemos casi nada de las muertes de mujeres antes de agosto de 1942, excepto por lo que han contado testigos y supervivientes. Y aunque las muertes de varones se calculaban a diario y se sumaban a final de cada mes, las muertes de las mujeres ni se apuntaban ni se calculaban, al menos en la documentación que ha sobrevivido a la guerra. Entre marzo y julio de 1942, sabemos con precisión la población masculina y cuántos murieron cada mes. En cuanto a las mujeres, solo disponemos de los números de las registradas en el campo y de la certeza de las supervivientes, que cuentan que, se tomara nota o no, sin duda las mujeres estaban muriendo.

La muerte de Marta Korn es llamativa, no solo porque fue la primera en aparecer en los archivos de Auschwitz, sino porque es la única muerte registrada entre las jóvenes durante aquellos primeros meses. ¿Sería ella la chica que, según Helena Citron, se puso histérica y a la que se llevaron los SS la primera noche? ¿O murió de alguna otra forma? Quizá nunca lleguemos a saberlo.

Los investigadores creen que los datos de las muertes femeninas se destruyeron en la quema de documentos de enero de 1945, cuando las tropas rusas se acercaban al campo de exterminio. Sin embargo, desde que el campo femenino de Auschwitz se puso bajo la jurisdicción de Ravensbrück, el número de muertes debió de archivarse en sus oficinas administrativas. El caso es que tampoco se han hallado registros completos sobre las mujeres de Auschwitz (de principios de 1942) en Ravensbrück. Lo único que tenemos son los nombres de Jolana Grünwald y de Marta Korn en la lista de los *Sterbebücher*, los «Libros de muertes» de Auschwitz. Son las únicas muertes registradas que se pueden asociar al primer transporte durante las primeras semanas después de su llegada. No se documentó la causa de muerte. En los enormes archivos del genocidio, Jolana Grünwald, de veinticinco años, y Marta Korn, de veintiuno, no serán más que un dato estadístico, pero también fueron las primeras víctimas femeninas de Auschwitz.

La destrucción de documentos del campo femenino es muy reveladora, porque indudablemente murieron mujeres. A finales de febrero de 1942, antes de la llegada de las prisioneras, se hizo una lista de los 11 472 hombres que ocupaban el campo; ese mes, 1515 hombres habían muerto. En marzo, se añadieron 2740 hombres a la población de la prisión, así como otras 1767 mujeres. Pero, a pesar de que se habían sumado un total de 4507 prisioneros, el nivel de ocupación del campo masculino descendió a 10 629. Es decir, 2977 prisioneros murieron en marzo. Antes de la llegada de las 999, la media de muertes de hombres al mes en Auschwitz rondaba entre los 1500 y los 1800. Ahora, en marzo, se había doblado esa cifra. ¿Podríamos atribuir este ascenso a las muertes entre mujeres?

En abril, la población total del campo había aumentado hasta 14 642 prisioneros —de los cuales, 5640 eran mujeres—, pero el número de muertes descendió a su tasa media. Con el caos de la llegada de las mujeres al campo, ¿se incluyeron las muertes de mujeres a las de los hombres y luego las eliminaron de los recuentos mensuales de fallecimientos a partir de abril?

«Faltan datos respecto a las prisioneras», escribe la historiadora y cronista de Auschwitz Danuta Czech. Pero, con un golpe de ingenio, proporciona una pista para estudiar los registros de los hombres que sí se conservaron.

El 17 de abril de 1942, el sexto transporte eslovaco incluía a 973 judíos, la mayoría hombres jóvenes. En las notas a pie de página, Czech empieza una serie de anotaciones. Por ejemplo: «El 15 de agosto de 1942 solo quedaban con vida ochenta y ocho de estos deportados; es decir que, en diecisiete semanas, 885 personas perdieron la vida». Dos días después, cuando el séptimo transporte eslovaco llegó con 464 varones y 536 mujeres, Czech escribe que, «hacia el 15 de agosto de 1942, solo diez de aquellos hombres seguía con vida».

Czech insiste una y otra vez en que no tenemos cifras de las mujeres judías que murieron a principios de 1942. Si su tasa de supervivencia era similar a la de los hombres judíos, se estaban muriendo a montones. Es importante recordar que todas las muertes en ese momento se produjeron por enfermedad, inanición o asesinato. Todavía no se estaba gaseando de forma masiva a los prisioneros. Para intentar desvelar la historia de las mujeres en esta época solo tenemos los cálculos realizados por Czech sobre las muertes entre judíos varones durante la primavera y el verano de 1942.

14

[La narración del Éxodo] enseñó una gran lección sobre
solidaridad humana: que no podemos disfrutar de los manjares
de la abundancia mientras otros comen el pan de la opresión.

HAGADÁ DE JONATHAN SACKS

*E*l jueves 2 de abril llegó el tercer transporte a Auschwitz con
965 jóvenes judías solteras. Al igual que las chicas del primer
transporte, este grupo provenía de la parte oriental de Eslovaquia y habían estado retenidas en Poprad. Muchas eran familiares o amigas de las del primer transporte. Entre ellas estaba
la que se iba a convertir en la mejor amiga de Edith, Elsa Rosenthal, de dieciséis años.

Cuando el sol se hundió tras el horizonte y las torres de
guardia adquirieron un aspecto amenazador y oscuro, el bloque 5 volvió a llenarse de mujeres que sufrían el ataque de
pulgas y chinches. Las jóvenes del primer transporte llevaban
una semana en el campo. Además, era la primera noche de
Pascua. En honor a esta fiesta, las SS enviaron a todo el mundo
a trabajar en el «agujero más húmedo que te puedas imaginar», cuenta Margie Becker. El servicio en el barrizal incluía
eliminar desechos de los estanques y los arroyos alrededor del
complejo. Acabaría siendo una tarea de castigo, pero obligarlas
a hacer eso en Pascua era otra forma de deculturación. «Una
chica llamada Ruzena Gross estaba empapada. Volvimos a casa
a tumbarnos, pero no había ni mantas ni nada. Temblábamos
de un modo horrible.»

Klary Atles, una mujer de veintiséis años, hija de uno de
los rabinos de Humenné, se levantó empapada de su litera y
habló con fervor a las chicas que temblaban y lloraban. «En

casa, todo el mundo cogía neumonía —les contaba, intentando levantar los ánimos, igual que hizo el día en que se las llevaron en tren de Humenné—. Ya veréis: Dios nos ayudará. Ninguna se pondrá enferma.» Les dijo con el mismo fervor que su padre que Dios las liberaría, igual que había liberado a los judíos de Egipto. Dios había protegido a su pueblo de las plagas y ahora volvería a protegerlas. Dios había matado a los ancestros de sus esclavistas y volvería a hacerlo. Lo único que tenían que hacer era dejar que Elías entrara en sus corazones. Ojalá hubieran tenido una copa de más para el profeta. Ojalá hubieran podido abrir la puerta sin que las mataran. La convicción de Klary se extendió por el bloque, y pronto algunas empezaron a celebrar versiones pequeñas del Séder en las literas. Otras sencillamente se quedaron dormidas.

No sabemos el modo en que Bertha Berkowitz (#1048) había conseguido un libro de oraciones hebreo. No había vino *kosher* que pudieran beber, y no necesitaban hierbas amargas, pues el sabor amargo de la esclavitud estaba ya muy presente en sus paladares. Bertha susurró el texto del *Hagadá* a Peshy Steiner y a otras amigas de su casa que se habían reunido en las literas. Sin padres o hermanos que dirigieran la ceremonia, las chicas tuvieron que encargarse de recitar la bendición del *kadish* que se sabían de memoria gracias al respeto a la antigua tradición. A oscuras, algunas alzaron sus cuencos rojos vacíos por encima de la cabeza y susurraron: «*Bivhilu yatzanu mimitzrayim, halahma anya b'nei horin*». Deprisa salimos de Egipto [con nuestro] pan de aflicción, [ahora somos] gente libre.

—¿Por qué esta noche es diferente de todas las demás noches?

Es difícil de imaginar cómo contestarían. Sus lágrimas se derramaron en la oscuridad.

Sin pan ácimo que partir, sin pan ácimo que comer, su Pascua cojeaba, pero las chicas devotas como Bertha procuraron no comer pan con levadura durante toda la semana. «Lo hice por respeto a mis padres. Esa fue mi resistencia… Era lo único que podía hacer por ellos.» Sí cedió en comer la repugnante sopa de carne de caballo, aunque no fuera *kosher*, pero rezó a Dios para que la perdonara.

Una parte del ritual de Pascua consiste en hacer preguntas que enseñan las leyes, la ética y la historia del pueblo judío. Las preguntas se hacen a los hijos de Israel. Pero solo había hijas de Israel en su bloque de Auschwitz, así que la primera pregunta, «¿cuáles son los estatutos, los testimonios y las leyes que Dios os ha ordenado?», se tuvo que hacer a la hija sabia, no al hijo sabio. Después se le pregunta a la hija más maliciosa: «¿Qué es este servicio para ti?». Y aquí hacemos una pausa, porque en esta historia todavía no había chicas maliciosas. Eso estaba aún por venir. Esta instrucción les hizo pensar a Bertha, a Peshy y a sus amigas en la importancia de no apartarse de las personas que querían, de no actuar con desapego o apatía, de no aislarse unas de otras. Para merecer la libertad, hay que participar en la comunidad y ayudar a los demás. Cumplir con estos preceptos las ayudaría a sobrevivir en Auschwitz.

Las dos últimas preguntas les recuerdan a los participantes que hay quienes carecen de inteligencia y necesitan ayuda para encontrar las respuestas a través de Dios y la familia. Solo así podrán liberarse de las ataduras. Ojalá fuera tan sencillo…

En 1942, todavía no había ocurrido la *Shoá.*[*] No fue hasta después de la Segunda Guerra Mundial cuando durante el Séder se empezó a añadir un quinto hijo para representar a todos los niños judíos que no sobrevivieron, así como una quinta y última pregunta para reflexionar.

En la víspera del Holocausto, muchas de las chicas que celebraban el Séder en secreto en el bloque de Bertha y en los demás bloques estaban a punto de convertirse en el quinto niño… y ya se estaban haciendo la pregunta sin respuesta.

«¿Por qué?»

Agotadas de limpiar ciénagas, demoler edificios, quitar nieve, cargar con excrementos y cavar zanjas, la mayoría de las 997 chicas se durmieron mucho antes de terminar las oraciones de *Pésaj*. Lo cual no es infrecuente en el Séder. Los niños siempre se quedan dormidos en las sillas; incluso los

* Transcrito «Shoah» en inglés. *(Nota del traductor.)*

adultos dan cabezadas. Varias voces suaves recitan las diez plagas, metiendo los dedos en un poco de agua en sus cuencos rojos o tan solo imaginando agua derramándose, una libación por cada plaga y por aquellos que todavía sufren en el mundo. ¿Habría alguien en el mundo sufriendo más que ellas en ese momento? La afirmación de Helena Citron de que «Auschwitz era como diez plagas en un día» resonaba en la oscuridad mientras varias voces cansadas cantaban «*Dayenu*» sin gusto ni alegría. El significado de esa palabra —«habría sido bastante» o «suficiente»— no lograba apaciguar las heridas espirituales de las recién esclavizadas.

En el Séder tradicional, los participantes, hambrientos y a veces borrachos, se lanzan sobre la comida que tienen delante con avidez en cuanto terminan las oraciones. En Auschwitz, las oraciones se toparon con más hambre y el anhelo vano de sus familias. «Estábamos dispuestas a dar nuestras vidas por volver a ver a nuestros padres una vez más», cuenta Bertha.

No había puerta que abrir para invitar a Elías a sus vidas. De todas formas, ¿qué profeta habría entrado en Auschwitz? Con la poca energía mental que les quedaba, quizás algunas meditaran sobre la futura llegada del mesías, pero la mayoría cayó en el sueño profundo del agotamiento. Bertha recordó la voz suave de su padre al hacer la bendición y murmuró los salmos entre chicas dormidas:

> Yo amo al Señor,
> porque escucha mi voz suplicante.
> Por cuanto él inclina a mí su oído,
> lo invocaré toda mi vida.

> Los lazos de la muerte me enredaron;
> me sorprendió la angustia del sepulcro,
> y caí en la ansiedad y la aflicción.
> Entonces clamé al Señor:
> «¡Te ruego, Señor, que me salves la vida!».

El silencio solemne del bloque 10 se resquebrajó cuando resonaron disparos en mitad de la noche. Once prisioneros polacos fueron fusilados en el paredón exterior. A la mañana siguiente —Viernes Santo— llegó el cuarto transporte de 997 jóvenes judías solteras al campo. «El día de Pascua murieron ochenta y nueve presos comunes y treinta y un prisioneros de guerra rusos.» No sabemos cuántos de esos presos eran mujeres, si es que había alguna entre ellos, pero empezaba a quedar claro que los nazis no tenían ningún escrúpulo en desafiar las religiones cristiana o judía.

15

Quisiera ser la última chica del mundo
con una historia como la mía.

NADIA MURAD, *La última chica*

*E*n casa, los padres estaban cada vez más preocupados. No
tenían noticia de sus hijas y pocos días después de que el primer
tren saliera de Poprad rumbo a una región desconocida, un ope-
rario de ferrocarril volvió con un trozo de cartón de una de las
chicas. Nadie sabe cómo le hizo llegar la carta al ingeniero, pero
sin duda sabía quién era ella y le importaba lo suficiente como
para arriesgarse a llevar a escondidas la nota a su familia:

Pase lo que pase, no dejéis que os cojan y os deporten.
Aquí nos están matando.

Su firma aparecía debajo de la advertencia.

Sorprendidos por la noticia, algunos gentiles de bien inmediatamente pasaron a la acción para ayudar a sus vecinos. En
Poprad, un amigo de la familia de Valika Ernejová acogió a esta
joven de diecinueve años en su hogar y le consiguió un certificado de identidad falso. Jan Kadlecik y su familia lograron
ocultar con éxito a «Stefánia Gregusová, nacida el 24 de marzo
de 1923», durante el resto de la guerra.

Cuando la noticia de la carta se fue extendiendo desde Poprad a los pueblos cercanos, otras familias ocultaron a sus
hijas o las enviaron a Hungría. Quienes estaban fuera del
alcance de la noticia tenían un mal presentimiento. Lo único
que podían hacer era esperar que sus hijas estuvieran a salvo
trabajando en una fábrica de zapatos.

Las postales empezaron a llegar.

Era sabbat cuando a las chicas les obligaron por primera vez a escribir a casa. Bertha Berkowitz se negó a escribir a sus padres porque era sabbat. Una amiga escribió las mentiras en su lugar. Las palabras estaban orquestadas y eran falsas. Las habían pensado para aliviar miedos y asegurar a las futuras víctimas, las familias de las jóvenes, que todo iba bien y que tenían comida de sobra. «Esperamos veros pronto…»

Para entonces, las jóvenes ya sabían lo que quería decir aquella última frase: que sus familias acabarían también en Auschwitz. Era lo último que querían. En los márgenes, muchas escribieron a escondidas avisos en eslovaco, polaco, húngaro o yidis, cualquier cosa para avisar a sus familias de las deportaciones y que los alemanes no pudieran descifrar.

No todas las familias recibieron postales. La *kapo* Bertel Teege recibió la orden de tirar cientos de ellas después de reunirlas. Entre las que destruyó debieron de estar las de Magduska y Nusi. Los Hartmann nunca recibieron postales de sus hijas.

Varias semanas después, cuando las obligaron a escribir de nuevo, les dieron varias postales a la vez y les pidieron que pusieran la fecha con antelación: tres, seis, nueve meses. Era una treta para que las familias que seguían en Eslovaquia recibieran postales en casa y pensaran que sus hijas seguían vivas. Y si oían lo contrario, dirían: «No es posible. ¡Acabamos de recibir una carta suya!».

Los padres que sí recibieron cartas tenían dudas respecto al matasellos. ¿Cómo era posible que sus hijas hubieran acabado en Polonia? ¿Por qué no sonaban tan efusivas como de costumbre? Y, además, ¿dónde estaba Oświęcim?

A pesar de la seguridad que daban estos papeles, muchas madres empezarían a sentir una profunda sensación de inquietud, angustia y desesperación. Hay pruebas científicas de que el cerebro de una madre lleva el ADN de su hijo después de alumbrarlo. ¿Quién no ha vivido la experiencia de que la madre sepa que está en peligro, triste o haciendo alguna travesura? Un instante después de recibir malas noticias, o de tener un accidente, o de que te rompan el corazón, tu madre te escribe o te llama. «Justo estaba pensando en ti. ¿Estás bien?»

Este fenómeno parece una coincidencia, pero, con cada descubrimiento científico sobre el cerebro y el ADN, cabe preguntarse si algún día se llegará a explicar esta conexión invisible y consciente. Tomemos por ejemplo la planta de bambú. El bambú casi nunca florece, quizá una vez cada sesenta o cien años, pero cuando una planta progenitora florece, sus hijas —da igual en qué parte del mundo estén— florecen también. Quizá la intuición de una madre sea como el bambú. Da igual dónde estés, siempre estará conectada contigo.

¿Llegarían las oraciones de las madres eslovacas durante el primer sabbat después del transporte hasta sus hijas a través de las células microquiméricas de sus cerebros que, al igual que el bambú, florecían en forma de fuerza y valor?

Las chicas necesitaban toda la fuerza y el valor que podían acumular, pues los verdaderos rigores de la vida en el campo —el trabajo— estaban a punto de empezar. No se trataba de «trabajo con sentido». Era trabajo pensado para destruir el cuerpo, la mente y el alma. Pero las jóvenes no lo sabían. Formando una fila para que les asignaran las tareas y recibir instrucciones, les dijeron que podrían dedicarse a la agricultura, la cocina, la construcción o la limpieza. Madge Hellinger (#2318) pensaba que trabajar en las tareas agrícolas sería agradable y se apresuró a apuntarse, pero una de las *kapos* amables, que le había cogido cariño a Madge, la sacó de la tarea y, dándole una bofetada fuerte, anunció: «A esta la necesito».

Sorprendida por el golpe, Madge dejó de confiar de inmediato en la *kapo*, que la había ascendido a ayudante de habitación, por lo que tenía que limpiar los bloques y servir el té y el pan. Cuando las mujeres volvieron al final del primer día de trabajo, Madge comprendió la suerte que había tenido al quedarse dentro.

Linda Reich (#1173) dice de las tareas agrícolas que eran sucias, degradantes y agotadoras. Obligadas a extender estiércol con sus propias manos, las chicas tenían que llevar brazadas de excrementos de vaca por campos helados y cubiertos de nieve con la única protección de las sandalias abiertas. Edith y Lea se envolvieron los pies con trozos de periódico que se habían encontrado en el campo con la esperanza de que el papel les calentara los dedos de los pies, pero «estaba nevando», así que el papel mojado se deshizo casi de inmediato. Aquel era un trabajo asqueroso. No había forma de limpiarse después.

La tarea principal a la que se vieron obligadas fue la «construcción». ¿Qué tenían que hacer? Derruir casas exclusivamente con sus manos. Tal cual.

Eran viviendas confiscadas a los polacos de la zona para ampliar el complejo de Auschwitz. «Éramos la maquinaria que desmantelaba edificios hasta los cimientos», explica Helena Citron (#1971).

Después de que los prisioneros varones debilitaran las estructuras con explosivos, las jóvenes «teníamos que demoler [los edificios en ruinas] hasta que no quedara nada. Golpeábamos las paredes con varas de hierro muy largas y pesadas», confirma Bertel Teege. Sujetar aquellas varas de metal largas requería cincuenta chicas. Tenían aros de metal soldados a los lados para servir de asas. Agarrando aquellas «asas», las mujeres «martilleaban la pared —dice Helena Citron—. En cuanto se derrumbaba la pared, la primera fila de chicas quedaba aplastada y enterrada. Morían».

A veces se dividía a las jóvenes en grupos: uno subía a la segunda planta de un edificio debilitado y tiraba escombros y ladrillos al suelo; el otro recogía los fragmentos mientras intentaba evitar que les cayeran ladrillos encima. «Si tenías cuidado al lanzar los ladrillos [e intentabas evitar hacer daño a las de abajo], la *kapo* podía cambiarte de sitio para que trabajaras bajo la lluvia de escombros que caía desde lo alto del edificio.»

Cargar con los ladrillos era otra parte de la tarea. Las chicas tenían que cargarlos en camiones o llevar carretillas llenas a un páramo a varios kilómetros de distancia, donde varios presos de guerra rusos estaban encerrados en casetas de madera. Las mujeres no sabían que los cargamentos que llevaban se usarían para construir nuevos bloques para mujeres en una explanada junto al límite de un bosque de abedules: Birkenau.

El trabajo de estos equipos de demolición debía ser para hombres fuertes y duros, no para adolescentes que no pesaban más de cuarenta y cinco kilos y que no medirían más de un metro sesenta y cinco. Por la tarde, las chicas de las tareas de demolición regresaban a los bloques amoratadas o ensangrentadas. Por la mañana, las primeras de la fila solían tener más posibilidades de acabar en las tareas de demolición. «Cada día, empujábamos a nuestras mejores amigas hacia delante —reconoce Helena— porque queríamos vivir. Nos habíamos convertido rápidamente en animales. Todas nos preocupábamos por nosotras mismas. Era muy triste.»

Las otras opciones de trabajo no eran mejores.

Bertha Berkowitz (#1048) recuerda recorrer cinco kilómetros hasta una zona donde cavaban zanjas. «No tengo ni idea de para qué las usaban, pero no hacíamos otra cosa.» Lo peor era el rechazo absoluto de los superiores a permitir que las chicas se dieran el más mínimo descanso. Estirar la espalda después de cavar en el pesado barro polaco era suficiente para recibir un latigazo de los SS, o algo todavía peor. La SS Juana Bormann disfrutaba lanzando su pastor alemán sobre las chicas que se detenían el más mínimo instante. «Era trabajo duro. Había que cavar sin descanso», dice Linda Reich.

Todavía había tanta nieve que los SS encargaron a las jóvenes quitarla de las carreteras. Después de trabajar en los campos, Edith y Lea acabaron haciendo esa tarea. «No teníamos escobas. Ni palas. Lo hacíamos todo a mano —recuerda Edith—. Usábamos las manos desnudas para apilar nieve sobre cartones y viejos periódicos y después lo llevábamos a un lado de la carretera.» Por la noche, las dos hermanas se dejaban caer en los colchones de paja, descorazonadas y tan «congeladas y cansadas que ni siquiera queríamos ir a por el pan». Lea tenía más fuerzas que su hermana pequeña, y obligaba a Edith a levantarse y hacer la cola para recibir la ración diaria. Sin comida no podrían sobrevivir, y Edith ya era bastante menuda. Lea tenía que animar a su hermana, aunque el pan estuviera seco e insulso, pues se hacía, tal y como suponen muchos presos, con serrín además de harina.

La ración de pan era el elemento básico de su dieta, pero no era más grande que la palma de la mano de una mujer pequeña, de unos siete centímetros. Puesto que las mujeres solo recibían una porción al día —los hombres, dos—, algunas chicas ingeniaron un modo de hacer que durara más: se comían la mitad por la noche y guardaban el resto para la mañana. Tener algo sólido en el estómago antes de beber el té e ir a trabajar ayudaba a alargar la escasa comida.

Trabajar quitando nieve permitía a Edith y a su hermana acceder a un pequeño placer: recogían las colillas de cigarrillo que tiraban los SS, se quedaban con trozos viejos de periódico y liaban en ellos el tabaco. Por la noche se encendían estos cigarrillos improvisados con la lumbre de las estufas de leña. Fumar no era un lujo, tenía un uso práctico. «Ayudaba a calmar el hambre.»

A Joan Rosner (#1188), una chica robusta, le encargaron bastante pronto que trabajara en la cocina. No pudo evitar sentir cierto alivio al pensar en la posibilidad de conseguir fácilmente algo más de comida. Pero no fue así. Los SS vigilaban a las chicas de cerca y golpeaban a cualquiera que se comiera incluso una piel de zanahoria. Los horarios también eran brutales. Los turnos de cocina requerían despertar a la una de la madrugada para hacer el té. Los calderos donde se hacía la sopa y el té eran descomunales. Dos o tres mujeres se subían a escalerillas para alcanzar lo alto del contenedor y, desde estas precarias posiciones, una llenaba la tetera mientras las otras la sujetaban. Sostener las teteras de hierro fundido en las plataformas de madera era difícil. Al llenarlas con cazos enormes, se quemaban con el metal caliente. Cuando llenaban las teteras, las muchachas tenían que retroceder y bajarlas por las escalerillas. Era una tarea digna de Sísifo, y la catástrofe no tardaría en ocurrir. Una de las chicas, al quemarse con el lado de la tetera oscilante, perdió el equilibrio, el caldero se volcó y derramó su contenido sobre una muchacha que estaba abajo. Sus gritos al morir escaldada debieron de perturbar incluso a los guardias que estaban de servicio, porque de inmediato decidieron que era un trabajo demasiado duro para las mujeres y «desde entonces los hombres se encargaron de aquello».

En las obras se producían todavía más accidentes. Una joven polaca llamada Sara Bleich (#1966) estaba en lo alto de uno de los edificios cuando pisó un ladrillo suelto y cayó desde una altura de dos pisos. Tirada sobre un montón de ladrillos y argamasa, miró al cielo y se preguntó si sería el fin. Estaba paralizada. Además, se había roto la mano derecha. Sabía que no debía lloriquear ni quejarse, y esperaba un golpe de gracia de un SS o que un perro la hiciera pedazos. Por suerte, una de las *kapos* amables ordenó que llevaran a Sara al bloque médico recién construido. Allí, la doctora Manci Schwalbova le escayoló el brazo, le puso hielo en la espalda durante quince minutos y después le aplicó compresas calientes otros quince minutos. Sara tardó seis semanas en volver a andar. Para entonces, ya había miles de judías, jóvenes y adultas, en Auschwitz, y empezaron a llegar también jóvenes judíos. A pesar de sus lesiones, volvieron a asignar a Sara las tareas de construcción y demolición. Era «un trabajo duro pensado para hombres. Para las mujeres jóvenes como yo era [inhumano]».

En cuestión de semanas, las mujeres que caían de lo alto de edificios dejaron de recibir tratamiento. Dos de ellas, hostigadas por los SS para que avanzaran y trabajaran más deprisa, resbalaron y cayeron desde un tejado. Sus cuerpos se retorcían de dolor. Un oficial de las SS se acercó deliberadamente a ellas y sacó su arma.

«Nos darán vacaciones por acabar con ellas», dijo. Disparó contra una. Un compañero suyo se encargó de la otra.

16

La esclavitud prolongada de la mujer es la página más oscura
de la historia de la humanidad.

ELIZABETH CADY STANTON

Algunas llegaban con membretes empresariales elegantes,
otras eran postales escritas a mano o cartas a máquina. Algunas venían acompañadas de referencias de compañeros de negocio gentiles, de vecinos o de clérigos. Los rabinos escribían
para afirmar que ciertos miembros de la comunidad judía
eran fundamentales para el bienestar económico de Eslovaquia, y después escribían al Gobierno para solicitar sus propias exenciones. Desde aquella proclama durante la tormenta
de nieve de febrero según la cual las jóvenes judías solteras
debían registrarse para trabajar, el Ministerio de Interior estaba inundado de solicitudes de familias judías pidiendo
exenciones gubernamentales llamadas *výnimka*. Estas exenciones protegían a familias enteras del «servicio laboral» y de
«traslados».

Mientras se asimilaba la partida de miles de jóvenes judías y empezaban a llamar a trabajar a los chicos, crecieron
los rumores de que se iba a trasladar a familias enteras. Cuanto más se extendía el rumor, más solicitudes de exenciones
llegaban al Ministerio. Incluso los oficiales del Gobierno escribían recomendaciones. El ministro de Educación y Cultura
Nacional, J. Sivak, era célebre por ayudar a sus amigos y colegas judíos. El Archivo Nacional Eslovaco posee cajas de documentos con dichas solicitudes. Miles de ellas. Peticiones de
reconocimiento o justicia, pero, sobre todo, peticiones por la
vida de alguien.

La libertad tenía un precio, incluso si tenías la suerte de poseer una recomendación para una exención. Que los judíos tuvieran que pagar para librarse a sí mismos de la esclavitud es una ironía que no se puede ignorar. Era una nueva economía, y los hombres que estaban recogiendo las recompensas eran los mismos fascistas que estaban deportando judíos y confiscando sus empresas y bienes.

El primer transporte no había salido según los planes de Konka. Ni el segundo ni el tercero, ni siquiera el cuarto. Reunir a miles de chicas había sido más difícil de lo que pensaba, sobre todo en las comunidades rurales. Alexander Mach se había puesto furioso ante la incapacidad de Konka de entregar cinco mil judías en cinco días. Ni siquiera había entregado a cinco mil en cinco transportes. ¿Qué pensarían los alemanes? Mach despidió a Konka.

El nuevo jefe del Departamento 14, Anton Vašek, se ganó pronto el mote de «rey de los judíos» eslovaco. Este burócrata barrigón de ojos pequeños, deseoso de dinero y poder, no tardaría en conseguir las dos cosas. Recibía montones de solicitudes de exenciones al día, y su decisión era un bien por el que valía la pena pagar. Las solicitudes de exenciones ya no se procesaban por orden de llegada, ni por recomendación de gobernadores o alcaldes regionales. Se hacían según quién pagaba más dinero y más rápido. Vašek estaba reuniendo una pequeña fortuna a base de vender exenciones, pero a menudo olvidaba entregar la documentación necesaria para proteger a la familia que le había pagado.

Aunque fueran de vital importancia para las familias judías, las solicitudes no eran una prioridad para los ministros del Gobierno de Tiso. El proceso era lento y, sin incentivos económicos, duraba todavía más. ¿Por eso la acaudalada familia Amster consiguió una exención antes que los Friedman? Al final, daba igual: ninguna de las familias recibió la documentación a tiempo para traer a sus hijas a casa.

Emmanuel Friedman no pareció darse cuenta de que pasar dinero por debajo de la mesa era una opción, ni que la seguridad de sus hijas estuviera en venta. Quizá a principios de marzo el soborno de empleados del Gobierno no fuera aún obligatorio. Pero en mayo, con la presencia de Vašek, el precio de las exenciones ascendió con rapidez.

Aquellos eran documentos de aspecto extraño. Tenían rayas por todo el ancho de la página, como si estuvieran escritos en código morse, para evitar cualquier tipo de alteración. En lo alto de la página, todo en mayúsculas, figuraba el Ministerio de Interior, el distrito, la ciudad y al final el número del Departamento. El Departamento Judío era el catorce. Después se indicaba el nombre del cabeza de familia, su profesión, residencia y fecha de nacimiento. A continuación aparecía la referencia al estatuto 22, que autorizaba legalmente al poseedor del documento a permanecer en Eslovaquia. Luego se incluía la fecha del momento de emisión del documento, seguida de la versión eslovaca del «Heil, Hitler», una hiperbólica referencia al régimen Hlinka utilizado en los saludos gubernamentales de la época: «Na stráž!», o «¡En Guardia!». Al final aparecía una autenticación sellada con tinta de la oficina del Ministerio de Interior y la firma del ministro. En las exenciones más tardías aparecía en ese espacio el nombre de Anton Vašek. El de Gejza Konka aparecía en las de principios de marzo.

La siguiente parte fundamental de la exención era la lista de miembros de la familia que estaban protegidos por el documento y su relación con el cabeza de familia, así como sus fechas de nacimiento. A continuación se ponía un número de referencia y otra vez el saludo de «Na stráž!». Después de que un representante del Ministerio volviera a validar esa sección, se le enviaba el documento al representante regional, es decir, al alcalde o al gobernador del distrito, que tendría que aprobarlo. Por tanto, había tres fechas importantes en cada documento: la de la parte superior con el nombre del ministro de Interior señala el momento en el que el documento pasó por Bratislava; en la parte inferior, donde aparece el nombre del alcalde del distrito, figura la segunda; sobre un papel timbrado del Gobierno aparecía una declaración legal con la última fecha, una firma retorcida y el sello regional.

En julio de 1942, se tardaba una semana en emitir una *výnimka*, pero el proceso no empezaba hasta que se aprobaba una petición formal y se reunían recomendaciones de gentiles que confirmaran la posición social y la importancia de la familia judía para el Estado. En marzo de 1942, los retrasos eran más probables porque el proceso todavía estaba verde, lo cual podría explicar por qué el alcalde de Humenné le dijo a Emmanuel Friedman que no se preocupara, que la exención de su familia estaba de camino.

Lo más extraño es la distancia temporal entre la fecha junto a la firma del alcalde y la del sello regional, que tendría que haber estado disponible en el mismo edificio gubernamental, por no decir en la misma oficina. También es un misterio por qué las familias Amster y Hartmann recibieron exenciones apenas unos días después de que se llevaran a las chicas de sus hogares, horas antes de que el transporte partiera de Poprad, mientras que los Friedman y los Gross recibieran las suyas dos o tres semanas después. De los muchos judíos de Humenné, unos cuatrocientos acabaron consiguiendo la protección teórica de las exenciones presidenciales por su posición económica o por su conversión al catolicismo antes de 1941.

El negocio de vidrio de Emmanuel Friedman había sido arianizado, al igual que las empresas de muchos otros profesionales judíos. Ahora lo regentaba un amable gentil apellidado Baldovsky que no sabía realizar las tareas de un vidriero profesional. Para esa tarea, los Gobiernos alemán y eslovaco seguían necesitando a Emmanuel Friedman. Lo que hacía era alto secreto, por raro que parezca. ¿Qué podía ser tan importante que requería que un chófer contratado por el Gobierno llevara a Emmanuel Friedman a trabajar con los ojos vendados? Lo llevaban a menudo a un aeródromo secreto en el campo donde pasaba días reparando ventanillas de bombarderos. En la ciudad, Baldovsky se encargaba de las tareas más cotidianas.

La familia Friedman recibió la *výnimka* prometida después de Pascua. Emmanuel Friedman había averiguado adónde se habían llevado a Edith y a Lea, ya fuera gracias al matasellos de su postal o a sus contactos en el Gobierno. Entonces hizo algo que el señor Amster y los hermanos Hartmann no habían pensado. Le pidió a Baldovsky que fuera a Oświęcim a liberar a sus hijas.

Como tantos otros, Emmanuel Friedman seguía creyendo que sus hijas estaban trabajando para el Gobierno eslovaco y que las liberarían tres meses después, pero, sin ellas, su esposa y él estaban tristes. ¿Por qué no ir a las oficinas de la administración para presentar las exenciones gubernamentales a los funcionarios adecuados para que liberaran a Edith y a Lea? Quizá también podrían soltar a Adela Gross.

Baldovsky y Emmanuel Friedman no eran tan ingenuos como para no pensar un plan de contingencia. Si tenían problemas para liberar a las chicas, Baldovsky se pondría en contacto con ellas y las ayudaría a escapar. En cuanto estuvieran en un tren de pasajeros, estarían a salvo porque tendrían las exenciones y las acompañaba un gentil. Ese era el plan.

Sin demora, Baldovsky tomó un tren de pasajeros rumbo a Žilina, después cambió de trenes y se dirigió a la frontera polaca.

Las torres de vigilancia se erguían como gigantes solemnes en mitad de la tormenta. Había pegotes de nieve colgando de las espinas de las alambradas. Las siluetas oscuras de los miembros de la SS se movían a través de los luminosos halos de los focos de las torres. Una cortina de nieve caía en la oscuridad y se posaba en las pestañas de las jóvenes que se asomaban con indecisión a la *Lagerstrasse* para el recuento matutino. Nadie quería salir con aquella tormenta: ni los SS, ni los perros guardianes, ni las *kapos*. Todavía menos las nuevas prisioneras. Con la única protección de sus chapuceras sandalias, se les hundían los pies en la nieve. El viento se metía por los agujeros de bala de sus uniformes o les subía por las piernas desnudas a las que llevaban vestidos. El hielo les quemaba la piel de las mejillas y de las cabezas rapadas. Formando una fila lo mejor que podían, parpadeando para quitarse la nieve de los ojos, las chicas se esforzaron por no temblar. El comandante Rudolf Höss avanzaba, arrogante y con aires de superioridad, ante las prisioneras en una de sus contadas apariciones por el campo femenino. Sus botas eran bastante altas, por lo que la nieve no se colaba por los bajos, y al andar observaba a las infelices *kapos* que contaban a las desgraciadas jóvenes. Era un amanecer oscuro, y «mientras nos contaban, oí a una de las SS [Johanna Langefeld] que le decía: "Con este tiempo, no podemos sacarlas a trabajar"».

Höss dio un pisotón con la bota y le gritó: «¡Para los judíos el tiempo no es un problema!».

Eso lo dijo todo. Edith contempló la furia de la tormenta. ¿Por qué no podían limpiar los bloques o algo así? ¿Cómo podían ser tan crueles? ¿O había sido porque la guardiana había hecho la sugerencia y él tenía que contradecirla? La lucha por el poder en el campo femenino recién creado acababa de empezar y no solo había perdido Langefeld, sino también todas sus prisioneras. Las chicas salieron a trabajar mientras la nieve se acumulaba a su alrededor.

Para dejar claro el mensaje del comandante, el encargado de las SS de abrir la verja gritó a las mujeres que se quitaran las sandalias porque le molestaba el ruido que hacía su calzado al chocar con la planta de sus pies. Costaba creer que pudiera oír algo a través del rugido del viento. Pero él podía hacer lo que quisiera. Si el comandante Höss podía hacer que los judíos trabajaran, su equipo podía obligarlas a ir descalzas. Era una cuestión de poder. Y las judías no tenían poder alguno. Las mujeres se quitaron los mal llamados zapatos y avanzaron en silencio bajo el lema invertido de la puerta de la verja: «ierF thcaM tiebrA».

Poco después de dar la orden de que las muchachas debían descalzarse para entrar o salir del campo, la nieve empezó a derretirse, así que al menos no tendrían que andar sobre la nieve con los pies al aire. Lo harían sobre barro congelado. Para las que trabajaban en el campo extendiendo estiércol surgió otro problema. El suelo de barro húmedo les succionaba las sandalias de los pies. Perder el «zapato» equivalía a una condena a muerte. Linda perdió el suyo el primer día del deshielo. Las demás chicas de esa tarea, temiendo perder sus propios zapatos, se los quitaron, así que, a pesar del frío, acabaron descalzas y cargando con excrementos.

Baldovsky llegó a la estación de tren de Oświęcim, pidió indicaciones para llegar al campo de trabajo y anduvo directamente hasta las puertas de Auschwitz. Cuando los guardias le hicieron parar, solicitó hablar con la persona al mando. Le miraron con incredulidad.

—¿Quién es usted?

Se presentó y mostró la documentación.

—Vengo a liberar a Lea y a Edith Friedman, de Humenné, que fueron traídas por error a realizar trabajos para el Gobierno.

Los guardias se rieron.

—¿En qué idioma está?

—En eslovaco.

—Nosotros somos alemanes.

Baldovsky explicó el contenido del documento.

—¡Están exentas de trabajo! —exclamó.

—Puede que en Eslovaquia. Pero ahora estamos en el Gran Reich Alemán.

De todas formas, no sabían de quién les estaba hablando. ¿Edith? ¿Lea? ¿Friedman? Estaría de broma.

—¿Qué números tienen?

—¿Tienen número?

—¡Todo el mundo está numerado!

Los SS, cada vez más irritados, sacaron sus armas y le dijeron al empresario que se fuera o le dispararían. Baldovsky se alejó. Había llegado el momento de recurrir al plan de contingencia. Conocía a las hermanas Friedman lo bastante bien como para reconocerlas, y ver a Adela sería fácil gracias a su melena pelirroja. Si encontraba a Adela, Lea y Edith andarían cerca.

Avanzó por la carretera y trazó un círculo alrededor de la alambrada que rodeaba los barracones de ladrillo dispuestos en fila que conformaban Auschwitz. Fuera, en los campos, observó a criaturas atontadas andando descalzas por la nieve y el barro y cargando con estiércol en las manos desnudas. Como no llevaban ropa a medida, el viento levantaba las indumentarias, y se dio cuenta de que no llevaban ropa interior. Tampoco pañuelos con los que cubrirse las cabezas rapadas. Sin duda eran mujeres, pero parecían más bien gólems de la mitología judía.

Baldovsky sintió escalofríos ante aquella estampa. Esas no eran las chicas bien educadas que había conocido en Humenné. Observó el horizonte de color gris pálido y beis, pero no vio nada ni a nadie más. Auschwitz debía de ser un manicomio. Concluyó que la información de Emmanuel Friedman era incorrecta. No era posible que Edith y Lea estuvieran en aquel infierno. Su misión había fracasado, y al volver a Humenné, le dijo al señor Friedman y a su mujer: «Se habrán llevado a Edith y a Lea a otro sitio. No es posible que estén en Auschwitz. No es un campo de trabajo, sino un manicomio». ¿Qué hubiera pensado de haber visto las tareas de demolición, donde unas tiraban ladrillos sobre las cabezas de otras?

Edith suspira. «Imagínate: una persona normal viene, echa un vistazo y ve a esas chicas sin pelo y mal vestidas deambulando por ahí. Nos ve sin medias, con las piernas desnudas en la nieve. ¿Qué impresión le damos? Dudo que le pareciéramos seres humanos normales.»

La opinión de Baldovsky de que Auschwitz era un asilo para enfermos mentales se estaba haciendo realidad muy deprisa. Muchas jóvenes estaban perdiendo la cabeza. El trauma de que se las llevaran de forma repentina de hogares donde estaban bien cuidadas y que las lanzaran a un lugar tan brutal provocaba una disociación severa. Despojadas de identidad, con las emociones hechas añicos, exhaustas y deshumanizadas por la crueldad física y verbal, hasta las más decididas tenían dificultades para mantener la salud mental. ¿Se habrían muerto y ya no estaban en la tierra de los vivos? Quizá no hubiera ya nada más allá de la niebla que se alzaba de los pantanos.

Madge Hellinger decidió dormir junto a las chicas más frágiles que hablaban de forma delirante por la noche. Como si fuera una hermana mayor o una madre, las consolaba cuando ellas se agitaban y retorcían, acuciadas por las pesadillas. Al despertar en la pesadilla real de Auschwitz, les hablaba con ternura para reconfortarlas. El consuelo y la conexión eran fundamentales para las mujeres que no tenían hermanas o primas a su lado. Que unas mujeres un poco mayores que ellas las cuidaran las ayudaba a aplacar el terror y la conmoción de las primeras semanas.

El trauma de sus circunstancias acarreaba también una disociación ética. Aquellas chicas, que antaño habían sido profundamente religiosas, vieron que sus creencias se debilitaban a medida que sobrevivir se hacía más difícil. Auschwitz era una especie de juego cruel en el que los SS y las *kapos* disfrutaban enfrentando a unas prisioneras contra otras. Las jóvenes intentaban ayudarse entre sí, pero a medida que surgían grupitos de familiares o amigas, algunas se quedaban fuera. No era solo la ley de la más fuerte, sino la de la más afortunada, pues la competencia por el recurso más limitado, la comida, era feroz. Todas las mujeres llegaron al campo con un código ético religioso muy estricto, pero en cuestión de pocas semanas se estaban robando el pan, las mantas y cualquier cosa que no llevaran atada al cuerpo.

«Consiguieron que nos volviéramos unas contra otras. Era horroroso —cuenta Edith—. Siempre corrías peligro, no solo de perder la vida, sino de perder el alma. Y, cuanto más tiempo estábamos allí, más riesgo para el alma. La moralidad es algo que, si te lo inculcan bien, no puedes quitarte, por muy depravada que sea la vida que te obligan a vivir. Creo que algunas chicas eligieron morir en vez de hacer daño a otras.» Otras eran sencillamente malas.

Edie (#1949) —que llegó con su hermana Ella— lo admite como si nada: «Yo robaba de todo». De hecho, cuando la Cruz Roja envió paquetes de comida para los prisioneros del campo, Edie (cuyo nombre y apellido coinciden con los de nuestra Edith) fue la responsable de entregarlos y pensó que, dado que había dos con su nombre, se los quedaría ella. Nuestra Edith no recibió nada.

«No te imaginas de lo que eres capaz de hacer para sobrevivir hasta que no te obligan a elegir entre morir de hambre o comer, entre congelarte o resguardarte del frío, entre rezar y robar. Puedes rezar antes de robar. "Dios, perdóname por quitarle la manta a esta chica, porque alguien me ha quitado la mía. Dios perdona a la que me robó el paquete de la Cruz Roja para que ella coma y yo no." —Con noventa y cuatro años, Edith tiene una visión peculiar de este incidente—. Después de todos estos años, todavía guardo rencor a la chica esa. Ella comió. Yo, no. Las dos teníamos diecisiete años. Las dos hemos sobrevivido. Ya sabes, cuando te haces mayor sigues recordando las ofensas que te han hecho, aunque a mí me alegra decir que ya soy lo bastante anciana como para que no me importe... No conoces a una persona hasta que vives con ella, o hasta que te encarcelan con ella. Entonces no solo descubres quién es, sino también quién eres tú. Pero, claro, éramos adolescentes. No éramos adultas. Todavía éramos lo bastante jóvenes como para tener rabietas, ser perezosas, eludir responsabilidades y dormir hasta tarde. Un mes antes de aquello, estábamos cotilleando y riendo de las últimas noticias de nuestro vecindario, y después estábamos viendo morir a chicas de nuestra edad que tenían que haber llegado a convertirse en ancianitas como yo, pero murieron antes de tiempo. Y surgían estas preguntas: ¿me pasará esto a mí? ¿También yo voy a morir pronto?»

Hay otra cosa que Edith no perdona. Cuando las jefas de bloque empezaron a actuar, probablemente repartieron el pan y la sopa a partes iguales entre sus compañeras. Pero, con el paso de los días, cuando les empezaron a rugir las tripas de hambre, muchas se pusieron a robar para su beneficio y el de sus amigas y familiares. «Se suponía que las *Blockältesters* [jefas de bloque] tenían que cortar el pan en cuatro trozos —explica Edith—, pero empezaron a quedarse con el centro del pan. Así que, si había cien panes a repartir, las jefas de bloque se quedaban con cien rebanadas. Se las comían ellas mismas o se las daban a sus hermanas y primas mientras que las demás pasábamos un poco más de hambre.»

¿Podemos culparlas? ¿Qué habríamos hecho en su lugar? Si tu prima está muriéndose de hambre, ¿cómo vas a preocuparte por desconocidas? Incluso con un trozo de más, todo el mundo pasaba hambre. «Ningún judío llegó a llenarse la tripa en Auschwitz —dice Edith—. Hasta que no pasas hambre, no sabes lo que eres capaz de hacerle a otro ser humano.»

Cuanto más dura la tarea, más rápido se debilitaban las prisioneras por la falta de alimento. El frío también quema grasa y calorías, por lo que los trabajos de las primeras semanas a la intemperie supusieron una pérdida de peso considerable. La supervivencia dependía de conseguir trabajo en el interior o trabajo menos riguroso en el exterior. Pero la única tarea interior era la limpieza de los barracones, y esa tarea recaía en las jefas de bloque y de cuarto. Las opciones que tenían las demás era demoler edificios, extender estiércol y despejar las carreteras. «En poco tiempo nos quedamos como fideos. Yo debía de pesar unos treinta kilos», cuenta Edith.

Puesto que la comida era la clave de la supervivencia, hacer cola con alguien que removía la sopa para que las verduras y la carne de caballo se levantara del fondo de la olla —aunque estuvieran podridas— era un regalo del cielo. Una superviviente recuerda que, cuando tenían la suerte de que les cayera algo que masticar, las chicas gritaban: «¡Tengo carne en la sopa!». Linda Reich (#1173) se enorgullecía de remover la sopa cada vez que servía, pero muchas servían solo el caldo de la superficie y se dejaban «lo mejor» del fondo para ellas mismas. Algunas veces estaba bien llegar al final de la cola, pero si la olla de sopa se vaciaba demasiado pronto y estabas al final de la fila, podías acabar sin comer nada.

Linda recuerda que iba corriendo a la fila de la sopa durante las pausas para el «almuerzo» porque los SS disparaban a cualquiera que llegara demasiado tarde. La muerte no tenía orden ni sentido: llegaba de golpe y no solía avisar. Auschwitz no era una sociedad distópica creada por un novelista. Eran los Juegos del Hambre de la vida real.

Al anochecer, cuando por fin dejaban de trabajar, las jóvenes tenían que ponerse en fila para desfilar de vuelta al campo. «Las últimas de la fila tenían que arrastrar los cadáveres de vuelta al campo porque también había que contarlos.» Nadie quería ir al final, sobre todo en las tareas de demolición, porque siempre había varias muertas. A eso había que añadir el agotamiento puro después de un largo día de trabajo. Las que cargaban con los cadáveres apenas tenían fuerzas. A veces arrastraban algún cadáver por el suelo hasta que «ya no le quedaba piel en la espalda —cuenta Linda con tristeza—. Siempre había sangre por la carretera».

Después de que se pasara revista, Edith y las demás se fueron dando cuenta de que las heridas no volvían nunca a los bloques. Jamás. «Era raro —cuenta Edith—. Si alguna se ponía enferma, si tenía un corte pequeño en la pierna, la separaban, se la llevaban y no la volvíamos a ver.» ¿Adónde iban? Al principio, no se les ocurrió que estuvieran matando a las que faltaban.

En su testimonio de los juicios de Ravensbrück en 1945, la prisionera política y *kapo* Luise Mauer informó de que «la maquinaria de muerte ya funcionaba a todo gas. Si alguna parecía no apta para trabajar o si la supervisora [Johanna Langefeld] se la encontraba escondida en algún bloque, la mataban». Mauer y Bertel Teege recibieron la orden de seleccionar a cualquiera incapaz de seguir trabajando para que la mandaran al «sanatorio». El sanatorio, por supuesto, era una cámara de gas que ya estaba funcionando al cien por cien. Las dos *kapos* concluyeron que «preferimos morir nosotras mismas que ayudar a esos asesinos fascistas», así que se presentaron ante su jefa, Langefeld. Esta SS era una luterana estricta y a menudo se veía dividida entre sus valores religiosos y las exigencias violentas de su trabajo, así que respetó a Teege y a Mauer por su propia decisión moral. En un extraño brote de compasión, Langefeld no las acusó de insubordinación, lo cual debió de salvarles la vida.

La tarea de seleccionar mujeres para el «sanatorio» se les asignó a otras mujeres, y Mauer y Teege comenzaron una «campaña de susurros» para avisar discretamente y animar a las jefas de bloque a mandar trabajo a todas, y que a las enfermas les encargaran tareas en el interior. No se atrevieron a explicar por qué las jefas de bloque tenían que enviar a las enfermas a trabajar. No podían decirle a nadie que ir al «sanatorio» significaba morir, o ellas mismas acabarían muertas. El resultado fue que muchas prisioneras enfermas pensaban que las jefas de bloque eran crueles por no dejarlas ir al sanatorio e insistían en ir. A esas chicas se las llevaban mientras las demás trabajaban y no se las volvía a ver.

A finales de abril, en Auschwitz ya se habían registrado unas 6277 jóvenes judías: 197 eran checas, unas pocas eran polacas que se habían escondido en Eslovaquia y las demás eran eslovacas. En total superaban a toda la población de prisioneras de Ravensbrück. Sin embargo, se desconoce cuántas mujeres seguían vivas y formaban parte de la población de Auschwitz.

El 23 de abril, justo cuando se creó una nueva tarea, llegó el octavo transporte eslovaco, en el que venía Fela, la hermana de Erna Dranger. Tenía el número 6030. Erna y Fela se unieron al primer grupo de chicas, compuesto sobre todo de «veteranas», que habían sido elegidas para trabajar en la nueva tarea de clasificar ropa. Entre las clasificadoras estaba Magda Amster, cuyo padre había conducido en mitad de la noche para intentar rescatarla.

Desde que Linda Reich había perdido uno de sus zapatos, se ocultaba al final de la fila cuando pasaban lista para evitar que la apartaran del trabajo. Cuando tuvo la ocasión de participar en la tarea de clasificación de ropa, robó sin demora un par de zapatos para cubrirse los pies. Pocas mujeres de la tarea nueva se olvidarían de sus amigas: no tardaron en idear formas de hurtar prendas y llevárselas a escondidas a las demás. Lo llamaban «organizar».

Los zapatos eran los artículos más importantes para ellas. Al igual que Linda, muchas se habían dejado las sandalias en el barro, y andar descalzas era una muerte garantizada. Otros artículos, como bragas, sujetadores, bufandas y calcetines, se introdujeron en los bloques y empezaron a mejorar la vida de las presas, pues las hizo volver a sentirse mujeres. Para las chicas que clasificaban la ropa, este tráfico de prendas era una rebelión silenciosa contra la autoridad. También era una forma de honrar su identidad cultural: se quedaban con ropa judía para vestir a judías en vez de dejar que la enviaran para vestir a alemanas. Nadie pedía nada a cambio de estos regalos, al menos no al principio. Todas querían ayudar de cualquier manera.

«Una chica de nuestro transporte nos traía algo de la cocina, algo cocinado, como una patata —recuerda Edith—. Sabía cómo sacarlo sin que los guardias se enteraran, porque las registraban a todas, sobre todo a las que trabajaban con comida o con ropa.» Todas las supervivientes cuentan historias parecidas en las que alguna amiga les conseguía comida o ropa. Igual que el sílex polaco oculto en la tierra bajo sus pies, ayudarse unas a otras fortaleció su decisión de sobrevivir y comprimió a las chicas en una sola unidad, una gema semipreciosa de apoyo mutuo.

La tarea de clasificar ropa empezó siendo una operación relativamente pequeña, pero ya entonces ayudó a salvar muchas vidas. Trabajar bajo techo ordenando ropa se convirtió en una de las tareas más deseadas. Era una labor más bien fácil y además las chicas no estaban fuera pasando frío. Por otro lado, cuando no había guardias mirando, podían comer pedacitos de comida que se encontraban en los bolsillos. Por supuesto, si las pillaban, se castigaba con veinte latigazos y con la vuelta a las tareas más duras. Pero organizar era un riesgo que valía la pena.

La ropa se guardaba en un bloque en el que Linda y las demás doblaban blusas, faldas, abrigos y pantalones, diez por fardo. Esos fardos se llevaban a otro bloque, donde se almacenaban hasta que se cargaban en vagones para ganado con destino a Alemania. En vez de volver vacíos, los trenes que traían a los judíos se llenaban con bienes judíos. La parte exterior de los cargamentos se sellaba con el siguiente mensaje: «Para las familias cuyos hijos están en el frente».

Algunas chicas que todavía tenían una visión inocente de sus circunstancias escribían mensajes en trocitos de papel con la esperanza de que las familias alemanas que recibieran la ropa alertasen a las autoridades para que las ayudaran. «*Achtung!* Ropa judía de campo de concentración.» No caían en la cuenta de que las autoridades ya estaban al tanto.

Con el avance de la primavera, llegaba el momento de arar y de sembrar ojos de patata en los campos en los que las mujeres habían esparcido estiércol. A Edith y a Lea les asignaron una tarea nueva: limpiar los arroyos y estanques alrededor del perímetro de Auschwitz, que estaban llenos de desechos e incluso de huesos humanos enterrados en el barro. Las obligaban a meterse en el agua para tirar de la basura, que depositaban en las orillas para su posterior recolección. «En verano no era para tanto, pero a principios de abril y a finales de otoño, nos helábamos. Nos acostábamos mojadas y nos levantábamos mojadas. No nos secábamos nunca.»

Para entonces, a algunas chicas las habían trasladado a otros bloques. Irena Fein estaba en el bloque 8, donde Ella (#1950), la hermana de Edie, debía de ser jefa de bloque o de cuarto. Ella nunca ha reconocido que ocupara dichos cargos, pero su hermana era la escribiente del bloque, un puesto que les habría dado más poder y una mejor posición en el campo. Para entonces, su hermana más pequeña, Lila, también había llegado al campo en el tercer transporte. Llegar a jefa de bloque o de cuarto habría sido un ascenso importante para Ella. Tenía veintiún años, era más madura que muchas de las otras chicas y además había asistido a una escuela de secretariado, por lo que poseía habilidades que la acabarían haciendo destacar en el campo. Las jefas de bloque y de cuarto no tenían que raparse la cabeza.

El despiojado y el rapado se practicaban cada cuatro domingos. Para entonces, algunas tenían que presentarse desnudas ante sus propios padres o hermanos. Los hombres estaban obligados a trabajar rápido, así que a veces les herían la piel con las maquinillas, sobre todo cuando pasaban a toda velocidad por sus zonas íntimas. El baño «desinfectante» siempre venía después del corte de pelo. Las chicas, desnudas, se ponían en fila y esperaban mucho tiempo para meterse en el contenedor durante apenas unos minutos. Solo podían meterse en el agua una vez al mes, pero el desinfectante no les limpiaba la piel. Se la irritaba.

La historia, a pesar de su dolor desgarrador, no puede desvivirse,
pero si se afronta con valor, no tiene por qué revivirse.

MAYA ANGELOU

*E*n Eslovaquia, tanto los gentiles como los judíos estaban
más y más perturbados por las deportaciones. El 26 de abril de
1942, una multitud de gentiles eslovacos se organizó fuera del
campo de tránsito de Žilina, donde los judíos estaban reteni-
dos en espera del siguiente transporte. «Maldecían el hecho de
que se concentrara a los judíos [allí] y que se les deportara.
Acabó siendo una auténtica manifestación. Los guardias
[Hlinka], que debían vigilar a los judíos, no sabían qué hacer
con la multitud.» Fue uno de los pocos actos de resistencia
pública de gentiles a favor de los judíos. Otras acciones fueron
más pequeñas, más personales y mucho menos susceptibles
de atraer la atención de la Guardia Hlinka o de la policía.

El padre de Ivan Rauchwerger había encontrado a su hijo
un empleo en una fábrica de cuero que había sido propiedad
de un viejo amigo de la escuela. Un luterano amistoso hacia
los judíos se había encargado de arianizar la fábrica. Puesto
que su trabajo era importante para la guerra, Ivan no corría
riesgo de deportación, pero «tanto el Estado como la Iglesia
católica nos estaban deshumanizando sistemáticamente». Recibir una exención tenía un coste emocional. Ivan, con sus
dieciséis años, ya había visto a su novia subirse a un tren para
ir a «trabajar». Ahora sus compañeros de infancia se iban en
trenes para ganado. «Los que nos quedamos atrás cargába-
mos con vidas tristes; nos habíamos convertido en don na-
dies.»

Su amiga Suzie Hegy regañó a la Guardia Hlinka cuando la obligaron a tomar uno de los transportes de abril. «¡No he hecho nada malo! —gritaba ella—. ¡Todavía no he vivido y ya queréis matarme!» Ivan no volvió a ver a Suzie.

El 29 de abril de 1942, diez transportes eslovacos se habían llevado de forma ilegal a 3749 jóvenes judíos y a 6051 muchachas a Auschwitz. Todavía no había familias deportadas.

Para los judíos polacos, las cosas eran muy distintas.

Durante un pase de revista a principios de mayo, Edith y Lea observaron que había una enorme tienda de lona en mitad de la *Lagerstrasse*. Estaban al borde de la fila cuando a su lado pasó uno de los grandes *kapos* varones. «Recuerdo que llevaba el triángulo verde de los criminales, y dijo: "¿Sabéis qué es esa tienda? Son los zapatos de niños. ¿Sabéis dónde están los niños? ¿Veis el humo? Pues son los niños".»

«¿Por qué dice una locura así? —le preguntó Edith a su hermana—. No hay niños en el campo. Decir eso era muy raro. Una mente normal no puede creerle.» Sencillamente no se lo creían.

Habían clavado los postigos de las ventanas del bloque 10 para evitar que las chicas se asomaran a ver el patio del bloque 11 y el paredón. No obstante, habían logrado soltar los clavos de la madera para poder ver lo que ocurría. Un día, cuando las jóvenes estaban trabajando, Elza, la jefa del bloque 10, se acercó a la *kapo* Luise Mauer a enseñarle algo que había visto. Al otro lado de los postigos, en el ensangrentado suelo entre los bloque 10 y 11, los SS estaban disparando «sin piedad a mujeres y niños que ya estaban muertos y a otros que seguían vivos».

Este no fue el único incidente del que fueron testigos Luise Mauer y su compañera Bertha Teege. Un día, después de vaciar la *Lagerstrasse* de prisioneras, tal y como les habían ordenado, las dos volvieron a la oficina de Johanna Langefeld y se asomaron a través de las cortinas de las ventanas. «Unos trescientos hombres, mujeres y niños, jóvenes, viejos, sanos y enfermos, algunos con muletas, andaban por la calle del campo. Después los condujeron a un pasadizo subterráneo que parecía un pelador de patatas gigante con conductos de aire. Luego vimos a dos hombres de las SS con máscaras antigás vaciando en los conductos varias latas de lo que después descubriríamos que era el infame Zyklon B, que fue responsable de la muerte de millones de personas. El aire se llenó de gritos espantosos. Los niños gritaron más tiempo. Luego solo se oían algunos sollozos que se acallaron quince minutos después. Supimos que habían asesinado a trescientas personas.» De hecho, eran muchas más.

Entre el 5 y el 12 de mayo, se enviaron los transportes polacos, con 6700 hombres, mujeres y niños judíos, directamente a las cámaras de gas recién puestas en marcha. Fueron las primeras ejecuciones masivas de Auschwitz. Todavía no había crematorios, así que los cuerpos se enterraron en grandes fosas.

Cuando Langefeld regresó a la oficina «estaba pálida y turbada». Mauer y Teege le dijeron que habían visto lo ocurrido. Langefeld les dijo que «no tenía ni idea de que iban a matar a aquella gente. Y que no debíamos decir nada a nadie, bajo pena de muerte». La ironía de aquella frase basta para mostrar la doble paradoja que requería el asesinato en Auschwitz.

Mientras tanto, en Eslovaquia, la indignación se había extendido, no solo porque se estuvieran llevando a las jóvenes de sus hogares paternos, sino porque estaban separando a familias enteras. Las protestas de Žilina en abril habían ralentizado las deportaciones lo suficiente como para que el presidente Tiso tuviera que asegurar al país que actuaría como una «persona humanitaria y buena y que detendría las deportaciones de jóvenes solteras». Reiteró estas garantías en todas las emisiones de radio, en todos los periódicos y en todos los actos públicos. «El principio básico de la fe cristiana es que las familias no se separen. Ese principio se respetará cuando los judíos sean enviados a sus nuevos asentamientos.» Todo el mundo, incluido el Vaticano, creyó (o quizá solo quiso creer) sus mentiras. En realidad, Tiso solo estaba esperando que la Asamblea eslovaca aprobara la ley que legalizara el «realojo» de judíos. Esta decisión se tomó el 15 de mayo de 1942, cuando la Asamblea debatió la legalidad de las deportaciones judías.

El ambiente en la sala de la Asamblea se podría describir como «opresiva». La Guardia Hlinka se había colocado frente a los «diputados que iban a votar» para intimidar a quienes les preocupaban las implicaciones éticas y religiosas de la ley. Pero para cuando se procedió a la votación, la mayoría de la Asamblea se había marchado, optando por no votar. La ley se aprobó. Al instante, deportar judíos se hizo legal y, una vez deportados, les despojaban de su ciudadanía y de sus propiedades. Ya no hacía falta referirse a los judíos eslovacos como «voluntarios». Los únicos que estaban a salvo eran quienes poseían una exención. Una nueva ola de solicitudes inundó el Ministerio de Interior.

Al ser legales las deportaciones, Adolf Eichmann llegó a Bratislava y aseguró al Gobierno que «los judíos eslovacos trabajan felizmente en sus nuevos hogares». En los meses siguientes, se enviaría a veinte mil judíos eslovacos a Auschwitz. Tal y como había prometido Tiso, deportaría a familias enteras. Nada los separaría hasta que llegaran a Auschwitz y Lublin… excepto la muerte.

Pasados los tres meses estipulados en el «contrato» de servicio gubernamental, las chicas observaban la llegada de transportes de Eslovaquia con una sensación enfermiza de desesperación. Estaba ocurriendo algo muy diferente de lo que cualquiera hubiera imaginado. Las jóvenes ya no eran el único objetivo. Algunas estaban horrorizadas de descubrir la cercanía de sus propias madres y que estaban condenadas a verlas sufrir. «Estábamos abrumadas por la desesperanza —escribe la doctora Manci Schwalbova—. Las hijas apoyaban a sus madres, pero tenían que soportar cómo las apaleaban y cargaban con labores pesadas en condiciones inhumanas.»

En Humenné, Lou Gross corrió a ayudar a la abuela de su amigo con su maleta, pero su niñera lo apartó, y él se puso a llorar. En los pocos meses que habían pasado desde la partida de Adela, ya había cumplido cuatro años.

Giora Shpira tenía la suerte de contar con una exención gracias al trabajo de su padre en la serrería, pero a sus catorce años vio no solo la deportación de calles enteras de Prešov, sino el fusilamiento de familias a las que reunían en una plaza. «Ese fue el destino de la mayoría de los habitantes de la calle K», escribe Giora. Incluso provistos de una exención, a su padre le preocupaba que sus hijos se convirtieran en las próximas víctimas, así que los envió a Hungría. El hermano de Giora se ocultó en un orfanato y el propio Giora trabajó de aprendiz de electricista.

En Rožkovany, la familia Hartmann trabajaba sus campos agrícolas y en su lechería, procurando seguir con su vida habitual. Eugene hacía un turno doble, pues cuidaba de su madre inválida y además ayudaba a su padre. Todavía no tenían noticia de Magduska. Su padre se inquietaba porque no había cumplido su promesa de enviar un paquete con víveres a su hija, pero no sabía adónde enviarlo.

Como los Hartmann tenían una exención por ocuparse de una granja importante para el suministro de alimentos, otros miembros de su familia habían venido a vivir a la finca con ellos. Su prima Lenka Hertzka había vivido un tiempo en Prešov, pero la habían deportado brutalmente en junio. Por suerte, Lilly, la hermana de Lenka, ya estaba a salvo en la granja, así como su sobrino y su madre (la tía de Magduska).

En Auschwitz nadie estaba a salvo, pero Lenka había conseguido un trabajo de asistente de uno de los miembros más prominentes de la Gestapo. Uno de sus privilegios era el correo. Ese mes de julio llegó una carta de Lenka desde Auschwitz. Los Hartmann por fin tenían una dirección a la que enviar cosas a Magduska y a Nusi. Le contestaron de inmediato enviando una postal a Lenka y le hicieron las preguntas que tanto preocupaban a la familia.

¿Por qué Lenka escribía pero Magduska y Nusi no? Sin duda, Lenka era mayor y más madura, pero Magduska siempre había sido muy responsable. ¿Qué le pasaba? ¿Tenía tanto que hacer que no podía escribir a su familia? Las postales de otras chicas deportadas con ellas también estaban llegando. ¿Por qué todas menos sus hijas habían encontrado tiempo para escribir?

Los Hartmann seguían inmersos en un microcosmos de inocencia, y sin duda creían lo mismo que muchas otras familias: que sus hijas vivían en una especie de residencia, que se veían con frecuencia entre sí, que comían juntas, que recibían paquetes de comida, dinero, ropa, sábanas y, por supuesto, noticias de casa. No tenían ni idea de que las SS confiscaban casi todo lo que enviaban a Auschwitz.

En el espacio cerrado de un vagón para animales rumbo a Lublin, Rudolf Vrba, que acabaría haciéndose famoso por escapar de Auschwitz, escuchaba a sus vecinos hablar de las postales que habían recibido de las chicas del campo de trabajo. Zachar, el encargado de un puestito de verduras, estaba sentado junto a su hija adolescente, que se estaba limando las uñas. La hija de Zachar levantó la vista y dijo: «Mi prima fue en el primer transporte y me escribió el otro día diciendo que todo iba bien. Que la comida era buena y que no estaban trabajando demasiado. —Su pecoso rostro se ensombreció—. Pero hay algo que no logro entender. Dijo que su madre me mandaba un beso. Pero su madre lleva muerta tres años».

Una mujer que daba el pecho a su niño alzó los ojos y dijo: «En la carta que yo recibí de mi hermana también había algo raro. Decía que el bueno de Jakob Rakow estaba en plena forma. Pero Jakob se murió en un accidente de coche hace un montón».

«Una delgada red de dudas cayó sobre la conversación», escribe Vrba.

Los pasajeros empezaron a abrir sus bolsas y a buscar entre las tarjetas que las chicas habían enviado desde algún campo de Polonia donde cumplían con su servicio laboral. Sin duda, habría otros comentarios extraños, «referencias a gente que estaba muerta o a acontecimientos que no podían haber pasado». ¿Por qué sus hijas, hermanas o primas iban a escribir tales sinsentidos? Para una sola familia, las posdatas no eran más que rarezas, pero cuando otras familias sacaban postales con comentarios similares, descendió sobre ellos un mal presentimiento. Leyeron su correspondencia en voz alta y empezaron a reconsiderar los mensajes en código. Luego se apresuraron a decir que no había de qué alarmarse.

Las familias que habían recibido carta estaban condenadas a sufrir por las advertencias veladas de las jóvenes. Era más fácil creer en los mensajes de seguridad del presidente Tiso y confiar en que los iban a alojar en otro sitio que pensar que iban a morir, como Jakob Rakow en su accidente de coche. A fin de cuentas, Tiso estaba cumpliendo su promesa de deportar familias enteras de judíos eslovacos en vez de separarlas de sus hijas, como había hecho en marzo.

Cuando los transportes de familias empezaron en serio, el joven Ivan Rauchwerger volvió en coche a Poprad a ayudar a las familias recién encarceladas en los barracones militares. «Vi una masa enorme de seres deshumanizados protagonizando escenas tristísimas y desesperadas. Las mujeres llevaban el maquillaje corrido, solo había un par de grifos que daban agua, muchos baños estaban clausurados, los hombres iban sin afeitar y estaban nerviosos, los niños no paraban de llorar. No había literas para todos. Me asaltaban mujeres que me suplicaban: "Por favor, ve a mi estudio, me he dejado el título universitario en la mesa, soy médico y quizá me necesiten".

»Otro me dijo: "Necesito las gafas. Estoy medio ciego y me he dejado las gafas en la mesilla de noche. Por favor, tráemelas".

»"Soy diabético y me he dejado en casa la insulina… No puedo vivir sin ella".

»"Me he dejado las toallas sanitarias en casa. Las necesito ahora".

»Regresé a toda prisa, pero sus casas ya estaban cerradas. Lo único que pudimos hacer fue llevarles comida, papel higiénico y toallas sanitarias.»

La Guardia Hlinka se había apoderado de sus casas y de todo lo que había en su interior. «Vimos guardias entrando como si nada en las casas y apartamentos de nuestros amigos. Salían con los brazos llenos de sábanas, manteles, prendas de vestir y otros enseres. Después sacaban los cuadros, las obras de arte y las alfombras. Al final de la tarde, vinieron con carros tirados por caballos para llevarse los muebles. Un mes después, a esos mismos guardias les dieron los títulos de propiedad de los inmuebles.»

Al pueblo de Ivan llegó una postal de Auschwitz que parecía reafirmar los mismos hechos que las demás: «Los alemanes son justos con nosotras. Sí, trabajamos, pero no demasiado. Tenemos comida suficiente y dormimos en barracones limpios. Nuestra familia está casi completa, solo echamos en falta al tío Malach Hamowet». En hebreo, *Malach ha-Mawet* es el ángel de Dios. Susie Hegy había tenido razón.

El 28 de mayo de 1942, Ivan vio cómo se llevaban a uno de sus compañeros de la escuela, Budi Stein, y a su padre, cargados con las pocas pertenencias terrenales que les permitían. El padre de Budi era un arquitecto judío alemán que había huido de su país en torno a 1934, cuando se proclamó el Tercer Reich y el partido nazi alcanzó el poder. Los Stein habían construido una hermosa casa en Spišská Nová Ves, cerca de la casa de Ivan. Ahora, miembros de la Guardia Hlinka vestidos de negro apuntaban con sus armas a Budi y a su padre. El vecindario se reunió para observar a personas que tiraban de sus maletas rumbo a los nuevos «hogares» que el presidente les había prometido.

«Nunca olvidaré el modo en que Budi me miró. "¿Cómo pueden deportarme a mí mientras tú quedas libre? Su cara me sigue atormentando», dice con solemnidad Ivan Rauchwerger a los noventa y tres años. Budi tenía diecisiete años, la misma edad que Ivan en aquellos tiempos. Ningún miembro de la familia Stein sobrevivió. Su largo transporte partió de Eslovaquia a Lublin, Polonia. La siguiente parada después de Lublin fue Auschwitz.

Para levantar tanto peso,
Sísifo, necesitarás todo tu coraje.
A mí no me falta el coraje para completar la tarea,
pero el fin está cerca y tengo poco tiempo.

CHARLES BAUDELAIRE, *Las flores del mal*,
citado en *Suite francesa*, de Irène Némirovsky

*E*l 4 de julio —el Día de la Independencia de Estados Unidos— se llevó a cabo la primera selección de judíos «en la plataforma de descarga mientras el Escuadrón de Repuesto de las SS rodeaba el tren». No hay datos del número total de judíos eslovacos de este transporte, pero solo seleccionaron a 108 mujeres y 264 hombres para que se registraran para «trabajar». Los nuevos deportados, separados por sexo, tuvieron que presentarse ante un médico de las SS y otros administradores del campo, cuya tarea era decidir qué prisioneros estaban capacitados y eran lo bastante jóvenes para trabajar. «A los ancianos, a los niños, a las madres con hijos y a las embarazadas les dijeron que los llevarían al campo.» Los separaron de sus familias, los subieron a camiones desde los que se despedían con la mano de quienes habían sido seleccionados para el trabajo. Después los llevaron «al refugio subterráneo de Birkenau, y allí los mataron en las cámaras de gas.» Los demás fueron procesados: les raparon, despiojaron y tatuaron.

En la selección en la plataforma del tren se veía que preferían a varones en lugar de a mujeres. La razón era obvia. Había más posibilidades de que las mujeres se quisieran quedar con sus hijos, pero además las SS estaban buscando fuerza física. Las mujeres no eran la mano de obra esclava ideal. No obstante, había otro factor que influía en la decisión: el campo femenino estaba abarrotado.

A pesar de que no hubiera cálculos formales que revelen el número exacto de mujeres en el campo —ni el número exacto de muertes—, el 12 de mayo de 1942 en Auschwitz se había tatuado a más de ocho mil mujeres (judías y gentiles) y otras cinco mil estaban por llegar. Pero solo había cinco barracones, con literas para mil prisioneras en cada edificio. Para apañarse con el exceso de población, construyeron casetas prefabricadas de metal ondulado entre los dos bloques de ladrillo. No se instalaron más aseos en el campo, y la higiene, que ya era difícil, se convirtió en un problema grave.

Las chicas no solo pugnaban por conseguir los mejores trabajos y algo de comida, sino contra un enemigo invisible que atacaba más rápido que el látigo de un SS: el tifus. Salvo por las desinfecciones mensuales, no había protección contra piojos y pulgas que portaban la enfermedad mortal. El tifus se extendió sin control en los campos masculinos y femeninos y mató indiscriminadamente, incluso al médico de las SS, el capitán Siegfried Schwela, y al menos a dos *kapos* de Ravensbrück, Gertrude Franke y Helene Ott. Los datos indican que en torno al 77 por ciento de los hombres judíos murió por tifus durante los primeros meses. No tenemos información sobre cuántas mujeres sucumbieron a la enfermedad, solo sabemos que el tifus se propagó sin control por el campo de mujeres.

«Cuando empezaron a llegar los transportes de Eslovaquia, [el campo femenino] se abarrotó en cuestión de días —escribió el comandante Höss en su diario—. Las condiciones de este campo eran atroces y mucho peores que en el masculino. Las prisioneras se amontonaban. Hasta el techo estaba todo negro de piojos.

»Las mujeres —escribió— enfermaron mucho más rápido que los hombres. Todo era mucho más difícil, más duro y deprimente para las mujeres, puesto que las condiciones generales de vida en su campo eran incomparablemente peores. Estaban mucho más apretadas, y la situación sanitaria e higiénica era muy inferior. El campo femenino, que había estado a rebosar desde el principio, significaba la destrucción psicológica para el conjunto de prisioneras, lo cual antes o después acarreaba su derrumbe físico.

»La desastrosa situación y sus consecuencias, presentes desde el principio, impidieron que se estableciera un orden adecuado en el campo femenino.»

Por supuesto, Höss culpaba de la ausencia de un orden «adecuado» a la supervisora en jefe del campo femenino, la SS Johanna Langefeld, no a sí mismo. La administración del campo era patriarcal, sin duda, algo de lo que Langefeld se quejaba, tanto a sus supervisores como a su personal. Puede que Höss admitiera que «la congestión general era mayor que en el campo masculino», pero se negaba a asumir la responsabilidad por la aglomeración y las condiciones inhumanas que sufrían las prisioneras. De hecho, culpaba a las propias prisioneras: «Cuando las mujeres tocaban fondo, se abandonaban por completo».

Qué irónico que el hombre responsable de las condiciones que sufrían las mujeres las culpara a ellas mismas de no tener mejor aspecto antes de morir. Responsabilizar a las mujeres del campo de su propia desgracia dice mucho del sistema patriarcal de Auschwitz y su odio general hacia las mujeres. Pero en esa época a los judíos no se les consideraba humanos. Ser una mujer judía era lo peor de lo peor.

La ideología patriarcal de la Alemania nazi perjudicaba sobre todo a las mujeres. A Höss le gustaba señalar las faltas tanto de las mujeres de las SS como de las *kapos* responsables, y por supuesto de las prisioneras. Sus críticas ofrecen una explicación a los registros de muerte tan incompletos de las mujeres: «Casi todos los días había discrepancias en cuanto a la cifra de presas en los recuentos. Las supervisoras, desconcertadas, corrían de aquí para allá como gallinas aturulladas sin saber qué hacer».

19

Un soldado nuevo entró en el barracón muy triste y asustado. Se sentó, temblando, y se fijó en que los otros soldados cantaban y estaban de buen humor. Los miró y les preguntó: «¿No tenéis miedo?».

«Claro que tenemos miedo.»

«¿Cómo podéis estar de buen humor y cantando?»

«Porque ya nos hemos acostumbrado a tener miedo.»

ILYA EHRENBURG, citado por Edith

Con el tiempo, las prisioneras se acostumbraron a vivir en aquellas «condiciones locas» y empezaron a sentir que en el campo tenían una especie de vida. Incluso hablaban de los bloques como «hogar». «Sabíamos cuándo no había nadie en el baño y podíamos ir, y sabíamos cuándo se limpiaban los baños. Aprendimos a no hacer más de lo que podíamos, ni más de lo que debíamos. Aprendimos a enseñar que estábamos trabajando y a ahorrar fuerzas —dice Edith—. Nos acostumbramos a tener miedo, y aprendimos a vivir con miedo.» Las nuevas no sabían.

Ese verano hizo tanto calor que el sol les quemó las cabezas rapadas y les salieron ampollas. Tenían los pies hinchados y llenos de rozaduras y cortes por culpa de las sandalias abiertas. El polvo aumentó por la falta de lluvia. El sudor formaba riachuelos marrones en los huecos de su piel mientras quitaban tierra con palas, desmantelaban edificios o se quitaban del cuerpo los omnipresentes piojos.

Cuando empezaron a llegar los transportes familiares, no cabía duda de que algo estaba pasando, porque no había niños en el campo. Las mujeres y los niños desaparecían nada más llegar.

La red de noticias de las prisioneras era rápida y eficaz, y, a través de ese medio, Helena Citron se enteró de que su hermano Aron estaba en el campo. «Espera junto a la ventana de tu bloque después del trabajo y se asomará a la ventana al otro lado de la valla», le dijo uno de los prisioneros cuando la vio pasar. Después de que pasaran lista por la tarde, Helena esperó junto a la ventana hasta que vio a su hermano aparecer en la ventana de la planta superior de su bloque, al otro lado del muro. A pesar de la distancia que los separaba, Helena percibió la sorpresa de su hermano ante su aspecto. ¿Había envejecido tanto en tan poco tiempo?

—¿Por qué no te has quedado escondido? —le preguntó.

—Pensé que podría venir a rescatarte.

Le contó que habían deportado a sus padres a Lublin. Su hermana mayor, Ruzinka, vivía en Bratislava con su marido, un ingeniero, y tenían documentación aria. Las noticias cruzaban el aire sobre las alambradas de espino.

El 25 de julio por la mañana, Edith y Lea salieron para el pase de revista diario y vieron a Aron, el hermano de Helena, colgando de las vallas electrificadas que rodeaban el campo. Le habían disparado al intentar escapar. Las hermanas miraron a su alrededor con nerviosismo, preocupadas por la reacción de Helena cuando viera el cuerpo de su pobre hermano. Mientras el gris amanecer daba paso a luz del día, la abandonada silueta resplandecía en una maraña de alambres negros. «Dejaron su cuerpo allí hasta que acabaron de pasar lista», recuerda Edith. Era un mensaje que ningún judío podía obviar.

Preocupadas de que la noticia llevara a Helena al suicidio, las hermanas Friedman decidieron guardarlo en secreto. No obstante, cuando las mujeres marchaban a trabajar, los eslovacos del campo masculino le gritaron a Helena: «¡Tu hermano ya no vive!».

Los transportes llenos de familias deportadas a Lublin empezaron a llegar. Helena y las demás escuchaban preocupadas las noticias que les contaban los prisioneros varones encargados de llevar su equipaje y sus pertenencias al depósito de clasificación. Los hombres avisaron a las chicas de que algunos de sus padres iban a llegar al campo. ¿Qué pasaba con los que no venían? El terror electrizó a las jóvenes.

Resonó «un grito tan fuerte que casi abrió los cielos. Mis padres y mis hermanos pequeños iban de camino al crematorio

—cuenta Helena—. Al menos dentro de una o dos horas dejarían de sufrir. A veces, en esas situaciones, la muerte es lo mejor». Lo único que le quedaba era su hermana Ruzinka y su sobrina Aviva, que se ocultaban en algún lugar de Eslovaquia.

El 17 de julio de 1942, el *SS-Reichsführer* Heinrich Himmler llegó al campo de exterminio para inspeccionar las instalaciones y oír los informes sobre los planes de expansión. Tenía cuarenta y ocho años, mejillas de ardilla y una barbilla que empezaba a ablandarse y a colgar. Llevaba unas gafas redondas en la nariz y un bigote bien recortado. No parecía un asesino de masas, sino más bien un ególatra, de esos estudiantes que sacan las mejores notas y que luego sufren la violencia de los abusones. Ahora el abusón era él, marchando a paso regular por los países recién adquiridos de Alemania y por campos de concentración, que ya eran muchos. Auschwitz-Birkenau era el más grande.

Justo antes de su llegada, Johanna Langefeld les dijo a cinco de sus prisioneras favoritas de Ravensbrück que iba a pedirle a Himmler que conmutara sus sentencias. Tal solicitud tenía una razón de ser. Langefeld tenía previsto pedirle a Himmler que la reasignara de nuevo a Ravensbrück. Sin la protección y la promoción que ella les ofrecía, sabía que su posición caería, sobre todo con la nueva supervisora, que tendría sus propias favoritas. Era una decisión que después le salvaría la vida. Emmy Thoma, Tilly Lehmann, Luise Mauer y Bertel Teege saldrían en defensa de Langefeld durante los juicios de Ravensbrück de 1947.

El mismo día de la visita de Himmler, llegaron al campo dos transportes desde Holanda con 1303 hombres y 697 mujeres de todas las edades. En una reunión con otros cuatro oficiales, Höss hizo un resumen de la situación del complejo y después cedió la palabra al teniente general de las SS Hans Kammler, que se sirvió de modelos y planos para mostrar los nuevos proyectos de edificios, instalaciones de residuos y cámaras de gas. Después llevaron a Himmler a dar una vuelta por las zonas de cultivo, las cocinas y las enfermerías, donde las víctimas de la epidemia de tifus supuestamente recibían tratamiento. Después fueron a la terminal de ferrocarril, donde ya habían desembarcado un transporte de judíos holandeses que se afanaban por ponerse en fila arrastrando sus pertenencias.

Himmler y sus secuaces supervisaron el proceso de selección por el cual se aceptaron en el campo a 1251 hombres y 300 mujeres. El resto del transporte —399 mujeres y 50 hombres— fueron gaseados en el búnker 2. Puesto que los crematorios todavía no funcionaban, Himmler se mostró muy interesado por ver cómo sacaban los cuerpos de la cámara de gas y los transportaban a las fosas comunes para enterrarlos. Fue un día completo.

Por la tarde, se celebró una recepción en honor a Himmler para que los oficiales de las SS tuvieran ocasión de conocer al *Reichsführer* y pudieran brindar a su salud. Después hubo una cena formal en la casa del general de brigada y jefe regional de las SS Bracht, situada en Katowice, a treinta y seis kilómetros al norte de Oświęcim. Allí cenaron con sus esposas. Como era costumbre, llegó el momento de que se excusara a las mujeres para que los hombres pudieran discutir sobre los acontecimientos del día y la actividad del día siguiente con puros y whisky. El campo femenino era el primer tema del orden del día.

Al día siguiente, por la mañana, bajo un cielo endurecido por el calor, las chicas se pusieron en fila para el pase de revista cuando la verja del campo femenino se abrió y el propio Himmler entró. Por entonces, la sección femenina estaba tan abarrotada que «tenías que pisar a la gente que estaba sentada fuera», recuerda Linda Reich. Cientos de prisioneras nuevas dormían en el suelo. El tifus causaba estragos.

La SS Langefeld no era el tipo de mujer que pasaba mucho tiempo rizándose el pelo con una plancha. Llevaba el cabello recogido en un moño bajo el gorro, falda y botas negras bien lustradas. Ya debía de hacer calor, pero Langefeld no sudaba. No era culpa suya que Höss siguiera permitiendo la entrada de tantas mujeres en un campo con una capacidad de tan solo cinco mil personas. Ahora Himmler vería por sí mismo los problemas a los que ella se enfrentaba.

Las judías observaron a las *kapos*, a quienes temían, alinearse nerviosamente en filas bien definidas de a cinco. Las *kapos* se cuadraron con los hombros echados hacia atrás y la

Las hermanas Lea
y Edith Friedman
se llevaban dos años.

«Eran vacaciones, probablemente Pascua —dice
Edith—. Parece que tienen catorce, así que será de
1936.» Las chicas eran amigas, pero Edith
no se acuerda de sus nombres. De izquierda
a derecha: chica sin identificar, Anna Herskovicova, otra amiga sin identificar, Lea Friedman
y Debora Gross (la hermana de Adela).

«Éramos una gran familia.» Los niños
de los Friedman en torno a 1936.
De izquierda a derecha: Hermann,
Edith, Hilda, Ruthie, Lea e Ishtak.

In memoriam

Entre las primas de Magduska Hartmann, Nusi, su prima mayor y mejor amiga, también conocida como Olga (a la derecha). También están sus hermanos: Andrew (al frente), Bianca (a la izquierda) y Valika (en el centro, atrás). Olga, Valika y sus padres no sobrevivieron.

Magduska Hartmann creció en la granja familiar con sus primas y su hermano Eugene.

Annou Moscovic (izquierda) creció en la misma calle que Edith y Lea Friedman, y le encantaba ir a su casa cuando hacían pan. Zuzana Semerova (derecha) era una de las amigas de Annou y Edith. Se escondió y trabajó con los partisanos que resistieron contra los regímenes Hlinka y nazi.

Maya (Magda) Hans era la hermana menor de Ria Hans. Ria se vio obligada a tomar una decisión descorazonadora para evitar que las SS asesinaran a Magda.

Esta foto se envió a los familiares de Estados Unidos. No tenemos datos de Rozalia y Therezia Ziegler (fila de atrás) excepto que estuvieron en el primer transporte y ningún miembro de su familia inmediata sobrevivió.

In memoriam

La pelirroja Adela Gross. Su familia tardó setenta años en descubrir lo que le ocurrió a Adela en Auschwitz.

A Lea Friedman (izquierda) y a Anna Herskovicova les encantaba ir juntas al cine.

Esta imagen se tomó en un colegio privado femenino en Prešov, probablemente en 1938. La segunda chica en la segunda fila es Klara Lustbader. En la primera fila, sentada en el extremo derecho está la amiga de Giora Shpira, Magda Amster. Las demás chicas no han sido identificadas, pero muchas podrían haber estado en el primer transporte.

El 6 de diciembre de 1945, la facción Bandera del Ejército Insurgente Ucraniano masacró a quince jóvenes judías en Kolbasovo, Eslovaquia. Entre las asesinadas estaba Gizzy Grummerova (centro), del primer transporte. Irena Fein está a la izquierda de esta fotografía de antes de la guerra.

Mujeres de Humenné

De mayor Irena Fein (#1564; Ferencik) quería ser fotógrafa. Era buena amiga de Adela y Debora Gross, de Margie Becker y de Lea y Edith.

A punto de irse a Palestina en noviembre de 1945, Helena Citron (#1971; Tsiporah Tehori) y su hermana, Ruzinka Grauber (Ornstein) viajaron pasando por Roma, donde posaron para esta foto con soldados italianos.

Edith (#1970, en el extremo izquierda) permanece de brazos cruzados. A su lado, sentada, está Margie Becker (#1019). A la derecha de la maestra, de blanco, está Lea con un velo. Las chicas formaban parte del reparto de la producción teatral anual de la Escuela Beth Jacob, hacia 1940.

Ria Hans (#1980; Elias) pasó seis meses en una celda de pie en el bloque 11, el bloque de la muerte, por el crimen de haber ayudado a salvar a una compañera.

La clase de Edith. De las nueve niñas judías de la escuela, solo sobrevivieron tres. Fila de atrás, de izquierda a derecha: Edith es la segunda; Zena Haber es la chica alta en medio; Lenka Treil es la segunda por la derecha. Fila intermedia: segunda por la izquierda: Margita Anis; Zuzana Sermer en el extremo derecha; junto a ella, Eicherl. Primera fila: extremo izquierda, Srulovic; Ruzena Boruchovic con vestido de lunares; junto a la profesora, a la derecha, Irena Greenberg. (Las demás chicas son gentiles.)

Mujeres polacas

Las chicas de Tylicz recorrían siete kilómetros hasta la ciudad de Krynica para recoger agua mineral de sus manantiales. De izquierda a derecha: Danka Kornreich, Dina Dranger, oso, Rena Kornreich (hacia 1938).

Esta fotografía se tomó en la granja provenzal en la que Dina Dranger (#1528; Vajda) vivió tras la guerra. Sus primas eran Erna y Fela Dranger.

Rena prometió a su madre que cuidaría de su hermanita. Danka y Rena Kornreich (#2775 y #1716; Brandel y Gelissen), en Holanda, pocos meses después de la liberación.

Ida Eigerman (#1930; Newman) venía de Nowy Sącz y trabajó en la tarea de clasificación conocida como «Canadá».

Erna Dranger (#1718; Koren), la mejor amiga de Rena Kornreich en Tylicz.

Sara Bleich (#1966; Glancszpigel) creció en la ciudad balneario de Krynica. Emigró a Argentina. Su nieta escribió: «No he visto una sonrisa igual. Ni siquiera sé si era esta chica. Esta es nuestra forma de honrarla».

Fela Dranger (#6030; Ischari) sufrió varias crisis tras la guerra.

Mujeres de Prešov

Magda Moskovic (#1297; Bittermanová) regresó
y se asentó en Eslovaquia tras la guerra.

Joan Rosner (#1188;
Weintraub) fue una
de las rehenes judías
liberadas como parte
de las negociaciones del
conde Folke Bernadotte
con el Reichsführer
Heinrich Himmler.

Klara Lustbader (#1808;
Chudy) vivió cerca de la
Gran Sinagoga de Prešov
después de la guerra.

Matilda Friedman
(#1890; Hrabovecká)
escribió el libro *Ruka
s Vytetovaným
císlom* (Brazo con un
número tatuado).

Ruzena Gräber
Knieža (#1649;
esta imagen
es de después
de la guerra,
con su marido
Emil Knieža)
asistió con Edith
a la escuela
de Humenné.

Perel Kaufman (#1461; Friedman)
sufrió experimentos médicos del
doctor Mengele, que le inyectó la
malaria y otras enfermedades.

Mujeres de Prešov

Magda Friedman (#1087; Ziegler) era prima de Ella y Edie Friedman.

Esta imagen en su ciudad natal, Kapusany, muestra (de izquierda a derecha) a Edie Friedman (#1749; Valo), Ella Friedman (#1750; Rutman) y otras hacia 1938.

Minka Friedman (#1174; Weiss) era muy amiga de Marta F. (#1796; Gregor).

Klara Herz (#1354; Baumöhlava) estuvo en Bergen-Belsen con Bertha Berkowitz y fue amiga de Klara Lustbader después de la guerra.

Kato (Katarina) Danzinger (#1843; Prinz) con su marido y su hija después de la guerra.

Marta F. (#1796; Gregor) sufrió experimentos y quedó estéril. Su hija, Orna Tuckman, fue adoptada.

Linda Reich (#1173; Breder) perdió a sus padres, a su hermana, y a sus tres hermanos (uno de ellos era su gemelo) en las cámaras de gas de Auschwitz.

Mujeres de la región de Stropkov

Preparación de *matzo* con la familia Berkowitz y sus amigos, Pésaj, 1940. De esta fotografía solo sobrevivieron dos personas. En el extremo izquierda, con el delantal blanco, está Peshy Steiner, la mejor amiga de Bertha; detrás de Peshy está Bertha (#1048). Las cuatro siguientes son mujeres sin identificar, después dos de las hermanas de Bertha, Lily y Magda, y la hermana de Peshy con un delantal blanco sosteniendo un rodillo. Delante de las jóvenes está la madre de Bertha vestida de negro, y a su lado la madre de Peshy. Sentado y sosteniendo un cuenco muy grande está el hermano de Bertha, Volvi. El único superviviente además de Bertha es Herschel Einhorn, que aparece de pie en el extremo derecho de la fila central con una gorra y sonrisa petulante. La única hermana de Bertha que sobrevivió, y su hermano, Emil, no figuran en la fotografía.

Peggy Friedman (#1019; Kulik) es la joven que aparece sentada en el centro de esta foto, en torno a 1935. Ningún miembro de la familia sobrevivió.

Regina Tannenbaum (#1397; Wald) fue la primera judía en casarse en su ciudad natal después de la guerra.

La familia Kleinman en Breznica, Eslovaquia, hacia 1935. Fila de atrás, de izquierda a derecha: Ruzena (#1033; Guttmann), que anduvo con Peggy Kulik hasta el primer transporte y mantuvieron su amistad después de la guerra. Junto a Ruzena están sus hermanos Josef, Tonci Berkovic, Max, Malvina, y Adolf. Primera fila: sus padres, Aron y Ester. Adolf y otro hermano llamado Irving (no aparece en la fotografía) sobrevivieron.

Mujeres de Poprad

Fanny y Eta Zimmerspitz (#1755 y #1756) llevaban veneno inyectable en el zapato para usarlo en caso de que las seleccionaran para la cámara de gas. Eta se parecía tanto a Roza (abajo) que casi la detuvieron en lugar de su prima. En esta imagen aparecen tras la guerra, hacia 1946.

Esta foto de preguerra se tomó cuando Edith «Rose» Grauber (#1371; Goldman) tenía unos quince años; lleva trenzas y está en pie tras sus primas, tías y tíos. Su madre, Hermina, está en el extremo derecha. Ningún miembro de su familia sobrevivió.

Una vecina de Marta Mangel (#1741; Marek), retratada aquí en una fotografía de preguerra, ocultó el candelabro de plata de la madre de Marta en su patio trasero y se lo devolvió a Marta tras la guerra. La familia de Marta sigue utilizándolo en las festividades tradicionales.

Piri Randova-Slonovicova (#1342; Skrhová) nació en Levoča, a ocho kilómetros de donde vivía Ivan Rauchwerger. La deportaron con dieciséis años.

Roza Zimmerspitz (#1487) fue ejecutada con sus tres hermanas en 1943.

A las primas Zimmerspitz las detuvieron cuando intentaban escapar y fueron ejecutadas. De izquierda a derecha, Malvina, Margit, Hector el perro y Frida (#1548, la que era una «bocazas») hacia 1926.

Mujeres de Michalovce

Los niños de la familia Schwartz perdieron a su madre muy jóvenes. Esta foto está tomada en su tumba antes de la guerra. De izquierda a derecha: Magda (Mimi), Celia, Helen, Ignatz, Regina (sentada). Helen e Ignatz no sobrevivieron.

Regina Schwartz (#1064; Pretter) tenía dieciséis años cuando la deportaron.

Alice Iscovic (#1221; Burianov) en el extremo derecha, con su familia. Ningún familiar suyo sobrevivió.

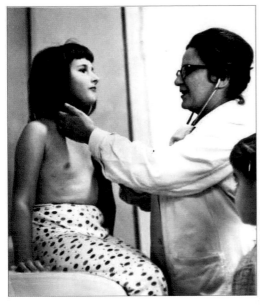

La doctora Manci (Manca) Schwalbova (#2675) hizo lo que pudo por cuidar de las mujeres de Auschwitz. Aquí aparece con una joven paciente (su sobrina Zuzana) en el hospital Pediátrico de Bratislava, Eslovaquia, en los años sesenta.

«El ángel de Auschwitz» Orli Reichert (#502; Wald), arrestada en 1936, cumplió nueve años de presa política. La obligaron a trabajar a las órdenes del doctor Mengele. Se han publicado dos libros sobre ella en Alemania. Sufrió depresión severa después de la guerra e intentó suicidarse en varias ocasiones.

Esta fotografía propagandística muestra a «las prisioneras del *Aufräumungskommando* [comando de orden] descargando y ordenando bienes confiscados de un transporte de judíos rutenocarpáticos en un almacén de Auschwitz-Birkenau». Linda Reich (#1173, en el centro) aparece inclinada. El fotógrafo de las SS insistió en que sonriera para poder enseñar la foto a la Cruz Roja.

Para que pudieran volver a casa a salvo, dos checos de Praga, Frantischek y Bedrich, organizaron grupos para acompañar y proteger a mujeres supervivientes de la violencia sexual en su viaje a casa. Entre las mujeres del grupo están Fanny y Eta Zimmerspitz (#1755 y #1756, extremo derecha, tercera y quinta fila) y su prima Marta Mangel (#1741, extremo derecha, primera fila). En la fotografía, tomada en mayo o junio de 1945, habrá más mujeres del primer transporte.

Bergen-Belsen fue liberado el 15 de abril de 1945, el mismo día en que se tomó esta fotografía.
Bertha Berkowitz (#1048; Lautman) es la joven del centro.

En el centro, con vestido negro y cuello blanco está Ida Eigerman (#1930; Newman) concentrada
haciendo punto en un campo de desplazados en Pocking, Alemania, después de la liberación.
«Mamá siempre estaba haciendo punto», dicen sus hijas.

Marta (apellido desconocido), quizá Sara Bleich (#1966; Glancszpigel), y Elena Zuckermann (#1735; Grunwald) después de la guerra.

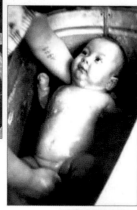

Helena Citron (Tsiporah Tehori) con su primer hijo.

Margie Becker (#1019; Rosenberg) se casó en un campo de desplazados en Braunau («donde Hitler había nacido», dice ella).

Al igual que muchas supervivientes del primer transporte, Bertha Berkowitz (#1048; Lautman) y Elena Zuckermenn (#1735; Grunwald) asistieron juntas al instituto después de la guerra.

Estas supervivientes solían reunirse una vez al mes en Melbourne, Australia. De izquierda a derecha: Magda Blau (#2318; Hellinger), Jozefa Schnabelova, Marta Friedman (#1796; Tuckman); Minka Friedman (#1174; Weiss), Vera Reich (#1967), Miriam Leitner y Magda Reich (las dos últimas eran del segundo transporte).

Ruzena Gräber Knieža (#1649) con su hijo en Praga. Mantuvo la amistad con Edith después de la guerra.

«Estuvimos juntas en Auschwitz. Nosotras seis, en el primer transporte.» Detrás, de izquierda a derecha: Serena (quizá Sternova), Roza (Lievermannova o Amselova), Margaret Friedman (#1019; Kulik). La novia es Lily Friedman. Abajo, Malka Tannenbaumova (Getz), una mujer sin identificar y «la única niña que sobrevivió la guerra en la ciudad». La fotografía es de 1948.

Perel Kaufman (#1461; Fridman) con su primer hijo. Perel emigró a Israel después de la guerra.

Margaret Friedman (#1019; Kulik) con Linda Reich (#1173; Breder) y Mira Gold (#4535) en la cocina de Margaret, en Montreal, años setenta.

Esta foto fue tomada diez días después de la liberación de las hermanas Friedman, que eran del grupo de rehenes liberadas por el conde Folke Bernadotte y que fue a parar a Suecia. Aquí aparecen Lila (primer plano), Ella y Edie Friedman (#3866, #1949 y #1950).

Entre las fotos del álbum familiar de los Friedman estaba esta fotografía del dormitorio sueco donde las chicas estuvieron dos semanas en cuarentena. Joan Rosner (#1188; Weintraub) está en el extremo izquierdo, en pie detrás de una litera.

Edith Friedman (#1970) pasó tres años en un sanatorio suizo intentando recuperarse de la tuberculosis. Cuando una cirugía le hizo imposible flexionar la rodilla, le preocupó que su cojera disgustara a Ladislav. «Me molestaría que te cojeara el alma», le dijo él. Fotografía de la boda de Edith y Ladislav Grosman, 1948.

La familia Friedman en 1963, de izquierda a derecha: Herman, Edith (con la lengua fuera), Margita (la hermana mayor de Edith), Ruthie, Hilda, Ishtak. Los padres, Hanna y Emmanuel, están en el centro.

Edith con sus bisnietos, Elias (de doce años) y Atlas (de dos meses) en 2019.

Edith en la celebración del decimonoveno cumpleaños de sus nietas Hanna y Naomi, junto con su hijo, George Grosman, en 2015.

mirada al frente, conscientes de que, aunque eran superiores a las judías, eran inferiores a ojos de todos los demás: no eran más que criminales, tan prescindibles como sus compañeras judías. Himmler avanzó junto a las filas de prisioneras de Ravensbrück para inspeccionarlas mientras Langefeld le explicaba las categorías de las internas, señalando a las prostitutas, las asesinas y las comunistas. Después se detuvieron en la primera fila de *kapos*, donde estaban las favoritas de Langefeld.

Cuando pasaron ante Teege, Mauer y las otras tres, Langefeld se detuvo y se dirigió a su *Reichsführer*.

—Herr Himmler, quisiera hacerle una petición.

Quizá los demás hombres se sintieran cohibidos por su franqueza. Pero los dos SS tenían la misma edad, y hacía tiempo que Himmler había reconocido las habilidades organizativas de Langefeld.

La oficial señaló a sus cinco asistentes y dijo: «Estas mujeres son las prisioneras con más antigüedad. Han trabajado duro y creo que han servido a esta prisión con honor y dignidad. Confío en ellas y nunca me han dado problemas. Le ruego que dé por terminado su cautiverio».

Luise Mauer no podía creer que Langefeld estuviera cumpliendo su promesa. Llevaba encarcelada desde 1935 y nunca se había imaginado ser libre mientras durara el Tercer Reich. Además, al ser comunista, su país la consideraba una traidora. Himmler volvió su mirada de búho hacia Mauer y le preguntó directamente: «¿Por qué estás en prisión?».

Mauer sacó pecho y habló con claridad y franqueza. «Me detuvieron por primera vez en 1933. Mi marido era miembro del consejo del KPD (*Kommunistische Partei Deutschlands*, el Partido Comunista Alemán) en Hessen. En 1935 volvieron a detenerme y me sentenciaron a cuatro años por traición. Al final de ese periodo, me llevaron a Ravensbrück y luego, esta primavera, a Auschwitz.»

«Eras comunista —dijo Himmler, mostrando su disgusto—. ¿Sigues siéndolo?»

A pesar de las posibles repercusiones de su respuesta, Mauer dijo con valentía: «¡Sí!».

El SS Maximilian Grabner, que estaba cerca, se sorprendió mucho al oírla. Pero Himmler prosiguió con su interrogatorio.

«¿Qué opinas del Estado nacionalsocialista?»

«Desde 1933 he conocido la prisión y el campo de concentración, así que mi opinión del Estado nacionalsocialista es negativa.»

«Te daré la ocasión de que conozcas nuestro nuevo Estado. ¡Eres libre!»

Mauer miró dubitativa a Langefeld y a los demás altos cargos de las SS que la rodeaban.

«Pero ¡Herr Himmler! —soltó Grabner—. ¡Es incorregible y de ideología dudosa!»

Himmler le observó por encima de los anteojos y limpió sus lentes. «A pesar de todo, la voy a liberar. Pero antes de que lo haga, va a trabajar en la casa de las *Waffen-SS*.»

Se volvió hacia Langefeld y le hizo varias preguntas más sobre Mauer. Después se dirigió de nuevo a la prisionera. «La supervisora dice que eres cocinera.» Se trataba de un puesto de prueba. De hecho, cuatro de las cinco *kapos* no obtuvieron la libertad hasta uno o dos años después. La única que fue liberada de inmediato fue Bertel Teege.

Al atravesar la entrada de la verja por debajo del lema *Arbeit Macht Frei*, Teege no pudo evitar caer en que era una de las pocas afortunadas que había logrado la libertad a base de trabajo.

Inspeccionar el campo femenino era primordial en la visita de Himmler, por lo que, cuando pasaron revista, no fue como un día cualquiera. Las *kapos*, que ya habían sido inspeccionadas, se unieron a las mujeres de las SS que gritaban a las presas para que se desnudaran ante el *Reichsführer* y las *Schutzstaffel* (SS). Cualquier titubeo se resolvía con el látigo. Las chicas se quitaron los asquerosos uniformes rusos y obedecieron órdenes: «¡Moveos! ¡Avanzad!». Desfilaron ante Himmler, Höss y los demás inspectores varones.

—¡Alzad el brazo izquierdo! ¡Hacia delante!

Estaban demasiado asustadas para pasar vergüenza. Con la mirada al frente y los dientes apretados, las mujeres alzaron el brazo ante ellas con las palmas hacia Himmler. «Si me hubieran pedido que levantara la mano derecha, me habrían elegido para morir», dice Joan (#1188). Tenía una «llaga grande» en la mano derecha.

Al final, las únicas presas que murieron ese día fueron veinte testigos de Jehová a quienes usaron para una demostración técnica de una paliza. Después de que las mataran a palos, Himmler aprobó aquellos linchamientos en el campo femenino.

Tras la respuesta positiva a su petición de liberar a sus *kapos* favoritas, Langefeld aprovechó la ocasión para pedirle a Himmler que la enviara de vuelta a Ravensbrück, alegando no solo diferencias entre Höss y ella, sino también la falta de respeto hacia ella que exhibían los guardias masculinos de las SS. En sus propios diarios, Höss se quejaba repetidas veces de Langefeld y probablemente hubiera transmitido a Himmler sus diferencias con ella. Himmler rechazó su solicitud y debilitó aún más su posición como supervisora al transmitirle a Höss que las *kapos* deberían poder «desahogar su maldad con las prisioneras».

Muchas de las *kapos* ya estaban presas por asesinato, y Himmler les acababa de dar licencia para matar... judías. Langefeld acababa de perder el poco control que había tenido sobre estas *kapos* malvadas, pero quienes iban a sufrir de verdad iban a ser las judías.

Al final del día, el *SS-Reichsführer* concluyó sus asuntos con Höss en una reunión privada en la que le dijo al comandante que bajo ningún concepto permitiera que pararan las operaciones de la SiPo (Policía de Seguridad), sobre todo por falta de alojamiento. Le ordenó a Höss que terminara la construcción del campo de Birkenau y que matara a todos los prisioneros judíos que no pudieran trabajar. Al final, en reconocimiento de su labor y sus resultados, ascendió a Höss a teniente coronel de las SS.

Las 999 chicas que Bertel Teege vio llegar el 26 de marzo —o las que quedaban de ellas— no tendrían la suerte de salir de Auschwitz. Apenas quedaban prisioneros de guerra rusos vivos, y los bloques de ladrillo estaban casi terminados, por lo que el teniente coronel Rudolph Höss siguió esforzándose para merecer el ascenso. Tres semanas después de la visita de Himmler, Höss determinó que Birkenau estaba listo para recibir prisioneras.

1 de agosto de 1942: al pasar revista por la mañana, el nivel
de ocupación de Auschwitz-Birkenau es de 21 421 prisioneros
varones, incluidos 153 prisioneros de guerra rusos.
La ocupación del campo femenino es desconocida; a falta
de documentos relevantes, no se puede establecer.

DANUTA CZECH, *Auschwitz Chronicle, 1939-1945*

Cuando el sol salió sobre las cabezas rapadas de las mujeres el
8 de agosto, ya hacía calor. Las moscas zumbaban entre los
cuerpos de las prisioneras, que se apretaban entre sí durante el
pase de revista de la mañana. Aquel día no ocurría nada inusual. Cual sonámbulas en uniformes rusos, las jóvenes se separaron para trabajar, como de costumbre, pero al otro lado de la
verja unos soldados se llevaron a una sección entera de presas.
Inquietas, las muchachas que se quedaron realizando las tareas
se volvieron a ver a sus amigas y familiares alejarse por un
camino largo y polvoriento. No sabían si volverían a verlas.

Las que se habían separado de la rutina habitual se habían
puesto de repente en estado de alerta. Caminaban con dificultad por patatales y vías de tren. Avanzaron así durante treinta minutos. Entonces divisaron a lo lejos las sombras de unas
vallas. Su destino quedó claro. Los cuervos graznaban y ale-
teaban sobre ellas.

Hoy en día, el trecho entre Auschwitz y Birkenau tiene un
paso elevado sobre una autopista desde el que se ve una vía de
tren en funcionamiento en forma de curva de horquilla. Forma
parte de la estación de Oświęcim, no lejos de donde se encuen-

tra el Museo Estatal de Auschwitz-Birkenau. Hay autobuses y taxis que llevan a los visitantes para que no tengan que sufrir los cuarenta minutos de marcha. Se tarda casi el mismo tiempo en recorrer el propio campo de Birkenau. Muchos prisioneros tenían que hacer este recorrido dos veces al día, primero de ida y luego de vuelta, después de entre diez y doce horas de trabajo duro. No tenían botellas de agua ni barritas energéticas. Lo único que les alimentaba era un mendrugo de pan, un té infecto y una sopa de carne de caballo y verduras que solían estar podridas.

Desde el paso elevado, es difícil imaginar el vacío del campo en 1942. En la actualidad, los cultivos de patatas y otros alimentos, que probablemente también existieran entonces, siguen rodeando el complejo, pero también se han construido viviendas. La gente que va al trabajo en coche pasa a toda velocidad junto a la amenazadora puerta de la muerte, que parece acechar como una sombra histórica por el paisaje plano y monocromo. En 1942, cuando las chicas recorrían los campos hacia Birkenau, la estructura de ladrillo que se identifica a menudo con Auschwitz-Birkenau todavía no existía. El viento recorrió la estepa cuando entraron por la puerta de la alambrada. Todavía no habían puesto el letrero de *ARBEIT MACHT FREI*. Solo se habían construido unas pocas torres de vigilancia de madera. Este espacio enorme apenas contenía nada, a excepción de quince edificios de ladrillo dispuestos en tres filas y kilómetros de vallas con alambrada. Había varios edificios de oficinas de una sola planta al servicio de las SS y sus funcionarios, pero la mayoría eran de ladrillo y madera, bajos y rectangulares, destinados a alojar presos y algunas dependencias.

Durante los dos años siguientes, Birkenau crecería hasta ser el campo de exterminio más grande de todos los tiempos. Las dimensiones de Birkenau, equivalentes a 319 campos de fútbol, siguen resultando inmensas. A vista de pájaro, Birkenau no parece un campo de exterminio sino más bien un tablero gigante de Monopoly con casas de plástico marrón ordenadas en filas. Andar de un extremo al otro resulta agotador. Sin embargo, Edith y las demás tenían que cruzar su sección del campo varias veces al día: para ir al baño, para buscar comida, después para meterse a escondidas en la futura sala de hospital.

La sección femenina, que Höss había tenido que terminar con prisas a petición de Himmler, estaba a la izquierda de la entrada principal. En la sección a la derecha de la calle principal del campo había barracones de madera pintados de verde que alojarían a los hombres que no cupieran en el campo masculino, que a partir de entonces se llamaría Auschwitz I.

En Auschwitz I, las mujeres que se habían quedado atrás estaban preocupadas por las que acababan de desaparecer. ¿Adónde se las habían llevado? ¿Iban a volver? Una campaña de susurros de las pocas *kapos* compasivas les aseguró que se habían llevado a las prisioneras que faltaban a un campo nuevo. A la mañana siguiente, cuando otro grupo nutrido de trabajadoras tomó la misma dirección, las que se quedaron a trabajar se quedaron más tranquilas, aunque todavía había cierta inquietud. Trasladar el campo de mujeres entero de Auschwitz I a Birkenau duró cuatro días. Linda recuerda que a las que estaban demasiado enfermas para ir andando les ofrecieron ir en la parte trasera de unos camiones. «Esas son las primeras chicas que fueron [oficialmente] gaseadas en agosto de 1942.» Sus muertes no se documentaron.

Durante el traslado, surgió un problema con el sistema de numeración. A las mujeres que llegaban en los transportes eslovacos se las procesaba y registraba directamente en Birkenau. No obstante, todavía se estaba registrando y numerando a mujeres de los transportes de julio en Auschwitz I, y el número de prisioneras se había duplicado por error. Tardaron varios días en volver a una secuencia consecutiva y corregir los números duplicados. No queda claro cómo lo hicieron. Quizá tacharan los números antiguos y tatuaran un número nuevo debajo, pero no hay datos de que tal hecho se llevara a cabo. Lo más seguro es que se sacaran del sistema de prisiones a las portadoras de números repetidos. Es decir, que las mataban.

Birkenau era una auténtica nada. «Estaba vacío —cuenta Linda—. No había carreteras, sino mucho polvo. No había ni una hoja verde… No había nada.» Los prisioneros de guerra rusos que habían estado allí se habían comido la hierba. Poco después de su llegada, las chicas también se la comieron.

El suelo de Birkenau era de arcilla, y el calor del sol lo endurecía hasta que parecía cemento. Cuando llovía, la arcilla se ablandaba y se tragaba los pies de las prisioneras, que acababan con calambres musculares, heridas necrosadas y cosas mucho peores. Con sus zuecos de madera, las holandesas iban en busca de algo de comer cerca de las cocinas, pero el barro era traicionero. Margie Becker cuenta: «Se ahogaban en el barro. Nadie movía un dedo. Se ahogaban en el barro, allí mismo. Eran demasiado delicadas, demasiado hermosas» para sobrevivir a Auschwitz-Birkenau.

El bloque 13 alojó a muchas mujeres de Humenné, incluidas Edith, su hermana Lea, Helena Citron (#1971) e Irena Fein (#1564). Bertha Berkowitz (#1048) fue a parar algo más lejos, en el bloque 27, junto a su mejor amiga del pueblo, Peshy Steiner. Probablemente todavía no conocía a Margie Becker (#1955), de Humenné, ni a Elena Zuckermenn (#1735), de Poprad, pero estaban a punto de convertirse en buenas amigas y compañeras de trabajo.

En el interior de sus nuevos «hogares», Edith encontró suelos de tierra y «tablones con un poco de paja encima. En verano, nos quitábamos parte de la ropa y la usábamos de almohada». ¿Quién hubiera pensado que echarían de menos los incómodos colchones de paja de Auschwitz o las delgadísimas mantas? En Birkenau, Edith y las demás no tenían más que harapos que sin duda habían pertenecido a los soldados rusos fallecidos durante la construcción de aquellas tumbas de ladrillo.

Una pared de obra dividía el bloque por la mitad. Tres hileras de paneles de madera, conocidos con el nombre de *koya*, se encajaban con las paredes de ladrillo a ambos lados de un pasillo para formar secciones del tamaño de un caballo. Los bloques respondían al mismo plano que los establos que antaño habían servido para la caballería polaca y también de celdas para los prisioneros de guerra rusos. En principio, cada establo debía albergar hasta dieciocho caballos. En la entrada había dos estancias más grandes: una para los aperos y otra para el cuidado y limpieza del equipo. Este lugar serviría desde entonces para acoger a seres humanos. Las habitaciones del frente las ocupaban las jefas de bloque, que se encargaban de distribuir la comida y asignar tareas menores, como la limpieza de los bloques. También eran responsables de llevar la cuenta de las chicas que vivían —o morían— en el bloque. Al principio, cada bloque alojaba a quinientas prisioneras, con seis personas por *koya*, pero no tardarían en abarrotarse tanto que acabarían durmiendo de diez en diez, y los bloques llegarían a mil mujeres o más. Dormir junto a las estufas de hierro fundido era esencial en aquellos bloques fríos y húmedos en los que las temperaturas de los meses de invierno solían descender hasta los treinta grados bajo cero.

Por muy malo que hubiera sido Auschwitz I, al menos había tenido un aire más comunitario, casi como un pueblo. Birkenau parecía, y era, una tierra baldía. Lo único que crecía en los alrededores era un bosque de abedules al final de la *Lagerstrasse* que daba nombre al campo (en alemán, abedul es *Birke*). Había otras cosas que echar de menos de Auschwitz I: en los sótanos goteaba agua y en los edificios había varios lavabos y retretes. En este nuevo emplazamiento, las chicas tenían que atravesar el campo para llegar a lo que llamaban el «lavatorio», que estaba hecho de tablones de madera con cincuenta y ocho agujeros colocados sobre una cloaca abierta. «¿Te imaginas a miles de mujeres yendo a la letrina pero solo [disponiendo de] cinco minutos, ni siquiera tiempo suficiente [para llegar]? ¡Todo el mundo quería ir!»

Los lavabos no eran más que un aguadero con noventa grifos, pero el agua estaba contaminada y quienes la usaban para calmar su sed sufrían disentería. Con el tiempo, habría diez barracones con baños y lavabos, pero durante aquellos primeros meses estaban todavía en obras. El problema de la superpoblación de Auschwitz I se había solucionado temporalmente; el problema de higiene, no. Las chicas no tenían permiso para ir a las letrinas por la noche, así que se veían obligadas a utilizar los cuencos rojos. Por la mañana trataban de limpiarlos con tierra antes de que les sirvieran el té. Para llegar a la letrina antes de que se pasara revista había que levantarse de noche para llegar antes que otros miles de personas. «Era horrible, no había instalaciones, ni papel higiénico, no había de nada. A veces arrancábamos trocitos de tela de las camisas. Era irreal.»

Las recién llegadas sufrían los mismos problemas gástricos por culpa de la sopa rancia, pero llevaban vestidos. Puesto que no podían ir al baño fácilmente y no tenían ropa interior, «la diarrea les caía por las piernas». Hacerse las cosas encima era razón suficiente para morir, y no había forma de ocultar estos accidentes. Cuando llegaba un transporte y entraban varios cientos de mujeres nuevas en el campo, había que competir por llegar al baño con varios cientos de muchachas más. Con las prisas, algunas caían por los agujeros de la letrina y se ahogaban en el alcantarillado. De todas las formas de morir en Auschwitz, la que más miedo le daba a Bertha era caer en la letrina.

Para muchas mujeres, Birkenau fue el golpe de gracia. Por malo que hubiera sido Auschwitz, su experiencia había estado cubierta por una delgada capa de esperanza gracias a la fe religiosa. Ahora la fe había desaparecido. En Auschwitz I, las chicas saltaban desde las ventanas del segundo piso para suicidarse. Desprovistas de esta opción, solo había una forma de hacerlo. Edith cuenta: «Muchas se suicidaban en las [vallas] de alta tensión. Por la mañana parecía un árbol de Navidad. Había, ya sabes, personas conocidas que se quedaban quemadas y negras» colgando de las alambradas.

Auschwitz I era el purgatorio, pero Birkenau era el infierno.

21

¿Aprenden los hombres de las mujeres? A menudo.
¿Lo admiten en público? Casi nunca, ni siquiera ahora.

ELENA FERRANTE

*E*n la ciudad de Holíč se encuentra un yacimiento neolítico con menhires; de todos los que se conocen hasta la fecha, es el que se sitúa más al este en Europa. Es una especie de Stonehenge eslovaco. Holíč tenía una pequeña comunidad judía de 360 personas a la que había que «realojar» antes del 15 de agosto de 1942, fecha en la que se celebraba la cosecha en el pueblo. ¿Por qué, si no, iba el presidente Tiso a elegir celebrar tal ocasión en una ciudad de tamaño mediano junto a la frontera, a ochenta kilómetros de Bratislava?

Tiso tenía el cuello como un bulldog, y su papada colgaba sobre el alzacuellos. Cuando hablaba, era feroz y carismático. Los granjeros traían maíz y haces de trigo y los dejaban en el exterior de la iglesia. Las muchachas, vestidas con blusones blancos de encaje y faldas bordadas, con el pelo recogido en trenzas con cintas florales, se alineaban en la calle para recibir a su presidente entonando un «*Heil, Hitler*». Incluso los hombres llevaban trajes tradicionales. Había sido un buen año. Aumentaba la prosperidad, y el presidente Tiso quería asegurarse de que los cristianos del país supieran por qué las cosas iban tan bien. Se subió al podio y miró con amabilidad atenta y paternal a los ciudadanos que tanto lo adoraban.

«La gente pregunta si lo que está ocurriendo hoy en día es cristiano. ¿Es humano? —bramó a los gentiles de Holíč, que acababan de librarse de sus vecinos judíos—. ¿No será más que un saqueo? —Su micrófono chisporroteó—. Pero yo pregunto:

¿acaso no es cristiano que la nación eslovaca quiera derrotar a su eterno enemigo, el judío? ¿Acaso no es cristiano? Amarse a uno mismo es un mandamiento de Dios, y ese amor me ordena eliminar todo lo que me hace daño, todo lo que amenaza mi vida. Y creo que nadie necesita muchos argumentos para entender que el elemento judío eslovaco siempre ha sido una amenaza para nuestra vida; no hace falta que convenza a nadie de este hecho.» Los habitantes de la ciudad vitorearon y agitaron los haces de trigo.

«¿No sería peor que no nos hubiéramos librado de ellos? Y lo hemos hecho según el mandato de Dios. Eslovacos, ¡id y libraos de la peor de las gangrenas! ¿Qué les prometieron los británicos a los judíos antes de la Gran Guerra solo para quedarse con su dinero? Les prometieron un Estado y no obtuvieron nada a cambio. ¡Como veis, Hitler no les ha pedido nada y, a pesar de todo, les está dando un Estado!»

Ese «Estado» eran los campos de muerte de Polonia.

Las noticias falsas no solo estaban creciendo, sino que eran las únicas disponibles. Se extendían a través de *Gardista,* el periódico proselitista de la Guardia Hlinka. Un artículo publicado en noviembre de 1942 se titulaba «*Ako ziju zidia v novom domove na vychode?*», es decir, «¿Cómo se vive en los nuevos hogares de las afueras?». La fotografía del centro muestra a jóvenes judías sonriendo a la cámara con delantales y pañoletas blancos e impolutos. «No parecen muertas de vergüenza», reza el pie de foto. En la siguiente columna, «Un policía judío se deja fotografiar orgulloso». La retórica era tan manipuladora que incluso el más escéptico parecía tragársela, quizá porque no podía soportar que su propia buena fortuna se debiera a las desgracias de sus antiguos amigos y vecinos judíos. Un jubilado gentil estaba tan convencido de las noticias de *Gardista* sobre los realojamientos de judíos que envió una postal al ministro de Interior, Alexander Mach, quejándose de que los ancianos judíos recibían mejor trato que él, un anciano ciudadano eslovaco. Solicitó que se le diera lo mismo que a ellos.

La capacidad que tiene la gente de creer que las políticas gubernamentales contra minorías no son racistas o injustas no es exclusiva de la década de 1940. Los regímenes modernos han sido igualmente culpables de genocidio, pero lo disfrazan de política migratoria, convicciones religiosas, pureza étnica o economía. El denominador común es que la primera víctima siempre es la más vulnerable y menos «valiosa» de ese colectivo en cuestión. Hacia el 15 de agosto de 1945, miles de mujeres y niños habían muerto en las nuevas cámaras de gas. Solo las mujeres más fuertes y más «afortunadas» seguían vivas.

El mismo día en que el presidente Tiso se felicitaba a sí mismo por sus valores cristianos, 2505 hombres, mujeres y niños de Polonia y Holanda llegaron a Auschwitz, pero solo se registraron en el campo 124 hombres y 153 mujeres. A los diez días de que se ocupara el campo femenino de Birkenau, su población se expandió hasta casi dos mil. Un escuadrón de nuevas esclavas estaba listo para sustituir a las «veteranas», las agotadas mujeres que llevaban allí ya casi cinco meses.

La obra *Auschwitz Chronicle* no tiene fechas concretas que confirmen la primera selección de prisioneras registradas que iban a ser gaseadas, pero sabemos por los testimonios de las supervivientes que tuvo lugar poco después de su llegada a Birkenau. También sabemos a partir de los «Libros de muertes» que al menos veintidós mujeres del primer transporte murieron el 15 de agosto. Fue la primera vez que se documentó la muerte de tantas mujeres en un solo día. Lo cual prueba que la primera selección de prisioneras tuvo lugar el 15 de agosto, justo después de que pasaran lista.

Los rumores recorrieron las filas. ¿Por qué no las mandaban a trabajar fuera? ¿Qué estaba pasando? ¿Para qué las seleccionaban? ¿Era bueno o malo? Nadie conocía el significado de la palabra «selección». Las obligaron a permanecer de pie al sol, que les quemaba las cabezas afeitadas y el cuello. Las chicas, incapaces de buscar la sombra durante horas, miraban a su alrededor y cargaban su peso de un pie a otro.

Muchas mujeres que habían estado en el campo desde marzo «no podían tenerse derechas. O tenían marcas. O moretones», recuerda Linda. Y tenían que «desnudarse». Muchas supervivientes —y autoras de memorias, como Rena Kornreich— citan de pasada u obvian este hecho en sus testimonios. La selección se hacía al desnudo. De este modo, las prisioneras no podían ocultar heridas abiertas, llagas, sarpullidos ni sus esqueléticas siluetas. Frida Benovicova había ido al colegio con Edith cuando eran niñas. Ahora tenía dieciocho años, y, junto a su hermana Helen, de veintitrés, llegaron a la primera fila. Rena Kornreich (#1716) estaba a pocas filas de ellas y vio que un oficial de las SS le decía a una de las hermanas que fuera a la derecha. A la otra la mandaron a la izquierda.

«¡Por favor, no me separe de mi hermana!» Una de ellas cayó de rodillas y pidió clemencia. Nadie sabía exactamente qué significaban las direcciones. Daba lo mismo, las hermanas querían seguir juntas. El oficial miró a la joven suplicante e hizo un gesto con la mano. La chica corrió junto a su hermana y la abrazó con fuerza.

Desnudas, las dos avanzaron de la mano hasta camiones en cuya caja las estaban metiendo de cualquier manera. Rena no tenía ni idea de quiénes eran aquellas mujeres, pero las recordaba de cuando llegaron en el primer transporte, y debían de tener los números 1000 y 1001. No sabía adónde las mandaban, pero «no podía ser bueno».

«Tardé setenta y cinco años en encontrar a su familia y averiguar sus nombres.»

22

Me oyes hablar, pero ¿me oyes sentir?

GERTRUD KOLMAR, *La mujer poeta*

*L*legar a Birkenau cimentó todos los primeros miedos de las chicas. Las cosas no iban a mejorar. La única forma de salvarse a sí mismas y a las demás era conseguir trabajo decente. Por supuesto, el «trabajo decente» también podía ser peligroso y desagradable.

Margie Becker había oído que se buscaban voluntarias para cargar con cadáveres como parte de una tarea llamada *Leichenkommando*, y pidió consejo a su amiga, Hinda Kahan, de diecisiete años, hija de uno de los rabinos jasídicos de Humenné. Cuando Margie le preguntó a Hinda si debería aceptar el trabajo de ocuparse de los cadáveres, Hinda la miró incrédula. «¿Qué te pasa? Haz como si fueran ladrillos. ¿A ti qué más te da?»

Cuando Margie se disponía a presentarse voluntaria, a Hinda se le ocurrió un plan mejor. Edita Engleman, del primer transporte, y también de Humenné, trabajaba con la doctora Manci Schwalbova en el hospital y había oído que la administración iba a añadir trabajadoras a la tarea de costura. Conocía a la familia de Hinda de su vecindario y quería ayudarla a conseguir un trabajo decente. Trabajar de costurera era salvar la vida. Y, lo mejor de todo, significaba trabajar dentro y no tener que volver a pasar por las selecciones.

—Hoy quédate dentro. Yo voy a intentar que te metan en la tarea de costura —le dijo Engleman a Hinda.

Cuando una tiene suerte, la comparte con sus amigas. Por eso, Hinda le dijo a Margie: «¿Por qué no te quedas dentro conmigo? Podemos escondernos en el bloque y meternos en la tarea de costura juntas».

Margie se lo contó a otra amiga suya.

Era un poco como faltar a clase, aunque con consecuencias mucho peores si te pillaban. Pero la oportunidad de trabajar de costureras valía la pena.

Se ocultaron en el bloque. Después de pasar lista, las *kapos* entraron a buscarlas. Encontraron a Margie y a su amiga, pero no a Hinda. Obligaron a las dos a unirse a la última tarea, supervisada por una de las peores *kapos* «asesinas», una que pegaba y mataba a las jóvenes por diversión. Era la «peor tarea». Como habían sido las últimas en presentarse al trabajo, acabaron en la última fila, y los guardias de las SS dejaban que sus perros les mordieran los talones y los abrigos y les daban latigazos por haberse escondido. Durante el turno de doce horas, las chicas recibieron golpes y amenazas sin parar. «Nos pasamos el día llorando», cuenta Margie.

Después de que pasaran revista por la tarde, Margie y su amiga volvieron al bloque y descubrieron que había habido una selección. Cualquiera que se hubiera quedado «en casa» en vez de trabajar había ido a parar a la cámara de gas. Hinda Kahan había desaparecido.

«Edita Engelman intentó hacerle un favor por el rabino [el padre de Hilda], y porque la conocía de su ciudad natal. Quería ayudarla, pero pasó eso.»

Ahora Hinda estaba muerta.

«Había sido *bashert*», cuenta Margie. Tenía que ser.

¿Algo de lo que ocurrió en Auschwitz pudo ser fruto del destino? Margie tenía que creerlo; ¿cómo iba a sobrevivir si no? La fe tiene un papel importante en la narrativa de supervivencia de Margie: tenía que sobrevivir para poder contar la historia de Hinda Kahan. Fue una lección tremendamente difícil.

Al día siguiente, Margie se pellizcó las mejillas para tener un aspecto lozano al prestarse voluntaria al «privilegio de cargar con cadáveres». Entre las voluntarias estaba otra amiga de Margie que se había puesto un pañuelo en la cabeza para tener mejor aspecto, «pero tenía los ojos hinchados, por lo que ya era una "candidata", y no lo consiguió». Las supervivientes usan palabras como «candidata» (al gas) y «no lo consiguió» una y otra vez, como si estuvieran en una carrera en pos de la meta. De hecho, no se aleja mucho de la realidad: la competición por sobrevivir solo la ganaban las más fuertes y las más afortunadas. Llegar a la meta era la vida.

Una de las voluntarias al «trabajo decente» del *Leichenkommando* fue Bertha Berkowitz (#1048). Incluso siendo libre, Bertha siempre había tenido frío. No lograría sobrevivir el invierno si no conseguía trabajo en un interior la mayor parte del tiempo. Con tan solo dieciséis años, era lo bastante madura e inteligente como para planear su supervivencia. Sopesó las ventajas e inconvenientes de trabajar en el *Leichenkommando*. ¿Sería lo bastante fuerte como para levantar cadáveres? ¿Podría soportar manipular los cadáveres de chicas a las que había conocido en vida? ¿Valía la pena hacer una tarea así para conseguir un trozo más de pan? ¿Era lo bastante fuerte emocional y psicológicamente para un trabajo como ese?

Los elementos clave para su decisión fueron ver la primera selección masiva de prisioneros y saber que los miembros del *Leichenkommando* estaban exentos de tal proceso. Aquella tarea podría ayudarla a sobrevivir. Pero «era horrible». Además de Bertha, otras voluntarias fueron Margie Becker (#1955), Elena Zuckermenn (#1735) y, quizá, la amiga de la infancia de Bertha, Peshy Steiner.

El *Leichenkommando* era el peor «trabajo decente» de las tareas que requerían esfuerzo manual. De haber podido acceder a las tareas de lavandería, de costura, de correspondencia o de labranza, lo habrían intentado. Cuidar de animales de granja habría sido más fácil para su mente y su cuerpo, pero las pruebas para acceder a la tarea agrícola eran brutales y potencialmente mortales.

De rasgos delicados y una complexión tan suave como las flores por las que le pusieron su nombre, Rose (#1371) era rubia y, cuando todavía tenía su cabello, lo había llevado en largas trenzas. No parecía fuerte, pero se había criado en una granja y sabía trabajar. Desde su llegada, se había dedicado sobre todo a la construcción de la granja en Harmęże, a pocos kilómetros de los dos campos. Aquella tarea era de lo más brutal; la supervisaba un miembro de las SS que se ponía un traje blanco en vez de su uniforme habitual. Todas le tenían mucho miedo, pues lo que más le entretenía era tirar objetos fuera del límite del campo y ordenar a alguna que fuera a buscarlo. No había forma de salvarse: si la chica no cumplía la orden, recibía un disparo por desobediencia; si hacía lo que le mandaba y salía del campo, recibía un disparo por intentar escapar. No era el único SS que disfrutaba de aquello: Juana Bormann, «la mujer del perro», se deleitaba haciendo lo mismo, pero en vez de la pistola, utilizaba a su pastor alemán para matar a las jóvenes.

Cuando los graneros de Harmęże estuvieron terminados, las SS idearon un examen físico para separar a las trabajadoras más aptas para la granja. Rose cuenta que la obligaron a pasar un día de pie fuera sin moverse. Era una jornada especialmente fría. Les iban añadiendo nuevas pruebas físicas de forma periódica. En una ocasión, las obligaron a extender los brazos hacia delante durante un tiempo indeterminado. Si les temblaban los brazos o los bajaban, se las llevaban y las gaseaban. Al final del día, tenían que saltar una zanja. Las que completaban todas las tareas obtenían una recompensa: las trasladaban al barracón recién construido y les asignaban las tareas agrícolas. Rose se hizo responsable de la cría de conejos y faisanes. Sabía que era afortunada por estar allí; incluso trabajó a las órdenes de una *kapo* que era amable. Pero lo mejor de trabajar en Harmęże era que vivía en un barracón más pequeño y más cálido y además en el mismo lugar del trabajo. También recibían mejor comida. Rose describe una *nässelsoppa*, una sopa de ortigas muy nutritiva.

A las operarias sin especialización y a las mujeres sin habilidades particulares, el trabajo que les salvaba la vida era la tarea de clasificación. Las prisioneras llamaban a esta tarea pañuelos rojos o blancos. Según llegaban transportes de toda Europa, más objetos había que clasificar, y cada vez hacían falta más trabajadoras. Había que conseguir un trabajo allí. El «uniforme» que usaban eran pañuelos en la cabeza, tanto rojos como blancos. Solo se podían conseguir robándolos o intercambiándolos por el pan.

Los mejores trabajos del campo requerían habilidades más cualificadas que las «operarias». Las «funcionarias» sabían mecanografía, taquigrafía, eran multilingües o tenían buena letra. Las chicas de granja y la mayoría de las adolescentes carecían de estas habilidades. Muchas de las judías eslovacas más experimentadas tenían destreza para los puestos del equipo de secretariado y, puesto que llevaban más tiempo en el campo, habían conseguido pronto muchos de estos puestos. Ser mayor y haber acabado la enseñanza secundaria tenía sus ventajas, pero a las adolescentes, como Edith, Adela, Magda Amster, Nusi y Magduska Hartmann, les habían robado esa oportunidad. Si no conseguían entrar en costura, agricultura o en clasificación, su única opción era el trabajo duro.

Sabemos muy poco de Lenka Hertzka, la prima de Magduska y Nusi Hartmann, y de su experiencia trabajando para uno de los altos cargos de la Gestapo. No obstante, gracias a su posición, Lenka escribió postales y cartas con regularidad a sus familiares y amigos. También recibía correspondencia. Sus postales, cartas y algún que otro telegrama muestran datos mundanos y peticiones de comida entre mensajes codificados sobre sus allegados.

Las postales de Lenka no eran las cartas al dictado llenas de mentiras que las otras prisioneras tuvieron que escribir. A veces sus cartas ni siquiera estaban censuradas. Las respuestas de sus familias revelan desconcierto sobre su situación y contienen preguntas constantes que ella no podía responder.

La correspondencia de los Hetzka y los Hartmann continuó durante los siguientes dos años. Una de las primeras personas en escribir a Lenka fue Milan, su sobrino de ocho años:

Milan Klein-aib
Prešov Slovensko
Levočska u 31.

Liebe Lenke!

Da schon Alle Dir geschrieben haben,
versuche ich mein Glück! Wir sind ge-
sund, wenn nur unsere Tete bei
uns wären. Immerleben und sprechen
wir von Dir und Magdus. Käthe
hat mir gratuliert in Vervcken. Ich
habe ihr Taschentücher geschickt. Wie
gerne möchten wir Dir etwas senden.
Schreibet mit Magdus küssen wir
Dich Alle.
                    Dein Milanko

Donación de Eugene Hartmann en recuerdo de Lenka Hertzka.
Museo de la Herencia Judía de Nueva York.

Querida Lenke:

Como todos los demás ya te han escrito, yo voy a probar suerte. Estamos sanos. Ojalá nuestra tía [la propia Lenka] estuviera aquí con nosotros. Siempre hablamos de ti y de Magduska.

Nos encantaría enviarte algo. Que Magduska escriba contigo. Te mandamos besos,

TU MILANKO

Las funcionarias de secretaría —como Lenka Hertzka, la prima de las Hartmann— vivían fuera de las vallas de espino de Auschwitz I y Birkenau, en el sótano del *Stabsgebäude*, el cuartel de los empleados de las SS. Allí había literas de verdad, mantas e incluso una ducha. Puesto que las secretarias vivían y trabajaban cerca de las SS, tenían que estar limpias y bien vestidas, además de resultar atractivas. Por tanto, podían dejarse el pelo largo. «Algunas incluso llevaban medias.» Aunque el trabajo que realizaban era más fácil físicamente, les daban más pan. Algunas llegaron incluso a estar rellenitas.

Para quienes tenían las tareas más duras, era difícil ver a algunas chicas con las que habían llegado en marzo pavoneándose por el campo con aires de superioridad, con el pelo bien peinado y la ropa de civil que había pertenecido a otras judías. «Veíamos que había gente a quien le iba mejor que a nosotras —dice Edith—. Había gente que reparaba zapatos o ropa, o que pasaba el día en una oficina.» Eran las afortunadas, si es que se puede decir tal cosa de las prisioneras de Auschwitz.

Algunas funcionarias también trabajaban dentro de las alambradas: jefas de bloque, de habitación, escribientes. Cuando «salíamos a trabajar duro, teníamos que cantar. Íbamos a trabajar aunque tuviéramos fiebre, pero ellas se quedaban en los barracones —dice Edith—. Todas las jefas de bloque sobrevivieron. Todas».

Entre la difícil posición de complacer a los miembros de las SS, a las *kapos* y a sus iguales, las jefas de bloque se vieron obligadas a disciplinar a las mujeres de sus propios bloques, muchas de las cuales habían sido amigas desde la infancia. Edith recibió «varios azotes» de su jefa de bloque, que había estado con ella en el primer transporte. La jefa de bloque y su hermana tenían muy mala fama, pero setenta y cinco años después, Edith sigue sin saber si debería revelar sus apellidos, pues no quiere avergonzar a los hijos de esas mujeres ni a los supervivientes de sus familias. El hecho es que «si sobrevivías desde el primer transporte era porque hacías algo especial, y no siempre era algo bueno».

Entre las funcionarias, «lo más importante era obtener una posición que las hiciera destacar de las demás y les consiguiera privilegios. Querían un trabajo que las protegiera hasta cierto punto de los peligros accidentales y mortales y que mejorara las condiciones físicas en las que vivían», escribió Höss en su diario. Auschwitz ya era un lugar despiadado, y entre las funcionarias las cosas podían ser igual de crueles. Se denunciaba hasta el más mínimo error, lo cual conllevaba el regreso inmediato a Birkenau de la persona acusada, o algo peor. Según Höss, las mujeres «hacían cualquier cosa, por desesperado que pareciera, por lograr que algún puesto seguro se quedara vacante y para conseguirlo ellas mismas. La victoria solían alcanzarla los hombres o las mujeres menos escrupulosos. "La necesidad es la madre de la inventiva", y aquí era una cuestión de supervivencia pura y dura».

Conseguir un puesto de funcionaria quizá te salvara la vida, pero te dejaba impotente para salvar a otros, sobre todo a los seres queridos. Eso generaba emociones complicadas en las personas que llegaban a esas posiciones seguras. Y no todo el mundo quería aquellos puestos destacados. Rena (#1716) rechazó la oportunidad de ser jefa de habitación porque no podía hacer frente a la ambigüedad moral de ocupar una posición de poder. «No le puedo quitar el pan a quienes tienen tanta hambre como yo. No puedo pegar a quienes sufren como yo.» Daba igual el puesto que tuvieras en Auschwitz, ya fueras operaria general, jefa de bloque o secretaria de las SS, «hacía falta "una armadura de fuerza e indiferencia" para sobrevivir».

«A menudo, las personas que habían alcanzado una posición segura de repente se desestabilizaban y se desvanecían poco a poco al enterarse de la muerte de sus allegados más cercanos. Ocurría sin causa física, sin enfermedad ni malas condiciones de vida.» Höss identificó esta reacción específicamente como una debilidad judía: «Los judíos siempre muestran lazos familiares muy fuertes. La muerte de un familiar cercano les hace sentir que su vida no vale ser vivida, y por tanto, no vale la pena luchar». Lo sorprendente es que no hubiera más funcionarios que se rindieran.

Conseguir un puesto de funcionariado facilitaba a unas ayudar a otras, pero también les granjeaba las antipatías de muchas prisioneras. ¿Podían culparlas? Recibían más comida, trabajaban menos horas y no tenían que pasar por las selecciones. También se enfrentaban a un problema moral: trabajaban para el mismo sistema que estaba liquidando a sus familias, su cultura y sus comunidades. Aunque muchas funcionarias utilizaron su puesto para ayudar como fuera, la triste realidad era que muchas no actuaron de un modo ético ni moral. La población general las ridiculizaba y despreciaba, y con razón. La supervivencia y la ética estaban a menudo reñidas en Auschwitz.

La doctora Manci Schwalbova escribe de las chicas del primer transporte que obtuvieron puestos de alto funcionariado: «A menudo eran jóvenes cuyas familias enteras habían sido asesinadas. Algunas de ellas se comportaban de un modo temerario, pues estaban obsesionadas por las experiencias de los periodos más difíciles en el campo. De hecho, algunas llegaban a disfrutar del ejercicio del poder que se les había [dado]. Por suerte, no eran muchas. —Inmediatamente después, añade—: En todos los departamentos había mujeres que no dudarían en arriesgar su vida para salvar la de las demás».

La doctora Manci Schwalbova era una de las que se arriesgaba. Era fundamental que las médicas judías tuvieran acceso a los medicamentos y a más cantidad de comida; de lo contrario, no podrían ayudar a las prisioneras a sobrevivir. La malaria se había extendido sin control durante los meses de verano, y hacía falta quinina. El tifus requería descanso e hidratación; de todo lo que podían robar las presas, el agua con limón era lo mejor. Se creó una red secreta de la que participaban muchas funcionarias dispuestas a arriesgar su vida por abastecer de comida y medicamentos al hospital. Para esto, la tarea más importante era la de la «sala de los paquetes, adonde llegaban productos dirigidos a mujeres que ya estaban muertas». Desde allí, las trabajadoras robaban comida que «nadie reclamaba», así como medicamentos para ayudar a las enfermas a recuperarse.

Las jefas también podían robar medicamentos para las chicas de sus bloques. Por supuesto, había que pagarlos, por lo que muchas pasaban hambre para conseguir algo tan básico como un ungüento para evitar que un corte se infectara. Ya nada era gratis.

Las que más sufrieron fueron las prisioneras que no ascendieron a puestos mejores y siguieron realizando los trabajos más duros fuera, como demoler edificios, construir carreteras, extraer arcilla para hacer ladrillos y hacer ladrillos. Lea y Edith seguían metiéndose hasta las rodillas en el agua para limpiar el pantano y drenar zanjas. Esa era una de las peores tareas. Cuando llegó el otoño y empezó a hacer más frío, Edith comenzó a sentir un dolor persistente en la rodilla.

Birkenau fue el verdadero principio del campo de la muerte.

EDITH GROSMAN

El 2 de septiembre, el doctor Johann Paul Kremer —un hombre de lo menos atractivo, un monstruo con la mirada enloquecida— llegó para sustituir a uno de los médicos del campo que había enfermado de tifus. Durante su primer día de orientación, ese genetista y profesor de anatomía de la Universidad de Münster observó la desinfección de prisioneros, el despioje de un bloque entero usando gas Zyklon B y el asesinato de prisioneros enfermos mediante inyecciones de fenol. Además, vio cómo gaseaban a 545 franceses y 455 mujeres de todas las edades. Kremer era meticuloso en su diario, y esa misma noche escribió en una página impoluta: «Presente por primera vez en una operación especial, a las tres de la madrugada. En comparación con esto, el *Infierno* de Dante parece una comedia. ¡No es casualidad que llamen a Auschwitz campo de exterminio!». Parecía no molestarle lo más mínimo.

Varios días después, a mediodía, el doctor Kremer acompañó al sargento mayor y doctor de tropas Thilo al bloque 25, donde vieron a mujeres esqueléticas «sentadas en el suelo» en el patio exterior. De sus cuerpos colgaban los andrajosos uniformes de los soldados rusos. Horrorizado por los fantasmas vivientes de miradas vacías, el doctor Thilo se volvió a su colega y le dijo: «Aquí estamos en el *anus mundi* [el culo del mundo]». Se refería a las mujeres.

Los «cadáveres vivientes» del patio del bloque 25 recibían el apodo de *Musselmänner* (término racista que significa musulmanes). Eso significaba que eran los prisioneros sin esperanza. Aquellos hombres y mujeres enfermos y famélicos daban más miedo que pena. Nadie quería acercarse a ellos, pues eran un recordatorio físico para todos los presos de aquello en lo que podían acabar convertidos: en zombis modernos, en gólems, en humanos que se vuelven inhumanos. Envalentonados por su poder de deshumanizar y destruir, los SS decían que eran «visiones horribles» y «el espanto más espantoso». Los prisioneros, igual de aterrados ante aquellos frágiles esqueletos, intentaban ser más amables, diciendo que las mujeres «no estaban del todo vivas, pero no estaban del todo muertas». Entre los prisioneros existía un miedo profundo a acabar teniendo un físico tan frágil y una mente tan anulada, a acabar siendo uno de aquellos a los que «les habían absorbido por completo el aliento que Dios había insuflado en sus almas». Temían que fuera contagioso. De hecho, la enfermedad era en gran medida responsable del deterioro de aquellos prisioneros.

El doctor Kremer fue testigo del modo en que obligaban a estas no muertas a subirse a los remolques de varios camiones para salir de la sección femenina rumbo a la cámara de gas. Allí ni siquiera les ofrecieron la dignidad de entrar en el vestuario, donde los judíos se desnudaban antes de entrar en «las duchas». En vez de eso, las obligaron a quitarse la ropa fuera para poder quemar sus uniformes y no tener que desinfectarlos. Desnudas a la intemperie, recuperaron algo de energía y suplicaron por su vida.

—Tengan piedad —les gritaban a los hombres de las SS.

«Las metieron a todas en las cámaras de gas y las gasearon.»

«Las chicas morían a diario, a decenas, a cientos —dice Edith. Incluso si una no podía andar, tenía que salir al pase de revista para que la contaran antes de que la enviaran al gas—. A una muchacha de Humenné que yo conocía la sacaron en carretilla, la misma carretilla que se utilizaba para llevar ladrillos a las obras.» No recuerda su nombre.

Las jefas de bloque y de habitación daban palizas a las que no tenían fuerzas para presentarse a la revista. A una muchacha le habían pegado por no levantarse a trabajar y la dejaron sentada apoyada contra la pared de su *koya*. La contaron sin darse cuenta de que había muerto. Margie Becker cuenta: «Se quedó sentada con los ojos abiertos» varios días. Nadie se dio cuenta.

El violento viento de otoño azotó la adusta estepa y se metió en los barracones de Birkenau, que estaban peor aislados que los de Auschwitz. Entraba por las grietas de las paredes y se clavaba en el cuerpo de las chicas mal vestidas. Sin un cortavientos adecuado, el ruido del aire las atormentaba mientras dormían exhaustas. Unas mantas finísimas —una para cada tres— a duras penas cubrían sus frágiles cuerpos. Se acurrucaban unas a otras para darse calor, y bastaba que una tosiera en la manta para que se transmitieran las bacterias. Los piojos iban de una chica dormida a otra, propagando una enfermedad que no tenía prejuicios, pues mataba tanto a miembros de las SS como a prisioneros.

El tifus es una enfermedad que se extiende en épocas de guerra, hambrunas o desastres, y Auschwitz era el espacio perfecto para que se produjera una epidemia: estaba superpoblado, carecía de higiene y estaba lleno de piojos. «La lucha contra las epidemias era básica, y se convirtieron en un enemigo mortal», recuerda la *kapo* Luise Mauer. Puesto que no había forma de ducharse, de bañarse o de lavar los uniformes sucios, los prisioneros estaban a su merced. A pesar de que las desparasitaran una vez al mes, el tifus se propagó sin límites, pasando de rata a prisionero, de prisionero a prisionero y de prisionero a captor. «En Auschwitz hay calles enteras azotadas por el tifus —escribió el doctor Kremer en su diario—. El teniente Schwartz lo ha contraído.»

«El campo femenino fue el que más sufrió. Las pobres desgraciadas estaban cubiertas de piojos y pulgas», escribieron Rudolf Vrba y Alfréd Israel Wetzler en *El informe Auschwitz*, un año y medio más tarde. El campo tenía instalaciones sanitarias insuficientes para el número de mujeres que las utilizaban. La única fuente de agua potable estaba en «un lavatorio pequeño al que las prisioneras comunes no tenían acceso».

Las enfermas y moribundas eran tan numerosas que las abandonaban fuera, detrás de los bloques del hospital. Las pobres desafortunadas se quedaban ahí tendidas hasta que las recogían como si fueran madera para avivar el crematorio. Un día, poco después de llegar a Birkenau, Margie Becker oyó que alguien decía su nombre entre las moribundas que estaban en el suelo soportando el calor del sol.

«Agua, por favor...»

En la foto de la clase de 1938-1939 que se habían hecho en Humenné, Zena Haber aparecía en el centro de la última fila porque era la más alta. Sale encorvada, como si se sintiera incómoda por su altura y su cuerpo. No debía de ser costumbre sonreír en las fotos de aquella época, puesto que casi nadie lo hacía. Las chicas aparecen con las manos entrelazadas en el regazo o a la espalda. Solo Edith, en la última fila junto a Zena, tiene los brazos abiertos. Sus manos tocan a la niña que está sentada delante de ella, una amiga de cuyo nombre ya no se acuerda. Zena tiene el pelo claro y rizado, recogido hacia atrás. Tiene la barbilla hacia abajo y parece mirar a la cámara. Su boca está torcida ligeramente, lo que hace imaginar una sonrisa incipiente si la cámara hubiera hecho clic un segundo más tarde.

«Era una chica alta y guapa», dice Margie. Ahora, aquella amiga de la infancia, también adolescente, se estaba muriendo.

Era un día caluroso. El sol golpeaba con fuerza sus cuerpos. Zena Haber tenía úlceras por el cuerpo y un afta en los labios. No había agua. No había piedad. Solo había una hermosa joven muriéndose de sed y de enfermedad, abandonada por el mundo. Margie se sintió desolada y culpable: no tenía nada que darle a su amiga, no tenía forma de ayudar. Y le daba miedo tocarla. ¿Y si Zena le contagiaba su enfermedad? Dividida entre el impulso de supervivencia y el deseo de ayudar a su amiga, Margie pidió disculpas a Zena y se alejó apresuradamente.

El tifus aparecía sin avisar, a menudo cuando las prisioneras estaban trabajando. A Joan Rosner le dolían tanto las articulaciones que tuvo que dejar de cavar para recuperar el aliento. Se apoyó en la pala y sintió el dolor que recorría sus miembros.

«¡Ponte derecha!», le susurró una de sus amigas.

Joan (#1188) intentó enderezarse, pero estaba demasiado débil.

«¡Ataca!», ordenó la mujer de las SS. Oyeron el ruido de las patas sobre el suelo. Joan sintió el aliento caliente y apestoso del perro cuando le mordió el brazo, que ella había levantado movida por el instinto de protegerse la garganta. Los dientes del animal se le clavaron en el bíceps. Por alguna razón desconocida, la mujer de las SS llamó al perro y no la mató. A Joan le sangraban el cuello y el brazo, pero volvió a trabajar como enloquecida. Con la cabeza baja. Cavar. Cavar. Sin parar. A pesar del dolor. La sangre se le agolpaba en las sienes. Febril. Cavar. Al final del día, Joan cruzó la valla sin que la separaran y se desplomó en su *koya*. Durmió y no comió pan. En mitad de la noche, se incorporó en la litera.

«Me voy a casa.» Bajó al suelo.

«¡Joan! ¿Adónde vas?», exclamó una de sus amigas.

«Mi madre me espera en el carruaje», contestó como si nada, y salió del bloque.

Salir después del toque de queda era peligroso, pero su compañera despertó a otras chicas y juntas corrieron tras Joan, que avanzaba decidida hacia la valla electrificada que había confundido con el carro de su madre.

La sujetaron y forcejearon con ella para que no llegara a la alambrada. Ella trató de resistirse, febril y delirante.

«¿Dónde está mi madre —preguntó—. ¿Qué hacéis aquí? —Miró el campo a su alrededor. Las torres de vigilancia. Los focos reflectores—. ¿Dónde estoy?»

Protegidas por la noche, se llevaron a Joan al hospital de campo. Necesitaba pomadas y medicamentos para las mordeduras de perro y compresas para bajar la fiebre que atormentaba su mente. Las selecciones todavía eran algo relativamente nuevo, por lo que las jóvenes no debían de saber que Joan corría el riesgo de morir si estaba convaleciente. Solo sabían que la matarían si iba a trabajar a la mañana siguiente.

Entonces apareció la doctora Manci Schwalbova. Manci tenía debilidad por las presas eslovacas e hizo lo posible por ayudarlas. Pero por entonces el único medicamento para las prisioneras judías era el carbón medicinal. «Nos daban carbón para todo», cuenta Joan. Tuvo suerte de recibirlo: en octubre, a los judíos dejaron de dispensarles atención médica.

El hospital no tendría mucho que ofrecer en materia de medicamentos, pero al menos Joan pudo descansar en una cama de verdad e hidratarse. Su fiebre remitió y las heridas de las mordeduras del perro se cerraron. No obstante, la vida no era nada seguro en Auschwitz. Cuando empezaba a recuperarse, uno de los médicos entró en el pabellón y se llevó a diez chicas a su oficina, donde empezaría a realizar experimentos. Joan fue una de las seleccionadas. Por suerte, cuando llegó a la oficina, se había producido un apagón. El médico despidió a las jóvenes y les dijo: «Volved mañana».

Joan no estaba tan enferma. Sabía que su vida dependía de no volver al hospital, así que regresó a su bloque para desaparecer en el anonimato de los miles de mujeres de su alrededor. El descanso la había ayudado a recuperarse, pero durante semanas, las amigas de Joan tuvieron que apoyarla al pasar frente a los SS, que planeaban como buitres junto a la entrada de la verja, impacientes por llevarse prisioneras enfermas a la cámara de gas. Joan tenía a cinco amigas en las que podía confiar. Siempre estaban juntas, siempre se ayudaban. Pero no da sus nombres en su testimonio.

«Tener a alguien que se preocupara por ti era muy importante —dice Martha Mangel (#1741)—. Todo el mundo se preocupaba por alguien.» En el caso de Martha, ese alguien era la mayor de sus primas, Frances Mangel-Tack, que había llegado en el cuarto transporte y no había tardado en ascender al puesto de jefa de bloque, como su otra prima, Frida Zimmerspitz. Las dos jefas de bloque eran atractivas, inteligentes y astutas. Eta Zimmerspitz (#1756) cuenta que, poco después de su llegada al campo, Frida se quejó a uno de los hombres de las SS de que las *kapos* les habían robado la comida, y el hombre le dio a escondidas un poco de jamón. «Lloramos —recuerda Eta—, pero nos lo comimos.»

Frida se hizo jefa del bloque 18 y dio a sus tres hermanas los cargos de jefas de cuarto y escribiente de bloque. Su prima Frances no se quedó en el puesto mucho tiempo. En vez de eso, llegó a ser una de las pocas *kapos* judías de Auschwitz, un cargo que la haría muy impopular entre las prisioneras.

Rosh Hashaná, el año nuevo judío, y los Días Temibles llegaron con los primeros rubores del otoño. Las doradas hojas de los abedules cayeron al suelo y cubrieron de amarillo las enormes fosas comunes. El murmullo de los estorninos descendió sobre un mar de humanidad sufriente. La llegada de nuevas prisioneras permitió que las chicas supieran cuándo empezaba Yom Kipur. Cuando el sol se puso tras las torres de vigilancia, muchas chicas ayunaron a pesar de su insistente hambre.

«¿De qué ayunaba? —pregunta Bertha Berkowitz (#1048)—. Ayunábamos todo el año, pero aun así ayuné.»

El ayuno renovó su fe y su ética, les dio valor para resistir la tentación de la desesperanza. A pesar de las injusticias diarias que sufrían, lo que las SS no podían quitarles era la fe.

No era infrecuente que las SS utilizaran las festividades judías como oportunidad para castigar a los judíos y estropear sus tradiciones sagradas. Pocas semanas después de Yom Kipur llegó la fiesta judía de la cosecha. Sucot, fiesta que celebra con alegría la cosecha y la abundancia, les pareció el momento perfecto para cosechar judíos. Empezó el 1 de octubre, y durante los tres días siguientes nadie trabajó en el campo femenino. En vez de eso, obligaron a las chicas a estar de pie y a formar durante todo el día, desnudas, a la espera de desfilar frente al comité de selección, que decidiría quién vivía y quién moría, unas a la derecha y otras a la izquierda. Al acabar Sucot, 5812 mujeres murieron gaseadas. El pabellón hospitalario estaba vacío.

24

Los lazos entre aquellas mujeres eran irrompibles.
Eran extraordinarias. Se salvaron unas a otras.

ORNA TUCKMAN, hija de Marta F. Gregor (#1796)

*F*ormar parte del *Leichenkommando* iba a ser una tarea dura emocional y físicamente. Las amigas de Bertha le preguntaban: «¿Por qué quieres hacer algo así?».

«Me da miedo el invierno», explicaba Bertha.

Y tenía razones para tenerle miedo. Al menos en el *Leichenkommando* no tendría que trabajar fuera de la mañana a la noche. Recibía una ración doble de comida y tenía permiso para no pasar horas de pie al principio y al final del día mientras pasaban revista. Al alojarse en el bloque 27, que estaba cerca del pabellón médico, se hizo amiga de la doctora Manci Schwalbova y de otras doctoras judías. Todas les prestaban atención especial a las chicas del *Leichenkommando* porque era un trabajo muy arriesgado. Por suerte, uno de los médicos de las SS estaba enamorado de una de las doctoras judías, y ella consiguió que les diera guantes para usar cuando las jóvenes cargaban con los cadáveres. También le convenció de que las muchachas necesitaban lavarse las manos con jabón, así que les dieron permiso para ir al servicio a lavarse con agua potable. Después de trabajar con cadáveres contaminados todo el día, aquello era fundamental para mantener la salud.

Pero aquellas medidas higiénicas no son lo que más recuerda Bertha. Después de cargar con muertos todo el día, con la sensación grasienta del residuo que provenía del humo, de la ceniza que desprendían las chimeneas y del polvo que levantaban los camiones que llevaban los muertos al crematorio, lo que Berta recuerda era lavarse la cara con agua limpia. «No te imaginas lo que es lavarte la cara.»

Margie Becker (#1955) logró ingeniárselas para conseguir un contenedor y llenarlo de agua. Cuando trajo el agua «a casa», es decir, al bloque, lo ocultó con la intención de usarlo a diario para lavarse las manos y la cara. Así de importante era para ella sentirse limpia. «Pero no fui capaz. La gente se moría de sed. No podía malgastar agua lavándome la cara.» Les dio el agua a las menos afortunadas del bloque.

La rutina diaria de aquellas mujeres del *Leichenkommando* era muy diferente a la de las demás trabajadoras del campo. Por las mañanas, las *Stubenmädchen* —las camareras— apilaban a las muertas fuera de los bloques antes de que pasaran lista para contarlas. Después de que se fueran los grupos de las distintas tareas, Bertha y las demás del *Leichenkommando* empezaban a recoger los cuerpos y a llevarlos al *Leichenhalle*, un almacén detrás del bloque 25 que hacía las veces de depósito de cadáveres hasta que los hombres llegaban en camiones y se los llevaban al crematorio.

El protocolo para anotar la muerte de las mujeres había empezado en agosto, poco después de que las realojaran en Birkenau. Una escribiente acompañaba al *Leichenkommando* en sus rondas diarias y tomaba nota de los números de las muertas para que pudieran quitarlas de la lista de prisioneras. Cuando volvían a pasar revista, las SS sabían exactamente cuántas prisioneras quedaban vivas y podían trabajar.

Recuperar los cadáveres de quienes se habían aferrado a la alambrada por la noche solo se podía hacer cuando los grupos de las demás tareas hubieran salido del campo a trabajar y se pudiera cortar la corriente. Cuando era seguro hacerlo, Bertha y sus compañeras tenían que liberar los dedos, que el *rigor mortis* dejaba agarrotados, para separar de los alambres los cuerpos electrocutados de amigas y compañeras de prisión.

Los cuerpos de las víctimas de suicidio no quedaban fláccidos: eran marionetas colgantes, rígidas y grotescas. Resultaba difícil plegarlos para que entraran en la carretilla. Los miembros sobresalían formando ángulos incomprensibles. Aunque según el Talmud quitarse la vida contraviene la tradición judía, el suicidio era frecuente. «Perdí a muchas amigas en las alambradas», dice Linda Reich (#1173). Ser testigo de aquello era duro, pero al final las deportadas no culpaban a quienes elegían esa vía de escape. Era una de las pocas formas que tenías de mantener el control sobre tu vida: decidir sobre tu muerte.

Cuando las cámaras de gas estaban a rebosar y no podían con más cuerpos, las enfermas iban a parar al bloque 25, que tenía muchos vigilantes de las SS. Solía estar lleno de mujeres de todas las edades a quienes no habían admitido en el hospital o que habían intentado esconderse para no ir al trabajo. El bloque 25 —el bloque de enfermas— era en realidad un bloque de muerte.

Una de las cosas más difíciles de soportar en el *Leichenkommando* era encontrar el cadáver de tus amigas o de tus familiares, o, algo todavía peor, encontrarlas moribundas en el bloque 25. Estas mujeres trabajaban en una actividad donde la muerte era un subproducto, así que Bertha y las demás hacían lo posible por respetar a sus amigas muertas. «Teníamos mucho cuidado con sus cuerpos. Yo pedía perdón por la muerte de una persona antes de lanzarla al camión que la llevaría al crematorio», dice Bertha. Al principio, intentaba recordar las fechas de las muertes de sus amigas, «por si acaso, si yo sobrevivía, para que pudiera contar [a sus familiares] cuándo había sido, y que pudieran honrar así el aniversario de su muerte.»

No todo lo que hacían las chicas del *Leichenkommando* era admirable. Margie confiesa que a veces robaba ropa de las muertas y vendía sus camisas, calcetines y zapatos a cambio de pan y margarina. Un día, cuando sacaba cadáveres del bloque 25, Margie oyó la voz de Klary Atles entre las muertas.

«No tengo manta», dijo Klary cuando Margie pasó por su lado. Apenas reconoció a la hija del rabino, la que había intentado subirles la moral durante los primeros días en el campo con su ferviente fe. Klary alzó la vista hacia Margie con compasión y susurró: «Siento no haberte conocido en casa».

Aunque los vecinos de Humenné se conocían, Klary y Margie venían de clases sociales diferentes y no habían tenido muchas ocasiones de tratarse. No solo tenían edades distintas, sino que los padres de Klary la habían mandado a un colegio privado a Budapest. Margie ni siquiera había acabado la escuela secundaria. «Veníamos de mundos distintos, ¿sabes? Yo no tenía nada que ver con ella.» Ahora eran iguales en la nada. La muerte no distingue de clases o posiciones sociales.

Incapaz de salvar a Klary, Margie solo podía darle lo poco que tenía: no una manta para combatir el frío, sino la convicción de que ella también deseaba que hubieran sido amigas cuando gozaban de libertad, y el último consuelo de la conexión humana.

Después del turno de mañana recogiendo cadáveres de la noche anterior, las chicas del *Leichenkommando* hacían una pausa para el almuerzo y recibían un trozo adicional de pan con la sopa. A las dos de la tarde, los hombres llegaban en un camión por detrás del bloque 25 para vaciar el *Leichenhalle*. Mientras los conductores esperaban, las presas levantaban los cuerpos que habían reunido y los llevaban a la parte trasera del vehículo. Trabajaban rápido. El *Leichenhalle* no era de esos sitios donde uno quiere pasar el rato, pero en cuanto encontraban a una amiga entre las muertas, las chicas hacían un alto para rezar. «Pedíamos perdón y recitábamos el *kadish* en yidis antes de que se llevaran sus cuerpos a los crematorios.»

El último turno era al final del día, cuando las prisioneras regresaban en fila de sus trabajos. En el exterior de la verja se dejaba a las que habían muerto o a las que habían resultado heridas para que pudieran tomar nota de sus números. Los cuerpos luego se llevaban directamente al crematorio o se almacenaban en el *Leichenhalle*. Las selecciones se realizaban «todo el tiempo». «Nos seleccionaban todo el tiempo, cuando entrábamos y salíamos. No había que ser alta. No había que ser guapa. Se llevaban a quienes les daba la gana.» Los hombres de las SS a menudo separaban a grupos enteros de mujeres sanas solo porque tenían el poder de matar a quien quisieran.

Trabajar para el *Leichenkommando* quizá les asegurara más comida y les permitiera evitar las selecciones a las jóvenes, pero no las protegía del tifus. El bloque 25 estaba plagado por la enfermedad infecciosa, y aunque tuvieran acceso a agua para lavarse, los piojos que contagiaban la enfermedad avanzaban a escondidas cuando dormían. Un día, Margie pasó delante de una ventana de cristal y vio su reflejo. «Parecía que tenía doscientos años. No podía estar más vieja. Me costaba creer que fuera yo.»

Cuando le acometieron la fiebre y las náuseas del tifus, las chicas de su bloque la escondieron. «Les di mi pan, por supuesto, porque yo no podía comérmelo.» Por suerte, el trabajo que hacía la protegió y pudo recuperarse. Más tarde, Margie tendría ocasión de ayudar a quienes la habían ayudado.

25

El barracón últimamente está lleno de gente de todas las nacionalidades, lleno de alboroto, escándalo y discusión. Ahí están: judías de Polonia, de Grecia, de Eslovaquia; hay polacas, gitanas morenas y croatas pequeñas y oscuras. No se entienden entre sí. Se pelean por el espacio, por las mantas, por los cuencos, por un vaso de agua. Se oyen gritos y maldiciones en lenguas extranjeras todo el tiempo. Aquí no se puede dormir.

SEWERYNA SZMAGLEWSKA (#22090)

*E*n 1942, el almacén de clasificación estaba en Auschwitz I, o el campo madre, y se había ampliado de un barracón a cuatro. Estaba «a rebosar de ropa de toda Europa», por lo que las SS tuvieron que expandir la zona sin parar. Puesto que enviaban los paquetes del campo a cualquier sitio, las prisioneras empezaron a llamar la tarea Canadá, un lugar lejos del conflicto de la Europa en guerra. Un país aún libre.

Después de que los hombres trajeran el equipaje de los transportes, las chicas de los pañuelos blancos y rojos abrían las bolsas y ordenaban su contenido. Las de los pañuelos blancos solían clasificar abrigos. Las de los pañuelos rojos ordenaban todo lo demás.

Linda Reich (#1173) era responsable de clasificar ropa interior, y era famosa por robar hasta cinco pares de una vez y llevarlos a Birkenau para que las presas que llevaban vestidos pudieran conservar cierto decoro y recuperar comodidad. Distribuía lo que podía entre las mujeres del bloque, pero «¿sabes cuántas cosas puedes llevar? Tres. Pero ¡tienes miles y miles!». Ella «daba a quien viniera». El pan se había convertido en moneda de cambio, y las chicas desesperadas estaban dispuestas a dar su comida diaria a cambio de ropa interior. Linda era una de las pocas que no cambiaba productos básicos por pan. Otras no eran tan generosas, a no ser, por supuesto, que fuera con mujeres de su mismo pueblo o ciudad. El pan funcionaba como moneda, pero la amistad era vida. Hacían falta las dos cosas para sobrevivir.

La tasa de mortalidad de las mujeres había aumentado desde su llegada a Birkenau, no solo porque las condiciones de vida eran peligrosas y antihigiénicas, sino porque cada semana se realizaban una o dos selecciones grandes. «Mañana por la mañana ve a la fila de pañuelos blancos porque una va a morir —le dijo una vieja amiga a Helena Citron, poniéndole un pañuelo blanco en las manos—. Por la mañana, la dejarán fuera.» En el mundo normal, aquello produciría tristeza, pero en Auschwitz era una buena noticia, al menos para Helena.

Después del pase de revista, Helena se puso el pañuelo blanco en la cabeza y corrió al lugar donde se estaba formando la fila de la tarea de clasificación. Varias mujeres con pañuelo blanco miraron hacia ella, pero nadie dijo nada. La chica a la que reemplazaba ya no era más que un recuerdo.

Había que recorrer tres kilómetros de Birkenau a Auschwitz I. Y, todas las mañanas, las mujeres de los pañuelos blancos y rojos cruzaban la verja y avanzaban hacia el «campo madre», donde clasificaban prendas y otros objetos hasta la noche, y después desandaban tres kilómetros de vuelta a Birkenau. Los prisioneros varones que trabajaban en Canadá observaban «que a diario había mujeres nuevas sustituyendo a las que desaparecían».

Helena se unió a las demás justo a tiempo para cruzar la verja de Birkenau por la carretera de hormigón. Iba con la cabeza alta, el pecho hacia delante; se parecía a todas las demás chicas salvo en una cosa: llevaba sandalias. Ese calzado era una señal clara de que no era un pañuelo blanco, y el sonido de la madera de la suela contra el suelo atrajo la atención de la *kapo*.

«¿Quién eres?», inquirió Rita, la *kapo*.

Helena mostró el número de su brazo.

—1971.

—¡Tú no eres de aquí! Voy a informar de ti.

Los nervios de Helena se hicieron añicos. Cada taconazo de sus sandalias enviaba un calambrazo a sus huesos y atraía la mirada de la *kapo*. Al llegar a la caseta de clasificación de Auschwitz I, volvieron a contar a las prisioneras, y Rita ordenó a Helena que la siguiera hasta la oficina, donde el supervisor de la tarea trabajaba en su mesa. Rita le informó de que la prisionera #1971 se había colado. El humor del *SS-Unterscharführer* Franz Wunsch se incendió. Culpó a la *kapo* por no mandar a Helena de inmediato a Birkenau y la acusó de no hacer bien su trabajo.

Mientras los oía discutir, «parecía que yo llevaba allí una vida de placeres», dice Helena.

«¡La he descubierto de camino aquí!», se justificó Rita.

«¿Cómo te has dado cuenta?»

«¡Lleva sandalias!» Señaló aquellos pies mal calzados. A Helena se le revolvieron las tripas.

«Pues ¡mañana mismo, quiero que vaya al pantano!»

El pantano, donde Edith y Lea sufrían, se estaba convirtiendo en la tarea castigo, porque trabajar en la mugre de la zanja donde se tiraban los cuerpos y las cenizas hacía enfermar de muerte a las chicas.

Mandaron a Helena de vuelta a la mesa de clasificación después de que Wunsch hubiera puesto sobre su cabeza una sentencia de muerte. Las demás la miraron con pena y le explicaron con cariño lo que tenía que hacer, susurrándole palabras de ánimo y esperanza para que no se dejara llevar por el deseo de llorar. Frente a aquel montón de ropa, Helena sintió que la desesperación se apoderaba de ella, pero trató de concentrarse en las costuras y los dobladillos de los abrigos que tenía delante. ¿Cómo algo tan insignificante como un pañuelo podría costarle la vida?

Lo único que quería era trabajar bajo techo, protegida del viento, de la lluvia y de la nieve. Lo único que quería era trabajar doblando ropa, no hacer ladrillos, excavar arcilla, empujar carretillas por el barro o andar en un pantano, lo cual la condenaba a una muerte lenta pero segura. A su alrededor, las chicas estaban escondiendo trocitos de comida que encontraban en los bolsillos. ¿Se atrevería ella a robar algo? Ya iba a morir. ¿Qué más daba una segunda condena a muerte por un trocito de comida?

La mañana pasó despacio. Helena atravesaba con la mirada la ropa que estaba doblando. Mantenía la cabeza gacha. Deliberadamente. No se atrevía a mirar a las mujeres que estaban a su alrededor. A mediodía llegaron las ollas de sopa y las muchachas se pusieron en fila con sus cuencos rojos. En este punto, la historia se divide en dos versiones distintas. Según la primera versión, era el cumpleaños de Wunsch y Rita quería que alguien cantara para él. No obstante, el cumpleaños de Wunsch era el 21 de marzo y, según el testimonio de la propia Helena y de otra mujer que fue testigo, sabemos que llegó a los pañuelos blancos en otoño de 1942. Entonces, ¿qué ocurrió en realidad?

Una teoría posible es esta: una de las formas que tenían las *kapos* de ganarse el favor de los SS era entretenerlos. Mientras las trabajadoras se tomaban la sopa para almorzar, es posible que Rita anunciara que estaba buscando artistas para entretener a Wunsch: necesitaba volver a congraciarse con él después de que la reprendiera aquella mañana. Por tanto, anunció que necesitaba a jóvenes que cantaran y bailaran. Les ordenó que comieran rápido para practicar antes de darle una sorpresa en su oficina. Las amigas de Helena sabían que ella tenía una voz preciosa y querían ayudarla a quedarse con los pañuelos blancos. Así que anunciaron que ella sabía cantar.

Rita miró de un modo crítico a #1971.

«¿Sabes cantar?»

Los ojos de Helena seguían clavados en el suelo. «No.»

«Canta», le susurraron las chicas a su alrededor para animarla.

«¡Vas a cantar!», exigió Rita. Y eso hizo.

«Helena era muy guapa, y tenía una voz muy bonita. Igual que todas las Citron», recuerda Edith. Teniendo en cuenta que la misma Edith también tiene una voz hermosa, es sin duda un halago.

Unos judíos alemanes le habían enseñado a Helena una canción romántica, y pensó que cantaría esa. Esperó a un lado a que varias prisioneras hicieran un número de danza y después se hizo el silencio. Helena se aclaró la garganta y empezó a cantar suavemente la canción de amor de los prisioneros alemanes. ¿Qué era el amor en aquel lugar de muerte? ¿Qué era la vida? A pesar de todo, cantó con el corazón. La última nota quedó flotando en el aire. Con los ojos a punto de llorar, intentó no estremecerse ante el hombre que había ordenado que muriera en el cenagal.

«*Wieder singen*, canta de nuevo —dijo Wunsch, y luego hizo algo inaudito. Pronunció—: *Bitte*. Por favor.»

Levantando la vista del suelo, miró los galones de su uniforme, los botones de latón tan lustrados que reflejaban su rostro. No tenía voz para responder.

«Por favor, canta de nuevo la canción.»

Así lo hizo.

Al final de la jornada laboral, Helena dobló los últimos abrigos de su montón y suspiró. Eso era todo. Su vida había acabado. Una sombra la cubrió cuando el *SS-Unterscharführer* pasó a su lado. Le puso una nota en los dedos.

Ponía «*Liebe*». Amor.

Entonces ordenó a Rita que se asegurara de que #1971 volviera a trabajar allí al día siguiente.

Aquella orden restalló en la cabeza de Helena como un latigazo. La *kapo* no podía hacer nada para oponerse. Helena era un pañuelo blanco, lo quisiera o no.

Al igual que la mayoría de los miembros de las SS, Wunsch era caprichoso y violento. Helena le temía y le odiaba. Pero rechazar a un oficial de las SS podía dar lugar a algo mucho peor que aceptar sus insinuaciones: podía matarla. Aterrada, Helena salió de la tarea con otra condena de muerte sobre su preciosa cabeza. Y entonces empezó el verdadero dilema.

«Pensé que prefería estar muerta que mantener una relación con un SS —cuenta Helena—. Durante mucho tiempo después, lo único que había era odio. No podía ni mirarle.»

Wunsch tenía un año menos que Helena. Su atractivo rostro infantil habría hecho que cualquier alemana lo siguiera con la mirada. Después de recibir un tiro en el frente ruso, le reasignaron a Auschwitz; las chicas lo reconocían fácilmente porque «tenía una pierna más corta que la otra» y cojeaba.

Durante las semanas siguientes, solo intercambiaron algunas palabras. «Si me veía con los ojos hinchados porque me habían dado una paliza o porque me habían dicho algo peor que una puñalada en el cerebro, me preguntaba: "¿Qué te pasa?".»

Helena temía que, si revelaba quién le había pegado o amenazado, le harían cargar a ella con la culpa y la mandarían a la cámara de gas, por lo que no contestaba. Sin duda, él no iba a reprender a un SS o a una *kapo* por hacer lo que se esperaba que hiciera él mismo... por lo que él mismo hacía a otros prisioneros...

Hay que pensar en el precio que pagaban las chicas que rechazaban las demandas sexuales de los hombres de las SS... y de las mujeres. Las que de algún modo mantenían su atractivo, a pesar de tener la cabeza rapada y de su extrema delgadez, debían de ser pocas, pero los restos de su belleza debían de atraer atención indeseada e intenciones libidinosas.

Lo que le ocurrió a la preciosa pelirroja Adela Gross es un misterio. Ese otoño, cuando Adela se presentó ante los autoproclamados dioses de las SS durante una de las selecciones masivas, uno de los hombres alzó el pulgar hacia ella. Aquello no era una democracia: un pulgar hacia ti te quitaba la vida. Pero ¿por qué eligió a Adela para la cámara de gas? Era joven, seguía teniendo músculos cubriendo sus preciosos huesos. Estaba sana. «Según su humor, seleccionaban grupos enteros de chicas sanas.» ¿Podía ser tan aleatorio? A algunos miembros de las SS les gustaba seleccionar a mujeres hermosas y sanas para el gas. ¿Podría ser que hubiera rechazado a algún soldado y pagara el máximo precio por actuar de un modo tan moral?

Rena Kornreich (#1716) no olvidaría nunca ver a Adela alejarse orgullosa del lado de las vivas rumbo a los camiones con el remolque lleno de mujeres condenadas a muerte. Ella reconfortó a algunas. Ayudó a las que estaban demasiado aterradas para sostenerse o para subir por sí mismas a los remolques. Su dignidad se quedó grabada en el corazón y la memoria de Rena para siempre.

No sabemos qué número tenía Adela. No sabemos qué día murió. Fue «al principio» de su estancia en Birkenau, dice Edith, pero ella no vio que seleccionaran a Adela. Había miles de mujeres en el campo y era imposible verlo todo. La supervivencia era una lucha que consumía tu existencia. Un día te dabas cuenta de que llevabas tiempo sin ver a una amiga, y entonces lo sabías. Estaba allí y después no estaba. Pensar en cómo había ocurrido era insoportable. El dónde era innegable. Lou Gross tardó setenta años en descubrir qué le había ocurrido a su prima Adela.

Aunque llegadas a este punto muchas chicas del primer transporte habían tenido la gran suerte de conseguir «trabajos decentes», Edith y Lea no estaban en esa situación. Seguían trabajando en el exterior, despejando carreteras y charcas. Tenían los pies fríos y la piel agrietada. Fue entonces cuando las sandalias de Edith se desgastaron por completo. «La suela había desaparecido, y andaba sobre la piedra sin poder decir "¡ay!" delante de los SS.» Desesperada por conseguir ayuda, le pidió a Helena que le robara un par de zapatos nuevos en la tarea de clasificación.

«No sé cómo hacerlo —explicó Helena—. Me da demasiado miedo.»

Edith le sugirió que le pidiera a alguno de los hombres que lo hiciera por ella.

«¡Si hago eso, después de la guerra me pedirá que me case con él por culpa de tus zapatos!»

«Así se portaba Helena —dice Edith, negando con la cabeza con cierto disgusto—. Estaba centrada en sí misma.» En su lugar, acudió a Margie Becker.

Margie no solo les consiguió zapatos a Edith y a Lea, también les dio calcetines. En el mundo real, los zapatos parecen una comodidad pequeña, pero en Auschwitz podían salvarte la vida. Trabajar fuera, inmediatamente se hizo más soportable y más seguro. Sus pies estaban protegidos de los escombros, ya no se hacían cortes y, con la amenaza del invierno a la vuelta de la esquina, estarían a salvo de la nieve y de la congelación, que sin duda golpearían a aquellas que todavía usaban sandalias.

Las SS estaban seleccionando cada vez más a chicas cuando estas volvían del trabajo por la noche. Los oficiales se colocaban junto a la entrada de Birkenau y las elegían por los defectos más mínimos. Que cada vez fueran más aleatorios resultaba aterrador. Si la *Lagerführer* Maria Mandel pillaba a una prisionera mirándola, la mataba. Ninguna de las veteranas alzaba la vista. De las nuevas, ninguna que lo hiciera sobrevivía.

Aunque pudieras cruzar la verja, seguías en peligro. Una noche, una mujer del primer transporte iba sencillamente andando hacia su bloque cuando un hombre de las SS le gritó: «¡Tú!».

«Estaba sana, pero a él le daba igual —recuerda Edith—. Las cogían cuando pasaban por allí para cumplir su cupo.»

¿Que había un cupo? Por supuesto que lo había.

26

Imagen de postal tomada en la entrevista
con Eugene Hartmann, 1996.
FUNDACIÓN SHOAH; INSTITUTO DE HISTORIA
Y EDUCACIÓN VISUAL; sfi.usc.edu.

*D*urante las ocho semanas después de su discurso de agosto sobre los valores cristianos, el presidente Tiso decidió ralentizar la deportación de judíos. Ahora bien, más de dos tercios de la población judía eslovaca ya estaba muerta o trabajaba en condiciones de esclavitud en multitud de campos eslovacos y polacos, y el Gobierno le debía al Tercer Reich millones por haberlos «realojado». Era un gasto que, según había entendido la Asamblea eslovaca, «interfería profundamente en las finanzas del Estado» y en su desarrollo económico futuro.

El fin de las deportaciones supuso un alivio para quienes todavía seguían en sus casas y estaban convencidos de que las exenciones presidenciales los protegerían. A salvo en su granja, la familia Hartmann seguía manteniendo correspondencia con Lenka Hertzka. Una de sus primeras postales está escrita a lápiz y tiene un sello morado alemán con la imagen del *Führer*. Está matasellada con tinta roja: *Auschwitz Oberschlesien* (Alta Silesia), la región polaca en la que se encuentra Auschwitz.

> 28 de noviembre de 1942
>
> Queridos:
> En primer lugar quiero felicitaros el cumpleaños, incluso si es un poco pronto, pero los buenos deseos llegan incluso mejor con tiempo. También deseo que tengáis salud y alegría, y que el buen Señor os dé fuerza para seguir trabajando. Aquí, el invierno ha caído sobre nosotras y confío en que pronto esté de vuelta en casa con vosotros. Por las tardes viajo con el pensamiento a la ciudad y recuerdo los lugares de siempre.
>
> LENKA

El texto está tan desdibujado que el saludo es casi indescifrable, pero la postal está dirigida al tío de Ivan Rauchwerger, Adolf. Ivan no sabe de qué se conocían Lenka Hertzka y su tío.

Trabajar en Canadá no eximía a los prisioneros de la enfermedad o de la muerte, pero proporcionaba formas de ocultar a amigas enfermas. A veces un descanso breve era lo que hacía falta para recuperarse. Ida Eigerman (#1930) trabajaba en una de las tareas de pañuelo cuando enfermó de tifus.

La clave para pasar ante los guardias cuando estabas muy enferma era ir embutida entre dos prisioneras que te ayudaban a andar derecha. De esta forma, las prisioneras podían escabullirse de los ojos de los SS, que querían cubrir sus cuotas de gaseamiento eliminando a las enfermas de los grupos de trabajadoras y sustituyéndolas por esclavas de guetos judíos de Francia, Bélgica, Grecia, Holanda…

Al llegar al barracón de clasificación, ocultaron a Ida debajo de montones de ropa para que pudiera dormir durante la jornada y recuperar sus fuerzas. A lo largo del día, las chicas hacían pausas del trabajo para ver cómo estaba y darle algo de agua o algún trozo de comida que hubieran encontrado en algún bolsillo. Al final del día, cuando los SS no estaban mirando, la sacaban de debajo del montón de ropa y la ayudaban a pasar el proceso de selección en la entrada de Birkenau. Si no se protegían unas a otras, ¿quién lo iba a hacer? Era la única forma de sobrevivir. Las mujeres hacían esto por otras mujeres. También lo hacían por los hombres.

En otoño de 1942, Rudolf Vrba cargaba con equipajes de los transportes a los barracones de clasificación, donde conocía a muchas de las mujeres de pañuelo blanco y rojo. El tifus causaba estragos por igual en el campo masculino y en el femenino, y Rudi fue una de sus víctimas. Le afectó con especial violencia mientras cargaba con las maletas. Tres mañanas seguidas, sus amigos le ayudaron a pasar frente a los guardias de camino al trabajo, y una vez en Canadá le metieron donde las eslovacas clasificaban ropa. Las chicas le ocultaron, igual que habían hecho con Ida, bajo montones enormes de ropa.

Deshidratado y febril, apenas era consciente, pero a lo largo del día, las mujeres se turnaron para llevarle un poco de agua con limón y azúcar. Incluso le administraron algún tipo de pastillas. Sobrevivir al tifus era un poco como la ruleta rusa, puesto que se llevaba a quien quería sin ton ni son. Pocos días después, le llevaron a la enfermería y le dieron medicación de verdad para reducir la fiebre. Pero las eslovacas le habían dado el sustento espiritual que «levantó la poca moral que me quedaba».

Empezó con un dolor de cabeza y con los músculos tan rígidos y doloridos que Edith apenas podía moverse. Tenía náuseas, y tan pronto le daban escalofríos como ardía de fiebre. Si un SS le pidiera que sacara la lengua, habría visto las reveladoras manchas y la habría enviado a la cámara de gas. No podía comer y sufrió un episodio de estupor. Le dolía todo, incluso los ojos. «El recuerdo está vivo, muy nítido. Lo siento cuando hablo de ello. Me veo a mí misma. Veo a Lea llevándome a trabajar, diciéndome: "Ponte recta".» Edith no podía tomar nada que no fuera líquido, así que Lea le daba té y sopa y a cambio se comía el pan de Edith. «Debía de tener una fiebre de cuarenta y un grados, y me iba a trabajar levantando ladrillos para construir edificios.»

El cuerpo de Edith luchó contra la infección durante varias semanas. Después se despertó una mañana y había recobrado la sensación de estar viva. La bruma de la fiebre se había disipado. Y tenía un hambre voraz de alimentos sólidos. Miró los desnudos tablones de madera sobre su litera y se preguntó qué mes era. Sonrió ligeramente de alivio. Se volvió hacia su hermana y le susurró la buena noticia: «¡Lea, tengo hambre!».

Pálida y con los ojos vidriosos, Lea miró a su hermana. «Yo no.»

Ahora se habían cambiado los papeles. Le tocaba a Edith asegurarse de que Lea recibía más té y sopa y a cambio ella se comía el pan.

El tifus no pasa de una persona a otra: lo contagian los parásitos. Pero hay varias cepas distintas. Y en un lugar como Birkenau, habría sido fácil contraerlas todas, porque estaban presentes los tres portadores de la infección: piojos, ácaros y pulgas.

Las dos primeras semanas de la enfermedad de Lea, Edith ayudó a su hermana a ir al trabajo. Todavía débil y recuperándose de su propia enfermedad, Edith tenía que tirar de Lea para levantarla de los tablones que utilizaban de cama, la ayudaba a estar de pie durante la revista y después la ayudaba al pasar frente a los SS rumbo a su tarea en los pantanos. El trabajo con el que habían amenazado a Helena era la actividad cotidiana de Edith y Lea, y les estaba pasando factura a las hermanas Friedman. Cuando sacaban papel y botellas del agua fría, sus manos sufrían calambres por la humedad. Cuando llovía o bajaba la temperatura, doblaban sus prendas por encima de las rodillas, pero el agua era tan profunda que aun así se les mojaba el vestido. Cuando salían del agua, se les formaban carámbanos en la ropa. Y el invierno se acercaba.

A veces era posible esconderse del trabajo subiéndose en los niveles más altos de las literas y cubriéndose con las mantas durante el día. Si tenías suerte, las jefas de bloque y de habitación te permitían quedarte allí sin poner pegas. Si tenías mala suerte y los soldados registraban los bloques, te pillaban y te mandaban al bloque 25 o directamente a la cámara de gas, como le pasó a Hinda Kahan.

Lea había estado enferma dos semanas, pero en vez de recuperar las fuerzas, estaba cada vez más débil y menos receptiva a las órdenes de Edith para levantarse y trabajar. Al final, una mañana, no pudo ni levantar la cabeza. El deseo de luchar la había abandonado. Quienes han estado tan enfermos conocen la sensación. Incapaz de moverte, el cuerpo te pesa como una piedra, y no necesitas nada. Pero el descanso era un lujo del que las judías no gozaban.

Asustada ante la negativa de su hermana a levantarse, Edith le suplicó: «Lea, tienes que levantarte. Venga».

Lea apenas podía mover la cabeza para decir que no.

«Lo mismo podría haber hecho algo más», dice Edith, que todavía parece tener remordimientos, pero en aquel entonces no era más que una adolescente sola en un mundo hostil que no estaba diseñado para la supervivencia. No tenía ni idea de qué podía hacer aparte de darle a Lea su té. Su sopa. Sus oraciones. En su mente adolescente, Lea tenía que recuperarse. Lea era la fuerte. Edith era la delgaducha por la que su madre siempre se preocupaba.

Helena y varias chicas más de los pañuelos blancos vivían en el bloque 13 con Edith y Lea. Una de ellas debió de ver lo difícil que se estaban poniendo las cosas para Edith y le consiguió un pañuelo para que pudiera ir a la tarea de clasificación. Puesto que Edith ya tenía buen calzado, no tenía que preocuparse de que las sandalias atrajeran la atención de Rita, la *kapo*.

Edith necesitaba un trabajo menos riguroso para recobrar sus propias fuerzas. También necesitaba más comida para su hermana, y quizás otro pañuelo blanco. Si conseguía que Lea entrara donde se realizaba la clasificación, quizá podría recobrar la salud. Se les acababa el tiempo. Bastaba un guardia para encontrar a Lea escondida en el bloque. Llena de planes para salvar a su hermana, Edith fue con Helena a la mañana siguiente de vuelta a Auschwitz I y allí clasificaron abrigos juntas. O, al menos, una de las dos clasificó abrigos.

Edith había oído rumores de que una de las mujeres tenía una relación con un miembro de las SS. De pie junto a una mesa larga, mientras sacaba comida y otras posesiones de varios bolsillos, vio a Helena haciéndole ojitos a un oficial de las SS guapo y joven que supervisaba la tarea. Las miradas que se lanzaban entre sí eran electrizantes. Cuando Helena se alejó de la mesa de clasificación y se metió entre los montones de ropa que las rodeaban, todas siguieron concentradas en su trabajo e hicieron como si nada. Un rato después, Wunsch se subió a un estante alto a su encuentro. Edith estaba sorprendida, porque los Citron eran una familia de ortodoxos estrictos. Pero ¿quién era ella para juzgarla? «Quería al tipo ese —dice Edith—. Estaban enamorados.»

Hay una fotografía de Helena con el vestido de rayas de las prisioneras, sonriendo de oreja a oreja a la cámara. Su pelo negro y denso cae justo detrás de sus hombros. Tiene el rostro relleno, impoluto, sin las marcas del hambre. Detrás de ella se ve Auschwitz de fondo. Debe de ser la única foto en la que una prisionera sonríe de verdad en Auschwitz-Birkenau. No solo parece feliz, está enamorada.

Al final del día, Edith se había guardado varios trozos de comida en los bolsillos, pero Lea necesitaba algo más que comida. Necesitaba medicina. Pero incluso la doctora Manci Schwalbova estaba teniendo dificultades para conseguir medicamentos para las prisioneras judías enfermas.

Edith volvió al bloque con muchas ideas para ayudar a Lea. Quizá podría cambiar la comida por un limón o por agua limpia para beber. Quizá podría ayudar a Lea a levantar la cabeza y comer algo de pan. Pero la litera que debía ocupar Lea estaba vacía. Aterrada, corrió a hablar con Gizzy, la jefa de bloque, y su hermana.

«¿Dónde está mi hermana? ¿Dónde está Lea?»

Se la habían llevado al bloque 25.

«¿Cómo pueden hacer esto? ¿Por qué no se lo habéis impedido?», gritó.

Ese era el dilema de Auschwitz. Las jefas de bloque y de habitación podían dejar que las chicas se escondieran para eludir el trabajo, pero si una *kapo* o un SS registraba los bloques, estaban obligadas a enviar a las que se habían ocultado al bloque 25. Era un billete de ida a la muerte. Cuando registraban el número de una chica en el bloque 25, ya no había escapatoria. La única forma de entrar o salir de allí era por delante de un guardia de seguridad y después presentarse a la jefa del bloque. Entonces, ¿cómo pudo Edith entrar en el bloque 25 a ver a su hermana y salir, no una, sino dos veces?

«Teníamos recursos —dice Edith—. Pero Cilka no me lo puso fácil.»

Cilka era la jefa del bloque 25. Solo tenía dieciséis o diecisiete años, pero era despiadada. Es el ejemplo de las que menciona la doctora Manci Schwalbova, de esas a las que se les subió el poder a la cabeza. Cilka no era el tipo de persona que hiciera favores a nadie.

«Quizás alguien del *Leichenkommando* me hubiera dado un brazalete identificativo —conjetura Edith. De ser así, esa persona habría sido Margie Becker, pero, después de tantos años, es difícil recordar todos los pequeños favores que las chicas se hacían entre sí—. Quizá porque llevaba un vestido de rayas, un pañuelo blanco y parecía lo bastante importante como para que me dejara entrar.» La verdad es que no se acuerda.

Solo había un bloque entre el 13 y el 25. Edith no tenía que ir muy lejos para llegar a la entrada. Protegida por la noche, se coló en el bloque 25. Era un refrigerador de muerte, oscuro y angustioso. Había cuerpos por todas partes, y las que estaban vivas gemían en la oscuridad. Edith pronunció el nombre de su hermana y esperó una respuesta. Encontró a Lea tendida en el suelo de tierra. «Le di la mano. Le besé la mejilla. Sabía que me oía. —Las lágrimas humedecían los ojos de Lea mientras Edith le enjugaba la frente—. Me senté con ella, observé su precioso rostro y pensé que quien tenía que estar en su lugar era yo. Yo me había puesto enferma y me había recuperado. ¿Por qué ella no?». En la oscuridad del bloque, las ratas correteaban a su alrededor. El aire olía a muerte y a diarrea. Hacía un frío helador. Edith intentó darle a Lea un poco de comida, pero no podía tragar nada. Se acurrucó junto a su hermana para intentar darle calor. Permaneció todo el tiempo que su valor le permitía y después regresó a su bloque por entre las sombras. Fue una noche de sueños vacíos y de descanso interrumpido.

27

El hecho es que, cuando el corazón está sangrando,
en alguna parte no sabe que está sangrando.

TSIPORAH TEHORI, NACIDA HELENA CITRON (#1971)

*E*l 1 de diciembre de 1942, «el nivel de ocupación del campo
femenino en Auschwitz-Birkenau es de 8232». Pero ese mismo día, a las mujeres a las que estaban tatuando les pusieron
los números entre el 26 273 y 26 286. ¿Adónde habían ido las
demás? Se había seleccionado a más de seis mil mujeres de
todas las edades en tres días de octubre, pero sin hacer cuentas serias de la población a final de mes, no tenemos ni idea de
cuántas mujeres había habido en Birkenau antes de diciembre. Si el nivel de ocupación registrado en *Auschwitz Chronicle* es correcto, lo que estaba por ocurrir habría sido imposible.

El 5 de diciembre de 1942 era el sabbat de Janucá según el
calendario judío, el equivalente al día de San Nicolás en la fe
cristiana, un día de ofrecer regalos y de celebración con los
niños que han sido buenos durante el año. El sabbat de Janucá tiene un significado especial y un «valor cabalístico profundo que refleja las energías espirituales de los participantes». Los ritos empiezan encendiendo las velas de Janucá,
porque cuando comienza el sabbat, no se pueden «encender»
más velas ni trabajar. El sabbat celebra «la humanidad mediante el acto del descanso». Janucá, en cambio, celebra el
milagro de la luz, la recuperación del Templo y la salvación
del pueblo elegido de Dios, que se libró de la destrucción.
Ahora Edith y Lea necesitaban un milagro de Janucá contra
la destrucción.

Por la mañana, antes de que pasaran lista, Edith arriesgó su vida de nuevo para colarse en el bloque 25. Tenía que ir a trabajar, pero no soportaba la idea de dejar sola a su hermana.

«Lea estaba en la parte más baja de las literas. Todavía seguía en el suelo. Tumbada en la tierra. Apagándose. Hacía mucho frío. Debía de estar en coma.» Edith ya no sabía si Lea la oía hablar o rezar a Dios para que salvara a su hermana. En las sombras cercanas, también muriéndose de tifus, estaba Magda, la amiga de la infancia de Giora Shpira e hija de Adolf Amster. Sola en la oscuridad, Magda ni siquiera tuvo el consuelo de un beso.

Mientras Edith y las pocas privilegiadas del pañuelo blanco o del pañuelo rojo salían del campo a trabajar a Auschwitz I, el resto de las mujeres seguía de pie mientras pasaban revista. En cuanto el grupo salió por la verja, las chicas dentro del campo recibieron la orden de quitarse los uniformes y quedarse desnudas en la nieve. En mitad del mundo helado y olvidado de Birkenau, las SS se disponían a realizar una selección masiva por el tifus.

Hacía un frío horrible.

«Esas pobres chicas… —le dijo Moses Sonenschein, el hijo de un rabino polaco, a Rudolf Vrba—. Se van a morir congeladas. Se van a morir por estar así con este tiempo.»

Cuarenta camiones esperaban para llevarse a las seleccionadas a las cámaras de gas.

Entre las mujeres obligadas a estar desnudas en la nieve durante el día entero estaban al menos tres del primer transporte: Rena y Danka Kornreich y Dina Dranger. A pesar de la rigurosa memoria y la atención al detalle de Rena, nunca habla del frío que soportaron sin ropa en medio de la nieve. ¿Obviará ese hecho para ahorrarnos y ahorrarse la vergüenza de contarlo, o sencillamente prefiere no recordarlo porque le resulta insoportable? En algún momento, la mente se apaga ante tanto horror.

El tiempo era brutal, pero permanecieron el día entero, hasta la puesta de sol, momento en el que seleccionaron a la última chica que iba a morir. Cuando los camiones —llenos de miles de mujeres y niñas— arrancaron hacia las cámaras de gas, un «llanto fantasmal» se alzó entre las condenadas, «una protesta penetrante que solo la muerte podía parar». Entonces una de las mujeres saltó de la parte de atrás del camión. Después lo hizo otra. No iban a ir como ovejas al matadero. Hicieron un último intento por conservar la vida e intentaron escapar. Los SS persiguieron a las jóvenes que se habían escapado con perros y látigos.

«Dios no existe —exclamó Moses Sonenschein—. Y si existe, le maldigo, ¡le maldigo!»

La inanición no viene acompañada de un pensamiento claro y centrado, pero Edith se había pasado el día entero rezando para que se produjera un milagro que salvara a su hermana. Mientras rebuscaba en los bolsillos y forros de los abrigos de judíos muertos, creyó en el poder de aquel día, por encima de los demás, porque Janucá era un recordatorio «de que había cosas por las que luchar; señalaba el final de la guerra y la libertad de la tiranía», mientras que el sabbat celebraba «un mundo sin lucha, el cese del trabajo y la redención de la esclavitud».

Edith se aferró a los mensajes del sabbat y de Janucá, pero era prácticamente imposible creer en esos ideales cuando su hermana se estaba muriendo. Lea tenía que sobrevivir. Edith no tenía velas que encender durante la hora más oscura de su joven vida. Lo único que tenía era un trocito de esperanza en un milagro.

A la menguante luz de aquella tarde de invierno, Linda, Helena, Edith y las demás clasificadoras de ropa regresaron a Birkenau. En la verja, los SS ordenaron a las chicas que se desvistieran. «Teníamos que volver desnudas al campo.» Se quitaron la ropa a pesar del terrible viento y desfilaron de una en una, descalzas sobre la nieve frente a aquellos guardias protegidos por abrigos largos de lana negra, botas, sombreros y guantes de cuero. Estaban a ambos lados de las temblorosas jóvenes y buscaban en ellas las delatoras erupciones en la piel provocadas por el tifus. La inspección fue rigurosa, y a cualquiera que tuviera la más mínima marca se la llevaban a los barracones de administración a la derecha. Allí uno de los escribientes del campo tomaba nota de sus números antes de que las «cargaran en camiones y las llevaran a la cámara de gas».

A la izquierda estaba el campo de mujeres y la vida. «Si es que ser esclava se puede considerar vida —dice Linda con un suspiro—. Las que tenían marcas en la piel, estaban exhaustas o no parecían un ser vivo» iban a la derecha. Las que todavía estaban bastante fuertes gritaban y vociferaban contra la injusticia de lo inevitable.

«Los pollos eran más importantes que las personas», dice Martha Mangel (#1741). Por suerte, la erupción de Edith había desaparecido y los SS la dejaron pasar. Se volvió a poner el vestido y, con los zapatos en la mano, corrió descalza frente a las hileras de edificios hacia el bloque 25. Había algo extraño en la creciente oscuridad. Pero ¿qué? No podía pararse a pensarlo. Tenía que encontrar a Lea. Atravesó la entrada del bloque 25 sin problemas. No había guardias. No estaba Cilka. El patio estaba vacío. La puerta crujió al abrirse y Edith entró. No había ni una sola chica en las camas ni en el suelo. Dio una vuelta y salió corriendo, dobló una esquina y miró por las avenidas de Birkenau. Deberían estar llenos de mujeres. Su cuerpo entero empezó a temblar y a agitarse. Sus dientes castañeteaban. Frío. Miedo. ¿Dónde estaba todo el mundo?

Cilka apareció en pleno crepúsculo.

«¿Dónde están?», inquirió Edith.

«Se las han llevado. A todas.»

Cuando Linda entró en el bloque, solo se distinguían algunas caras en la oscuridad, pálidas como fantasmas. De las mil mujeres que había aquella mañana en su bloque, solo quedaban veinte. Por todo el campo, las muchachas que volvían de la tarea de clasificación se habían encontrado con bloques vacíos. A Linda solo le quedaban nueve amigas vivas. A Edith, solo una.

Lea estaba muerta.

Bertha Schachnerova, de veintisiete años, muerta.

Lea Feldbrandova, de diecinueve años, muerta.

Alice Weissova, de veintiún años, muerta.

Nuestra belleza de cuello largo, Magda Amster, de diecinueve años, muerta.

La oración de Sara Shpira permanecía en la ceniza: «Vivir es sencillamente precioso. El mundo es perfecto». Ojalá hubieran podido estar en el mundo de Sara...

El 5 de diciembre de 1942 se produjo una de las pocas selecciones documentadas de aquel año, pero, por muy meticulosos que se considerara a los nazis, hubo discrepancias entre las cifras administrativas de las SS y los recuerdos de las supervivientes. El registro histórico afirma que unas «doscientas jóvenes sanas y capaces» fueron gaseadas. Los supervivientes —hombres y mujeres, con independencia unos de otros, y años después de los hechos— dicen que ese día murieron diez mil mujeres. Los testigos incluyen a supervivientes como Rudolf Vrba y su amigo Moses Sonenschein, que observaron la selección desde el campo masculino; las mujeres que aguantaron de pie todo el día evitaron la selección, entre las que se encontraban Rena y Danka Kornreich, así como casi trescientas clasificadoras de ropa que volvieron al campo vacío.

«El campo estaba abarrotado, y los nazis, las SS, esperaban sangre nueva. Tenían que librarse de nosotras —cuenta Linda con realismo—. A la mañana siguiente, despertamos y el campo estaba casi vacío. Nos enteramos de que por la noche habían quemado a diez mil chicas. Salimos a que pasaran revista. Vimos a poca gente conocida. Muy poca.»

Puesto que los datos de mujeres debieron de ser destruidos, quizá nunca sepamos el número preciso de la selección del sabbat de Janucá. Pero ¿a quién debemos creer? ¿A los registros de las SS sobre mujeres, que eran famosos por su inexactitud, o a los supervivientes y testigos que estuvieron allí?

Sea cual sea la verdad última, cerca de veinte mil mujeres murieron en un lapso de ocho meses, y la mayoría de aquellas muertes tuvo lugar entre el 15 de agosto y el 5 de diciembre de 1942. Según la doctora Manci Schwalbova, solo del «hospital» salieron siete mil mujeres de todas las edades a las cámaras de gas.

«Después de aquello, la mayoría de las chicas que seguían vivas del primer transporte sobrevivieron», dice Edith, menos las que murieron en las marchas de la muerte o por culpa del tifus. Esa fue la última selección masiva en la que mujeres del primer transporte acabaron en la cámara de gas. Todo porque en enero de 1943 la nueva directora de las SS al cargo del campo femenino, Maria Mandel, que había sustituido a Johanna Langefeld, ordenó que se saltara durante las selecciones a las chicas con números de cuatro dígitos. A no ser que estuvieran gravemente enfermas, claro. «Estuvo bien por su parte, porque de las mil que éramos, quedábamos solo trescientas», afirma Bertha Berkowitz. Quizá fuera lo único bueno que hizo Mandel.

Donación de Eugene Hartmann
en recuerdo de Lenka Hertzka.
MUSEO DE LA HERENCIA JUDÍA DE NUEVA YORK.

21 de diciembre de 1942

Querida Lenka:

Puede que solo recibas mis postales, por eso represento a todos y te escribo cada semana. Todos se unen a mí en esta carta.
Hay compañía aquí más a menudo. Estamos contigo en alma,
con todas vosotras. [De] Magduska esperamos algunas líneas

con impaciencia. Que su padre lo sepa el primero. Estamos sanos y muy ocupados.

Atentamente,

M [Mamá]

*E*l *Stabsgebäude*, el cuartel general del campo, era un amplio edificio de tres plantas de ladrillo blanco construido justo fuera de Auschwitz I. Detrás estaba la cocina y la fábrica de pasta. Hoy en día, los dos edificios, olvidados y vacíos, siguen en pie. Sus ventanas rotas miran hacia la explanada que antaño recibió el nombre de *Trockenplatz*, el lugar donde se secaba la colada de las SS. En la actualidad, las dependencias de las SS sirven de instituto y están llenas de adolescentes que suben y bajan por sus escaleras. Pero en el pasado nuestras chicas recorrieron las mismas escaleras en circunstancias muy diferentes.

El sótano del edificio tenía una lavandería completa, una instalación de costura y un dormitorio lleno de literas donde dormían las muchachas que trabajaban allí y en la secretaría. Lenka Hertzka recibía las postales de la granja Hartmann allí mismo, y las leía con cariño para saber de sus sobrinos, de su hermana y de su madre. Milan, que tenía ocho años, le escribió para decir que recibir una postal suya era el mejor regalo de cumpleaños. Solo le faltaba que Magduska también escribiera. Incluso con ocho años, sentía la ausencia de aquella adolescente de ojos oscuros y de su prima Nusi, la del rostro resplandeciente como el sol. Probablemente oyera a los miembros de su familia hablando del silencio de la joven cuando se reunían al final de un largo día. En una postal festiva, la madre de Lenka menciona que su familia le ha enviado a ella y a las adolescentes 250 coronas. ¿Quién envía dinero a Auschwitz? Debieron de imaginarse que las chicas podrían gastarlo en el economato del campo, como cualquier trabajador regular del Gobierno.

Está claro que la familia no tenía ni idea de dónde habían ido a parar Lenka y sus hijas. El error más frecuente era que estaban todas juntas, tal y como había prometido el presidente Tiso. Se imaginaban a Lenka trabajando junto a sus sobrinas, o almorzando juntas en la cafetería. Las postales que Lenka enviaba a casa no podían revelar la espantosa verdad, y Magduska y Nusi nunca escribían. Entretanto, la familia y los amigos que se habían enterado de que Lenka escribía desde Birkenau también empezaron a escribirle.

«[Nuestra madre] nos ha dicho que estás allí con muchos de nuestros familiares, así que, si puedes ser tan amable, por favor, cuéntame si ya te has encontrado con Aliska, Renka, Markus B. y los demás», escribió Herman, el hermano de Lenka.

¿Qué están haciendo? ¿Están sanos? Josef Erdie estuvo allí también, pero probablemente se haya ido ya; nos hemos enterado de esto ayer gracias al primo Robert, que trabaja en la carpintería. Escribió para decir que está bien y que solo quiere saber dónde está su mujer... Deberías decirle a Magduska que Mark ya se ha casado.

Mucho amor y besos,

HERMAN HERTZKA

El primo Robert había escrito a Herman para decirle que lo más seguro era que Josef Erdie «se hubiera ido ya», lo cual parecía una forma codificada de decir que había ido a la cámara de gas. No obstante, si el primo Robert acababa de llegar al campo y no conocía bien la situación, quizá hubiera pensado que Josef Erdie había sido transferido a otro sitio. El hecho de que se preguntara por su mujer podría significar que todavía no tenía ni idea.

La carta de Herman menciona a Mark, un chico que debía de gustarle a Magduska y que ya estaba casado. En Auschwitz no tenía ni la esperanza de un beso, por no hablar de un amor futuro. La noticia quizá le habría roto el corazón si Lenka se la hubiera transmitido, pero al parecer Lenka no había visto aún a las chicas. En sus cartas anteriores no se menciona nunca a Magduska o a Nusi. Sin duda no estaban en el *Stabsgebäude* con ella.

La familia Hartmann estaba desconcertada. Magduska y Nusi habían estado «trabajando» en Auschwitz meses antes de que su prima mayor llegara. ¿Estaban de verdad tan ocupadas que no encontraban tiempo para escribir a su familia?

1 de enero de 1943

Querida Lenka:
He recibido tu tarjeta de felicitación, muchas gracias. Todo va

bien. Nosotros también hemos llenado los zapatos de Milan [como si fueran calcetines navideños]. Esta vez también hablo en nombre de todos. Supongo que habrás recibido nuestra postal de Rožkovany. Las chicas [Magduska y Nusi] deberían seguir tu buen ejemplo. Ayúdalas a hacerlo. También le hemos mandado dinero a Magduska.

Te mandamos recuerdos y un fuerte abrazo para todos,

Mamá

Aislados en la granja del minúsculo pueblo de Rožkovany, la familia Hartmann parecía haberse refugiado temporalmente en una semiingenuidad. Tenían que saber que estaban partiendo transportes con familiares suyos desde Prešov, pero, estando aislados en el campo, se salvaban de las duras escenas que estaban viendo los habitantes de las ciudades. Tenían que haber oído hablar de las redadas, sobre todo porque muchos miembros de su propia familia se habían ido de Prešov y ahora vivían y ayudaban en la granja. Los Hartmann estaban produciendo alimentación básica para la población y el ejército eslovacos, pero aun así no podían contratar a gentiles. Necesitaban la ayuda de la familia. A cambio, ponían comida en la mesa. Los hermanos Hartmann compartieron la abundancia con envíos de queso de cabra y otros productos no perecederos a sus hijas, así como a las amigas de sus hijas Ellie y Kornelia Mandel, que habían partido en el primer transporte con Magduska y Nusi.

Todo el mundo sabía que la única forma de salir del bloque 25 era muerta, en una camilla o carretilla, y que de ahí se iba a parar a un remolque rumbo a la cámara de gas. Las únicas prisioneras que podían entrar libremente en el bloque 25 eran la escribiente del campo y las mujeres del *Leichenkommando*. Para cerciorarse de que el bloque era seguro, quienes entraban llevaban un brazalete especial.

La doctora Manci Schwalbova estaba trabajando con otras ayudantes para intercambiar tarjetas de enfermas que podrían recuperarse con «tarjetas de mujeres que ya habían muerto en el campo; solo hacía falta que coincidieran los números». Ella Friedman (#1950) no cuenta nunca los pormenores de este tipo de actividad, pero, puesto que era escribiente, debía de ser una de las pocas mujeres con las que la doctora Schwalbova habría trabajado para modificar los números. Con noventa y cinco años y de complexión frágil, todavía tiene momentos de lucidez. Cuando se le pregunta, admite: «Salvé a algunas». Irena Fein (#1564) fue una de ellas.

A Irena se le habían congelado los dedos de los pies y la habían enviado al bloque 25 porque cojeaba. En pie, en el patio, temiendo contagiarse de las enfermas y moribundas, buscaba algún modo de salir de ahí, cuando Bertha, Margie y las demás chicas del *Leichenkommando* hicieron su visita diaria. Margie reconoció a Irena de Humenné y vio en el aprieto en el que estaba. Ella también recordó a Irena porque, según Irena, Ella había sido su jefa de bloque en Auschwitz I. Ser del primer transporte creaba una unión especial entre aquellas mujeres. No podrían haber salvado a Irena si hubiese estado muy enferma, pero estaba sana. Solo cojeaba un poco. El trabajo de Ella era escribir los números de las recién llegadas en el libro de registro del bloque 25, por lo que tenía la opción de no escribir los números.

Ella «tenía un cadáver [de más] —cuenta Irena—, así que metieron el cuerpo y me sacaron a mí».

Ella manipuló las tarjetas del archivo y puso el número de la muerta en el sitio del de Irena. Ahora tenían que sacarla de allí. Cuando se disponían a llevarse el cadáver, Irena agarró un extremo de la camilla y salió con ellas.

«Nadie dijo nada, claro», dice Bertha. Y los guardias de las SS no se dieron cuenta de que había una chica de más cargando con la camilla y el cadáver.

Irena ayudó a las otras a cargar el cuerpo en el remolque del camión, pero ahora se enfrentaba a otro dilema. Necesitaba tiempo para recuperarse sin que los SS la vieran o la denunciaran. Ella la envió a su propio bloque, del que su hermana Edie (#1949) era la secretaria. Se encargaba de contar a las chicas del bloque e informar de cuántas iban a trabajar y cuántas se quedaban atrás, y explica: «Tenía que entregar un informe, nada más». Era de lo más sencillo para ser Auschwitz, pero al menos Edie podía ayudar a algunas chicas si quería. Irena disponía de un espacio seguro donde esconderse hasta que pudiera volver a andar. Pero todavía quedaba un problema por resolver. Los meñiques de sus pies estaban negros de gangrena.

La amputación transmetatarsiana no es una cirugía complicada, pero ¿cómo iba a saber Irena lo que tenía que hacer? ¿Alguna doctora le dio instrucciones? Resulta poco probable, porque no utilizó material quirúrgico. Lo que hizo fue salir bajo la protección de la noche, del toque de queda, en busca de trozos de cristal. Cuando encontró uno lo bastante grande como para sujetarlo con las manos, mordió un trozo de tela para evitar gritar de dolor y procedió a eliminar la necrosis de los gangrenados dedos. Después se envolvió las heridas en papel de periódico para que sanaran.

Pocas semanas después, cuando Irena salió a trabajar en sandalias, todavía llevaba los pies envueltos en periódico. Se cruzó con el SS Anton Taube, un asesino conocido por su brutalidad, que disfrutaba obligando a los prisioneros a hacer gimnasia en el barro y después los mataba pisándoles el cráneo. La paró casi de inmediato.

«Número 1564, ¿qué escondes?»

«Me he rascado y me he arañado, así que me he puesto unas vendas», mintió Irena.

«¡Si no se cura antes de la próxima selección, irás a la chimenea!», dijo él.

Pocos minutos después, la SS Dreschler vio las vendas de Irena y la apartó a empujones con su bastón durante la revista para mandarla a la cámara de gas.

Irena mostró su número con la esperanza de que la cifra baja la ayudara. «El SS Taube me ha dicho que iré la próxima vez si no me curo. Pero ¡ahora no!»

La horrenda boca de Dreschler se curvó para emitir un gruñido, pero al final la dejó quedarse en la fila.

Una cosa era segura: Irena necesitaba que una de las chicas de la tarea de clasificación le robara unos zapatos para protegerse los pies, no solo de los elementos, sino de las entrometidas miradas de los SS. Al final consiguió un par de botas. Incluso la más mínima ayuda podía cambiar el destino de una vida, o de más de una vida. ¿Sería esto, como opinaba Margie Becker, fruto del *bashert*? De ser así, la supervivencia de Irena también ayudaría a Edith a sobrevivir.

Para quienes consiguieron mantener el rumbo moral, esta fortaleza alimentaba su ánimo frente al terror. Las muchachas como Bertha se aferraban al mandato espiritual según el cual, al tener una buena posición, debían ayudar a las demás siempre que tuvieran ocasión. Algunas veces ayudaban a chicas que necesitaban curar sus heridas, y les daban pan para que pudieran usarlo como moneda de cambio. Otras veces daban el pan a los hombres que llevaban los camiones a los crematorios, porque estaban hambrientos. A veces daban consuelo y apoyo. A veces daban algo de sí mismas.

Con tantas mujeres desesperadas y necesitadas, ayudar a todas era imposible. Te centrabas en tu núcleo de amigas, pero a veces alguna desconocida entraba en tu esfera sin darse cuenta. Entonces tu mano se convertía en la mano de Dios. ¿Cuántas funcionarias hicieron cosas para ayudar a alguna persona inesperada? Lo ideal sería que todas lo hicieran, pero habiendo miles de personas buscando ayuda, el desinterés de muchas devoraba las buenas acciones de unas pocas.

Sin su hermana, Edith se revolvía en un pantano de desesperanza. Las preguntas sobre la muerte de su hermana la atormentaban y la hundían bajo el peso de una vida sin sentido. ¿Por qué ella seguía viva y su hermana no? «Mi hermana había sido capaz de salvarme, pero yo no había podido salvarla a ella. Por eso la perdí. No puedo ni describirlo. Recordarlo me sobrepasa. Yo era la pequeña. Yo era la débil. Y, aun así, aquí estoy.» No tenía sentido, pero nada en Auschwitz tenía sentido.

Era difícil levantarse por la mañana, difícil estar de pie y mostrar obediencia cuando pasaban lista, difícil comer, difícil vivir. Era muy fácil morir en Auschwitz. La muerte siempre estaba a la vuelta de la esquina: en la alambrada electrificada, en los guardias, en los perros, en los látigos, en los piojos, en las cámaras de gas. Lo único que tenía que hacer era salirse de la fila y se llevaría un tiro. Pero Edith nunca tuvo el deseo de morir. «Como ya he dicho, quería a mi hermana, con locura, y acudí a ella y estuve con ella todo lo que pude. Pero ¿me arrepentía de estar viva? No. Estaba contenta de seguir viviendo. Es verdad. A veces dices: "¿Qué espíritu estaba con los supervivientes?". No creo que Dios se hubiera metido en el Holocausto. No creo que Dios exista como una persona. Pero creo en los supervivientes».

Algún mecanismo interno la hizo continuar, pero necesitaba algo más que fuerza de voluntad. Necesitaba compañerismo. Elsa Rosenthal se convirtió en la «hermana de *Lagerstrasse*» de Edith, el término que usaban las prisioneras para describir relaciones que eran tan estrechas y fuertes como los lazos de sangre, porque nadie sobrevivía a Auschwitz por su cuenta.

Margie Becker narra la historia de sus primas, una de las cuales fue seleccionada por las SS, y la otra quedó con vida. A las hermanas Benovicova les habían dado permiso para morir juntas, pero ahora «el sadismo había llegado a tal punto» que los SS a menudo separaban a miembros de familias y metían a la fuerza a unas en la cámara de gas y dejaban vivas a otras. Las dos primas de Margie estaban sanas, pero, por deseo de las SS, la más joven fue seleccionada para morir «sin otra razón obvia aparte de la crueldad». Al otro lado de la valla, mientras la pequeña esperaba a que la cargaran en el camión que la llevaría a la cámara de gas, la hermana mayor corrió a ver a Margie.

«Seamos hermanas», le rogó.

Perder una hermana era como perder un miembro o un órgano vital. Las hermanas no solo ofrecían apoyo físico, sino un lazo espiritual, una conexión anímica. Puesto que venían de la misma raíz, las hermanas florecían por el mismo tallo. No podías sobrevivir el vórtice de Auschwitz sin alguien que te proporcionara un ancla espiritual.

Margie lo sabía. En el momento en el que su prima lejana le pidió que fueran hermanas de *Lagerstrasse*, aceptó. Elsa hizo lo mismo por Edith. ¿Qué sentido tenía sobrevivir sin Lea? Elsa necesitaba a Edith para sobrevivir. Ayudó a Edith a seguir trabajando con las pañuelos blancos. Dormía a su lado y evitaba que las corrientes de aire frío o las ráfagas de desesperanza se la llevaran volando. Enjugaba las lágrimas que recorrían las mejillas de Edith. Hizo que Edith comiera. Hizo que se pusiera derecha cuando pasaban revista. Le recordó a Edith que, si se rendía, las dos morirían.

—No puedo sobrevivir sin ti —le dijo Elsa. La compasión y el consuelo constante funcionaron. En algún lugar de las profundidades de su ser, Edith encontró valor para vivir. Y después encontró otra razón.

Las chicas de la tarea de clasificación empezaron a llevar una especie de delantal o bata. Todas las mañanas se ponían los delantales, que, al igual que los uniformes del campo, tenían sus números y una estrella amarilla. Mientras ordenaba abrigos de un transporte de judíos belgas, Edith notó algo en el dobladillo de un abrigo de cachemir negro. Empezó por no prestarle atención. Pero después pensó: «Y ¿si es algo de valor que puedo robar e intercambiarlo por algo?». Rasgó la costura y sacó una caja fina del dobladillo del abrigo. No había ningún SS cerca, así que abrió a toda prisa la tapa y miró lo que había en el interior. «Diamantes enormes, ya cortados», brillaban desde la oscuridad de los pliegues del abrigo. Su corazón se aceleró. Debían de «valer millones, sin duda». Si la pillaban, aunque fuera mirándolos, podrían mandarla a la cámara de gas, pero si lograba robarlos y usarlos clandestinamente, quizá lograría vengar la muerte de Lea. La caja cabía a la perfección en el bolsillo de su delantal, no sobresalía en absoluto.

Era sábado, el último día de la semana laboral. Al final de la jornada, Helena regresaba de detrás de los montones de ropa donde pasaba la mayor parte del tiempo con Wunsch. «Ella ya no tenía que trabajar», dice Edith, aunque sí tenía que presentarse cuando las llamaban y pasaban revista antes de regresar a Birkenau. Estando allí, los SS les ordenaron que colgaran los delantales en unos ganchos y que los dejaran allí el fin de semana. El nuevo protocolo sorprendió a las prisioneras, muchas de las cuales se habían guardado en los bolsillos cosas que pensaban intercambiar en el campo a cambio de pan y otros bienes.

—¡Desde ahora, todos los delantales se van a quedar aquí! —anunció un hombre de las SS.

Era una medida pensada para evitar el robo y los contagios.

Edith intentó que no le temblara la mano al colgar el delantal, pero le había sido imposible recuperar la caja. El mercado negro tendría que esperar al lunes. Dejó atrás los diamantes.

Al día siguiente, a mediodía, cuando los hombres llegaron con las ollas de sopa para el almuerzo, uno de los que iban cargados le susurró a Edith: «Los SS han revisado tu bata y han encontrado los diamantes. Seguro que van a seleccionarte».

Edith se estremeció como una hoja al viento. ¿Qué iba a hacer? Que te descubrieran robando, aunque fuera una patata, se castigaba con veinticinco latigazos. ¿Y si te pillaran con diamantes? ¿Cómo podía haber sido tan tonta? A pesar de la ingenuidad digna de su corta edad, Edith había heredado la inteligencia de su madre: era muy lista y tenía una mente lógica. El hombre la había avisado por una razón. Lo único que necesitaba era una historia creíble para los SS.

El lunes por la mañana llegó. De camino al trabajo, Edith iba arrastrando la pierna izquierda por una angustiosa sensación de terror. Fuera del barracón de clasificación, obligaron a las mujeres a ponerse en fila para un interrogatorio. Incluso Helena tuvo que esperar. El oficial que las estaba controlando no era Wunsch, sino su superior, el SS Ambros. Una a una, las fueron llamando por sus números, y las chicas tenían que entrar en la oficina de las SS para que las interrogaran a puerta cerrada. Una a una fueron saliendo. Algunas fueron a trabajar. Otras fueron en la dirección opuesta. Edith no era la única que se había guardado algo en el bolsillo. Tuvo que echar mano de todo su autocontrol para que sus rodillas no dieran golpes entre sí. Al final de la mañana, ella era la única que quedaba por entrar. Su oportunidad para unirse a Lea había llegado.

—¡1970!

Le hicieron una señal para que entrara en la oficina. Edith pasó a la sala de interrogatorios y se puso firme ante un hombre de las SS de semblante severo.

«Hemos encontrado una caja en tu delantal. ¿Por qué no la entregaste?»

«No me fiaba de los otros guardias a quienes se la tenía que dar.»

«¿Y eso por qué?»

«Porque era bastante grande y pensé que podría ser importante. —Hizo una pausa dramática—. Pensé que, si se la daba a usted, quizá me daría un trocito de salchicha o algo así, así que se la guardé.»

«Si mientes, te mandaré a la cámara de gas.»
Ella asintió con indiferencia.
«¿Has mirado dentro?»
«Le digo la verdad —le mintió Edith en la cara—. La guardaba para que la viera usted.»
«Sé cuándo mientes.»
Ella volvió a asentir.

La atravesó con los ojos. Luego la miró de arriba abajo. El aspecto minúsculo de Edith actuó en su favor. ¿Cómo una persona tan pequeña podía suponer una amenaza, incluso siendo una sucia judía?

«La miro y me doy cuenta de que dice la verdad —concluyó él—. La pequeña es inocente.»

«Todas estaban muy sorprendidas de que no fuera directa a la cámara de gas, pero nunca olvidaré cómo me miró el tal SS Ambros. Avaricia pura. No quería que los diamantes fueran para Alemania, los quería para sí mismo. A la semana siguiente pidió un permiso y volvió a su casa, donde abrió una fábrica.» Ella nunca recibió su trozo de salchicha.

Las tareas de los pañuelos rojos y blancos en Canadá se habían vuelto tan populares que todas estaban buscando pañuelos para entrar. Incluso Linda, que llevaba clasificando ropa desde el principio, en ocasiones acabó fuera, a pesar de sus «buenos codos». Edith era tan pequeña que no tardó en perder su puesto, y se quedó demasiado triste como para intentar recuperarlo. No tenía fuerzas para luchar, así que volvió al helado exterior, a despejar carreteras con las manos desnudas. El invierno era peligroso. La congelación era un problema muy extendido, pero allí cumplían con la norma de que «no había mal tiempo para los judíos».

Muy pocas chicas del primer transporte seguían trabajando fuera. Además de Edith y de Elsa, las pocas desafortunadas incluían a Rena Kornreich y a su hermana Danka, su amiga Dina Dranger y Joan Rosner. «No teníamos calcetines, ni abrigos, ni nada —cuenta Joan (#1188)—. Si nos encontrábamos con un trapo, nos lo poníamos por el cuerpo para que nos diera calor. Había mil mujeres en un bloque y nos robábamos la manta unas a otras. [Es] humanamente imposible explicar lo horrible que era. Tenía las piernas congeladas, los dedos de los pies congelados. Nada con lo que cubrirnos la cabeza. Trabajábamos bajo la lluvia y dormíamos con la ropa mojada.»

Para controlar el tifus, los domingos se recogían los uniformes de las chicas para desparasitarlos. El protocolo incluía que se quitaran los uniformes y que llevaran sus prendas a la lavandería, donde las hervían. Puesto que no tenían más ropa durante el lavado, las jóvenes se apretaban bajo las finas mantas de los bloques para darse calor. En invierno, secar los uniformes era un proceso lento, y las prendas volvían congeladas y tiesas. Uno de aquellos domingos de enero, Edith despertó con un dolor horrible. Tenía la rodilla inflamada como un globo. «No podía apoyarme en la pierna.»

Como era domingo, tenían tiempo de hacer algo antes de que la vieran los SS. Elsa corrió al bloque del hospital en busca de la doctora Manci Schwalbova.

Manci examinó la pierna de Edith e hizo un gesto negativo con la cabeza. «Edith, no sé qué decirte, pero es tuberculosis. —Esa enfermedad era una sentencia de muerte incluso en las mejores circunstancias—. Estás muy, pero que muy enferma. No sé si esto puede curarse en estas condiciones. Pero escucha, ayer hubo una selección. Ahora están las cosas tranquilas en el hospital. Te voy a llevar a una cama y te voy a operar. Luego veremos cuánto tiempo puedo ayudarte.»

En la quietud del domingo por la tarde, Manci practicó una punción para liberar la presión de la rodilla. Puesto que no tenían anestesia a su disposición, Elsa y la enfermera tuvieron que sujetar a Edith para que no se retorciera de dolor. El drenaje extrajo pus de la rodilla de Edith. Manci aplicó un emplasto sobre la herida infectada para que siguiera abierta y supurara. Edith durmió el sueño de mil noches y comió más comida de la habitual proporcionada por el tráfico clandestino.

Llevaba en cama solo tres días cuando Manci la despertó en mitad de la noche y le dijo: «Tienes que irte corriendo, corriendo, porque mañana vendrán y se llevarán a gente».

«¿Cómo voy a evitar cojear de dolor? Durante el día veo las estrellas...»

«Tienes que hacer lo que sea para andar bien. ¡No cojees! —le advirtió Manci—. Tienes que conseguirlo.»

Elsa vino al rescate. Asistió a Edith para cruzar la verja frente a los guardias de las SS, cuyos ojos avizores estaban siempre buscando a las enfermas y vulnerables, pero Edith logró avanzar sin llamar su atención. Quizás el mandato de la SS Mandel protegiera «a la pequeña» con un número tan bajo, pero lo más seguro es que Edith sencillamente fuera tan pequeña que pasara desapercibida. Trabajó tres días hasta que la doctora Schwalbova pudo volver a ofrecerle una cama.

Era un sube y baja de supervivencia. Tres o cuatro días de descanso, después fuga de vuelta al bloque antes de una selección en el hospital. Las funcionarias de secretaría tenían un papel fundamental para la supervivencia de las prisioneras en el hospital. Las noticias de las selecciones llegaban desde las oficinas de las SS, donde las funcionarias actuaban como parte de la red interna de resistencia. Cuando se enteraba, Manci y las doctoras judías «ocultaban rápidamente a las pacientes que corrían más peligro en el pabellón o las "disfrazaban" de trabajadoras del hospital». En más de una ocasión, la propia Edith se disfrazó de trabajadora.

La doctora Manci Schwalbova estaba hasta arriba de trabajo. No solo tenía que enfrentarse al tifus y a la tuberculosis, sino también a un brote de meningitis que se propagaba entre las prisioneras más jóvenes. Como médico, estaba en la difícil posición de intentar ocultar a quienes podía salvar y de verse obligada a abandonar a quienes no podía ayudar en las garras del doctor Kremer, o del doctor Clauberg, menos conocido, especialista en experimentos de esterilización.

Parte del protocolo de la Solución Final incluía la esterilización de judíos y, desde diciembre de 1942, el doctor Clauberg empezó a ensayar distintos métodos rápidos y baratos para esterilizar a mujeres jóvenes. No le preocupaba la salud o la recuperación de sus víctimas, y solo unas pocas sobrevivirían.

Donación de Eugene Hartmann en recuerdo de Lenka Hertzka,
Museo de la Herencia Judía de Nueva York.

*L*as dos cartas se cruzaron por el camino. En la suya, la madre de Lenka expresaba preocupación por el envío del correo. No caía en algo básico: que una prisionera recibiera correo en Auschwitz era en sí mismo extraordinario.

8 de marzo de 1943

Querida Lenka:
Te escribimos cada diez días, y también a través del UZ [Consejo Judío]. Solo pareces haber recibido dos cartas. No hemos recibido tu

carta de enero, ni la del 15 de febrero. Nos encantaría que nos mandaras algo. Hablamos de ti en las comidas y en cuanto tenemos ocasión... También te hemos mandado dinero, y también para Magduska. Los padres de Magduska y Nusi están tristes porque no dan señales de vida. Si pudieran añadir algo a tus cartas... Si está permitido, por favor, escribe sobre nuestros familiares y conocidos. Todos estamos sanos. Esperamos tus cartas con impaciencia. Te mandamos besos calurosos.

Besos, MILAN.

Te mando besos, ABUELO.

De mi parte también, MAMÁ.

La carta de Lenka también expresaba preocupación por el correo. A pesar de su posición, empleada al servicio de un miembro prominente de la Gestapo, y a pesar de los privilegios de que gozaba, no siempre recibía su correspondencia.

2 de abril de 1943

Queridos míos:

En primer lugar quisiera desearte feliz cumpleaños, querida mamá, incluso si es muy tarde. Os deseo a todos salud y suerte y que podamos celebrar el próximo cumpleaños juntas. Me temo que esta vez faltará el habitual regalo, pero seguro que puedes disculparlo. Recibí la postal de Lilly del 9 de marzo. Desde entonces estoy esperando con impaciencia más cartas, por desgracia en vano. ¿Por qué no escribís más a menudo? También se pueden mandar salchichitas y paquetitos de queso. Aparte de eso no hay novedades. Trabajo como antes y gracias a Dios estoy sana.

Os manda su amor y os abraza,

LENKA

El aniversario del primer día en el campo de Poprad coincidía con el cumpleaños del SS Franz Wunsch. Tenía veintiún años. Un año antes, las chicas habían llorado cuando las separaban de sus familiares. Ahora apenas parpadeaban cuando llegaba un nuevo transporte de Grecia con 2800 hombres, mujeres y niños, de los cuales 2191 murieron gaseados. Las 192 mujeres que fueron registradas en el campo recibieron los números entre el 38721 y el 38912; los números de los 417 hombres empezaban por el 109371. Mientras clasificaban la ropa y las pertenencias de los griegos, Rita —la *kapo* de los pañuelos blancos— volvió a anunciar que las chicas tendrían que hacer otra función. Monos de feria. Esclavas del entretenimiento y el trabajo.

Nadie podía decir que no.

De las prisioneras elegidas para actuar, solo una fue sincera al cantar una canción tradicional de cumpleaños y al vitorear escandalosamente: «Qué suerte que nacieras, de no ser así te habríamos extrañado. Qué suerte que estemos todos juntos. ¡Te felicitamos por tu cumpleaños!».

Al cantar a Franz Wunsch delante de todas las demás, ¿sentiría Helena que aquellas palabras tenían un significado secreto? ¿Estaba de verdad contenta de que estuvieran todos juntos y que él hubiera nacido? ¿Podría imaginar una vida sin él? El síndrome de Estocolmo todavía no era un término acuñado, pero el fenómeno por supuesto que existía. El caso era que Helena se había enamorado de aquel joven de las SS, y él también se había enamorado de ella. Él llevaría la foto de Helena en la cartera hasta el día de su muerte. Pero es innegable que era una relación definida por la posición de poder de la que él gozaba. Ella no podía elegir nada. No si quería sobrevivir.

Por supuesto que el encaprichamiento que tenía con Helena le dio a la joven un estatus y un poder por encima de las demás. «Si se lo hubiera pedido, [Franz] me habría salvado en un segundo. Todas las mujeres estaban disgustadas. Pero estaban disgustadas con razón. Si yo lo hubiera pedido, la cuarta parte de ellas habría desaparecido.[3] Pero no lo hice.» Aquel era un poder extraordinario, y además lo admite, pero en el mismo aliento niega haber tenido una relación física con Wunsch. En sus primeros testimonios, aseguraba que solo intercambiaban una o dos palabras de pasada. Pero con los años, ha admitido que «acabé queriéndole de verdad».

3. Helena se refería a las otras mujeres que trabajaban en Canadá y que sabían de su relación con Wunsch. *(Nota de la autora.)*

Ante la pregunta de si veía a Helena trabajar, Edith se ríe. «No la veía mucho. A él tampoco le veía haciendo gran cosa. Se subían a las estanterías altas, encima de las montañas de ropa. Ella estaba muy centrada en sí misma y en su romance con el tipo este.»

Quienes critican a Helena creen que «siguió viva» gracias a Wunsch, pero él no estaba siempre para protegerla. «Podrían haberme matado veinte mil veces en otros sitios», dice. Y si los superiores de Wunsch se hubieran enterado de la relación, le habrían castigado con severidad. Y, por supuesto, ella habría perdido la vida. De todas formas, entre las prisioneras, su relación no era el secreto mejor guardado de la guerra. Muchas supervivientes mencionan a Wunsch y a Helena en sus testimonios. «Nos enfadaba a todas», dice Eta Zimmerspitz (#1756).

Pasado el primer aniversario de la llegada del primer transporte, Edith explica que sus cuerpos habían aprendido a sobrevivir. «No es que las cosas fueran mejores, pero nuestros cuerpos empezaron a acostumbrarse a ciertas condiciones, como las meteorológicas y las de vida. Cuando llegamos, no sabíamos nada, pero ahora habíamos aprendido a sobrevivir.» El hambre había hecho mella en su capacidad mental y en su fuerza física, pero cuando el cuerpo se ajustó a la falta de alimento, también encontró el modo de mantenerse, al menos durante un tiempo.

El nivel de ocupación del campo femenino estaba un poco por encima de quince mil, pero a las mujeres las iban a empezar a registrar con números cercanos a cuarenta mil. En un año, más de veinticuatro mil mujeres registradas de todas las edades habían muerto en el campo, la mayoría de ellas, judías. De las quince mil mujeres que para entonces estaban registradas, más de diez mil estaban en la lista como «no aptas para el trabajo» y 2369 aparecían definidas como «no aptas físicamente», lo cual significa que estaban en el hospital o en el bloque 25. Ahora que por fin se calculaban las muertes de mujeres al final de cada mes, emerge de las cenizas de su historia una imagen más clara de la vida en el campo femenino. Las cifras totales para el mes de marzo de 1943 muestran pérdidas devastadoras: 3391 mujeres murieron en el campo, 1802 de ellas en las cámaras de gas. Por tanto, 1589 mujeres murieron de enfermedad, hambre, experimentos médicos o violencia.

La epidemia de tifus seguía causando estragos, y el comandante Höss ordenó que todos los vehículos utilizados para transporte de prisioneros se desinfectaran a fondo. También dispuso la desinfección de la ropa de los prisioneros cuando se fueran del campo. Al leer estas órdenes entre líneas, observamos que hace referencia a los camiones que transportaban prisioneros a la cámara de gas. ¿Cómo, si no, iba a haber ropa que desinfectar sin seres humanos que la llevaran?

Los conductores polacos que entraban y salían del campo femenino de Birkenau y que ayudaban al *Leichenkommando* siempre pedían algo de comida, y Bertha y las demás chicas compartían con generosidad hasta la última miga. Con aquellos hombres llegaba también información del exterior, y cuando el invierno remitió, les dijeron a Bertha y a las demás que quedaban pocas semanas para Pascua.

Es lógico que para algunas la fe fuera algo imposible. «¿Quién necesitaba religión ahí dentro? —pregunta Edie (#1949)—. No podíamos tener religión. No podíamos tener nada. ¿Quién iba a molestarse?»

Bertha, sin ir más lejos, se molestaba. Sus amigas y ella decidieron arriesgarse a celebrar el Séder e informaron a las demás en el bloque 27 de su plan para que pudieran empezar a preparar la comida. Una de las chicas consiguió robar uvas pasas de Canadá, y otra consiguió que las trabajadoras de la cocina le dieran un limón y algo de azúcar. Tenían todos los ingredientes para hacer vino de pasas, salvo agua.

Las mujeres del *Leichenkommando* tenían acceso a agua potable, pero necesitaban un contenedor. Debieron de utilizar el de Margie. A medianoche, las que hacían el vino colocaron el contenedor encima de la estufa de leña que había en mitad del bloque y esperaron. Cuando esperas que algo pase, tarda más, y como además les iba la vida en ello, parecía que no herviría nunca.

En el silencio de la noche en Birkenau, siempre sonaba un

disparo, el gemido de un sueño atribulado, un estertor de muerte o una rata correteando. Pero aquella oscura noche en el bloque 27 había una sensación de misterio. Era la obra de Dios. Aquello dio significado a sus vidas. La resistencia le hace eso al alma.

Cuando el agua por fin hirvió, añadieron las pasas, el limón y el azúcar. Taparon el contenedor con un paño para que no cayera suciedad en el vino. Colocaron el contenedor en una esquina en lo alto de una *koya* para que las ratas no pudieran llegar, y allí lo dejaron fermentar. Después se quedaron dormidas.

Cada veinticuatro horas, una de ellas removía el vino con su cuchara. Al segundo día empezaron a aparecer burbujas en la superficie. Al tercero, las pasas habían subido, se movían en la superficie y habían empezado a perder color. El líquido había adquirido un tono ámbar suave. ¡Funcionaba! Después de que fermentara durante una semana, el vino tenía un color marrón oscuro poco apetecible, pero era vino, al fin y al cabo. Lo colaron con un paño limpio y lo pusieron en los cuencos. Después de vaciar el contenedor, lo rellenaron con vino colado y lo volvieron a tapar. Lo dejaron reposar en la *koya* más alta hasta Pascua.

El doctor Clauberg tenía un plan diferente para celebrar la Pascua. Había elegido a Peggy y «a otras cuatro o cinco chicas polacas que también llevaban mucho tiempo en Auschwitz» para sus experimentos de esterilización. «Nos pusieron vestidos a rayas muy bonitos, un abrigo de tres cuartos agradable y un pañuelo precioso. A mí ya me había crecido un poco el pelo.» Esperaban junto a la puerta una mañana cuando Erna, una de las doctoras eslovacas que trabajaba con Manci Schwalbova, las vio.

«¿Qué hacéis aquí?», les preguntó.

«No sé qué hacemos aquí», respondió Peggy.

Erna fue directamente a la oficina a hablar con el doctor Clauberg. «No hace falta que haga experimentos con las mujeres que llevan aquí un año —le dijo—. No hay nada con lo que experimentar. Ya no menstrúan. Nada. Será mejor que busque a recién llegadas de los nuevos transportes.»

Diez minutos después, Erna salió de la oficina y dijo: «Chicas, volved a vuestro bloque. Vais a trabajar».

La voluptuosa y bella Marta F. (#1796), de Prešov, no tuvo tanta suerte. El 1 de abril de 1942, el comandante Höss señaló el bloque 10 en el mapa para que pasara a manos del mayor general profesor doctor Carl Clauberg, donde realizaría experimentos de esterilización con mujeres.

Ese año, Séder no sería como el del año anterior, que consistió en oraciones espontáneas. Y fue igual en toda Europa: Séder se celebró en secreto en campos de concentración, en guetos, en escondites y en cualquier lugar en el que los judíos conservaran cierta libertad. Esta tradición antigua conectaba a Bertha y a sus amigas con el amplio mundo, con un mundo invisible y espiritual. No estaban solas en Auschwitz. Estaban rezando con miles de personas como ellas, muchos de los cuales estaban pasando por los mismos apuros que las jóvenes nada más llegar a Auschwitz un año antes, o incluso en peores circunstancias. Y aun así, rezaron. «Te jugabas la vida al hacer algo así —explica Bertha—, pero valía la pena.» Si las iban a castigar por ser judías, al menos tenían que actuar como judías.

Al final del día, cuando las sombras se iban alargando en el exterior, las chicas del bloque 27 se organizaron en cada *koya*. Una de las mujeres del bloque era profesora de hebreo y las orientó como habría hecho un rabino, dando significado a los rituales y recordándoles las oraciones. Sirvieron el vino de pasas casero en los cuencos rojos y lo alzaron sobre sus cabezas. Una de las jóvenes había conseguido traer patatas al bloque. No había pan ácimo, pero al menos podían comer patata. El ritual alimentó sus almas y acercó la miseria de sus vidas a Dios. Si Dios pudo sacar a sus antepasados de la esclavitud, ¿cómo iba a abandonarlas en Auschwitz? «Rezamos a oscuras por nuestra libertad.»

30

Imagen de una postal tomada durante la entrevista
a Eugene Hartmann, 1996.

Fundación Shoah-Instituto para la Historia
y la Educación Visual; sfi.usc.edu

6 de mayo de 1943

¡*Q*uerida Lenka!

Hoy mismo hemos recibido tu postal. Tenemos que turnarnos
para escribirte cada semana y, créeme, es por amor profundo. También te voy a mandar algo, pero, por desgracia, no es seguro y es

difícil. Te voy a mandar ropa y medias. Estamos bien. Pero nuestra preocupación por ti nos amarga la vida. Aparte de eso, todo va bien. ¡Hemos recibido algo de Nusi [ilegible], pero no sabemos nada de Magduska! También leemos las cartas de las chicas Wahrmannova [también del primer transporte de Prešov], pues a menudo nos reunimos con sus padres. Por favor, mándales nuestros mejores deseos. ¡MUCHOS BESOS!

PIPAPIO [EL ABUELO], LILLY Y MILAN

Por el camino, con esta carta se cruzó otra de Lenka para su hermano Simon que aporta datos sobre su vida como funcionaria. Le hace saber que los prisioneros reciben el correo los viernes y pide disculpas «por no haber podido escribir en diciembre», pues estuvo enferma «varias semanas». Que la dejaran volver después de enfermar dice mucho de su aventajada posición en el campo. «Estamos con varias chicas de Prešov y hemos tenido la posibilidad de pasar tiempo juntas —escribe—. También he conocido a gente nueva.» Normal que la familia no supiera qué pensar. Si veía a muchas chicas de la ciudad, ¿por qué no veía también a sus primas pequeñas? Aunque esta es la primera carta en la que menciona algo críptico: «Nusi y Zola están con nuestra prima Zsenka».

Casi de inmediato, la madre y Lilly contestaron. «La madre de Magduska [Irma] está muy enferma, Bela llora por Magduska y te culpa por no escribir sobre ella. La madre de Nusi también quiere saber… ¿quién es la tía Zsenka?»

Las prisioneras a menudo eran tan cautelosas con sus mensajes que acababan siendo indescifrables. Pero podemos imaginar que, en torno a mayo de 1943, el rostro resplandeciente de Nusi Hartmann estaba muerto. La postal que la familia había recibido de ella era una de esas que estaban franqueadas y enviadas después de su muerte. No sabemos en qué circunstancias ni en qué fecha falleció Olga Hartmann (Nusi). El destino de Magduska seguía siendo un misterio.

«Dreschler era fea», decían todas. Los incisivos le sobresalían bajo el labio superior incluso cuando cerraba la boca. Era temida y odiada por dar palizas y por abusar de las prisioneras de otras formas. No querías oírle gritar rabiosa tu número, porque parecía una sentencia de muerte. Edith oyó a Dreschler vociferando su número y se le erizó el vello de la nuca. ¿Ahora qué?

—¡1970! ¿Sigue fuera?

El número flotó en el cálido aliento de la SS más fea del mundo. Elsa miró horrorizada a Edith. ¿Se enfrentaban a la carcelera o huían? ¿Y a dónde iban a huir, sobre todo Edith con su cojera? Despacio, bajo la mirada de todo el mundo, Edith se dio la vuelta.

Dreschler las estaba señalando, y al hacerlo casi golpeó con su palo a la jefa de bloque. «¿Cómo dejáis a prisioneras así salir a trabajar? —Apuntó a la minúscula silueta de Edith y al rostro aterrado de Elsa—. Llevan aquí mucho tiempo. Se han ganado trabajar en algún sitio menos duro, no aquí fuera, bajo la lluvia, la nieve y las heladas. ¡Dadles un buen trabajo!»

Grizzy, la jefa de bloque, que también era del primer transporte y no tenía fama de ser ni amable ni justa, miró a las dos chicas con desdén.

—¡Ahora!

Dreschler gritó a la cara de la jefa de bloque.

—¡Tú! ¡1970! ¡Ahora eres *Stubendienst*! —ordenó Grizzy.

Edith dudó. Elsa ni se movió.

—¡Tú también! —dijo, dirigiéndose a Elsa.

—¡Entrad!

Edith y Elsa se fueron corriendo tras la revista de la mañana y entraron en el bloque antes de que la carcelera Dreschler cambiara de idea. Excepto por su breve paso en los pañuelos blancos, Edith llevaba trabajando fuera desde hacía un año y medio. Poca gente podía sobrevivir trabajando fuera tanto tiempo, sobre todo las del primer transporte. Edith no se creía su suerte. De pronto, sus vidas cambiaron a mejor. Ya no tendrían que trabajar cada minuto bajo la constante mirada de los SS y de sus perros, ni tendrían que sufrir más latigazos. Claro que pocas semanas después la guardiana Dreschler le daría una bofetada tan fuerte a Edith que la lanzaría volando hasta el suelo a centímetros de la valla electrificada. No estaban a salvo.

Conseguir un trabajo como limpiadora de bloque parecía el comienzo de «una nueva era». Como *Stubendienste*, Edith y

Elsa se levantaban temprano para recibir las teteras cuando llegaban en camiones. Servían a las chicas que salían antes de la revista y luego limpiaban el interior de los bloques y las *koyas*, sacaban la ceniza de la estufa de leña, barrían el suelo y servían el pan cuando las jóvenes volvían de trabajar por la noche.

La primera noche en sus nuevos cargos, las otras encargadas de las habitaciones convocaron a Edith y a Elsa a la habitación de las jefas y les dieron varios trozos más de pan. Edith observó a las encargadas, que les explicaban cómo cortar el pan en cuartos dejando la parte central intacta para que las trabajadoras del bloque pudieran quedarse con una ración adicional. Edith había trabajado tan duro y tanto tiempo que sus lealtades seguían con las que trabajaban fuera. ¿Por qué las chicas que trabajaban con menos vigor recibían más comida?

«¡No lo quiero! —exclamó—. Es pan robado. Quizá por este trozo de pan una niña se muera de hambre. No es pan para mí. —Después miró a la chica que más pesaba de todo el bloque—. Y tú tampoco lo necesitas.»

«¿Cómo? ¿Te crees que por no comer este trocito de pan vas a cambiar algo? —le gritó indignada la chica—. ¡No puedes cambiar nada!»

«Tú tendrás que cargar con eso en la conciencia —dijo Edith—. Haz lo que quieras, nosotras haremos lo que queramos.»

Elsa asintió para apoyar a Edith. «No queremos este pan.»

Se quedaron con las rebanadas que les había correspondido y volvieron su espalda a la avaricia de las más afortunadas. Rechazar comida adicional quizá no fuera fácil para algunas, pero para Edith y para Elsa era un acto de resistencia espiritual. Otro caso más en el que las jóvenes hacían lo que podían por conservar sus valores y actuar de un modo humano ante tanta inhumanidad.

Cuando los hombres trajeron los calderos de sopa aquel domingo, Edith y Elsa ayudaron a servir el almuerzo en los cuencos rojos de las presas. Era la primera vez que cualquiera de las dos estaba en posición de ayudar a su alrededor, y las demás no tardaron en darse cuenta de que Edith y Elsa estaban removiendo la sopa para que la verdura y los trozos de carne subieran a la superficie y cayeran en los cuencos. Empezaron a surgir susurros en la fila: «Elsa y Edith están removiendo la sopa. Ponte en su fila». Las presas se cambiaban de cola y daban las gracias a Elsa y a Edith por servir a todas por igual. El hambre hace que la gente se vuelva mezquina. También hace que te acuerdes de cada desprecio. Los supervivientes recuerdan a todos los que les robaron comida, y todos y cada uno de los trozos de comida adicional que recibieron.

Trabajar de *Stubendienste* quizá empezara siendo un alivio, pero las pesadillas eran una constante del campo. Una tarde, Edith volvió de hacer un recado y entró en el bloque 13 para encontrarse a Elsa llorando histérica. Una de las mujeres había pasado el proceso de registro a pesar de estar embarazada. Pasaba a veces. El vientre de la mujer no estaba lo bastante hinchado como para llamar la atención, la ropa de prisionera lo fue ocultando y no hubo ninguna selección que la delatara. Cuando se puso de parto, Elsa corrió en busca de la doctora Manci Schwalbova. Era peligroso ponerse de parto en el campo. Los gritos podrían atraer a los SS o a alguna de sus espías. Todo el mundo implicado podría acabar en la cámara de gas por ayudar a la madre. Así era el horror de la vida en un campo de la muerte: no podía haber vida. Y mucho menos una vida nueva. Solo había una forma de salvarle la vida a la madre, y era librándose del recién nacido.

Aún no eran las dos de la tarde, así que los camiones no habían llegado todavía a recoger los cuerpos apilados fuera de los bloques. Elsa fue la encargada de ocultar a la criatura debajo de los cadáveres para que las SS no la encontraran e hicieran una inspección a las prisioneras. Estaba llorando cuando la abandonó.

Hiperventilaba. Estaba histérica. Tenía los ojos inyectados en sangre de tanto llorar cuando le contó a Edith lo que había hecho. Se abrazaron y lloraron juntas. La madre estaba en la cama de en medio, incapaz de moverse, perdida sin su hijo. De los pechos le goteaba leche que nadie bebería.

Los ojos de Edith se enrojecen y empañan cuando recuerda este incidente. Agitada y con la voz entrecortada, prosigue: «¿Cómo pude sobrevivir a aquello?».

¿Cómo es posible que alguien lo consiguiera?

Fiel a su palabra, Frida Zimmerspitz (#1548) había estado trabajando en un plan para fugarse de Auschwitz desde el día en que su hermana y ella llegaron. La hermana pequeña de las dos, Margit, llegó en un transporte posterior con otras cuatro primas. «Éramos una gran familia en el campo, y no queríamos que a ninguna nos faltara de nada, así que algunas de nosotras [como la *kapo* judía Frances Mangel-Tack] asumieron roles para proteger a la familia —cuenta Eta Zimmerspitz (#1756)—. Me cuesta explicarlo…» Pero no es difícil de entender. Las familias se ayudaban entre sí, y Frances Mangel-Tack se aseguró de que las que no encontraran trabajo como funcionarias acabaran en Canadá.

Eta, su hermana Fanny (#1755) y su otra prima Martha (#1741) vivían en el mismo bloque que sus primas, las hermanas Zimmerspitz. Esto tenía que haber obrado en su favor, pero las cuatro hermanas formaron una unidad cerrada y no dejaban entrar a nadie, ni siquiera a sus primas. Frida recorría el bloque como si fuera el feudo personal de las Zimmerspitz. Además, llevaban varios negocios aparte. «Las hermanas se estaban haciendo demasiado populares», cuenta su prima Frances Mangel-Tack. Quizá populares entre los SS, pero no con otras prisioneras. Se creía que Frida era una espía de las SS.

«No eran buenas», cuenta Ruzena Gräber Knieža (#1649). Una de las hermanas incluso la pisó con fuerza en un pie y le gritó: «¿Por qué no te has muerto ya? ¿Sigues aquí? Pensaba que te habías muerto hace siglos».

Según Eta Zimmerspitz, las hermanas ni siquiera compartían el pan extra del que hacían acopio. Se las consideraba el peor tipo de funcionaria, pues aprovechaban su rango por encima de las menos afortunadas y controlaban un mercado negro a través de la tarea de clasificación en el que cambiaban pan por oro, diamantes y joyas.

A las SS «les parecía bien que [Frida] espiara para ellos», intenta explicar Frances Mangel-Tack en su testimonio de ocho horas con el entrevistador de la Fundación Shoah. Pero «actuaban en contra de ellos». La historia que cuenta Frances es enrevesada y confusa. Habla como si conociéramos a todas las personas implicadas, y el argumento es difícil de seguir. Pero si comparamos su testimonio con los de sus primas y otros supervivientes, empezamos a ver una imagen más nítida de lo que tramaban Frida y sus hermanas. Todo estaba relacionado con la avaricia. Los SS querían sacar productos de contrabando de Canadá para enviarlos a sus casas; las hermanas recogían los objetos valiosos que les traían las chicas de la tarea de clasificación y cambiaban oro y bienes por comida. Luego cambiaban el botín por favores especiales de los SS.

Las trabajadoras de Canadá arriesgaban sus vidas sacando bienes de bolsillos y zapatos y luego iban al bloque Zimmerspitz, donde cambiaban aquellos bienes por comida y medicamentos. «Lo que hacían me parecía repugnante —dice Ruzena Gräber Knieža—. Les vendían pan a mujeres que se morían de hambre.» Pero el oro no es comestible, por lo que en Auschwitz valía menos que el pan.

Al final, algún alto cargo de las SS se dio cuenta de que una de las hermanas estaba trabajando clandestinamente. «Había una mujer alemana de Ravensbrück que había sido chica de burdel, y Margit... le dijo algo —cuenta Frances Mangel-Tack. Por supuesto, la chica de burdel informó a un SS—. La escala de los delitos era enorme.»

Era más grande de lo que la meretriz o el oficial imaginaban. No solo las hermanas estaban ayudando a una red clandestina, también estaban planeando su fuga. Antes de ir a trabajar en el turno de noche clasificando ropa en Canadá, Frida —la más «bocazas»— llamó con un gesto a sus sobrinas pequeñas, Martha, Eta y Fanny, para que fueran al cuarto de las hermanas. Las cuatro hicieron que las primas pequeñas se sentaran y les dijeron que se cuidaran unas a otras. Era un momento extraño, casi como si estuvieran sincerándose por algo. Eta y Fanny sintieron gratitud por que al fin sus primas mayores las reconocieran, ya que, en general, se mostraban desdeñosas o incluso maleducadas. Eta, su hermana y su prima Marta fueron a trabajar aquella noche sintiéndose más optimistas ante sus posibilidades de sobrellevar la dureza del campo.

Por la mañana, Frida, Ruzena, Malvina y Margit ya no estaban allí. Las mujeres del bloque despertaron confusas y miraron a su alrededor. ¿Dónde estaban las hermanas? Desfilaron fuera y recibieron té. Se posicionaron para la revista, pero todo resultaba extraño. Los SS iban y venían dando gritos a todo el mundo. Entonces, uno de los SS apuntó a Eta y a su hermana con el arma y gritó sus números.

—¡Prisioneras 1755 y 1756! ¡Fuera de la fila!

Les ordenaron que se presentaran de inmediato en Auschwitz I.

«Pensábamos que alguien de nuestra familia había venido a liberarnos», recuerda Eta.

Escoltadas por una *kapo*, las chicas estaban a punto de salir del campo femenino cuando su prima, la *kapo* Frances Mangel-Tack, corrió hacia ellas.

«Negad que tenéis algo que ver con nuestras primas —les advirtió en eslovaco—. Están buscando a cualquiera que se llame Zimmerspitz.»

«¿Por qué? ¿Qué ha pasado?», preguntó Fanny.

«No digáis nada —insistió Frances—. ¡Ni una palabra!» Y después se fue.

Aquella fue una orden que caló en el subconsciente de Eta. Durante el trayecto de Birkenau a Auschwitz, las hermanas pasaron el rato inquietas y preocupadas. ¿A qué se refería Frances al decir que negaran tener algo que ver con sus primas? Eta y Fanny llegaron en silencio a Auschwitz I, donde las enviaron al cuartel general de la Gestapo en el bloque 11, el Bloque de la Muerte, donde las interrogarían. Ese bloque estaba reservado por lo general a presos políticos o prisioneros de guerra rusos, pero ahora había cuatro mujercitas dentro. Lo que separaba a Eta y a su hermana del paredón era el aviso de Frances. Se oían gritos torturados de las entrañas de la prisión. Parecían de una mujer.

El interrogador, vestido de negro con botones de latón muy lustrosos, examinó a las jóvenes que tenía delante. Les preguntó si conocían a las hermanas Zimmerspitz.

Eta abrió la boca para responder, pero no salió nada. Había perdido la capacidad de hablar.

—Estábamos en el bloque 18 con ellas —contestó Fanny.

—¿Y?

—Nada más. Eran las jefas de bloque y de cuarto. Se portaban fatal con todo el mundo.

—¿Sois familia?

—No.

«¿Cómo puedes decir que no sois familia? —insistió, señalando a Eta—. Esta es clavadita a Rosa.»

Todo dependía de Fanny. Eta era incapaz de articular palabra.

«¡Quizá tengamos el mismo nombre, pero no somos familia! —dijo Fanny—. ¡Hay un montón de Zimmerspitz en Auschwitz-Birkenau!» Bastaba con ver la cantidad de Friedman.

—Ni siquiera nos dieron más pan que a las demás, ni privilegios. Pregunte a cualquiera. Se portaban mal con nosotras —arguyó Fanny.

Eta asintió. Era cierto. Ni siquiera un trocito de pan.

Debían de conocer su reputación, y el interrogador aceptó la verdad que le estaba diciendo Fanny. Estaba claro que Eta y ella no sabían nada. Las dos hermanas regresaron a Birkenau. Nunca nadie se sintió tan aliviado como ellas al entrar en el infierno sobre la tierra.

¿Cómo pillaron a las hermanas Zimmerspitz? Ruzena Gräber Knieža dice que una prisionera polaca descubrió sus planes y le vendió la historia a un guardia para conseguir una sentencia menos severa. Según Frances, fue la meretriz. Eta dice que conoció a un hombre polaco en Israel años después de la guerra que dijo haber sido su contacto en el exterior y que había intentado ayudarlas a escapar. Habría sido una estrategia audaz, pues las SS eran famosas por aceptar un pago y después traicionar a los prisioneros. Es una vieja historia: para comprar la libertad había que pagar la ayuda de un SS o de alguien de fuera. Pero la recompensa por desbaratar un intento de huida o por pillar a alguien intentando escapar era una semana de vacaciones o incluso un ascenso.

Pasara lo que pasase, ninguna chica cayó en que la crueldad de las hermanas había sido una treta para proteger a cualquiera que las conociera en caso de ser descubiertas. Cualquiera que recibiera sus muestras de cariño habría estado en peligro después de su fuga y una víctima de interrogatorio. Por eso, las hermanas protegieron a sus primas y a todas las demás chicas del bloque portándose mal y tratándolas con desprecio. La riqueza que las hermanas Zimmerspitz habían amasado quedó en la clandestinidad. Solo codiciaban la libertad.

No sabemos por qué no se menciona su fuga, su captura o su ejecución en el registro histórico. Solo tenemos los testimonios de familiares y prisioneras. ¿Quizá las SS pensaron que reconocerlo les ponía en evidencia? A fin de cuentas, cuatro jóvenes judías las habían engañado. Muy poca gente llegó a lograr fugarse de Auschwitz-Birkenau. Casi ninguna mujer judía llegó a intentarlo.

Los intentos de los hombres por escapar, sus números y sus nombres sí están documentados, y de forma sistemática, en *Auschwitz Chronicle*, pero no se menciona en esta obra el intento de fuga ni la ejecución de las hermanas Zimmerspitz. No hay datos de ellas en Yad Vashem, salvo sus nombres en la lista de trasferencia de Birkenau a Nuevo Berlín. No hay nada en los «Libros de muertes» de Auschwitz. Las hermanas Zimmerspitz parecen haber sido expurgadas del registro histórico.

Las hermanas podían oír los gritos de sus hermanas mientras las «torturaban sin piedad» con la esperanza de que se delataran entre sí. «Las hicieron picadillo. Fue horrible», dice Frances. Evidentemente, el oficial Taube golpeó a Frida y la arrastró frente a las chicas mientras pasaban lista para dar ejemplo. Pero las hermanas Zimmerspitz eran fuertes. Los SS no consiguieron sonsacarles nada. Incluso la bocazas de Frida guardó silencio. Fue la última de las hermanas a la que ejecutaron.

31

IMAGEN CEDIDA POR LA DIVISIÓN DE ARCHIVOS,
CENTRO YAD VASHEM.

16 de septiembre de 1943

Como siempre, la postal de Lilly era alegre y estaba llena de cotilleos que ahora tienen poco interés. Daba nombres de personas que se casaban, preocupaciones de salud, chismorreos. Sus cartas muestran que la comunidad judía en Eslovaquia oriental seguía adelante a pesar de los oscuros destinos de muchos amigos y miembros de la familia. La granja Hartmann se mantenía, pero «no sin ayuda alguna», escribía la madre de Lenka. El correo también estaba teniendo dificultades. Dos de las cartas de Lenka, «las del 15 de julio y el 15 de agosto», llegaron casi a la vez. La censura se estaba haciendo cada vez más frecuente. Faltaban trozos de la mitad o del margen de las postales, lo cual complicaba la transmisión del mensaje. Pero la inocente frase «Tu regreso es nuestra esperanza» solía pasar la censura.

Más de una chica acabaría debiéndole la vida a la doctora Manci Schwalbova. Pero había más doctoras y enfermeras judías ayudando a las prisioneras. La prisionera polaca Sara Bleich (#1966) había conseguido un trabajo relativamente fácil con las pañuelos rojos, aunque «clasificar y ordenar harapos y prendas de los prisioneros... era una actividad desagradable, pues la ropa a menudo tenía sangre y tierra». Igual que Ida antes que ella, Sara contrajo el tifus. Aunque el tratamiento en 1943 ya no era el de 1942. Sara pudo quedarse en el pabellón hospitalario, y llevaba allí tres semanas cuando entró «el demonio en persona», un médico nuevo que había llegado a finales de mayo y que seleccionaba mujeres para la cámara de gas.

Una de las médicas sacó a Sara del catre, la ocultó en un barril y lo cubrió con una manta. «Y, al hacerlo, me salvó la vida.» Sara fue una de las primeras chicas que se libró de las garras del doctor Josef Mengele. Sin doctoras tan avispadas y valientes que las escondían del asesino en serie que acechaba en el bloque médico, muchas menos mujeres habrían sobrevivido.

«Mengele era tan guapo que no te creías que hiciera cosas tan horribles —dice Eta Zimmerspitz (#1956)—. Cogió a un chaval, le obligó a tener relaciones sexuales y se quedó mirando.» Era un Frankenstein moderno que se deleitaba torturando a sus pacientes y experimentaba con hombres, mujeres y gemelos. Todo el mundo procuraba evitarle. Pero algunas funcionarias, incluidas Ella (#1950) y su hermana Edie (#1949), tenían que tratar con él directamente y de forma regular.

Las habilidades de Ella como secretaria, así como su buena letra, hicieron que Mengele se fijara en ella. La «ascendió» para que fuera la escribiente de la sauna, que era el nombre que se le daba a la zona donde llegaban las recién llegadas para ser procesadas, es decir, para que las registraran al desnudo, las desinfectaran y (a partir de 1943) para que las tatuaran. La joven se encargaba de registrar los nombres y los números de las nuevas prisioneras. En calidad de escribiente del doctor Mengele, Ella tenía que enfrentarse una y otra vez a la fragilidad de la vida de todas las mujeres de Auschwitz. Sus listas claras y ordenadas documentan los números de las mujeres seleccionadas para morir o para sufrir experimentos. Con el tiempo, la ascendieron a tatuadora. Ella siempre usaba números «pequeños y claros» y se esforzaba por tatuar solo la parte interna de los brazos de las mujeres.

Ella no habla de cómo gestionaba el estrés de trabajar a las órdenes de Mengele. Incluso su hermana, Edie, a quien casi nunca le faltaban las palabras, balbuceaba al recordarle. «Todo el mundo se echaba a temblar cuando entraba Mengele [en la oficina]. No puedo ni describirlo. Al mirarle se le veía la rabia que tenía dentro. Se veía un… un vacío oscuro. Era terrible.»

Ria Hans (#1980) formaba parte del equipo que trabajaba en el hospital cuando Mengele llegó al campo. La insultaba y la acosaba verbalmente, y la obligaba a clavar agujas en *Musselmänner* esqueléticos para administrarles inyecciones de fenol que los mataría. Edith cuenta que a Ria la pillaron intentando salvarle la vida a una mujer. «El castigo que recibió Ria fue que la metieran en el bloque 11, en una celda en la que solo podía estar de pie, durante seis meses».

Años después, cuando los supervivientes tuvieron que solicitar indemnizaciones del Gobierno alemán, un superviviente que quiso mantener en secreto su identidad escribió sobre el modo en que los doctores Horst Schumann y Josef Mengele «experimentaron conmigo inyectándome virus para ver cómo reaccionaba mi cuerpo, y lo observaban sacándome sangre y viéndome sufrir. No contraje malaria, aunque me la inyectaron, pero sí la fiebre tifoidea y otras enfermedades cuyos nombres desconozco. Para mí, ese periodo de seis meses está borroso, porque estuve enfermo muchísimo tiempo».

A medida que avanzaba el año 1943, otras chicas del primer transporte y que habían estado trabajando fuera consiguieron trabajos mejores. Ruzena Gräber Knieža, Rena y Danka Kornreich y Dina Dranger se integraron en una tarea especial de lavandería y se trasladaron al sótano de las habitaciones del personal de las SS, donde vivían Lenka Hertzka y las demás empleadas de secretaría. Estaban separadas del resto de la población del campo y, al estar en las dependencias de lavandería y costura, se habían alejado de las epidemias peligrosas que asolaban las tristes vidas de las presas comunes. Entrar en las tareas de lavandería y costura era una especie de ascenso que tenía que haber fomentado la amabilidad y la bondad. Por eso a Ruzena Gräber le sorprendió una escena que se produjo un domingo por la tarde cuando la madre de una de las chicas se coló en el sótano donde ellas estaban descansando.

La pobre mujer cayó de rodillas y alargó las manos hacia su hija de veintidós años. «¡Estoy fuera cavando tumbas!», gritó.

Estaba hecha polvo. Llevaba harapos sobre el cuerpo. Estaba recubierta de la suciedad infecta de Birkenau. Theresa, la hija, estaba totalmente asqueada. Asustada, se apartó de la mujer esquelética, que todavía no era una *Musselmänner* pero se acercaba al punto de no retorno.

Gritó a su madre:

—¿Quién soy yo para ayudarte? ¡Fuera de aquí antes de que te encuentren y nos maten a las dos!

Dicho esto, echó a su madre del bloque.

«No sé si tenía el valor o la fuerza para ayudarla —dice Ruzena—, pero vi el modo en que la trataba. Es una imagen horrible en mi mente. En circunstancias normales, habría sido una persona de lo más normal. Los seres humanos pueden llegar a caer, o pueden verse obligados a caer, muy bajo.»

Ayudar a otras tenía consecuencias. Rose (#1371) llevaba un año y medio trabajando en la granja en Harmęże. Se encargaba de criar faisanes y conejos, cuidar los conejares y limpiar el suelo para las aves. Se enorgullecía de su trabajo y se esforzaba mucho. Su *kapo* incluso la dejó como encargada cuando tuvo que ausentarse. Un día, Rose fue al hospital de Birkenau y una de las enfermeras le pidió que se llevara una carta muy importante a Harmęże y que se la entregara a otra prisionera. Rose se metió la carta en el zapato, sin darse cuenta de que una espía de las SS la estaba observando. Una mujer ucraniana la delató de inmediato. Cuando Rose se dirigía a la verja, oyó a una espantosa SS gritando su número.

—¡1371, alto!

Rose se quedó quieta.

—¡Quítate el zapato!

La nota que llevaba era de un agente clandestino a otro. Detuvieron a Rose en el acto y la encerraron en el bloque *Smierci*, el 11, donde los prisioneros políticos, los luchadores de la resistencia y los fugados —como las hermanas Zimmerspitz— sufrían interrogatorios y torturas y en ocasiones se les ejecutaba. Pasó meses detenida hasta que la liberaron en octubre de 1944.

Para entonces, Irena Fein (#1564) estaba trabajando con otras seis chicas. Iban de una vivienda a otra al servicio de las esposas de los SS. A veces las jóvenes hacían la colada, otras limpiaban a fondo una casa que quedaba vacía cuando se iba alguna familia alemana. Esas eran las mejores casas donde trabajar, pues, mientras los guardias se quedaban fuera, Irena y las otras robaban comida que había quedado en las despensas. Cuando te mueres de hambre, todo gira en torno a la comida, y casi todos los prisioneros describen la calidad de una tarea por la cantidad de comida que organizaban o que recibían de recompensa.

Irena recuerda entrar en una casa en la que una de las esposas «estaba cocinando col rizada con patatas». Mientras las demás iban a hacer la colada y a limpiar las habitaciones, la señora de la casa le preguntó a Irena: «¿Puedes ayudarme a colgar unas cortinas?».

«*Ja, gnädige Frau*. Sí, señora.»

Irena se subió a una escalerilla y la mujer le fue dando la tela para que la enganchara en las barras por encima de su cabeza.

«¿Cómo es la vida en el campo? ¿Estás contenta?», preguntó la mujer.

Irena dudó. ¿Cómo podía pensar esta mujer que estaba contenta en Auschwitz? «Por favor, no pregunte.»

«¿Por qué no? Tengo curiosidad por saber cómo es aquello. No nos permiten entrar.»

«No puedo hablar del tema.»

«¿Y por qué no?»

«Porque se lo contará a su marido y me matarán. Lo siento.»

«¿Es tan horrible?»

Irena no respondió. Acabó de fijar el último pliegue de la cortina y bajó de la escalerilla. Las conversaciones como esa la mandaban a una a la cámara de gas, y aquella alemana era demasiado ingenua para saberlo. Su diálogo fue un descubrimiento amargo. «Ni siquiera las esposas sabían lo que ocurría ahí dentro.» Fuera de la casa, a pocos metros de distancia, estaban gaseando y quemando hasta la muerte a mujeres y a niños. Pero aquella mujer estaba criando a sus hijos y viviendo en un mundo en el que el asesinato masivo o bien no existía, o bien estaba justificado de tal modo que no se consideraba un crimen. ¿Cómo podían vivir bajo la nube de humo que flotaba en el aire sin tener ni idea de las atrocidades que estaban perpetrando sus maridos, sus colegas y todo su régimen? ¿Acaso no lo sabían porque eran inocentes o porque no querían creer la verdad que tenían ante los ojos?

La mujer no necesitaba dar las gracias, pero lo hizo. Irena no confiaba en que el gesto fuera sincero, pero asintió con la cabeza y pronunció un «*bitte*» indiferente.

La dirección de Lenka iba a cambiar, y había avisado a su familia del traslado. En la nueva dirección de sus cartas ponía Nuevo Berlín. Quizás esto fuera una zona que los prisioneros llamaban los «nuevos bloques», donde se alojaron las chicas de la lavandería en 1944. Quizá Lenka hubiera averiguado que estaban censurando sus mensajes, así que logró enviar un telegrama a su tía y a su tío el 15 de octubre de 1943:

Muchas gracias por vuestras cariñosas palabras, que me han dado mucha alegría. Estoy deseando recibir el paquete del que habláis.

Podríais meterlo directamente en el tren. Enviad cosas que no se rompan ni se pudran. Estaría bien queso, salchichas, salami, chucrut o sardinas en lata. ¿Podéis mandar sardinas de Portugal usando el correo UZ [Consejo Judío]? Si escribís a mi tía, insistid en que papá me escriba porque no he tenido noticias suyas. Solo siento decir que no trabajamos en el mismo sitio pero sé que también os escribirá. Tengo entendido que Nusi no ha visitado a *Herz tete*.

Lenka seguía intentando transmitirles la noticia de la muerte de Nusi, esta vez haciendo referencia a sí misma usando la palabra *Herz*, que también significa corazón en alemán. Su mensaje estaba claro.

Casi de inmediato, Lenka recibió una carta mecanografiada de Ernest Glattstein, que sin duda enviaba información de su familia y vecinos:

> Le estaría muy agradecido si pudiera decirme si mi hermana Ilone Grunwald, mi cuñado Marcel Drody, mi tío Zeig Lefkovits, su hijo Robert, así como el doctor Kraus Bela —que vivía enfrente de usted— han estado con Regina y con Dundy, y si las personas antes nombradas llegaron con Nusi.

Sus preguntas sobre si sus familiares estaban con Nusi eran el único modo que tenía de averiguar el destino de sus seres queridos. Varias líneas más abajo, mencionaba a varias chicas del primer transporte: «Por favor, diga hola a mis conocidas. Wachs Seri, Wahrmann Margit, Ella Friedman [#1950], Edie Friedman [#1950]».

Era diciembre cuando llegó a la granja de los Hartmann, en Rožkovany, la postal de Ellie y Kornelia Mandel, las hermanas que habían viajado con Nusi y Magduska. Es una de las pocas cartas de las que no hay copia, pero Eugene, el hermano de Magduska, recuerda hasta la última palabra:

> Querido señor Hartmann:
>
> Gracias por el paquetito que hemos recibido de su parte. Estamos

bien. He recibido carta de su hija Magduska, y de su sobrina, Nusi, en *gan 'edn** Están bien. Piden que visite con frecuencia al tío Kaddish.

Magduska estaba muerta. Bela estaba destrozado; Eugene, su hermano pequeño, estaba perplejo. No se lo dijeron a la madre de Magduska. Todos sufrían por la culpa. No habían hecho más que regañar a las chicas por no escribir. ¿Qué pensaría Lenka de ellos? ¿Habría llegado a conocer a Magduska? La carta no decía nada más, no podía haberlo hecho. ¿Cuánto tiempo llevaban muertas? ¿Cómo habían muerto? Nadie lo sabía. Sus vidas y sus muertes son una interrogación constante que pende sobre su familia hasta hoy, y de los osarios de Auschwitz no parece que salgan respuestas.

* גן העדן, el cielo en hebreo.

1 de diciembre de 1943

¡*Q*uerida Lenka!

Espero que recibieras la carta de Willi y el dibujo de Milanko.
Hemos separado la chaqueta, el salami y los medicamentos. Ayer
enviamos zapatos y salchichas… Esperamos recibir pronto noticias detalladas de si le entregas todo a Kato [Katarina Danzinger
(#1843)]. En noviembre enviamos ropa y 500 coronas, ya debe-

rías haberlo recibido todo. Además, 3,5 y 2 kilos —casi no podemos respirar—, ¿los has recibido? Pregunta a Kato. Willi espera que su cuñada te haya visitado. Bela está muy enfermo, llora por Magduska.

Todos pensamos mucho en ti. ¡Ánimo!

Besos,

LILLY

Después de quince meses en el *Leichenkommando*, la doctora Manci Schwalbova le dijo a Bertha y a sus compañeras de tarea que ya era hora de que cambiaran de actividad. No todas habían pasado los quince meses, pero Peshy Steiner, Elena Zuckermenn y Margie Becker seguían ahí. La doctora Manci Schwalbova ejerció el poco poder del que disponía para que las chicas fueran a trabajar a Canadá: se merecían un trabajo más fácil después de haber pasado tanto tiempo moviendo cadáveres.

Pero Canadá no era el paraíso que todas imaginaban. «Podíamos comer durante el día, pero teníamos que ir a las selecciones —dice Bertha—. Y el primer día me torcí el tobillo y me trajeron de vuelta en una camilla. Pensé que iría al crematorio.» Ser una de las preferidas de la doctora Manci Schwalbova la salvó: le permitieron a Bertha seguir trabajando. Clasificar ropa no requería andar, y bastaba con que pudiera estar de pie y clasificar ropa para que la mantuvieran viva. No obstante, Bertha no tuvo «suerte en Canadá». Se hizo amiga de una chica francesa y decidió robarle un regalo. Había visto a otras chicas que escondían ropa y la sacaban sin que las pillaran. ¿Era tan difícil? Berta se metió una blusa debajo del uniforme, justo antes de acabar el trabajo, y se fue a la fila para que pasaran revista.

—¡1048! —gritó un guardia.

Bertha tiene uno de esos rostros limpios y sinceros. Sus mejillas están enrojecidas. Y eso mismo necesitaba ver el SS para saber que tenía razón.

—¡Quítate el uniforme!

Lentamente, se quitó la chaqueta y su propia blusa, y la prenda que había intentado ocultar cayó al suelo. Tuvo suerte de que no le diera veinticinco latigazos, como recibió Joan

Rosner cuando la pillaron a ella. Pero para Bertha, que era una adolescente que se aferraba aún a su vanidad, su castigo fue mucho peor. El SS ordenó que le raparan la cabeza.

Hasta ese momento, le habían rapado la cabeza solo siete veces. Desde que entró en el *Leichenkommando*, su pelo estuvo a salvo. Tener cabello era una medalla de honor. Un signo de estatus. Una señal de que eres especial. Ahora, Bertha tenía mechones desordenados que sobresalían de su cabeza. Se sentía fea. O, lo que era peor, estaba fea. Pero que la raparan tuvo un efecto aún peor en la chica: le aplastó el ánimo. «No dejaba de llorar» y se sumió en la desesperación total. Fue «el único momento en el que realmente quise suicidarme».

Para chicas tan religiosas como ellas, raparse la cabeza era algo que ocurría como parte de su boda. Durante el primer día en Auschwitz, Bertha fue de las jóvenes que habían sufrido un examen ginecológico brutal que las había despojado de su virginidad. Para Bertha, que le raparan la cabeza en público anunciaba su vergüenza y su violación. Su pelo había estado a salvo quince meses. Ahora, el espanto del primer día había aflorado. Al igual que el dolor. La sangre. Los gritos a su alrededor. Sus propios gritos.

Lo había perdido todo. Su familia. Su casa. Su virginidad. Su pelo era la gota que colmaba el vaso. Estuvo llorando y llorando desconsoladamente. Pensó en ir a las alambradas y acabar con todo. Peshy Steiner acudió en su ayuda, porque quería mucho a Bertha. La abrazó. La consoló. Salvó a su amiga de quitarse la vida.

En un documental de 1981, Bertha se apoya en la *koya* del bloque 27, donde vivió y durmió al lado de Peshy. «Aquí Peshy Steiner me salvó la vida», dice. Es un instante de remordimiento, porque Bertha no logró salvar a Peshy. «Estaba muy, muy enferma.» No dice más.

Cuando Peshy enfermó de muerte, debieron de haber llamado a la doctora Manci Schwalbova, pero los milagros eran muy poco frecuentes en Auschwitz. No todo el mundo podía salvarse de las muchas enfermedades infecciosas del campo —entre las que estaba la meningitis— que acechaban en cada asqueroso rincón de sus vidas. Peshy y Bertha habían sido como hermanas. Sin su amiga de la infancia, Bertha se enfrentaba a otra noche oscura para el alma. Al igual que Edith, tenía que contar con otras chicas para salir del abismo de la tristeza. Elena Zuckermenn (#1735) era una de ellas.

Mientras que Berta «no tuvo suerte» trabajando en Canadá, a Margie Becker le fue bien. Era una contrabandista nata, «una artista», dice ella con un brillo malicioso en la mirada. «En una ocasión robé una mañanita metiéndomela en el zapato. Casi me muero, porque llevaba el pie muy apretado.» Acabó montando su propio mercado negro para intercambiar ropa por comida.

Pero a las amigas les daba cosas gratis. Margie había conocido a una chica que hablaba otro tipo de yidis y las dos se hicieron buenas amigas a base de comparar las diferencias lingüísticas entre sus dialectos. La chica le preguntó a Margie si la ayudaría a entrar en una tarea mejor. Margie le robó «unos pantalones de lana y un jersey» y justo después se la llevó una familia alemana para trabajar de criada. Todo porque iba bien vestida. «Ya se sabe, era muy diferente ir bien o mal vestido. A ellos les importaba ver a la gente bien vestida —cuenta Margie, haciendo un gesto negativo con la cabeza—. Menudas ratas eran.»

Margie incluso encontró un anillo de oro que dejó caer hasta sus pies y lo escondió en el zapato. Lo utilizó como una forma de ahorro. Un día, lo intercambió por pan con margarina y compartió la comida con sus amigas. Las baratijas y bienes que encontraban en las tareas de los pañuelos las ayudaban a sobrevivir, siempre que no fueran demasiado descaradas con sus hallazgos y no las pillaran. Joan Rosner (#1188) vio como le pegaban un tiro a una chica entre los ojos después de que la pillaran metiéndose una joya en el bolsillo.

La doctora Manci Schwalbova se enteró de las dificultades de Bertha en Canadá y la hizo mensajera del pabellón médico, así podría tener vigilada a la joven y protegerla. Bertha llevaba documentos e informes de un campo al otro y se pasaba el día en la puerta trasera del pabellón esperando órdenes. También le encargaron llevar la comida a las prisioneras en cama y «recibía un poco de comida extra» por hacer ese servicio. La mensajería del hospital sería el último trabajo que haría Bertha en Auschwitz-Birkenau. También sería la última vez que vería a sus viejas amigas, que ahora trabajaban en Canadá.

A principios del año nuevo, separaron a las trabajadoras de Canadá del resto de las mujeres del campo. Acababan de trasladar Canadá a Birkenau por necesidades de espacio, pues pasaban de unos pocos barracones de clasificación a más de veinte. En un intento por evitar que hubiera robos de prendas y de bienes y que se distribuyeran entre la población del campo, las SS se llevaron a las chicas y las alojaron en dos bloques dentro de Canadá. En torno a Canadá no había alambradas de alta tensión, «solo alambrada de espino. Nosotras nos alojábamos en los dos primeros barracones; los otros dieciocho eran para trabajar. Al otro lado, los hombres tenían solo un barracón. Estábamos aisladas por completo del resto de presos. Ya no teníamos más contacto con ellos», explica Linda Reich (#1173).

Algunos dicen que los ángeles tienen alas.
Pero mis ángeles tienen pies.

EDITH FRIEDMAN

Cuando se cumplía el segundo aniversario de su deportación de Eslovaquia, las chicas asignadas a Canadá trabajaban
turnos de doce horas ininterrumpidas, pero después del trabajo podían darse una vuelta por la carretera del campo. Ida
Eigerman pensó que, puesto que estaban tan cerca de la sauna, podría colarse y darse una ducha. Sola. Tomando el control sobre los grifos, abrió el agua caliente hasta que le pareció que se quemaba. Se frotó la piel e inhaló el vapor hasta
que sintió que se le limpiaban los pulmones de hollín y la
grasa de la muerte. Dejó que el agua le cayera por la frente y
por el pelo, que le bajara por los pechos y las caderas. Se
limpió en zonas que habría evitado en caso de que los SS
hubieran estado mirando. Disfrutó de la tranquilidad y la
intimidad, del agua que salpicaba sobre el cemento bajo sus
pies cansados.

Sonó la campana del toque de queda. No había toallas.
No había forma de secarse rápidamente. Se puso el uniforme
y salió corriendo.

«¿Qué haces?», le gritó una de las SS.

Ida tenía el pelo mojado. Llevaba la ropa húmeda. Tenía
la cara limpia.

Dos soldados se acercaron a Ida. «Tenían las manos así
de grandes. Nunca he visto manos tan grandes.» Uno de los
SS le dio una bofetada tan fuerte que se le movieron
los dientes.

—¡1930, te vas a llevar veinticinco! —ordenó la carcelera.

Veinticinco latigazos.

Ida estaba aterrada al día siguiente solo de pensar que viniera el comandante y pronunciara su número para castigarla. «Entretanto, la señora Schmidt, la *kapo*, dijo que necesitaba chicas para ir al *Stabsgebäude*.» Ida se prestó voluntaria para evitar que le hicieran daño. Al llegar al sótano del cuartel general de las SS, Ida se encontró con una vieja conocida: Rena Kornreich (#1716). Hacía cuatro años habían cruzado juntas la frontera de Polonia y se habían escondido en las casas de sus tíos en Bardejov. Ahora sus tíos y tías habían muerto, sus padres habían muerto y casi todas sus primas habían muerto. ¿Cómo era posible que ellas, que habían llegado a Auschwitz desde el principio, siguieran vivas?

La puerta de la muerte ahora se alzaba sobre la ventosa expansión de Birkenau. Donde dos años antes solo había campos ahora había vías de tren que atravesaban la puerta de la muerte para que los cargamentos de humanos pudieran llegar directamente a la boca del infierno.

Los números que recibían los hombres alcanzaban ya los 175000, los de las mujeres 76000. No cabe duda de que registrarse en el campo en vez de ir derecha a la cámara de gas era mucho menos probable en el caso de las mujeres. Ese mes de abril, se registraron 21000 mujeres viviendo en Birkenau, mientras que 46000 hombres estaban encerrados en los complejos de Auschwitz-Birkenau.

El 7 de abril hubo dos menos: Alfréd Wetzler y Rudolf Vrba estaban a punto de protagonizar su famosa huida de Auschwitz. Estarían entre los pocos fugados con éxito, pero fueron los más importantes, porque su fuga le proporcionó por primera vez al mundo un informe concreto sobre el plano del campo de exterminio, la situación de las cámaras de gas y de los crematorios y del número aproximado de judíos que habían muerto gaseados. Su testimonio sirvió además para que se reconociera por primera vez la existencia del primer transporte de mujeres, los horrores que habían sufrido aquellos primeros meses y el hecho de que las hubieran «reducido al cinco por ciento* de su número original», o a unas cuatrocientas.

Por desgracia, la historia no solo se negaría a reconocer a las chicas, sino que las fuerzas aliadas no hicieron nada con la información proporcionada por Vrba y Wetzler. A pesar de que el informe llegara a Suiza, a Estados Unidos, al Reino Unido y al Vaticano, los aliados pensaron que bombardear las vías de tren y los crematorios no «lograría la salvación de las víctimas a un nivel significativo». Se equivocaban. Los judíos fueron un daño colateral de la guerra mundial, y Auschwitz se había convertido en una supermáquina de matar capaz de ejecutar y cremar a veinte mil personas al día.

Mientras Rudolf Vrba y Alfréd Wetzler esperaban fervientemente que su informe salvara a los judíos húngaros de la masacre, un transporte húngaro de «entre cuarenta y cincuenta vagones» con «en torno a cien personas» por vagón llegó a Auschwitz. El número de hombres, mujeres y niños asesinados de aquel transporte no se registró. Pero se documentó de un modo mucho más gráfico.

El *Hauptscharführer* de las SS Bernhard Walter, encargado del laboratorio fotográfico de Auschwitz, junto con su asistente, el *Unterscharführer* Ernst Hofmann, hicieron fotografías mientras los judíos húngaros de la Rutenia carpática desembarcaban del transporte. Tomaron fotos de una masa de personas caminando por las vías del tren, de niños cerca del bosque de abedules junto a las cámaras de gas y los crematorios, de chicas risueñas, clasificando bienes en Canadá… Usaron las imágenes para mostrar a la Cruz Roja que los prisioneros judíos recibían buen trato y para disipar cualquier rumor sobre los campos de exterminio. Es un álbum escalofriante sobre el asesinato masivo documentado por los propios asesinos.

Linda Reich, vestida con una blusa blanca y pantalones oscuros ceñidos con un cinturón alto, estaba inclinada sobre un montón de cuencos y sartenes pertenecientes a los recién lle-

* Vrba debía de referirse a los primeros diez transportes de Eslovaquia, que trajeron 6051 jóvenes eslovacas y 197 checas a Auschwitz a finales de abril de 1942. (*Nota de la autora.*)

gados que se dirigían a las cámaras de gas. Le horrorizaba ver tantos miles de judíos húngaros desfilando toda la mañana frente a los montones de clasificación de Canadá.

—¡Sonríe! —le gritó el SS Walter, y enfocó la cámara.

¿Cómo fue capaz de sonreír como si acabara de oír un chiste si tenía una pistola apuntándole a la cabeza? Sus dientes brillaron para la cámara. La imagen quedó preservada. El SS siguió su camino. Linda se sentía como si le hubieran robado el alma. En la imagen, el hambre no le ha quitado peso. Lleva el pelo peinado hacia atrás. Viste ropa limpia. Parece un ser humano normal ordenando cazos y sartenes, no una esclava recogiendo miles de objetos robados de la gente ejecutada en cámaras de gas a apenas quince metros de distancia, justo detrás del fotógrafo.

Insensibles, las muchachas de Canadá observaron a los húngaros avanzar hacia la muerte. Para ellas, trabajar tan cerca de las cámaras de gas resultaba devastador. Algunas avisaban a las madres que veían para que entregaran a sus niños a mujeres mayores. No explicaban por qué.

Muchas supervivientes que trabajaban en Canadá, como Erna y Fela Dranger, de Tylicz, Polonia, nunca fueron capaces de hablar de su experiencia. Vivir y trabajar a la puerta de las cámaras de gas era demasiado doloroso para hablar de ello... Nunca.

«Había cuatro crematorios en fila, y a unos quince metros estaban los barracones de clasificación», explica Linda. Allí trabajaba ella con Helena, Irena, Marta F., Erna, Fela, Peggy, Mira Gold y tantas otras. No había muros alrededor de las cámaras de gas. «Era un edificio de ladrillo, rojo, con los alrededores ajardinados y hierba verde.» Las chicas de Canadá eran señuelos involuntarios para los judíos que iban a la muerte. Eran muy visibles, iban bien vestidas y clasificaban bienes, por lo que parecían «seres humanos», no esclavas.

En cierto modo, lo que allí había era una versión antigua de los conductos curvados de carga diseñados por la doctora Temple Grandin para los mataderos. La idea es que si el ganado ve más ganado por delante, avanza más calmado por los conductos. Del mismo modo, los judíos que desembarcaban de un transporte y avanzaban hacia su fin veían a las trabajadoras de Canadá y pensaban: «Así estaremos nosotros».

En realidad, «el 95 por ciento iba directamente a la cámara de gas». Las chicas miraban «día y noche las llamaradas que ascendían por el cielo... Y el olor, y las nubes constantes, y las cenizas, negras y grasientas que nos caían en la cara».

Con la llegada masiva de los transportes húngaros, había montañas de objetos nuevos que clasificar, por lo que añadieron a otras trescientas mujeres a la tarea. Ya trabajaban seiscientas jóvenes en Canadá en turnos alternos. Los hombres cargaban con las maletas por las rampas del transporte y las apilaban formando auténticas montañas. Las chicas debían inspeccionarlo todo, porque «había mucha comida. [Los judíos] escondían sus objetos de valor. Nosotras teníamos que sacarlo todo y buscar». Las trabajadoras no podían tirar nada, ni siquiera las gafas rotas. «Todo lo bueno, es decir, el salami, el queso, ya sabes, los alimentos no perecederos, los paquetes de caramelos y demás, todo iba por un lado.» Las cosas rotas, como el cristal y la cerámica, se ponían al otro lado. Se rumoreaba que molían el cristal, lo metían dentro del pan y se lo daban a los prisioneros de Birkenau.

Linda observaba las idas y venidas de los miembros de las SS, que se quedaban con las cosas de valor de los húngaros. Para ellos, Canadá era como una tienda de caramelos. Linda, que era multilingüe y espabilada, tomaba notas mentales de quién rebuscaba pieles y joyas, y se prometió que, si sobrevivía, algún día se lo haría pagar.

En julio de 1944, el plan de Eichmann de gasear cuatro transportes judíos al día seguía sin llevarse a cabo, pero los transportes y las ejecuciones habían aumentado. Con la subida de las temperaturas en verano, aumentó también el mal genio. «La multitud, el calor y las filas eran interminables. Interminables. Es que no se veía el fin —recuerda Linda—. La gente estaba cansada. Gritaban en húngaro a las chicas que trabajaban en Canadá: "Víz! Víz! ¡Agua! ¡Agua!".»

El agua era algo a lo que las chicas de Canadá tenían acceso. «Una de mis compañeras no pudo más. Fue a llenar una botella de agua del montón que estábamos clasificando y la tiró al otro lado de la valla. Un niño corrió a buscarla.»

El SS Gottfried Weise, de veintitrés años y muy atractivo, no parecía capaz de asesinar a sangre fría. Tenía los ojos juntos y la nariz grande que le conferían a su rostro un aspecto serio y amable. Corrió tras el niño, le arrancó la botella de las manos y la tiró muy lejos. Después lanzó al niño al aire y le atravesó con la bayoneta al caer, luego le agarró del brazo y «le reventó la cabeza contra una pared». Una mujer gritó. Después silencio.

—¿Quién ha sido? —gritó a las prisioneras—. ¿Quién les ha tirado agua a estos sucios judíos? —Avanzó al área de clasificación, apuntó con su arma a las chicas y las hizo ponerse en fila. Después insistió—: ¿Quién ha sido?

Nadie dijo nada.

—Si no das la cara, voy a matar a una de cada diez. ¡La culpa de su muerte será tuya!

Nadie se movió. Mató a la primera de la fila.

—¿Quién ha sido? —Dio diez pasos. Mató a otra chica—. ¿Quién ha tirado agua a esos sucios judíos?

Silencio.

Diez pasos. Disparo.

Ejecutó a sesenta mujeres por lo de la botella de agua. Al día siguiente, había sesenta caras nuevas en Canadá. Una de las recién llegadas era una adolescente llamada Julia Birnbaum, que había visto a sus padres y hermanos entrar en la cámara de gas. Le habían tatuado el número A-5796 y había llegado el 25 de mayo de 1944. Su padre la había mirado y le había dicho: «Los polacos no mentían. Este es el fin». Su madre le había dicho que siempre estarían juntas, pero entonces un hombre cortés y sofisticado que iba toqueteando uno de los botones de latón de su uniforme, le preguntó: «¿Cuántos años tienes?».

Por alguna razón, mintió: «Quince».

El doctor Mengele le indicó que saliera de la fila. Julia fue del procesamiento a la tarea de clasificación nada más llegar sin pasos intermedios. La joven de catorce años había conseguido un trabajo en Canadá con Linda, Helena y las demás veteranas.

Algunas personas terminan su vida mucho antes de morir, y sus vidas extendidas solo son una aparición. Tú diste tu último paso hace dos días… y ahora has encontrado la armonía eterna.

DOCTORA MANCI SCHWALBOVA, por Alma Rosé, directora de la orquesta femenina de Auschwitz, que falleció el 5 de abril de 1944.

A Helena Citron se le apareció su padre en sueños. Le dijo que su hermana Ruzinka se había hecho pasar por gentil, pero la habían encontrado. Al día siguiente, durante el almuerzo, Irena y otras chicas de Humenné miraban por la ventana de los barracones de clasificación y vieron a la hermana de Helena. Era muy raro, porque había llegado el transporte de Hungría. Lo primero que vieron fue el pelo rubio platino de Aviva y después a su madre Ruzinka, que además llevaba a un recién nacido en brazos.

«¡Ven! ¡Ven! ¡Helena! —gritaban sus amigas—. Viene Ruzinka.»

El sueño se había hecho realidad.

Llena de angustia y tristeza, Helena se ocultó tras las montañas de ropa. No quería ver a su hermana antes de que muriera. ¿Para qué? Su mente y su corazón se debatían. ¿Cómo iba a sobrevivir a esto también? «Sabía que había desaparecido mi familia entera: mis tres hermanos, mis padres y mi hermana mayor. Pero ella era la última hermana que me quedaba.»

Entonces algo pasó en su interior y se rebeló contra su propia cobardía. ¿De qué se ocultaba? Helena no entendía su reacción. Corrió a la ventana. Vio el cabello rubio de su sobrina Aviva. Su hermana Ruzinka la llevaba de la mano y tenía un recién nacido en brazos. Helena había vuelto a ser tía, y ni siquiera lo sabía. Las emociones inundaron cada célula de su cuerpo. No era un animal. ¡Era un ser humano! Su parte humana corrió hacia la puerta del barracón y empezó a darle golpes.

«¿Qué ocurre?», gritó uno de los SS al abrir la puerta con la pistola en la mano. Para él, ella era la prisionera #1971.

Se plantó delante de él vestida con su mono y suplicó. «No me dispare. Acabo de ver a mi hermana y, después de tantos años, quiero morir con ella.»

El soldado puso cara de sorpresa, pero ¿qué más le daba a él? Hizo un gesto con la pistola para que se fuera. Helena corrió hacia los vestuarios. Se quedó justo fuera de la entrada donde estaban el comandante Kremer y el doctor Mengele. Cuando Ruzinka y Aviva desaparecieron en el interior, uno de los SS le gritó a Helena: «¿Qué haces aquí?».

Su número dejaba claro que no formaba parte del transporte, y ningún prisionero llegaba a las puertas de la cámara de gas y vivía para contarlo.

Helena se detuvo a dos metros de ellos, pues era obligatorio. Siempre había que quedarse a dos metros de los SS o te disparaban un tiro. Estaba bien entrenada. Y además no temía morir.

«Ya llevo aquí muchos años —les dijo a Mengele y a Kremer—. He soportado muchas cosas, y ahora mi hermana... —Se atragantó—. Todos vamos a arder. Dejen que muera con ella.» ¿Qué deseo de vivir iba a tener si se quedaba sin familia?

«¿Eres buena?», preguntó Mengele.

¿A qué se refería? Helena no tenía ni idea y contestó: «No».

«Entonces no os necesitamos a ninguna de las dos.» Kremer y él se rieron de aquel chiste, desenfundaron sus pistolas y apuntaron.

De pronto, Franz Wunsch apareció junto a ella y gritó a sus superiores: «¡Esta prisionera es mía! —La agarró del brazo—. Ha trabajado para mí desde hace años y la necesitamos. No quedan muchas con estos números y es una buena trabajadora».

La tiró al suelo y la reprendió.

—¿Qué haces aquí, judía? ¡No puedes estar aquí! ¡Vuelve al trabajo!

La aporreó de un modo teatral y se la llevó lejos de quienes no habían llegado a ser sus verdugos. Entre jadeos, le susurró: «Rápido, dime el nombre de tu hermana antes de que sea demasiado tarde».

«No vas a poder. Viene con dos niños pequeños.»

«Lo de los niños es otra cosa. Aquí no pueden vivir niños.»

La triste verdad, dicha con aquellas palabras, se le clavó en el corazón.

«Ruzinka Grauberova», murmuró Helena.

—¡Vuelve al trabajo! —gritó él.

Entonces hizo algo que solo podía hacer un oficial de las SS: se coló por detrás de Mengele y Kremer y desapareció en la zona del vestuario a las puertas de la cámara de gas.

Quién sabe si había visto aquello antes, si llegó a ver a cientos de mujeres desnudas doblando con cuidado su ropa y diciéndoles a sus hijos:

—Quítate tú los zapatos. Dale el abrigo a mamá. Cuida de tu hermano pequeño mientras me cambio.

«¡Ruzinka Grauberova! —gritó Wunsch por encima del ruido de las mujeres—. ¡Ruzinka Grauberova, un paso al frente!»

Tenía el rostro oval y oscuro y los ojos almendrados, igual que su hermana. Wunsch habría reconocido sin dificultad los rasgos familiares. Ya estaba desnuda y ayudaba a Aviva a quitarse la ropa. La frágil niña le miró. Él indicó a Ruzinka que sorteara el laberinto de mujeres y niños y fuera hacia él.

La mujer, por supuesto, retrocedió. ¿Qué quería el enemigo de ella y de sus hijos? Agarró a su hija y a su hijo con fuerza mientras el atractivo miembro de las SS le pedía que saliera de «las duchas». Ruzinka le acarició el pelo rizado a su hija. El nene lloraba. Su madre lo colocó sobre su pecho, le dio la mano a Aviva y avanzó cautelosamente entre la maraña de mujeres y niños que se dirigían ya hacia las duchas. Wunsch habló con autoridad pero sin emoción; le dijo que su hermana estaba fuera. Ruzinka parecía agitada. Confusa. Les rodeaba el ruido y el caos. Estaba exhausta.

La sala se iba a vaciar de un momento a otro y el *Sonderkommando* no tardaría en llegar. Si Wunsch no conseguía sacar a Ruzinka de inmediato, sería demasiado tarde y no podría salvarla. Entonces, ¿cómo iba a presentarse ante Helena sin su hermana?

—Tienes que venir ahora si quieres ver a tu hermana.

—¿No puedo verla después?

—No.

—Mamá, ve. Yo cuido de mi hermanito —se ofreció Aviva.

Ruzinka le colocó al niño de dos días en brazos de su hija de siete años y le aseguró a Aviva que sería solo un momento. Le pidió a otra mujer que había cerca que cuidara de ellos. Esta asintió con la cabeza de un modo indiferente. Ruzinka le besó las lágrimas a su hija.

—Pórtate bien.

Wunsch cubrió a Ruzinka con su abrigo negro y la apartó de sus hijos. Aviva llevó a su hermanito a las duchas. Las puertas se cerraron tras ellos.

Tras sacar a Ruzinka de la cámara de gas, Wunsch la llevó por delante de Mengele y de Kremer y dijo: «Necesito a esta», y luego se la llevó a la sauna para que la procesaran. Aquel fue un favor inaudito, algo que incluso «se pasaba de la raya», según Helena. Pero Wunsch habría hecho cualquier cosa por ella, y lo demostró.

Cuando Wunsch llegó a la caseta de clasificación, todas clavaron sus ojos en Helena. Lo que había empezado como atracción física apasionada se había convertido en algo mucho más poderoso: la vida y la muerte dependían del curso de su amor. Helena dejó la mesa de clasificación y cruzó la sala lentamente. Los ruidos del campo —el roce de la tela, los pasos sobre el suelo, el resoplido de las narices— desaparecieron cuando se deslizaron detrás de un montón de ropa pendiente de clasificación. Él le apartó un mechón de pelo a Helena y le rozó la curva de la oreja con los labios al susurrarle que estaban procesando a su hermana.

Las lágrimas de ella eran ardientes y duras, pues mezclaban alivio y dolor. Su hermana estaba viva. Su sobrina y su sobrino estaban muriendo. Helena se apoyó contra él y se estremeció en su abrazo. Su unión no se había forjado en el cielo, sino en el infierno. Sus destinos y el de Ruzinka se sellaron con un beso.

En la sauna, Ruzinka buscaba nerviosa y desconcertada a su hermana, pero no veía más que a oficiales alemanes y a unas pocas mujeres que hacían cola para que las procesaran, las desinfectaran y las registraran. Entre las mujeres que registraban y tatuaban a las nuevas prisioneras debió de estar Ella Friedman (#1950).

Ruzinka estaba inquieta. ¿Dónde estaba Helena? ¿La habrían engañado? El SS le había asegurado que vería a Helena después de que la procesaran en el campo. Le goteaba leche de los pechos llenos.

—¿Cuándo llegarán mis hijos? —preguntó a las mujeres a su alrededor.

Nadie contestaba.

Ruzinka empezó a asustarse y a correr como loca por la sala. Tenía que dar el pecho. ¿Dónde estaba Aviva? ¿Dónde estaba su hijito? Desnuda, dando zancadas como un animal encerrado, exigía respuestas a sus preguntas, y su actitud le habría ganado una bala entre ceja y ceja de haber sido cualquier otra judía. Pero Ruzinka gozaba de la protección personal de Wunsch. Nadie podía hacerle daño.

No está claro en qué momento trajeron a Ruzinka a Canadá. Por lo general, las prisioneras nuevas tenían que hacer cuarentena. Cuando la enviaron al bloque donde dormían Helena y las demás, la mayoría debió de pensar en el poder de Helena, que había conseguido sacar a su hermana de las puertas de la muerte.

Con su nuevo uniforme de prisionera, manchado por la sangre de su tatuaje recién hecho, Ruzinka estaba frenética por la preocupación y el agotamiento. Había prometido ausentarse unos minutos, pero ya habían pasado horas, y pasarían días. Les había dicho a los niños que volvería enseguida. ¿Cómo podía haberles mentido? Igual que el bambú original deja caer las flores a medio florecer, ella debió de sentirlo en lo más profundo de su ser. El ADN de sus hijos ya no respondía al suyo. La conexión que les unía se había silenciado. Pero, sin saber la verdad sobre Auschwitz, ¿cómo iba a fiarse de su instinto?

—¿Dónde está Aviva? ¿Y el nene?

Helena no era capaz de decirle la verdad. «Era muy difícil, porque, al principio, mi hermana no sabía que estuvieran matando a los niños. Y tardaron en trasladarla a mi bloque, y durante ese tiempo yo le prometí que sus hijos estaban vivos», admite Helena.

Ruzinka seguía hablando de lo grande que estaba Aviva. ¡Y espera a conocer a tu sobrino! ¡Está regordete y siempre tiene hambre! Seguro que está berreando. Mira cuánta leche me sale. Solo mencionar al niño hacía que se le formaran manchas húmedas en el uniforme. Aviva debía de estar aterrada. Llevaría días sin comer. ¿Pensaría Helena que ya habría comido algo? ¿Quién daría de comer al niño? Las otras mujeres del bloque miraban boquiabiertas a Helena. Esperaban que dijera algo, lo que fuera.

Alguien gritó: «¡Tienes que decírselo!».

Ruzinka se quedó mirando los rostros en la oscuridad. La piel pálida. Los ojos centelleando en las sombras.

Ninguna mujer podía decir la verdad.

Lo que Wunsch había hecho había sido «una proeza», dice Helena.

La realidad de Ruzinka era muy distinta de la de su hermana pequeña. Sus profundos sollozos desgarraron a todas las mujeres del bloque. La mayoría de las chicas de Canadá no estaban casadas, ni tenían hijos, pero sentían el horror de la pérdida de aquella madre. El horror de la elección de Helena. Irena lloraba por su hermana, pero al menos su hermana no lloraba por sus hijos.

Ruzinka pasó las siguientes dos semanas enferma y delirante. No hablaba. Apenas comía. Lloraba sin cesar. Le dolían los pechos, pues se le estaba secando la leche. Helena hizo lo que pudo: le traía trocitos de comida de los bolsillos de los judíos que habían ido a la cámara de gas. Acunaba la cabeza de su hermana e intentaba convencerla de que comiera. Rezaba por su hermana. Rezaba por sí misma.

¿Fue egoísta por parte de Helena salvar a su hermana? ¿Podría haber vivido consigo de no haberlo intentado? Ningún ser humano debería enfrentarse a un dilema así. Con los ojos vidriosos de la conmoción, Ruzinka miró las vigas desnudas del techo sobre su cabeza. Veía la cara de su hija en la oscuridad. Respiró sus cenizas en el aire. El fantasma de Aviva estaba por todas partes.

IMAGEN CEDIDA POR LA DIVISIÓN DE ARCHIVOS,
CENTRO YAD VASHEM.

13 de julio de 1944

Querida Lenka: nuestra hija tiene ya dos meses. Estamos bien.
Esperamos tu visita, que llevamos mucho tiempo planeando. Ya
tenemos una casa en Spa Vlasky, lo que no sabemos es cuándo [vamos a mudarnos]. Todo el mundo trabaja en la granja. Irma [la
madre de Magduska] está en el hospital. Lisa va mucho a verla.
¿Has recibido nuestros paquetes? ¿Te encuentras bien? Nos gustaría saberlo. ¡Escríbenos! No tenemos la dirección de Ella. Bess…

DE LILLY

Fue la última postal que Lenka recibió de su hermana, con fecha del 13 de julio de 1944. Con el paso del verano, se reanudaron las deportaciones de judíos de Eslovaquia. Incluso las familias con exenciones estaban en peligro. El policía de la zona avisó a los Hartmann y todos ellos huyeron de la granja. La familia de Lenka —su hermana Lilly, su madre, su sobrina y su sobrino— ya se habían mudado a otra ciudad. No había tiempo para avisarles de que los Hartmann se iban a esconder. Bela y Dula se dividieron y formaron dos grupos. Atraparon al padre de Nusi —Dula—, a su madre y a su hermana pequeña. No sobrevivieron. Una tía y un tío rescataron a los otros dos hermanos de Nusi, Bianca y Andrew Hartmann, y los llevaron al bosque, donde se ocultaron. «Estuvimos como sardinas en lata» en un búnker con otros miembros de la familia durante los siguientes tres meses y medio.

Irma, la mujer de Bela, estaba en un hospital y, de todos los miembros de la familia, era la única que no parecía estar en peligro: las SS no estaban buscando a judíos en centros hospitalarios. Bela y Eugene (el padre y el hermano de Magduska) se escondieron en las montañas. El sacerdote de un pueblo que «sabía dónde se escondía todo el mundo» aprovechó la misa de los domingos para recordar a su comunidad que tenían el deber de «"alimentar a los necesitados". Nunca habló de los judíos, pero todos sabían lo que quería decir, y todo el pueblo ayudó a los judíos», recuerda el hermano de Magduska, Eugene.

En Humenné, al primo de Adela, Lou Gross, que había cumplido ya seis años, le despertaron en mitad de la noche y le llevaron a un campo de heno a esconderse. Habiendo «nacido en una familia privilegiada», resultaba desconcertante «tener un enemigo invisible persiguiéndole», sobre todo para un niño tan joven. Su padre se unió a los partisanos para combatir a los nazis y su madre salvó a la familia una y otra vez yendo siempre un paso por delante de la desgracia.

A medida que el frente ruso se acercaba a Eslovaquia y a la frontera oriental de Polonia, los partisanos eslovacos —judíos y gentiles, comunistas y no comunistas— siguieron luchando en una guerra encubierta contra el régimen de Tiso. El 29 de agosto de 1944, se alzaron en la llamada Insurrección Nacional Eslovaca. En respuesta, miles de eslovacos desertaron del ejército de Tiso y se unieron a los partisanos.

El caos devoró el este de Eslovaquia. La violencia en el frente oriental aumentó cuando las tropas alemanas obligaron a los partisanos a volver a los montes Tatra y a los Cárpatos, donde Ivan Rauchwerger y sus amigos habían pasado casi dos años preparando cuevas que sirvieran como búnkeres y escondites. Los jóvenes eslovacos, así como algunas chicas, como Zuzana Sermer, una compañera de clase de Edith, fueron cruciales para la invasión rusa, porque conocían los pasos montañosos y podían servir de enlace a los soldados rusos con simpatizantes eslovacos preparados para luchar.

Las represalias alemanas por el levantamiento eslovaco se dirigieron de inmediato contra los judíos, a quienes se les prohibió seguir viviendo cerca de la frontera oriental. Fue el último y desesperado intento de Tiso por realojar a los judíos al este de Poprad, «concentrándolos» como preparación de la Solución Final.

Emmanuel Friedman había conseguido gozar de una protección relativa por parte del Gobierno de Eslovaquia, pues le necesitaban para arreglar los parabrisas de los bombarderos. Pero la orden de realojo incluía a todo el mundo, y Emmanuel no estaba dispuesto a dejar que más hijos suyos cayeran en manos de los alemanes. ¿Quién sabía dónde estaban Edith y Lea? La Insurrección Eslovaca había asegurado una zona libre en medio del país. Los últimos judíos de Humenné estaban huyendo hacia allí. El 5 de septiembre de 1944, los Friedman tomaron un tren con la familia de Ladislav Grosman y se dirigieron a Ružomberok, en la región eslovaca de Liptov.

Ladislav seguía trabajando en una unidad militar judía, «de uniforme negro, pero sin armas», y no estaba en Humenné cuando su familia se vio obligada a huir. Las dos familias, así como otras familias de Humenné, llegaron a Ružomberok como refugiados y sin tener ni idea de qué iban a hacer después. No hubo comité de bienvenida. Ni Cruz Roja.

Bajo la marquesina de la estación de tren, Ruthie, la hermana pequeña de Edith, tiró de la manga de su madre. «Tengo sed», protestó. Los Friedman se dirigieron a una cafetería, donde podrían pedir consejo a los habitantes del lugar. Pocos minutos después de echar a andar, los alemanes bombardearon la estación. Veintidós miembros de la familia de Ladislav Grosman yacían muertos bajo los escombros. Los Friedman se salvaron por la sed de Ruthie.

Los Friedman pasaron los meses siguientes en las montañas con otras familias judías. Aunque apenas fuera un adolescente, Herman, el hermano de Edith, empezó a combatir del lado de los partisanos. «Por la noche, los niños [Hilda, Ruthie e Ishtak] bajaban a los pueblos a pedir comida a los vecinos, que sabían que los niños eran judíos, así que les ayudaban.»

Después de que Alemania invadiera Hungría, Giora Shpira y su hermano regresaron a Prešov con su familia. La familia Sphira era pobre y se veía en auténticos aprietos. Despojado de su hija Magda, el avejentado Adolf Amster puso a la familia Shpira bajo su protección. A cambio, Giora y su hermano hicieron todo lo posible por ayudar a los Amster cuando todos se vieron obligados a realojarse en la región occidental de Eslovaquia. Consiguieron evitar las últimas deportaciones del otoño, pero en invierno de 1945 las dos familias —igual que las familias Hartmann y Gross— tuvieron que ocultarse en un búnker en el bosque.

El levantamiento duró poco, y las represalias de las SS y la Guardia Hlinka fueron brutales. «Fueron a los pueblos acompañados por los guardias fascistas locales en busca de mujeres que vivían en casa sin sus maridos. A no ser que la mujer pudiera demostrar que su marido estaba luchando en el ejército de Tiso o trabajando para los alemanes, la interrogaban, la torturaban y a menudo la mataban —recuerda Ivan Rauchwerger. Después, añade con sarcasmo—: Las Waffen-SS eran menos sanguinarias. Por lo general solo disparaban a los judíos, aunque a menudo era a familias enteras, y también a partisanos, claro. Yo vi personalmente en junio de 1945 la exhumación de cuerpos. Eran unos veinte, todos muy descompuestos, cerca de un aeródromo militar en las afueras de mi ciudad, Spišská Nová Ves. Había unas veinte mujeres, todas de los pueblos cercanos, que lloraban muy alteradas. Creo que las autoridades habían descubierto que sus maridos —las vícti-mas— eran partisanos o simpatizantes del levantamiento.

»El ejército regular, la *Wehrmacht*, cumplía las reglas a rajatabla. Disparaban contra los partisanos. En el caso de los judíos, los encarcelaban y pedían a los fascistas eslovacos que se ocuparan ellos. Por eso, los judíos capturados entre octu-bre de 1944 y febrero de 1945 todavía podían ir a parar a campos alemanes.»

Eso mismo le ocurrió a la madre de Ivan, a su hermana y al resto de su familia. Él estaba en lo alto de las montañas, combatiendo con los partisanos, y no sabía que los habían capturado y deportado. Su madre, Eugenie, murió en Ra-vensbrück; Erika, su hermana mayor, que tenía dieciséis años, sobrevivió.

En un último y desesperado intento por librar Eslovaquia de los judíos, la Guardia Hlinka y la policía de seguridad ale-mana arrestaron a todos los judíos que pudieron en septiem-bre. En los dos meses siguientes, se estima que se deportó a 12 600 judíos, «principalmente a Auschwitz». Como castigo por el alzamiento, casi no hubo registros de judíos eslovacos en el campo. Al igual que con los judíos húngaros, se gaseaba a más de dos mil personas de una vez.

Ver a miles de húngaros y a personas de otras nacionalida-des pasar de forma regular frente a ellas como una marea de camino a las cámaras de gas cambió a todas las trabajadoras de Canadá. La fe menguó incluso en las más devotas. Las chicas que habían sobrevivido dos años ya no rezaban tanto como al principio. Cuando llegó Rosh Hashaná en 1944, ninguna de las mujeres del primer transporte ayunó en Yom Kipur. Las nue-vas, como Julia Birnbaum, sí ayunaron, y fueron bastantes. Al caer el sol en Yom Kipur, Julia se guardó el trozo de pan en el bolsillo del delantal. Tendría dos trozos de pan para el día si-guiente, y los comería al ponerse el sol. Ayunaría por el Señor, por sus padres y por su gente.

Cuando Julia dio su testimonio para la Fundación Shoah, todavía seguía siendo una mujer hermosa, con un rostro dulce y suave y pómulos pronunciados. Describe, cerrando los ojos, una escena que sin duda aparece en su mente como una película. Sentadas en sus *koyas* por la noche, las chicas que decidieron ayunar se prepararon con oraciones, meciéndose adelante y atrás, siguiendo la tradición del *davenen*. En medio de sus oraciones, el SS Franz Wunsch entró en el bloque. Se puso «furioso. Estaba histérico».

«¡Idiotas! —les gritó—. ¿Todavía creéis? ¿Todavía creéis después de lo que veis en el fuego?» Sacó el látigo y empezó a golpear a las mujeres «a diestro y siniestro». Les agarró los pañuelos con los que se cubrían la cabeza y los hizo pedazos. «Echaba espuma por la boca. No era normal.» Las chicas cayeron al suelo para evitar los latigazos y al final salieron corriendo.

Helena siempre sostiene que su amor había cambiado a Wunsch y le había ablandado el corazón hacia su pueblo. ¿Fue esa transformación idealismo anhelante o le habían ordenado que castigara a cualquiera que rezara aquella santa noche? Meses después de salvar a la hermana de Helena, había azotado a judías devotas por rezar y pronto perpetraría otra atrocidad que le perseguiría después de la guerra. No importan las razones de sus actos en Yom Kipur; Wunsch era un SS con una misión, y mostrarse blando con los judíos no era parte de sus tareas.

*E*ra 30 de septiembre de 1944. Los eslovacos que trabajaban en Canadá, responsables de vaciar los vagones de ganado, reconocieron a sus propios familiares en los transportes cargados de sus compatriotas. Amigos. Antiguos vecinos. Hacía casi dos años que no llegaban transportes de Eslovaquia. La familia de Lenka Hertzka hacía ahora cola para la cámara de gas. Estaban su hermana Lilly, con su hija de dos años, la sobrina que Lenka no había llegado a conocer, y su madre, que le había escrito a menudo para mandarle ánimos, así como latas de sardinas y besos. Por alguna razón, Milan no estaba con su madre.

Para las eslovacas de Canadá, aquello era una tortura que les consumía el alma. Los pocos familiares que les quedaban en el mundo —la única esperanza de regresar a un hogar— avanzaban hacia una muerte segura, justo al otro lado de la valla. Irena Fein vio a su hermana con sus hijos. ¿Quizá deseó Irena salvarla igual que había hecho Helena con su hermana? ¿Habría sido capaz? Irena se quedó mirando hasta que el último miembro de su familia se internó sin posibilidad de retorno en el edificio de ladrillo.

Bastaba un momento alzando los ojos para ver a algún conocido o que alguien te reconociera. Divididas entre el deseo de ocultarse y el de ver caras familiares, se turnaban para observar el paso de las filas. Pero aquellos encuentros eran difíciles y unilaterales.

Formando una fila en el exterior de la cámara de gas, los padres de Klary Atles vieron a Margie Becker ordenando ropa en Canadá.

«¡Tienes buen aspecto, Margie! —le gritó el rabino Atles. Ella llevaba unos vaqueros azules y una camisa bonita. El pelo le había crecido y casi le llegaba a los hombros—. ¿Has visto a nuestra hija Klary?»

Era una pregunta normal. Sabían que Margie había estado con ella en el primer transporte. Margie se quedó helada, incapaz de contestar.

«Oh, ¿así que ya no está viva?», preguntó el padre de Klary con tristeza.

«El crematorio estaba a dos pasos de distancia.» Margie los miró y pensó: «Dentro de unos minutos, vosotros tampoco estaréis vivos».

El 7 de octubre de 1944, por la mañana temprano, cuando las chicas del turno de noche formaban frente a las del turno de día y esperaban a que las contaran para intercambiar puestos —trabajo por sueño—, una gran explosión resquebrajó la calma tensa de Canadá. El aire se llenó de humo y partículas. Por una vez, la ceniza no era de seres humanos, sino de cemento. Una de las cámaras de gas había explotado.

Resultó muy difícil no corear «los chicos del *Sonderkommando*». Las mujeres no podían ni sonreír, por más que sus corazones cantaran alegres mientras sonaban las sirenas.

En cuestión de minutos, cientos de SS se bajaron de la parte de atrás de camiones y vehículos militares y entraron en Canadá pisando fuerte. Alrededor de Canadá. Dejando Canadá atrás. Se veía la espalda de chicos corriendo entre troncos de árboles, tan visibles como el blanco rabo de un ciervo. Las balas de los SS alcanzaron sus objetivos.

Algunos muchachos se metieron en los barracones de clasificación, donde se ocultaron a toda prisa entre montones enormes de ropa. Varios SS retuvieron a las jóvenes a punta de pistola mientras otros cazaban a los culpables. Había gritos por todas partes. Voces. Ladridos. Gruñidos. Las chicas estaban acostumbradas a que la gente muriera en silencio. Los hombres morían ruidosamente. Cada disparo rebotaba en los empáticos corazones de las mujeres. Las vidas de los «chicos del *Sonderkommando*» se truncaron, se fracturaron esa mañana. Les quedaba un consuelo: era mejor morir de un balazo que gaseados.

Los SS registraron los barracones de clasificación clavando sus bayonetas en montones de ropa. El SS Franz Wunsch encontró a un chico escondiéndose en los abrigos. El SS Otto Graf encontró a otro. Los sacaron a rastras y los tiraron al suelo, donde les patearon y golpearon hasta que aquellos cuerpos rotos y magullados se quedaron sin aliento.

«Supimos que era nuestro final —dice Linda—. El fin absoluto.» Habían visto demasiado. Era cuestión de tiempo: a ellas, igual que los chicos del *Sonderkommando*, las ejecutarían para mantener los secretos de Auschwitz en la silenciosa ceniza de su suelo gris. De ninguna manera iban a dejarlas vivas.

A la mañana siguiente, llegaron las teteras de té con susurros de las noticias del campo: habían capturado a cuatro mujeres. Una de ellas era su compañera Roza Robota. No habían dado ningún nombre, a pesar de las horas de tortura. La red clandestina estaba a salvo.

Las chicas hicieron circular la noticia entre ellas, dando sorbos al té tibio y ocultando sonrisas tras los cuencos rojos. La historia de las mujeres que habían dado la pólvora al *Sonderkommando* llenó a todas las prisioneras de orgullo, valor y resistencia secreta. Quizá fueran a morir todas, pero al menos habían hecho algo. Aquellos hombres y mujeres habían asestado un golpe en nombre de todos, y todos lo sintieron en sus corazones. Quizá llegaran a sobrevivir de algún modo. Quizás algún día el mundo descubriera la verdad.

Por desgracia, aunque la resistencia había atacado, solo una cámara de gas tenía daños irreparables. La maquinaria de muerte apenas iba a cojear rumbo a la Solución Final.

TERCERA PARTE

Mapa de las marchas de la muerte a pie desde Auschwitz de prisioneros y prisioneras. Detalle: mapa de las rutas que tuvieron que usar las mujeres del primer transporte durante las marchas de la muerte rumbo a los campos de Alemania y Austria, 1945.

© Heather Dune Macadam; dibujo de Varvara Vedukhina.

Ser sincero
sobre mí.
Mi dolor
me hace
invencible.

Nayirah Waheed, *Salt*

A Rose (#1371) la liberaron del bloque 11 en otoño, pero no la llevaron de vuelta a la granja de Harmęże, sino que la enviaron a despejar los escombros de la cámara de gas destruida. Era un trabajo duro, pero tenía suerte de haber salido viva del bloque *Smierci*.

A medida que se acercaba el frente ruso, las SS empezaron a mover a los prisioneros hacia el interior de Alemania, preparándose para la posible evacuación. El 28 de octubre, Bertha fue a parar a Bergen-Belsen con otras 1038 prisioneras. Seguramente en aquel transporte viajó también la joven holandesa de la que todavía nadie había oído hablar, Anne Frank. Bergen-Belsen «era lo peor. Ya no teníamos fuerzas, la comida era horrible y no había trabajo». A Bertha sí le dieron una ocupación: la volvieron a colocar en un hospital «donde había montañas y montañas de cadáveres».

Varias semanas después, a Joan (#1188), a Ella (#1950) y a las hermanas de Ella —Edie (#1949) y Lila (#3866)— las trasladaron a Reichenbach, en Alemania, a unos doscientos kilómetros de Auschwitz, donde había una fábrica de armamento.

En Auschwitz, el único modo que tenían los prisioneros de saber lo que ocurría en el mundo exterior era a través de radio macuto, que se trasmitía con las teteras de la mañana.

Cuando los hombres llevaban los calderos de hierro a los bloques, contaban las últimas noticias a las encargadas de servir el té, quienes a su vez se las transmitían a las chicas que hacían cola con los tazones rojos. «Nos contaban que había gente de la red clandestina que luchaba contra los alemanes —recuerda Linda. Lo más importante del mensaje era—: Seguid adelante. Seguid adelante. Quizá seamos nosotras quienes acabemos saliendo.»

Sin duda, las cosas estaban cambiando. Los prisioneros no sabían que Himmler había ordenado el cese de «las muertes con Zyklon B en las cámaras de gas de Auschwitz». Los transportes también habían cesado, pero «las muertes continuaron de maneras diferentes. Mataban a la gente a tiros. Traían a gente, treinta o cuarenta, y la mataban. Dejaban entrar a algunos. Pero las muertes en masa habían acabado». Las mujeres de Canadá seguían haciendo turnos de doce horas, clasificando ropa y otros objetos. Y había oleadas de actividad de los SS, que se colaban en el almacén de clasificación y «robaban ropa, joyas y objetos valiosos. Era una mina de oro». Como ardillas reuniendo frutos secos para el invierno, los miembros de las SS hurtaban «todo lo que podían» para asegurarse el futuro.

El invierno de 1944 lanzó otra ráfaga ártica por Europa. Para las chicas, enfrentarse al tercer invierno en Auschwitz era un logro increíble; la esperanza se vio oscurecida por nubes sobre el horizonte gris. «Encontrábamos trozos de periódico por todas partes. Así que vimos que la guerra estaba llegando a su fin.» Las fuerzas aliadas habían ocupado ya la mayor parte de Europa, y había aviones sobrevolando la zona todo el tiempo. «Bombardearon bastantes veces, pero nunca al campo [mismo] —recuerda Linda—, y nosotras lo pagamos.»

A pesar del informe de Rudi Vrba y de Alfred Wetzler y de los mapas que habían proporcionado de los campos en primavera de 1943, los únicos edificios destruidos en los bombardeos fueron los barracones de camisas marrones, los soldados alemanes que ni siquiera eran SS. Aquellos jóvenes habían llegado a flirtear con las judías y les habían dado una barra entera de pan alemán del bueno, uno de esos panes de los que no comían desde hacía años. Minutos después de que los soldados les dieran el pan, su edificio quedó arrasado. Los bloques de prisioneros estaban a salvo. El cuartel general de las SS, las vallas eléctricas, las carreteras, los crematorios y las cámaras de gas permanecieron intactos. Cautivos en el campo, los prisioneros estaban aterrados de que el fin de la guerra llegara demasiado tarde para ellos.

«Os juro —les dijo un SS a Linda y a las demás— que el único camino a vuestra libertad es a través de esa chimenea.»

Mientras tanto, Edith había oído que «había varias chicas de Humenné trabajando en la tarea de costura, y le dije a Elsa que deberíamos intentar conseguir trabajo arreglando ropa». Su intuición era buena. Aunque estuvieran dedicadas a la limpieza de bloques y no tuvieran que faenar a la intemperie, salir de Birkenau era lo mejor que podían hacer, pues las tensiones y los humores estaban empeorando entre las *kapos* y los SS. Cuanto peor les iba en la guerra a los alemanes, peor se ponían las cosas para las prisioneras. Con ayuda de una de sus amigas, Edith y Elsa entraron en la faena de costura, «donde nos pasábamos el día zurciendo calcetines». En esta tarea Edith se encontró con dos amigas de Humenné, las hermanas Gelb, Kornelia y Etelka. El de costura fue el último trabajo que desempeñarían en Auschwitz.

Justo antes de Navidad, Linda y las demás trabajadoras del turno de noche en Canadá se pusieron en fila para dar paso a las mujeres del turno de día. Delante de los grupos había dos enfermeras sentadas a una mesa. «Las cinco primeras de la fila tenían que ir a la mesa» para que las enfermeras les sacaran sangre del brazo. Los bancos de sangre alemanes estaban vacíos y ahora necesitaban la de sus esclavas. La aguja les provocó muecas de dolor, y tuvieron que quedarse mirando mientras su sangre llenaba viales que ayudarían a sus enemigos.

Después de tantos años como inferiores intocables, de que sus captores les gritaran y trataran como seres infrahumanos, ¿de repente su sangre era válida para mezclarse con la sangre aria para salvar vidas alemanas? «Nos sacaron la vida, centímetro a centímetro. También nos sacaron la sangre.» Como recompensa, a cada chica le dieron una rebanada de pan y un poco de salami. El único pensamiento que se cruzó por la mente de Linda fue que la guerra debía de estar acabando; ¿por qué, si no, iban los alemanes a rebajarse a utilizar sangre judía? No había «donantes», insiste Linda. Ni una chica hubiera dado su sangre de forma voluntaria para el ejército alemán. Los alemanes llamaban sanguijuelas a los judíos. «¿Ahora quién era la sanguijuela? —pregunta Linda—. Los judíos, no. Nos chuparon la sangre, literalmente, hasta el final. Y lo hicieron por la fuerza.»

En Navidad, un SS vino al bloque y anunció: «Vamos a daros un obsequio especial». Dio palmas con fuerza y ordenó a todas a ir a la sauna. Linda, Peggy y sus amigas se alejaron despacio de la relativa seguridad de su bloque en Canadá hacia lo que creían que sería una muerte segura. La sauna era el lugar donde se procesaba y desinfectaba a los prisioneros, pero desde la destrucción del Crematorio V, se rumoreaba que la habían convertido en una cámara de gas secreta. Se miraron entre sí con un miedo atroz.

«Es el fin», pensó Linda. Al menos moriría con Peggy (#1019), que se había convertido en una de sus mejores amigas.

Dentro del enorme espacio vacío de la zona donde se quitaban la ropa, habían montado un escenario. «Estaba muy bien hecho.» Las presas miraron la estancia a su alrededor, sorprendidas y extrañadas. Los SS estaban sentados en sillas en la parte delantera del improvisado teatro; estaban el doctor Mengele y el doctor Kremer, la infame SS Irma Grese y la supervisora de campo, Maria Mandel. En silencio, las chicas se colocaron en la parte trasera de la sala. Estando los SS allí, al menos no las gasearían.

Al escenario subieron dos de las prisioneras griegas, Susie y Lucia, que trabajaban en Canadá. Llevaban vestidos de noche y estaban irreconocibles. Susie se aclaró la garganta. Entonó una nota. Lucia entonó en armonía con ella. Entonces Susie abrió la boca y empezó a cantar.

Che bella cosa na jurnata 'e sole...

Sus voces se alzaron sobre el cemento de la sauna y estalló en los corazones de las trabajadoras de Canadá. Linda y las otras quizá no supieran italiano ni napolitano. Quizá no supieran el significado de aquellas palabras. Quizá ni siquiera supieran que era una canción de amor. Pero Susie volvió los ojos hacia Lucia, y Lucia intervino en el estribillo, y las judías supieron que cantaban para ellas.

Ma n'atu sole
Cchiù bello, oi ne'.
'O sole mio...

Sus voces resonaban tanto para oídos de las judías como de los SS. Compartían el mismo aire, la misma sangre, la misma música, el mismo momento. Las dos sopranos dieron una serenata a sus compañeras de prisión, a sabiendas de lo que cantaban y de lo que significaba la letra. ¡Cuántos años habían pasado desde que cualquiera de ellas pensara «qué cosa tan maravillosa es un día soleado»! ¡Cuánto tiempo llevaban sin sentir el aire sereno después de la tormenta, el aire fresco!

Habían perdido a hermanas, a hermanos, a amigos, a madres, a padres, a tíos, a primas, a hijas, a hijos. La sala estaba llena de recuerdos y rostros llenos de sol que ya habían desaparecido. ¿Pensaría Ruzinka en el rostro angelical de Aviva con la canción? ¿Lanzaría Helena una mirada furtiva a Franz Wunsch? ¿A quién echaba de menos Linda, o acaso había olvidado soñar con el amor? ¿Viviría alguna lo suficiente como para ver el rostro de un amante por la noche?

Las voces se alzaron cada vez más y más, subiendo octavas en los corazones y las esperanzas de las chicas. Sus rostros se volvieron soles, sus voces eran un camino a un lugar lejano. Allá donde morían las canciones de amor, «O sole mio» vivió.

ϒ

Aquella nochevieja, los SS bebieron y celebraron la fiesta mientras los prisioneros de Auschwitz contenían la respiración. Si el fin estaba cerca, ¿cuánto tiempo tardaría en llegar? ¿1945 sería el último año de sus jóvenes vidas o el comienzo de una nueva era? Para celebrar el principio del Año Nuevo, fusilaron a cien mujeres polacas y cien hombres polacos —todos prisioneros políticos y probablemente parte del Alzamiento de Varsovia— a las puertas del crematorio V. Las mujeres que trabajaban en el turno de noche de Canadá se echaron a temblar. Las que dormían se despertaron. El cielo sobre su cabeza traía malos presagios. Habría más ejecuciones. Más traslados. Más pérdidas. Entre Nochevieja y el 4 de enero, la población del campo femenino de Birkenau se redujo en más de mil. Sin duda las transfirieron a otros campos, pero el registro no deja claro adónde, y a menudo «transferir» significaba algo muy distinto.

Los bombarderos estadounidenses hacían reconocimientos regulares: sobrevolaban el complejo y tomaban fotografías; sin embargo, Auschwitz seguía siendo una pesadilla que no acababa. El 6 de enero por la tarde llamaron a las chicas de las tareas de costura y lavandería para que salieran para hacer un recuento. Entre ellas estaban Edith y Elsa, y con ellas Rena Kornreich, su hermana Danka, sus amigas Dina, Ida Eigerman, Ruzena Gräber Knieža y otras del primer transporte. Cualquier cosa fuera de lo habitual generaba preocupación, y recorrer la carretera rumbo a Auschwitz I era una causa de preocupación enorme. Las detuvieron delante del cadalso.

Dos cuerdas con nudos corredizos esperaban a sus víctimas. Iban a ejecutar a dos de las cuatro heroínas del campo, las mujeres que habían proporcionado pólvora a los muchachos del *Sonderkommando* para destruir los crematorios. Edith no recuerda qué dos chicas de la fábrica de munición se vieron obligadas a subir los escalones del cadalso, pero debieron de ser Ella Gartner, Regina Safir o Estera Wajsblum.

El SS gritó: «Vais a verlo, así sabréis cómo se os castigará si actuáis contra nosotros».

Cualquiera que apartara los ojos recibía amenazas de muerte.

Mientras leían la sentencia y les ajustaban los nudos, el *Obersturmführer* y *Schutzhaftlagerführer* de las SS Franz Hössler, vociferó: «¡Destruiremos de este modo a todos los traidores!».

«"¡Larga vida a Israel!", gritaron las mujeres, y empezaron a recitar al unísono una oración hebrea —recuerda Rena Kornreich (#1716)—. Sus voces se cortaron de golpe cuando les quitaron las sillas sobre las que estaban.»

Varias horas después, las chicas de Canadá tuvieron que presenciar la ejecución de Roza Robota, que había trabajado en la tarea de clasificación, así como la de la cuarta implicada en el caso de la pólvora. Linda, Peggy, Margie, Helena, Erna y Fela Dranger y las demás habían trabajado con Roza, habían comido con ella, hablado con ella, dormido con ella. Ahora lloraban por ella. Quizá Roza tuviera suerte. La horca era mejor que el fuego. La horca era mejor que el gas, que una paliza de muerte, o que morir de hambre. La horca significaba que eras un individuo. El hecho de que unas jóvenes hubieran desafiado a las SS y hubieran colaborado en un ataque contra las cámaras de gas les producía más miedo a los opresores que a las prisioneras.

«La imagen de aquellas chicas se nos quedó grabada», dice Edith.

Los equipos de demolición empezaron a desmantelar los crematorios y a derrumbar algunos barracones del campo femenino. Las funcionarias de secretariado, vigiladas por los SS, recibieron la orden de cargar «la documentación de las prisioneras, sus certificados de defunción y demás documentos en un vehículo».

Las nubes nocturnas de los cielos de enero se iluminaban de rojo y naranja. A sesenta kilómetros, Cracovia ardía. «La guerra estaba muy cerca, y se oían los tiroteos.» Con el frente tan cerca, Linda y las mujeres que seguían trabajando en Canadá temían ser el último grupo que acabara en la cámara de gas o fusiladas por haber visto demasiado. Tenían mejor salud que la mayoría de las chicas del campo, pues comían bien y dormían bajo techo. Pero resultaba difícil creer en la libertad bajo la silenciosa vigilancia de las chimeneas sucias de hollín. No obstante, la presencia constante de las fuerzas aliadas sobrevolando el campo reforzaba el valor de las prisioneras «para ver el mañana. Quizá mañana sea mejor».

Los hombres cargados con las teteras traían noticias en susurros cada mañana. «Preparaos.» Radio macuto estaba llena de rumores de evacuaciones. Se rumoreaba que las SS planeaban incinerar el campo.

«Quemarán vivo a quien se quede atrás.»

«Las SS van a verter gasolina alrededor del perímetro, van a encender las vallas electrificadas y a cerrar las puertas antes de prenderle fuego a todo.»

Las SS planeaban usar a los prisioneros como escudos humanos en su retirada a pie rumbo a Alemania. Los prisioneros que trabajaban en la red clandestina de Auschwitz consiguieron mandar un último informe al exterior:

> Caos y pánico entre los ebrios miembros de las SS. Están intentando por todos los medios políticos que la partida sea lo más tolerable posible y proteger del exterminio a los supuestos inválidos que van a dejar atrás.

Las autoridades estaban delineando la ruta de las marchas de la muerte, pero, puesto que cambiaban las órdenes constantemente, solo había una cosa segura. «Este tipo de evacuación significa el exterminio de al menos la mitad de los prisioneros.»

38

Aunque los océanos fueran de tinta y los cielos de papel,
no podría describir los horrores que estoy viviendo.

*L*as funcionarias de secretaría dejaron de cargar cajas llenas
de archivos en automóviles y empezaron a sacar «documentos
variados del campo» para que los destruyeran en hogueras.
Entre los muchos archivos estaban las fotografías de cientos de
miles de prisioneras y gran parte de los datos del campo femenino: totales de población, tasas de mortalidad, fechas y balan-
ces de selecciones y datos de ejecuciones.

Con el aumento de los rumores de evacuación, la doctora
Manci Schwalbova se afanó por ayudar a cualquiera que estuviera lo bastante bien como para andar. Helena estaba en el
hospital cuando el SS Wunsch la avisó de que tenía que evacuar el pabellón. Era el tipo de anuncio que los rumores habrían difundido a toda prisa: si Wunsch quería que Helena se
fuera, cualquiera capaz de andar debería hacer lo mismo. Empezó una nueva campaña de susurros: si puedes andar, sálvate.
Ninguna quería quedarse encerrada dentro cuando cerraran
Auschwitz para convertirlo en un crematorio gigante.

Las prisioneras que tenían acceso a la ropa de Canadá empezaron a robar prendas metiéndolas en ollas de sopa vacías.
Rena Kornreich y sus amigas de la tarea de lavandería estaban
repartiendo botas, guantes, abrigos y azúcar. El SS Wunsch se
aseguró de que Helena y su hermana tuvieran ropa adecuada y
un buen par de zapatos. Fue la última «buena acción» que realizaría por la mujer a la que amaba. «Yo voy a volver al frente

y tú vas a salir de aquí. Si las cosas del mundo se ponen del revés y perdemos la guerra, ¿me ayudarás como yo te he ayudado?», preguntó.

Helena se lo prometió. Su hermana, en cambio, no.

Para quienes estaban demasiado enfermos para salir del pabellón médico, la doctora Manci Schwalbova y los demás miembros de la enfermería hicieron lo que pudieron. Pero el equipo médico, al estar compuesto por judíos, perdió sus privilegios: ahora eran carne de cañón para los rusos, igual que los demás.

Los prisioneros estaban desesperados por conseguir los pertrechos para poder sobrevivir al último empeño de los SS por destruirlos. Cualquiera que llevara harapos durante las marchas de la muerte moriría congelado. Los hombres y las mujeres de Canadá hacían lo posible por robar ropa y zapatos para los demás. Los trabajadores de las cocinas robaban azúcar, pan y otros alimentos no perecederos para sus amigos.

Mientras tanto, las hogueras salpicaban el paisaje cubierto de nieve y lo manchaban con la ceniza de los documentos de los prisioneros, que alimentaban las llamas del olvido.

Edith sabía que no sobreviviría a la marcha. «¿Cómo voy a andar cientos de kilómetros por la nieve con una pierna afectada por la tuberculosis? No puedo hacerlo», le dijo a Elsa.

«Si tú no vas, yo tampoco», dijo Elsa con firmeza.

«¡Por favor, Elsa, tienes que irte! —Edith se habría puesto de rodillas para suplicarle a su amiga, pero no podía doblar la pierna—. ¡Sálvate! ¡Vete! ¡Tú estás bien! ¡Vete!»

«Sin ti no me voy.» Y así, Edith se puso en la fila con Elsa, dispuesta a intentar marcharse.

A la una de la mañana del 18 de enero, se pasó revista por última vez. La doctora Manci Schwalbova dejó atrás a sus pacientes en el pabellón sanitario y se sumó a las filas de evacuación como un número sin nombre, junto a Edith, a Elsa y a Irena Fein (#1564). Otras mujeres que habían llegado con Edith en el primer transporte también estaban cerca, mujeres que habían trabajado en los bloques nuevos cuando empezaron las marchas de la muerte y que seguramente acabaron en el mismo grupo que Edith: Ruzena Gräber Knieža, Rena y Danka Kornreich, Dina Dranger, Ida Eigerman y, casi con seguridad, Lenka Hertzka.

En otro grupo que se preparaba para la evacuación estaban las chicas de Canadá: Linda, Peggy, Ida, Helena, Margie, Regina Schwartz y sus hermanas Celia y Mimi, Elena Zuckermenn, las hermanas Eta y Fanny Zimmerspitz y su prima Martha Mangel, así como muchas otras.

«Nosotras abrimos y cerramos Auschwitz», dice Edith.

La marcha de la muerte que vendría después sería el telón final para muchas, incluidas algunas de las primeras mujeres. Pero para una en concreto, el telón cayó antes incluso de empezar. Ria Hans (#1980) trabajaba en el hospital, donde ayudaba a los pacientes del pabellón a salir antes de que los SS entraran a matarlos. El 18 de enero, una de esas jóvenes del pabellón era Maya, la hermana pequeña de Ria. «Tenía tuberculosis y estaba tan enferma que no podía dar ni un paso.» ¿Cómo iba Ria a dejar atrás a su hermana pequeña para que la quemaran viva en el campo? Tampoco le permitirían quedarse atrás y morir con ella. Ria robó un frasco de morfina y se la inyectó a su hermana para darle una muerte indolora. Era lo más amable que podía hacer, lo único que podía hacer.

Ria se unió a Manci y a Edith en la fila de mujeres de todas las edades, pero no podía mirarlas. Las chicas de Humenné miraron a su alrededor. ¿Dónde estaba Maya? Ria no tenía palabras.

Puede que aún fueran adolescentes, pero se habían hecho adultas. Mujeres. Y otra de ellas no volvería nunca. Maya ni siquiera había llegado a cumplir veintiuno. La muerte de su hermana le pesaba a Ria en el alma. ¿Cómo iba a dar un paso tras otro? ¿Cómo dar un paso sobre la nieve después de haber perdido tanto? ¿Cómo podría vivir con lo que había hecho?

«Todas estaban enfadadas con ella —dice Edith—, pero quería que Maya no sufriera. ¿Cómo iba a saber que las SS no iban a prenderle fuego al campo después de abandonarlo? ¿Cómo podía saber que los rusos podrían haber llegado a tiempo de salvarla?».

Organizar la evacuación había durado todo el día, y para cuando las mujeres recibieron la orden de empezar la marcha, estaban exhaustas de estar de pie y esperar. La nieve caía con fuerza. Al principio les llegaba por el tobillo, pero más tarde ya les llegaba por la rodilla. Bajo la atenta mirada de los guardias de las SS desde las espectrales torres de vigilancia, las filas de mujeres partieron a cortos intervalos. Las filas de hombres habían salido horas antes y habían despejado un camino entre las lomas de nieve.

La máxima «para los judíos no hay mal tiempo» nunca fue más cierta. La primera columna de mujeres avanzó en medio de una tormenta de nieve. «Mientras nos alejaban del *Lager*», Irena vio las hogueras de las SS, las interpretó como la temida conflagración y pensó que estarían quemando vivas a todas las personas que habían quedado atrás. En realidad, evacuar el campo requirió varios días más y, a pesar de las órdenes de «liquidar» a los prisioneros enfermos, el comandante Franz Xaver Kraus no encendió el perímetro de gasolina con una cerilla final. Sí había enterrado minas antipersona alrededor de las vallas, pero los campos minados no evitarían la liberación de Auschwitz nueve días después.

Los tiros se oían a lo lejos, pero las mujeres avanzaban en dirección opuesta, alejándose del avance ruso y de la esperanza de la libertad.

Había «un metro o dos de nieve —dice Linda. Ella tenía zapatos, pero no eran de la misma talla—. No importaba. Eran zapatos». Además, tenía calcetines para calentarse los pies. Muchas prisioneras no tenían nada. Las prisioneras «del campo [de Birkenau] solo tenían esas prendas muy finas de verano [y] zuecos de madera». Era imposible que sobrevivieran al frío.

Divididas en filas definidas, las SS condujeron a las prisioneras en distintas direcciones, pero siempre hacia la frontera alemana. Por eso, las mujeres cuentan historias diversas sobre sus días por el terreno nevado.

«Los primeros allanaban el camino para los demás. Las SS iban a los lados.» Algunos militares iban a caballo y apuntaban con sus armas a las prisioneras. Cualquiera «incapaz de andar se llevaba un tiro de inmediato». Linda, Peggy y Mira Gold (#4535) avanzaban en la retaguardia de su *Kommando*. «Íbamos pisando cadáveres.» Linda hace una mueca al recordarlo. Le tiembla la voz. «Si un cadáver tenía todavía algo útil, un zapato o un jersey, nos lo llevábamos. Pero no teníamos fuerzas para apartarlos a un lado. Por eso, bueno, [los] pisábamos en la nieve. El camino estaba pavimentado de muertos.» La fila de Linda hizo uno de los recorridos más largos, adentrándose hacia el norte de Polonia, por las montañas. Anduvieron una semana entera. La mayoría de las demás fueron directamente hacia el oeste.

«La nieve estaba roja, como cuando llegamos a Auschwitz —recuerda Edith—. Pero entonces había sido por nuestra menstruación. Ahora era por las heridas de bala.» Se hacía tarde, la tormenta proseguía y la nieve dura y ensangrentada se convertía en hielo bajo sus pies. La doctora Manci Schwalbova resbaló y cayó. Edith y Elsa la levantaron a toda prisa antes de que un soldado le disparara. Más tarde se encontraron a la doctora Rose, una de las colegas de Manci que también había ayudado a Edith. La habían matado de un tiro. Una doctora... asesinada. Daba lo mismo si habías tenido un cargo especial. «No respetaban a nadie.»

«Casi no podía sacar los pies de la nieve —recuerda Ruzena Gräber Knieža—. Los pies empapados se me clavaban en la nieve.» Ria Hans estaba «muerta de cansancio». Cada paso la hundía con el duelo por su hermana pequeña.

Las chicas andaban sobre montones de cadáveres y llamaban a quienes se habían extraviado en la tormenta y la oscuridad.

—¿Dónde estás? ¿Me oyes?

Sus voces parecían fantasmas: incorpóreas e invisibles, preguntando por gente en mitad de la tormenta. «Oíamos sobre las filas de nuestras amigas...» Helena no es capaz de acabar la frase.

«Ruzinka también estaba agotada —recuerda Helena—. No tenía hijos ni marido. Se sentó dos veces. Yo misma me quedé sin fuerzas. Ella no tenía nada por lo que vivir. No quería levantarse.»

Alzó la mirada hacia Helena y dijo: «Tú eres joven. ¡Vete! No hay nadie por quien vivir. ¡Vete!».

Con todo lo que habían vivido juntas, y por mucho que quisiera a su hermana, «en ese momento no pensaba. No tenía pensamientos. Nos habíamos convertido en algo que no tiene explicación en nuestro mundo. Ya era suficiente».

Los SS estaban a una fila de donde Ruzinka se había hundido en la nieve a la espera del consuelo de una bala en la cabeza.

A pesar de estar al límite de sus propias fuerzas, sus amigas levantaron a Ruzinka y la llevaron a rastras. Igual que con tantas otras mujeres en las marchas de la muerte, aquella ayuda le dio los minutos que necesitaba para recobrar las fuerzas. Cuando su mente revivió, su cuerpo también reaccionó.

¿Cómo pudo Edith sobrevivir a la marcha de la muerte? Ella misma no puede creerlo. «Fui cojeando todo el camino. ¿Cómo sobreviví cuando las otras que estaban bien no lo lograron? Es un milagro que no puedo explicar. Creo que fue Dios.»

El poder de Dios también debió de manifestarse a través de Irena Fein: «Yo iba tirando de otra chica de Humenné. Era joven. No podía andar».

«No puedo. No puedo. No me hagas esto», decía la chica.

«¡Sí puedes! ¡A mí se me han congelado los pies!», gritó Irena para recordarle que ella misma había perdido dos dedos por la congelación dos años antes. Si Irena podía andar, cualquiera podía. Tiró de la chica y la obligó a seguir avanzando. «Si no, se habría llevado un balazo», explica Irena.

Esa chica era Edith.

«Lo único que teníamos para comer era nieve. Helada. Húmeda.» Durante las dos primeras noches, las filas de mujeres jóvenes pararon en granjas grandes en las que las dejaban desplomarse en establos para descansar un rato. La paja las calentó, pero estaban empapadas hasta los huesos. Las que no cabían en los establos durmieron fuera, en la nieve. «Ya sabes que, cuando te mojas, te encoges. Y luego todo se te congela. Muchas tenían las narices y los dedos de los pies helados. Yo no me atrevía a quitarme los zapatos porque después no podría volver a ponérmelos —cuenta Linda—. Teníamos mojadas las medias. Todo estaba mojado.»

Rena Kornreich (#1716) se coló por la puerta trasera de la casa de la granja. «Tengo una hermana y tenemos mucha hambre. Somos de Tylicz. Si puede darnos una patata, la compartiré con ella. Si me da dos, yo me quedaré con una.» La mujer del granjero le dio dos patatas calientes y dos huevos cocidos.

En el testimonio de Regina Schwartz (#1064), el trauma de la marcha de la muerte es de una brutalidad evidente. Mueve nerviosamente las manos y se agita de impaciencia. El pánico aflora en sus ojos. Cae sobre ella la confusión. El entrevistador sigue preguntando. Pero lo que hace falta es silencio. Al escuchar a una superviviente contando su historia, hay momentos en los que lo mejor es guardar silencio, darle la mano y dejar que tus propias lágrimas sean su testigo. Algunas cosas son demasiado duras para el recuerdo. Cada superviviente tiene momentos de los que no puede hablar. Pero no son los mismos para todas. Por eso los recuerdos de Linda y de Edith sobre la marcha de la muerte son tan importantes: nos cuentan lo que otros no soportan recordar, y no se les puede forzar.

Cuando la tormenta de nieve empezó a disiparse, los cohetes rusos iluminaron el cielo «como una lluvia de balas sobre nosotras». El frente se cernía sobre ellas, pero se las estaban llevando lejos, cada vez más lejos de la libertad. Es normal que tantas se sentaran en la nieve y se negaran a dar otro paso.

Las filas de mujeres avanzaron entre dos y siete días, según la ruta que hubieran tomado. Eso hace que las historias de las chicas se compliquen. El 20 de enero, el primer grupo llegó a Wodzisław Śląski, junto a la frontera alemana. Las obligaron a dormir fuera, junto a la estación de tren. En el grupo había varias gentiles polacas. Al día siguiente llegaron miles de mujeres más. «Llegaban trenes con vagones de carga abiertos desde la mañana a la noche, y los cargaban con prisioneras medio muertas, inconscientes y febriles.»

Exhaustas y hambrientas, las muchachas se desplomaban sobre el polvo negro de aquellos vagones abiertos para carbón. El metal les robaba el calor corporal. Cuando volvió a empezar a nevar, Rena Kornreich recogió nieve fresca del borde de hierro del tren para hidratarse. Otras estaban tan cansadas que no podían hacer nada. Todo el mundo se apretaba entre sí en busca de calor, pero no había mucho, dado que la ropa seguía mojada por la nieve. Cuando los transportes se pusieron en marcha, las más débiles y las que iban apoyadas en el metal murieron congeladas.

En el caos de la estación, muchas habían perdido a sus amigas y acabaron en transportes que las separaron unas de otras, porque los trenes iban en direcciones diferentes, rumbo a cuatro campos distintos: Gross-Rosen, Sachsenhausen, Ravensbrück y Buchenwald.

El transporte a Gross-Rosen, con dos mil mujeres, fue rechazado por el comandante, que alegó sobrepoblación. Después ocurrió lo mismo en Sachsenhausen. Ese transporte llegó a Ravensbrück el 27 de enero, después de cinco días.

El transporte que se dirigió a Buchenwald también fue rechazado por sobrepoblación y cambió de dirección hasta Bergen-Belsen. Irena Fein iba en ese transporte.

La última columna de mujeres llegó a Wodzisław Śląski el 22 de enero. Rose (#1371) iba en ese grupo de prisioneras. Al llegar, les dijeron que buscaran casas donde descansar y que volvieran a la estación de tren por la mañana. Aquella era una orden extraña. ¿Por qué no iban a escapar las presas? Sin duda, muchas lo intentaron, pero sus uniformes estaban pintados con cruces, y recibir un balazo en el acto era más probable que la libertad.

Esa noche, Rose soñó que un miembro de las SS la mataba a ella, a sus amigas y a la familia que la había acogido a pasar la noche. Aterrada ante la idea de no tener nada más que el uniforme del campo y de que la atraparan, convenció a algunas amigas de ir a la estación de tren, tal y como les habían ordenado los soldados. ¿La compulsión de obedecer órdenes era más fuerte que su deseo de libertad, o era su miedo a la muerte lo que las mantuvo cautivas? No importa la razón: no aprovecharon la oportunidad de escapar. Quizás estaban demasiado cansadas y hambrientas, o sencillamente ya no sabían cómo actuar.

Rose y cuatro amigas llegaron a la estación de tren y subieron a un vagón de carbón abierto que estaba lleno de prisioneros varones. Las chicas estaban aterrorizadas, pero los hombres fueron amables y les dijeron que, cuando pararan, dijeran que les habían dado la orden de subir al tren. Rose supo por el rumbo que tomó el tren que iban hacia el sur, y albergó la esperanza de volver a Eslovaquia. El transporte sí pasó por la parte más occidental de Eslovaquia, pero continuó hasta atravesar la frontera de Austria, donde descargó a las prisioneras en el campo de concentración de Mauthausen. Rose estaba destrozada. ¿Acaso no iban a volver a ser libres?

Mientras, Linda y dos o tres mil mujeres más seguían marchando. «Avanzamos en torno a una semana» antes de llegar a Wodzisław Śląski y las cargaron en vagones abiertos para carbón. Deshidratadas hasta la desesperación, algunas chicas se subieron al lugar donde estaba la locomotora, pues no solo daba calor, sino que además goteaba agua caliente de un grifo. «Aparte de eso, no había nada.» Linda y otras tantas sorbieron ávidas el agua caliente.

Una semana de marcha por el frío y la nieve sin apenas comida había dejado a las mujeres débiles y vulnerables. Metieron a cien en un solo vagón de carbón. Solo había sitio para estar de pie. «Muchas prisioneras murieron.» Las vivas no podían sobrevivir si se ocupaban de las muertas. Linda y las demás no tenían otra opción: las fueron tirando del vagón.

Quizá hoy en día suene como un acto desalmado, pero las chicas muertas les quitaban a las otras el calor. «Por supuesto, les quitábamos todo lo que nos pudiera ser útil» para no pasar frío. Creían que las chicas que habían muerto hubieran querido que les quitaran lo que fuera para sobrevivir. «No sé cuánto tiempo viajamos. No sabría decirlo. Pero el hambre... ni te imaginas... cuánto duele el hambre. —La voz de Linda se quiebra. Se le llenan los ojos de lágrimas—. Es peor que una enfermedad. El hambre duele muchísimo... —Linda necesita tiempo para recomponerse. Con la mirada perdida hacia un lado, tragando saliva y llorando, dice con la voz entrecortada—: Ese... ese viaje en tren de Wodzisław a Ravensbrück fue la peor experiencia de mi vida. Estaba muerta de frío, tiraba a mis compañeras muertas, las mismas que habían sobrevivido tres años en Auschwitz.» Y todo para llegar a Ravensbrück... donde no había sitio para ellas. Ni comida. Nada.

El 27 de enero, el mismo día en el que el transporte de Linda llegó a Ravensbrück, los rusos entraron en los campos de Auschwitz y Birkenau. Pocos días antes, en Canadá, habían prendido fuego a «treinta barracones usados de almacén». Los barracones todavía estaban humeando, y, cuando llegaron los rusos, más de un millón de «prendas de ropa interior masculina y femenina... aparecieron en los seis barracones que quedaban y que estaban parcialmente quemados». También encontraron «unos 600 cadáveres de prisioneros y prisioneras fusilados o muertos de otro modo en los últimos días». De los 5800 prisioneros que seguían vivos en Birkenau, cuatro mil eran mujeres. No está claro que hubiera alguna del primer transporte.

A qué campo fueras a parar después de la marcha de la muerte era fundamental para sobrevivir y, de todos los campos de exterminio en esa época, el de Bergen-Belsen era el más letal. Era «un *Lager* muy malo —dice Irena—. Todos estaban enfermos, todos dormían en el suelo. Todo estaba en el suelo. Nos dieron agua y un trozo de pan, pero nada más».

Por suerte para Irena, allí había una vieja amiga suya que también había estado en el primer transporte y que debió de ser transferida con Bertha en octubre. Aquella amiga reconoció a Irena y la coló en su habitación. La bondad de Ruzena Borocowice, que tenía diecinueve años cuando la deportaron a Auschwitz en 1942, probablemente le salvara la vida a Irena.

Erika, la hermana de Ivan Rauchwerger, hizo la marcha de la muerte desde Ravensbrück a Bergen-Belsen y cuenta que comían la hierba congelada que las prisioneras sacaban de debajo de la nieve. En el campo la rescataron dos mujeres de su ciudad natal. Una trabajaba en la cocina y le trajo tres patatas cocidas para comer. «La segunda, la mujer del profesor de primaria de Erika, consiguió que la admitieran en el barracón infantil.» Aquello protegió a Erika de aguantar de pie los pases de revista matutinos en los que los miembros de las SS solían seleccionar y matar a prisioneras. Y, sobre todo, había menos enfermedades en el bloque infantil. Las dos mujeres murieron de tifus «una semana después de ayudar a Erika». Entre los niños del campo con Erika estaba Milan, el sobrino de Lenka Hertzka.

A finales de enero, nueve mil mujeres habían llegado al campo de concentración femenino de Ravensbrück. Uno de aquellos grupos —seguramente el de Linda— recorrió unos trescientos kilómetros en dos semanas, antes de subirse a los vagones abiertos de carbón rumbo a Ravensbrück, donde las dejaron fuera durante veinticuatro horas «porque no [había] sitio para ellas». Linda y las pocas amigas que le quedaban no lograron ni meterse en una tienda de campaña. «Creíamos que aquellos eran los últimos minutos de nuestras vidas. Sin comida, sin nada. Y, a pesar de todo, no hacían más que llegar más prisioneras.» Cuando por fin lograron embutirse en una tienda, estaba «llena de barro» y no había sitio para tumbarse.

Edith abre las piernas en forma de V para enseñar cómo se sentaba todo el mundo, como piezas de dominó «entre las piernas de las demás, en el frío suelo, apoyadas unas sobre otras».

«En Ravensbrück era físicamente imposible vivir. Estábamos como sardinas en lata. No podíamos tumbarnos. No había sitio porque había llegado gente de otros campos polacos que también estaban siendo desalojados. Había miles de personas, muy por encima de la capacidad del campo. Era muy duro. Había muchísima gente sucia y enferma. Ni siquiera sé si nos dieron de comer. —Edith hace una pausa—. No conservo el recuerdo de ir a buscar comida.» Sobrevivir a la marcha de la muerte había sido una tarea casi imposible. Ahora tenían que enfrentarse a otra: la inanición.

La situación se volvió cada vez más desesperada. Cuando los hambrientos supervivientes de las marchas de la muerte corrían hacia las ollas de sopa, las *kapos* perdían el control de la multitud y las ollas acababan volcando. La sopa se derramaba por la carretera del campo helado. Linda llora al contar que se tiró al suelo a lamer «la comida del hielo».

Hubo breves ocasiones de reencuentros y momentos de ternura. Entre la muchedumbre, Etelka Gelb encontró a la suegra de Ruzena Gräber Knieža hecha una «anciana ajada». El corazón de Ruzena se llenó al ver a la mujer, a quien pensaba que no volvería a ver. «La alegría era grande. La tristeza era enorme.» Abrazó y acarició a Ruzena y le murmuró una bendición: «Si sobrevives, sé feliz». Se la llevaron a la cámara de gas al día siguiente. Pero ese momento fortaleció la decisión de Ruzena. «De algún modo, me bendijo.»

«Escucha, Elsa —le dijo Edith a su hermana de campo—, si piden voluntarias, vamos nosotras. No hemos sobrevivido a la marcha de la muerte para morir lentamente de hambre.»

Elsa, aterrada, preguntó a Edith. «¿Qué pasa si piden voluntarias para trabajar pero en realidad nos llevan a la cámara de gas?»

«Tranquila, Elsa. Creo que incluso la cámara de gas es mejor que esto.»

Llegaron camiones al campo y los cargaron con mil chicas. ¿Iban a la cámara de gas? Incluso a Elsa dejó de importarle. Resulta que varios campos satélite de Ravensbrück podían acoger a las nuevas prisioneras. Entre ellos estaban los campos de Retzow (donde fueron Edith y Elsa), Malchow y Neustadt-Glewe.

Ruzena Gräber Knieža (#1649), Alice Icovic (#1221) e Ida Eigerman (#1930) acabaron en el de Malchow, un campo pensado para alojar a mil mujeres en diez barracones pequeños. Pero tenía que ofrecer alojamiento a cinco mil. Quizá lo mejor de Malchow era que la *kapo* principal del pabellón médico femenino, Orli Reichert (#502) estaba allí. Había llegado a Auschwitz el mismo día que las primeras chicas, el 26 de marzo de 1942. Llevaba presa por comunista desde que tenía veintidós años. Sus pestañas eran muy largas y tenía unos ojos marrones profundos que, junto a su blanca piel, hacían de ella una joven llamativa. Había hecho todo lo posible por que las prisioneras judías sobrevivieran. En cuanto las supervivientes de Auschwitz vieron a la mujer a la que habían apodado «el ángel de Auschwitz», se pusieron a aplaudir y a vitorear: «¡Nuestra Orli ha vuelto con nosotras!».

Varias mujeres del primer transporte fueron transferidas

a Neustadt-Glewe, ciento veinte kilómetros más al interior de Alemania. Metieron a las muchachas en camiones rumbo a Neustadt-Glewe tan rápido que muchas amigas se separaron. Linda Reich y Dina Dranger estaban entre las que se quedaron atrás. Mientras, en la parte de atrás de los camiones abiertos estaban Margie Becker, Peggy, Helena y Ruzinka, Eta y Fanny Zimmerspitz, su prima Martha Mangel, Regina Schwartz y sus hermanas Celia y Mimi, Julia Birnbaum (#A-5796), Magda Moskovic (#1297) y las polacas Sara Bleich, Rena Kornreich y su hermana Danka.

Ellas no aplaudieron al llegar. En aquel campo no había un ángel, sino un auténtico demonio. La guardiana Dreschler, con sus dientes de conejo, estaba esperándolas.

Aunque los campos satélite no eran campos de exterminio, en ellos las chicas también morían. Las prisioneras estaban al final de la lista para recibir raciones, y la comida era muy limitada. La violencia era otra de las causas. Una de las principales *kapos* de Neustadt-Glewe era una asesina que disfrutaba pisoteando hasta la muerte a las prisioneras si intentaban robar comida. Pero, puesto que no había apenas comida en el campo, robarla compensaba el riesgo. Cuando Rena Kornreich intentó robar tres patatas, la asesina la persiguió con un tablón para aplastarla. Rena se escondió en uno de los bloques, donde seguramente una chica del primer transporte la ocultó en una *koya* y le salvó la vida.

Cuando Linda fue transferida de Ravensbrück, sus amigas y ella acabaron encerradas en el interior de un barracón sin terminar, con el techo abierto. No había dónde sentarse, y en cuanto cerraron la puerta, las chicas fueron presas del pánico. «Estábamos seguras de que era una cámara de gas.» Rompieron una ventana por la que salir y corrieron hacia el bosque.

Una de las mujeres de las SS de Auschwitz corrió tras ellas gritando:

—¡Volved! ¡No vamos a mataros! ¡Si os encuentran, os fusilarán!

No sabían qué creer, pero por alguna razón confiaron en aquella mujer y volvieron a paso lento. Por una vez, una SS les había dicho la verdad. No asesinaron a las chicas. No podemos saber la fecha en la que Linda y las demás se sublevaron, pero Himmler había empezado a negociar con el Gobierno sueco para entregar «rehenes». Además, acababa de emitir una orden en marzo para «detener la muerte de más prisioneros judíos y tomar todas las medidas para reducir la mortalidad entre ellos». Puede que esta orden salvara la vida de Linda y sus compañeras. Las transfirieron a Retzow, donde Edith y Elsa llevaban ya un mes trabajando.

Retzow estaba al sur de Ravensbrück, no lejos de Berlín, y contaba con un aeropuerto que era blanco frecuente de bombardeos con los que se pretendía que los aviones alemanes no pudieran aterrizar a repostar. La tarea de las presas era rellenar los cráteres y retirar las bombas de la pista. Era un trabajo peligroso, pero morir por una bomba estadounidense era mejor que morir a manos de las SS. Además, en cuanto los miembros de las SS se retiraban a sus búnkeres, las jóvenes tenían vía libre por el campo y la cocina. Era la primera vez en tres años que Edith y las demás consiguieron comer algo que no fuera sopa y pan. En cuanto los bombarderos aliados sobrevolaban la zona y sonaban las sirenas de ataque aéreo, los soldados alemanes se refugiaban en sus búnkeres y las prisioneras corrían a la cocina. «Teníamos una vida mejor. Teníamos comida. A veces incluso conseguíamos tomar sémola con leche, y había agua limpia para lavarnos», dice Edith.

La liberación llegó antes al campo de exterminio de Bergen-Belsen. El tifus se había convertido en una epidemia descontrolada y se había cobrado miles de vidas. El 5 de abril, quince días después de que Anne Frank sucumbiera a esta enfermedad, Bergen-Belsen fue liberado por tropas británicas y estadounidenses. Eran las cuatro de la tarde cuando llegó la noticia por los altavoces. «Hemos llegado. Hemos llegado. Hemos venido a liberaros.» Las prisioneras no daban crédito a sus oídos. «Sobre las siete, esa tarde el campo estaba lleno de comida.» Pero el hambre y la enfermedad eran tan graves que muchos prisioneros murieron empachados con las raciones del ejército. Bertha tuvo suerte: vomitaba todo lo que comía.

Veintiocho mil prisioneros habían muerto desde febrero, y los ejércitos de liberación diseñaron un castigo especial para los SS y *kapos*: les obligaron a cargar con cadáveres has las fosas comunes para enterrarlos. Obligaron al doctor Fritz Klein y al comandante de campo Josef Kramer a reptar sobre los montones de cadáveres que no habían sido cremados ni enterrados. Hicieron pasar a la población alemana al interior del campo para que caminara junto a los miles de cadáveres esqueléticos de seres humanos que allí había.

Incineraron bloques enteros para matar los piojos transmisores de enfermedad. Instalaron duchas para que las mujeres se bañaran y las rociaron con pesticida en polvo. El periodista de la BBC Richard Dimbleby describió el campo: «Había un acre de terreno cubierto de cadáveres y de personas moribundas. No se distinguía a unos de otros. Este día en Belsen ha sido el más horroroso de mi vida».

Para Bertha e Irena, fue el más maravilloso.

Los ojos agradecidos de Bertha se llenan de lágrimas al recordar a los soldados que la liberaron. «Fueron muy buenos con nosotras. Muy compasivos y comprensivos.» Existen grabaciones de la BBC en las que Bertha, con una falda y una blusa blanca y limpia, acompaña a unos soldados británicos bien parecidos hasta los crematorios. Pasa con ellos junto al *Lagerführer*. «Ahora el prisionero era él. Yo era una mujer libre.» Bertha es una belleza clásica de mirada penetrante. Sus ojos no son los de una víctima. Son los ojos de una joven que ha sido testigo de lo peor de la humanidad, ha sobrevivido y ahora carga en su alma con el poder de esa verdad.

Himmler había empezado a negociar la venta de prisioneros judíos con el Gobierno sueco a principios de marzo de 1945. La otra parte en la negociación era el conde Folke Bernadotte, vicepresidente de la Cruz Roja Sueca, que también pretendía liberar a miles de presos suecos, noruegos y daneses. La intervención de Bernadotte se vio frustrada varias veces por el narcisismo y el autoengaño de Himmler, pero el alemán necesitaba el dinero para salvar su propio pellejo. Para persuadir a los suecos de negociar con él, ofreció la liberación de miles de rehenes femeninas. Amenazó con matarlas si no aceptaban el trato. Ella (#1950), Edie (#1949), Lila (#3866), Joan (#1188) y probablemente Erna y Fela Dranger (#1715 y #6030), así como Matilda Friedman (#1890) formaban parte del grupo de prisioneras cuya libertad se estaba negociando.

Joan había estado trabajando en las entrañas de la montaña de Porta Westfalica, adonde había llegado en ascensor. Su tarea había sido la de preparar el cableado para bombas y municiones. Fue el trabajo más «aterrador» de su vida. «Pensábamos que nunca saldríamos de allí.» El mayor miedo de Joan era quedarse encerrada en la montaña para siempre y que nadie llegara a saber dónde estaban o qué les había pasado.

Mientras Joan trabajaba en la fábrica subterránea, Ella, Edie y Lila cavaban zanjas fuera de Porta Westfalica cuando el mismísimo asesino de masas con cara de ardilla apareció por allí. Mil prisioneras de Porta Westfalica tuvieron que subirse a vagones de ganado y poner rumbo al norte. Entonces el tren paró y dio la vuelta. Las chicas no tenían ni idea de lo que estaba pasando. Nadie sabía adónde iban, ni que eran parte de una negociación de rehenes entre Himmler y la Cruz Roja Sueca. Las idas y venidas constantes del tren les atacaron los nervios. «No sabían qué hacer con nosotras», cuenta Joan. Era un tira y afloja bélico, y las mujeres eran la cuerda.

El conde Bernadotte no podía concederle a Himmler todas sus exigencias, y Himmler siguió cambiando de opinión sobre lo que quería, lo que hacía casi imposible negociar. Cuando el proceso se fue al traste, los SS abrieron la puerta de los vagones de ganado, empezaron a hacer gestos con las metralletas y gritaron: «*Raus! Raus!* ¡Fuera! ¡Fuera!».

Habían vuelto a 1942. Las jóvenes cayeron de los vagones. Creían estar en mitad de la nada. De hecho, estaban cerca del castillo de Ludwiglust.

Las obligaron a apoyarse en el tren y a mirar de frente a una pared de miembros de las SS que las apuntaban con la metralleta o apartaban el arma de forma alternativa. Estuvieron así todo el día: las chicas mirando a sus verdugos y los SS mirando a sus asustadas víctimas. Pasaban las horas.

«Creíamos que era el fin», llora Joan.

Por la tarde, cuando los SS se disponían a masacrar a mil mujeres a sangre fría, un soldado alemán pasó en coche haciendo sonar la bocina, agitando una bandera blanca y gritando: «¡Alto! ¡No disparéis!».

Himmler había aceptado los términos de la negociación. El conde Bernadotte y el Gobierno sueco habían comprado la libertad de las jóvenes.

Los soldados de la *Wehrmacht* —conocidos como los camisas pardas— eran el ejército regular, no las SS, y fueron quienes se hicieron cargo del transporte. Alargaron los brazos para ayudar a las chicas a subir de nuevo al tren. Aquellos alemanes les sonreían con amabilidad, les tocaban la mano, les daban pan y les aseguraban que la próxima vez que se abrieran las puertas de los vagones estarían fuera de Alemania. Serían libres.

Les costaba creer a alguien que llevaba uniforme.

Cuando el tren hizo una parada en la estación de Hamburgo, Joan oyó a un vendedor ambulante de periódicos gritando: «*Hitler ist tot!* ¡Hitler ha muerto!».

Mirando por los huecos del vagón, vio el titular negro en la parte superior del periódico. Era verdad. «No podíamos creerlo.»

Pocas horas después, tal y como habían prometido los soldados alemanes, las puertas del tren se abrieron en Dinamarca. «Había monjas y la Cruz Roja, y la gente nos tiraba pan desde las ventanas.»

«¡Sois libres! —gritaban—. ¡Sois libres!»

Sus ojos tardaron varios minutos en ajustarse a la luz de la liberación. Sus mentes tardaron mucho más. Al andar entre la muchedumbre de las calles, les daban «chocolate, cigarrillos y pan blanco. ¡Nos tenían hartas!». Había tiendas de campaña para recibir a las rehenes recién liberadas. Los médicos y las enfermeras las atendieron de inmediato. Lo más importante era eliminar cualquier prenda infestada de piojos. Era el tipo de protocolo que las jóvenes conocían ya. Se quitaron la ropa y esperaron a que les hicieran una inspección.

Los trabajadores de la Cruz Roja no pretendían ser insensibles cuando rociaron gasolina en la ropa y le prendieron fuego. Pero cuando las llamas se alzaron sobre el montón de ropa, las chicas fueron presas del pánico y trataron de huir. Gritaban. Lloraban. Se agarraban unas a otras llenas de miedo. «Estábamos desnudas y pensábamos que nos tocaba después ir al fuego. Tampoco hablábamos sueco, así que no entendíamos lo que intentaban decirnos. No nos creíamos que [el fuego] no fuera para nosotras.»

Los bienintencionados suecos condujeron a las jóvenes lejos de la hoguera, a unas duchas, sin imaginarse que habría otra explosión de terror. ¿Cómo iban a saber los suecos que cualquier elemento de la vida cotidiana significaba la muerte para las mujeres que habían sobrevivido tres años en Auschwitz? Al fin, alguien explicó en alemán que las duchas solo tenían agua, que el vapor era del calor que desprendía el agua, no de gas. Todavía asustadas y temblorosas, las primeras chicas se bañaron. Las desinfectaron para matar cualquier piojo. Les dieron ropa limpia sin las rayas de la prisión. Uno de los médicos explicó en alemán que, dado que sus estómagos se habían encogido tanto, si comían mucho y muy rápido, podían morir. Habían aprendido la lección de Bergen-Belsen, y los libertadores eran muy cautos con la comida que daban a las hambrientas prisioneras. Las chicas recibieron vitaminas y cereales. Gachas de avena calientes. Crema de trigo. Les pareció «divino».

Pero por toda Europa, la libertad seguía en juego para muchas otras mujeres del primer transporte. Cuando el aeropuerto de Retzow cerró y el campo quedó abandonado, Linda estaba en un grupo que se dirigió a Berlín. Edith y Elsa se vieron obligadas a avanzar en direcciones opuestas. Esta vez, también los civiles huían del avance ruso. Los bombardeos aliados tiraban paquetes con comida. Por supuesto, los prisioneros no tenían permiso para recogerlos. Los miembros de las SS se lo quedaban todo. Lo único que consiguió Linda fue «un trozo grande de jabón Ivory. Ni comida, ni nada».

Tras un día entero caminando, Edith y Elsa se estaban quedando rezagadas en su columna. Los SS iban por delante, y las sombras se alargaban con la caída de la noche. Había una caseta aislada por allí. Edith, Elsa y otras nueve chicas miraron aquel minúsculo refugio y tomaron una decisión rápida: estaban hartas.

La decisión era sencilla: «Este es el último lugar al que llegamos como prisioneras. Aquí vamos a ser libres». Se desplomaron en el suelo de la casita y durmieron, pues estaban muertas de cansancio.

A Edith la despertó un suave zumbido en la oreja. Sintió el aliento de unas alas sobre la mejilla. Angelitos diminutos zumbaban en medio de la dorada luz de la mañana y salían por las ventanas. Se habían dormido en un colmenar.

Oyeron pasos por el camino exterior. Se abrió el cerrojo. Un alemán barbudo de rostro ancho entró sin saber que había intrusas durmiendo en el suelo. Edith se sentó y se frotó los ojos.

«¿Qué hacéis aquí?», preguntó el hombre.

«Estábamos durmiendo», dijo ella.

«Vuestra gente ya se·ha ido —explicó él—. Os diré adónde para que podáis alcanzarlos.»

Las chicas se pusieron de pie despacio para no molestar a las abejas y salieron. El apicultor señaló hacia una carretera, y se apresuraron en esa dirección que les había indicado. En cuanto le perdieron de vista, se escondieron en una zanja. A su alrededor, los disparos rompían la quietud de la mañana. ¿Eran SS abriendo fuego contra prisioneros o rusos disparando contra SS? Las muchachas se acurrucaron en la zanja hasta que los disparos cesaron. Dos muchachas, una del primer transporte y otra del segundo, decidieron explorar la zona mientras las otras se quedaban ocultas. Volvieron con buenas noticias.

«Hemos encontrado un establo vacío con paja.» Era el lugar perfecto para esconderse de día, mientras intentaban quitarse la pintura roja de los uniformes. Las cruces rojas eran tan gruesas y brillantes que se veían desde lejos y las convertía en blanco fácil para los SS que iban buscando a prisioneros huidos. Arrancar la pintura de la parte de atrás de sus camisas y de los lados de los pantalones les llevó todo el día.

Esa noche, volvieron a la casa del apicultor para robar una gallina. Todos los granjeros habían abandonado sus casas y sus animales huyendo del avance ruso, así que las chicas ordeñaron a las vacas lecheras, recogieron los huevos del corral y comieron poco, pero por fin en libertad.

Al día siguiente, su oficial de las SS pasó por allí en bicicleta. No se paró a mirar en el interior del establo donde se ocultaban. Sencillamente pasó de largo. En una casa cercana, dos polacos que habían estado trabajando en una de las granjas vieron a las jóvenes sacando agua de una bomba y las llamaron. «¿Tenéis hambre?»

Edith pensaba que no volvería a llenarse la tripa, pero los polacos les dieron tanta comida a las chicas que no pudieron con toda. Por suerte, gracias a que habían comido gachas y otros alimentos en su estancia en Retzow, sus estómagos soportaron el festín. Después, lo único que pudieron disfrutar fue el lujo de tener la tripa llena.

Mientras los rayos de sol se filtraban por las ventanas abiertas e iluminaban el polvo y el polen del aire, oyeron la voz de una mujer gritando fuera: «*Der Krieg ist vorbei!* ¡La guerra ha terminado!».

Edith corrió a la ventana y vio a una mujer alemana montada en bicicleta y ondeando la bandera blanca de la rendición.

«¡Somos libres! ¡Libres! ¡Libres!», gritaron en alemán, en eslovaco y en yidis mientras se abrazaban. Lloraron de felicidad. Después lloraron de tristeza.

*U*na novela acabaría aquí. Se cerraría cuando todas estuvieran rumbo a casa, a salvo y contentas, al encuentro de sus seres queridos. La ficción hace cosas así. La realidad, no. Y así no acaban las guerras.

Estas mujeres eran jóvenes y vulnerables, estaban solas en un mundo de soldados varones que habían luchado mucho tiempo con todas sus fuerzas y querían una recompensa. Ninguna mujer estaba realmente a salvo.

Cuando los soldados rusos lo cuentan, las relaciones sexuales con las prisioneras parecen un acto de amor fraternal, una celebración de la vida. El sexo con alemanas era una venganza. Pero para prisioneras o *kapos*, alemanas o judías, polacas o eslovacas, alemanas, holandesas o italianas, todo era violación. El Ejército Rojo violó al grupo entero de mujeres con el que iba Orli Reichert (#502), el «ángel de Auschwitz», después de que huyera de Malchow.

«Así que éramos libres, pero no lo éramos —explica Edith—. No había trenes, ni coches, ni puentes. Todo estaba bombardeado y destrozado. Había soldados con armas, y nosotras no teníamos nada. Estábamos muy asustadas. Solo podíamos enseñar un número en el brazo, pero a ellos les interesaba la parte baja de nuestro cuerpo, no la alta.»

Edith y su grupo encontraron una bandera con una esvástica en el suelo y la hicieron pedazos con sus propias manos. Después se hicieron pañuelos rojos para que los rusos las respetaran por parecer comunistas. Esa tarde, once soldados rusos llegaron con cubos de comida, huevos y leche, y lo cocinaron todo para las chicas. El ambiente era muy alegre y agradable, pero luego se puso tenso. Los hombres se sentaron y observaron a las mujeres comer. «Cuando acabamos, no sabíamos qué hacer y estábamos sentadas, así que dijimos: "Nos queremos ir a la cama".»

«Nosotros también», dijo uno de los soldados con una carcajada, al tiempo que agarraba como si nada a una de las jóvenes.

Ella le apartó con una bofetada. «¡No!»

«Pero os hemos dado de comer.»

«No hemos estado con un hombre antes. Somos muy jóvenes.»

«Pero os hemos dado de comer.»

Así era la lógica masculina. Los soldados intentaron manipularlas para que aceptaran acostarse con ellos, pero ellas mantuvieron un frente unánime.

Al fin, el oficial de aquellos hombres se puso de pie. «¡Fuera de aquí! —les ordenó—. ¡Dejadlas en paz!»

Las chicas suspiraron aliviadas cuando los soldados salieron a la oscuridad de la noche. Pero entonces el oficial se dio la vuelta, las miró y sonrió. «Bueno, ¿quién quiere estar conmigo?»

«Acabas de echar a los otros.»

«Sí, pero yo tengo más derecho, porque soy oficial», explicó.

«Nosotras seguimos siendo muy jóvenes, aunque tú seas oficial —arguyó la mayor—. ¡Tú también debes irte!»

A regañadientes, se fue con los demás soldados. Las muchachas cerraron bien la puerta del establo y se acurrucaron como cachorritos en la paja. Por la mañana les contaron a los trabajadores polacos lo ocurrido.

«Volverán. Si no lo han conseguido esta noche, volverán hasta que lo consigan la segunda o la tercera noche —les advirtieron los polacos—. No podéis quedaros aquí más tiempo.» Decidieron llevarse a las chicas a una estación de tren en la frontera con Polonia.

Los polacos trajeron dos caballos de tiro de los campos, los ataron a un carro y ayudaron a las jóvenes a subir. Sentada en la parte de atrás, Edith miraba un cielo azul en el que ya no había bombarderos. La primavera había estallado a su alrededor. Todos los colores del mundo eran más vívidos, más intensos. El verde era más verde. El rosa, más rosa. Las flores eran más dulces por su perfume. La tierra era un milagro. Cada aroma, cada tono, cada aliento de aire era una experiencia extraordinaria. Después de no haber ni tenido un solo placer en tres años, Edith disfrutó de cada sensación hasta que todas y cada una de las células de su cuerpo se despertaron y cantaron.

En un huerto de cerezos, los polacos soltaron a los caballos y les dieron agua. Las chicas se subieron a los árboles. Edith encajó su trasero en una rama, alargó la mano por encima de su cabeza y reunió los primeros frutos de la libertad. Se le mancharon los dedos, los labios y los dientes de color burdeos. Le caía jugo por la barbilla. Escupió los huesos a las otras con ganas de jugar. Hubo risas. Se rieron. Pararon. Se miraron unas a otras y se rieron de nuevo. Como si fueran puñados de vida, Edith se puso cerezas entre las manos, en los bolsillos y en la boca hasta que no podía cargar con más.

Un oficial ruso pasó al trote en un caballo y miró a las muchachas, sentadas en la parte de atrás del carro. «¿Judías?», preguntó.

Ellas asintieron.

«Ocultadlas por la noche para evitar que las violen o las maten», advirtió a los polacos.

Y eso hicieron. Cada noche buscaban un establo donde esconderse entre la paja y dormir hasta que llegaran a la estación de tren. Pero entonces surgió otro problema. Sin papeles ni dinero, ¿cómo iban a llegar a casa?

Esa pregunta se la estaban haciendo miles de refugiadas por todo el continente. Y se hacían también otra pregunta: ¿deberíamos volver a casa? Para muchos supervivientes judíos, la respuesta era que no.

«No tengo familia —llora Joan años después—. Solo una prima segunda. A eso no te acostumbras.» Sí tenía una tía, la hermana de su madre, y una dirección en el Bronx. Joan escribió a su tía desde Suecia y fue una de las primeras jóvenes del transporte que emigraron a Estados Unidos.

Las chicas polacas decidieron unilateralmente no volver a casa. Sabían que no quedaba nadie. Rena Kornreich y su hermana Danka fueron a Holanda; sus amigas Erna y Fela se quedaron en Suecia; Dina Dranger fue a Francia. Sara Bleich acabó emigrando a Argentina. Margie Becker tenía una tía en Estados Unidos que le envió cien dólares en cuanto tuvo noticias de ella. Margie se compró un vestido en condiciones y fue al este rumbo a Eslovaquia. En el tren de vuelta conoció a Solomon Rosenberg, su futuro marido, que también volvía de los campos de concentración.

Para quienes volvían a casa, la travesía adquirió las proporciones épicas de los viajes de Ulises, pues se enfrentaron a un obstáculo tras otro. Hicieron autoestop y tomaron trenes, mendigaron viajes en camiones y recorrieron kilómetros a pie. Edith tenía que cruzar un puente peatonal que se balanceaba sobre aguas torrenciales en el río Váh… Consecuencia del deshielo de las montañas en primavera.

Varias chicas, como Kato (#1843), una de las amigas de Lenka Hertzka, natural de Prešov, recibió una tarjeta de la Cruz Roja que le servía como billete gratuito en los trenes. Otras, como Edith, no recibieron nada.

Linda llora al recordar el momento en que la comisión internacional llegó al campo de desplazados donde sus amigas y ella estaban en cuarentena y anunció que se las consideraba «ciudadanas del mundo». Les dieron documentación que les permitía ir adonde quisieran. Lo único que querían era volver a Eslovaquia. «Ya sabía que mi hermano gemelo, mi hermana y mis demás hermanos habían desaparecido. Pero quería volver a casa.»

Una vez a la semana salía un tren de Praga a Bratislava. Para tomarlo, Linda y sus amigas fueron de Berlín a Praga andando, un viaje de 318 kilómetros. Cuando llegaron a Praga, el tren estaba tan lleno de refugiados que ya no había sitio dentro, así que Linda, Peggy y otras amigas más se subieron por un lado del vagón y se sentaron en el techo.

«¿Por qué no ir en el techo del tren? Era joven.» Y estaba viva.

Desde lo alto del convoy, tenían el mundo ante ellas. La libertad era un horizonte de montañas verdes lejanas y un cielo azul calizo. Las desoladoras franjas beis y gris de Auschwitz se desdibujaban con la claridad de un horizonte limpio tras las tormentas. No había ni una sola valla de espino, ni una sola torre de vigilancia a la vista. La libertad era el viento en su cabello, el aire dulce de la primavera y las flores en los árboles. El sol calentó sus débiles huesos y avivó sus músculos endurecidos por el trabajo, el hambre y el miedo. La tensión se disolvió sobre la superficie metálica del tren. Pasaban junto a pueblos y ciudades, y los refugiados saludaban por las ventanas y desde lo alto del tren. Los aldeanos devolvían el saludo y les vitoreaban. Igual que tres años antes, las chicas empezaron a cantar. Esta vez no cantaron el himno de Eslovaquia.

La vuelta a casa

*R*ia Hans (#1980) recorrió a pie mil kilómetros desde Alemania hasta su hogar en Humenné. Al llegar, en agosto de 1945, pesaba treinta y nueve kilos. Había ganado peso desde su liberación. «Estaba muy enferma. Tenía la piel... que no podían ni ponerme una inyección. Mi cuerpo estaba reseco, hasta que mi madre me dio baños de aceite de coco.» Ria fue una de las afortunadas cuyos padres habían sobrevivido. Su padre tenía una granja en las afueras de la ciudad y, cuando empezó a «apestar» en el centro, la familia se mudó a la granja. Se habían vestido de granjeros eslovacos y habían llevado a los niños a la iglesia, donde tenían buena amistad con el cura. Al igual que Lou Gross, los hermanos de Ria habían aprendido a pronunciar el «Padre nuestro» y a fingir que eran católicos. Así fue como sobrevivió la familia Hans. La hermana de Ivan Rauchwerger pesaba solo treinta y ocho kilos cuando el campo de Bergen-Belsen fue liberado. Después de dos meses de recuperación en el hospital militar británico, «se unió a mí, pero seguía pesando cuarenta kilos. No tenía pelo ni dientes». Ivan ni siquiera la reconoció. Tuvo mala salud casi toda su vida, «sufrió muchas operaciones, injertos de piel y fallos renales».

Pero muy pocas chicas encontraron algo al volver. Peggy sabía que sus hermanos y su hermana habían muerto en las cámaras de gas de Auschwitz, pero tenía la esperanza de que quedara algo. Anduvo dos horas desde Stropkov a su pueblecito, pero no encontró más que desolación total y la granja familiar reducida a cenizas. El camino de vuelta a Stropkov fue todavía más largo, cargada como iba con el peso de la pérdida y de los recuerdos. La vez anterior que había recorrido aquel camino, se había despedido de su familia sin saber que no volvería a verla; había estado con Anna Judova (#1093) y Ruzena Kleinman (#1033). Ellas también habían sobrevivido, pero ¿dónde estaban? Se sentó en un bordillo del barrio judío desierto de Stropkov y se echó a llorar. Peggy estaba sin blanca, sin casa y sin familia, estaba sola en el mundo. Una joven viuda judía cuyo marido la había ocultado en un búnker con sus hijas gemelas se acercó a Peggy y le preguntó qué ocurría.

«¡No sé qué hacer con mi vida!», sollozó Peggy.

«Tengo una cama y un sofá —Le dijo la viuda—. Tú puedes dormir con una niña en el sofá y yo con la otra en la cama.» Esta familia improvisada la adoptó, y Peggy acabó convertida en niñera. Poco a poco regresó al mundo de los vivos.

Cuando Linda regresó a casa de sus padres aquel verano, todo parecía igual que cuando se había ido. Rezó para que alguien de su familia siguiera vivo y llamó al enorme portón de madera. Un ucraniano con rostro impasible abrió y la miró. «¿Qué quieres?» ¿Cómo podía alguien ser tan maleducado con una mujercita de aspecto tan frágil y amable como Linda?

«Bueno, esta es mi casa —balbuceó, sin tener claro qué otra cosa podía decir—. Quiero volver a casa.»

«Es mía. La compré por un dólar —dijo el ucraniano—. Vuelve por donde has venido.»

Le cerró la puerta en las narices. «Así me recibieron en casa. Me sentía como un fantasma que regresaba de la tumba.»

A pesar de las vejaciones que Linda había experimentado en Auschwitz, de la crueldad, la muerte y los asesinatos, lo que más le sorprendió fue el hecho de que la Guardia Hlinka se hubiera llevado los muebles de su familia, todos los recuerdos de su infancia, todas las reliquias de su madre y que incluso les hubieran robado la casa. No le quedaba familia. Ni herencia. No le quedaba nada más que recuerdos fragmentados que sus años de esclavitud no habían conseguido enterrar.

Volvió a Bratislava, donde se habían quedado algunas amigas suyas, y entonces descubrió que su hermana había sobrevivido con documentación falsa, haciéndose pasar por católica. Después conoció a Fred Breder haciendo cola para el pan y se casaron en 1946. Ya no estaba sola en el mundo. Tardaron veinte años en recuperar la vivienda familiar, pero Linda luchó por aquella casa del mismo modo que luchó por sobrevivir. Claro que, para cuando la casa volvió a su familia, ella ya había emigrado a Estados Unidos.

Alice Icovic (#1221) llegó a Eslovaquia en una camioneta con otras chicas. Al llegar a una granja, Alice saludó a un granjero gentil utilizando el saludo tradicional eslovaco: «*Dobrý deň k požehnanému Ježišovi Kristovi*». Que Cristo bendito nos dé un buen día.

«*Navždy!*», contestó él. «Por siempre.»

Resultaba agradable volver a su país y hablar su lengua materna. Sonrió a la mujer del granjero, que acababa de bajar a la carretera para ver quién pasaba por allí.

«Por favor, ¿nos podríais dar un poco de leche? —preguntó Alice—. Venimos de un campo de concentración y tenemos mucha sed.»

Al darse cuenta de que Alice y sus amigas debían de ser judías, la pareja pareció horrorizada. «¡Dios mío! —dijeron—. Os gasearon y os prendieron fuego. ¿Cuántas de vosotras vais a volver?»

«Se me había olvidado que estaba en Eslovaquia —dice Alice haciendo un gesto negativo con la cabeza—. No puedo decir que me enorgullezca de esos momentos.» Sus amigas y ella se dieron la vuelta y se marcharon «sacudiéndose el polvo de los pies».

Edith tuvo una recepción similar en el mercado pocos días después de su llegada a casa, cuando una mujer la reconoció y dijo: «Sois más los que volvéis que los que os fuisteis».

Algunas tuvieron aterrizajes más suaves. Ida Eigerman (#1930) había acabado en un campo de desplazados en Pocking, Alemania, cuando la recogieron unos checos que habían enviado autobuses para trasladar a refugiados checos y eslovacos. «Puedo decir que aquel fue el día más feliz de mi vida. Te... te escapabas corriendo de la muerte. Y los checos fueron muy amables. Para el camino tenían teteras de leche, galletas, pan, salami y lo que quisiera. ¿Quién podía comer tanto? Cuando has pasado tanta hambre, no puedes comer más.»

Eta y Fanny Zimmerspitz (#1756 y #1755), así como su prima Martha Mangel, al final también llegaron a Praga, pero lo hicieron a pie. Para entonces, los trenes estaban tan llenos que era casi imposible tomarlos, pero descubrieron que un grupo de polacos y eslovacos habían decidido organizarse y acompañar a mujeres supervivientes de vuelta a sus casas en Eslovaquia. Era un viaje de trescientos kilómetros y el camino hasta casa podría durar más de una semana, pero las chicas estaban a salvo, protegidas y cuidadas.

Tras ascender la empinada colina del casco antiguo de Poprad, Martha Mangel y sus primas Eta y Fanny Zimmerspitz llegaron a casas vacías y en ruinas. Eran las únicas supervivientes de su familia. La vecina de Martha la saludó desde la verja de entrada y después abrió la puerta.

«Tengo algo para ti», dijo.

Tomó una pala y condujo a Martha al patio trasero, donde desenterró una toalla llena de barro. La madre de Martha había venido a casa de la vecina justo antes de que se la llevaran y había suplicado: «Guarda esto para Martha en caso de que vuelva».

«Aquí tienes —dijo la vecina al darle aquella reliquia de familia—. Sí, aquí tienes.»

Las manos de Martha temblaron cuando, tras desenvolver la toalla, vio la deslustrada plata del candelabro de sabbat de su madre. Era lo único que le quedaba a Martha. Su hija Lydia todavía lo usa.

Eta cuenta una historia similar. Cuando su hermana y ella regresaron a Poprad, un gentil las reconoció y les dijo: «Quiero hablar con vosotras. —Antes de la guerra, su padre le había prestado 20 000 coronas—. No quiero su dinero», les dijo el hombre, y les devolvió la deuda con intereses.

Después de la liberación de Bergen-Belsen, Bertha (#1048) encontró a su hermana Fany en un campo cercano gracias a uno de los capellanes militares. Se reunieron con una oleada de lágrimas. Según Bertha, «era un momento feliz y triste... Llevábamos sin vernos tres años y medio». Fany le contó a su hermana que los alemanes que andaban buscando judíos habían entrado a la fuerza en la casa en la que su hermana mayor, Magda, estaba alojada. Magda se ocultó en un armario. Los alemanes registraron el piso y la encontraron. Cuando fueron a buscar a Fany, esta se escondió debajo de la cama. Los alemanes levantaron el colchón para ver si alguien se ocultaba allí, pero Fany no se movió y no la detuvieron. Logró mantenerse oculta hasta 1944. Magda, en cambio, fue directamente a la cámara de gas.

En Bergen-Belsen, los estadounidenses entregaron tarjetas de identidad a todo el mundo y organizaron camiones de supervivientes que querían viajar al este, rumbo a Praga. Bertha y Fany no tenían dinero para el viaje, pero gracias a que mostraron su número, consiguieron subir a un tren. Desde el andén Fany vio a Mike Lautman, que se había ocultado con documentación falsa durante la guerra. Se lo presentó a Bertha y los tres viajaron juntos de regreso a Eslovaquia. Llegaron a Bratislava, donde el Comité Judío Americano de Distribución Conjunta (JDC) «nos alojó en un hotel, no un Hilton, pero uno bastante bueno. Tenía hasta una cocina *kosher*».

Gracias a otros refugiados, las chicas se enteraron de que uno de sus hermanos había combatido como partisano durante la guerra y seguía vivo. Le mandaron una postal. Pocos días después, Emil llegó a Bratislava para ocuparse de sus hermanas pequeñas. «Él era el padre, la madre, lo era todo, y nosotras éramos unas chiquillas.» Durante un mes, Bertha y Fany no hicieron más que recuperarse. Mientras, Mike Lautman iba de visita a ver si estaban bien. Bertha sonríe. «Pocos años después se convirtió en mi marido.» En la foto de bodas, detrás de Bertha, aparece Elena Zuckermenn (#1735).

Cuando Ruzena Gräber Knieža llegó a Bratislava, encontró a unas viejas amigas con las que pudo quedarse durante un tiempo. Al otro lado del país, su marido Emil oyó que estaba viva y se metió en el primer tren nocturno a Bratislava. A las ocho de la mañana siguiente estaba en el apartamento de los Kornfield, donde Ruzena dormía. «Yo estaba muy débil y cansada. Le trajeron a la habitación donde estaba durmiendo. Me despertó y nos quedamos callados. De pronto, lo veías todo delante de ti, tanto tiempo después, años después. Al rato, nos pusimos a llorar.»

En el último tramo de aquella odisea de un mes hasta su casa, Edith estaba a treinta y cinco kilómetros de Humenné cuando el tren paró en la ciudad de Michalovce. Se hubiera dicho que no iba a volver a arrancar. Era la ciudad en la que habían vivido Alice Icovic, Regina Schwartz y sus hermanas. Alice se disponía a subir a un vagón. Las hermanas Schwartz estaban recuperándose en Stuttgart, Alemania. Edith estaba sola.

Impaciente, Edith iba y venía por el andén, esperando a que sonara el pitido para subir al tren. Estaba muy cerca, pero muy lejos de casa, y se preguntaba si tendría que volver a echar a andar.

«¿Tú no eres la hija de Emmanuel Friedman?»

Edith miró a un hombre judío —uno de los pocos que quedaban— que la miraba desde abajo, parpadeando con incredulidad.

«Sí.»

«¡Tu padre está aquí! ¡En la sinagoga!»

¿Era sabbat? Hacía tanto que no guardaba el sabbat o cualquier día de descanso que se le había olvidado.

«Por favor, ¿podría ir a la sinagoga y decirle que voy a tomar el tren?», le rogó, pues no quería alejarse del andén por si el tren echaba a andar.

El hombre corrió al *shul*, donde cruzó las puertas precipitadamente y gritó con fuerza: «¡Emmanuel! ¡Tu hija Edith ha vuelto del campo!».

Emmanuel se apresuró a la calle de la estación, donde el tren seguía esperando a que le dieran luz verde, aunque podría quedarse allí para siempre.

«¡Papá!» Edith corrió hacia los brazos de su padre. Corrió en pos de un abrazo que disipara la pesadilla y llevara a la hija perdida de vuelta al hogar.

Él no podía tocarla. O no quería. El aire entre ellos se endureció. No dijo ni una palabra. Ni una. ¿Así iba a recibirla?

«Papá, ¿por qué estás tan raro?»

Pareció avergonzarse ante su propia hija.

«¿Tienes piojos?», preguntó.

La culpa de su decisión de enviar a Edith y a Lea a «trabajar» pesaba mucho en su corazón, y a duras penas podía enfrentarse a su hija superviviente. El abismo de la guerra abría sus fauces entre ellos.

Edith notaba que él lloraba por dentro. El dolor se enredaba en su voz para que no supiera cómo hablar con su propia hija. Ella era para él una desconocida.

«No te preocupes, papá. Todo va bien. Ven conmigo. Vamos a buscar a mamá y a darle una sorpresa.»

«Es sabbat. No puedo viajar.»

Edith miró a su padre sin comprender. «Papá, he estado en el infierno y sé que puedes venir conmigo. A Dios eso no le importa.» Insistió para que fuera con ella en el tren. Se subieron al vagón de pasajeros, pero él todavía no osaba tocarla.

Cuando el tren avanzó, el padre y la hija se movieron con inquietud. El tren avanzó trabajosamente sobre los raíles; avanzaba demasiado despacio. Incluso el motor parecía indiferente a la urgencia de la misión de Edith. La parte más larga de su viaje a casa fue la distancia más corta.

Se había ido siendo una niña y volvía convertida en una adulta, una adulta rota. ¿Se portaría su madre de un modo tan extraño como su padre? No sabía qué esperar. El ingenuo deseo de que nada hubiera cambiado permanecía en el timón de la esperanza. Pero Humenné estaba vacía. De las dos mil familias judías que antaño habitaron la ciudad, quizá solo quedaran cien.

En Prešov, Giora Shpira descubrió que era una de las tres únicas personas de su clase que habían sobrevivido. Su documento de identidad le marcaba como el número quince. De una comunidad de cuatro mil, solo catorce judíos habían vuelto a Prešov antes que él.

Entre los que regresaron a Humenné en las semanas después del armisticio estaban Lou Gross y su familia. Tras ocultarse en las montañas y fingir ser gentiles durante dos años, incluso Lou, que tenía solo seis años, entendía al recorrer la calle Štefánikova que esa calle no volvería a ser nombrada la calle Gross. Ya no quedaban apenas familiares suyos allí. Pero, milagro de milagros, su abuelo Chaim seguía vivo.

Esa historia todavía se cuenta en la mesa de Pascua: el abuelo Chaim estaba sentado en las escaleras fuera de casa cuando la Guardia Hlinka apareció con intención de enviarlo a Auschwitz. Chaim se había puesto sobre los hombros su precioso *talit*, el chal para los servicios religiosos, que estaba bordado a mano y era dea color marfil y azul celeste. Se plantó en la escalera de entrada de la casa familiar. «Yo no voy a ninguna parte», les dijo a los guardias.

Le amenazaron con pegarle un tiro. Él se encogió de hombros.

—Que así sea.

Después de mucha fanfarronería, los guardias dejaron a Chaim sentado en las escaleras porque «no valía el gasto de una bala». El *talit* del abuelo ahora es de Lou, y sigue utilizándolo en ocasiones especiales.

Los Friedman ya no vivían en el mismo piso. Se habían mudado al bloque de apartamentos donde la hermana de Ladislav Grosman había vivido antes de que el bombardeo borrara de la faz de la tierra a la mayoría de sus familiares. Por las tardes, Ladislav solía quedarse un rato frente a la entrada y lloraba por la muerte de sus padres, su hermana, sus primos, sus tías y tíos. Allí estaba cuando sonó el silbido de un tren y Hanna, la madre de Edith, salió corriendo por la puerta.

«Señora Friedman, ¿adónde va corriendo?», le gritó.

«¡Creo que mi Edith vuelve a casa!»

¿Quién iba a creerla?

Hanna había llegado a la estación pocos minutos después de que el silbido anunciara la llegada del tren. Se encontró con la gente que estaba en el andén. Decía el nombre de Edith y buscaba el rostro de su hija con ansia.

Cuando Edith bajó del vagón, no parecía posible que hubiera regresado a Humenné. Estiró el cuello y vio a su madre y la saludó con entusiasmo. «¡Mamá! ¡Mamá!»

Hanna se desmayó en la plataforma.

ℽ

Cuando volvió en sí, Hanna no podía dejar de acariciarle la cara a su hija. Y el cabello. Y el brazo. Le besaba los dedos y las palmas de las manos. Le secaba las lágrimas a besos. Dio gracias a Dios y siguió besando a Edith una y otra vez.

Se tomaron del brazo y caminaron hacia la calle Mayor. La heroína de mil caras era una adolescente a punto de cumplir veinte años. Había regresado de la guerra y tenía cicatrices en la mente, en el alma y en la pierna, pero sobreviviría. Demasiadas amigas y sus familias no lo lograrían. El barrio judío estaba lleno de escaparates vacíos. Jardines vacíos. Calles vacías. Hogares vacíos.

La cafetería donde los padres de Margie Becker solían vender pasteles estaba vacía y cerrada con tablones. La familia de Margie había muerto. Vacía también estaba la casa de los Moskovic, donde Annou había vivido. Annou no volvería a pasar el día en el que hacían pan a probar el *jalá* caliente de la madre de Edith. Vacía también estaba la casa de Anna Herskovic. Anna no volvería a recoger a Lea para ir al cine. Adela no volvería a soltar su cabellera roja al viento ni a posar para las fotos de Irena. Zena Haber no acabaría de dar el estirón. Hinda Kahan y Kary Atles no llegarían a casarse, ni a tener hijos, ni se harían mayores. Aviva, la sobrina de Helena, nunca cumpliría ocho años. Los fantasmas de las mujeres permanecían.

Cojeando por la calle como un soldado que regresaba de la guerra, la realidad de Edith estaba desconectada y era surrealista. ¿Era realmente su madre quien la sostenía por la cintura? ¿Era de verdad la voz de su madre la que le hablaba al oído? En el exterior de su nuevo apartamento, Edith vio a Ladislav, que la miraba con los ojos muy abiertos, «como si quisiera ver el aspecto que tenía una chica de verdad». Quedaban muy pocas chicas, no era de extrañar que tuviera curiosidad.

Al ver a aquel apuesto joven en mitad de aquella calle desierta, ¿qué predijo Edith? ¿Llegó a pensar: «Este es mi futuro marido»? ¿O fue algo más sencillo? ¿Acaso solo se saludaron?

«Hola, Grosman. Te conozco.»

«Yo también te conozco.»

Y así fue.

Después

La lección que nos dan estas mujeres es que miremos al futuro
en vez de buscar soluciones a corto plazo, y que miremos
a nuestros hijos y nietos.

Kara Cooney, *Cuando las mujeres*
gobernaron el mundo

«*E*ra el amor de mi vida.» Después de tres años sabiendo
que todos los días podrían ser el último, Edith de pronto era
libre, estaba viva y enamorada de Ladislav Grosman. «Tenía
mucha esperanza. Mucha esperanza en el mundo, en la humanidad y en nuestro futuro. Pensaba que el mesías iba a
venir. Ahora el mundo cambiará para bien. Todo iba a cambiar. Pero no fue como yo esperaba.»

Sobre todo porque estaba muy enferma de tuberculosis. Pasaría tres años más en un sanatorio en Suiza para recuperar su
joven vida. Después de que una operación le dejara la rodilla
soldada y rígida, el médico aconsejó a Ladislav que, puesto que
la enfermedad era tan seria, lo mejor era que «se fuera apagan-
do lentamente». Pero Edith nunca hacía las cosas lentamente.

Cuando ella le preguntó a Ladislav si le importaba que su
mujer cojeara, él le dijo: «Me molestaría que te cojeara el
alma». El alma de ella canta. La pareja se casó en 1949. Después de recuperarse de la tuberculosis, Edith acabó la educación secundaria y estudió Biología. No llegó a ser doctora,
pero sí trabajó de investigadora. Mientras, Ladislav obtuvo el
doctorado en Psicología y empezó a escribir libros, obras de
teatro y guiones. Vivían en Praga cuando la película de Ladislav titulada *La tienda de la calle Mayor* ganó en 1965 el Oscar a la Mejor Película en Lengua Extranjera.

Poco después de los premios Oscar, su buen amigo Rudolf Vrba anunció que se iba a tomar «unas vacaciones largas. Vosotros deberíais hacer lo mismo, y pronto», les advirtió. Era un riesgo para las dos familias, pero Ladislav le dijo a Edith: «Si los nazis no pudieron encerrar a Rudi en Auschwitz, los soviéticos no podrán encerrarle en Checoslovaquia». Los Grosman siguieron a la familia Vrba a unas vacaciones perpetuas hacia el oeste y acabaron asentándose en Israel, donde Ladislav siguió escribiendo. Justo antes de morir, el comité del Premio Nobel visitó a los Grosman en Haifa, pues sin duda estaban considerando la candidatura de Ladislav. Pero tuvo un infarto pocos días después y falleció sin recibir el reconocimiento internacional que tanto merecía.

Su maestría literaria en *La novia* me ha ayudado a entender y representar el drama de una ciudad pequeña ante el primer transporte, me ha inspirado y ha dado forma a las escenas del principio de este libro.

«Los amigos de mis padres en Praga eran los típicos intelectuales judíos centroeuropeos —cuenta George Grosman, el hijo de Edith y de Ladislav, que es músico y compositor de jazz y continúa con la tradición artística de su padre—. Eran lingüistas, sociólogos, escritores y médicos. Venían los fines de semana o íbamos nosotros a verlos. El contacto era frecuente. Y, regada con infinidad de tazas de café turco endulzado y en medio de la bruma de tabaco barato —en aquella época todo el mundo fumaba—, la conversación volvía invariablemente a la guerra. Solía ser mi padre quien hablaba en nuestra familia, y sus experiencias, aunque eran desgarradoras, no daban tanto miedo como las de mi madre cuando hablaba de Auschwitz. Crecí en Praga, en la Checoslovaquia comunista, y nunca oí a mi madre hablar de sus experiencias en Auschwitz directamente. Aunque a mí me faltara mucha información, sí veía el número tatuado en el brazo de mi madre y sabía que había una nube de terror oscuro y silencioso flotando sobre ella, flotando sobre nosotros. Creo que incidió en gran medida en la sensación de ansiedad existencial que he tenido toda mi vida. Un sentimiento de que las cosas están algo desencajadas, que el mundo no es tan claro como parece, que hay peligro en el aire, incluso si no se dice. Supongo que todos somos supervivientes indirectos.»

La doctora Manci Schwalbova (#2675) regresó a Eslovaquia, donde siguió practicando la medicina después de la guerra. Pero no volvió al lado de su prometido. Estando en un campo de deportados, su pareja se enamoró de un hombre. Por supuesto, Manci también tuvo una relación: la de ella fue con una de las *kapos*, una prisionera política. Edith se ríe al pensar que quizá Hitler odiara a los homosexuales tanto como a los judíos, pero «había convertido a Manci y a su novio en homosexuales judíos».

Otra anécdota poco conocida sobre Manci y que Edith cuenta es que en 1943, cuando seguían en Auschwitz, a Manci le ofrecieron un salvoconducto para ir a Palestina y la oportunidad de salir del campo. Le dijo a la administración de Auschwitz que su presencia allí era necesaria y que no se iba. De haber tomado una decisión distinta, esta historia habría tenido otro final.

Manci acabó sus estudios de medicina en la Universidad Carolina, en Praga, y se licenció en febrero de 1947. Trabajó en el Hospital Infantil Universitario de Bratislava de profesora y pediatra. Sus memorias *Vyhasnuté oči* (Ojos extintos), de 1948, fueron el primer relato publicado del primer transporte. Su segundo libro de memorias se tituló *He vivido las vidas de otros*. Ninguna de las dos obras se ha traducido al inglés. Manci murió el 30 de diciembre de 2002 en Bratislava, Eslovaquia.

Por desgracia, no se conocen los últimos nombres de las doctoras mencionadas en los testimonios de las supervivientes, así que no puedo decir nada más sobre ellas o sobre lo que hicieron para ayudar a las chicas en aquellas circunstancias tan brutales.

Linda Reich Breder (#1173) testificó en al menos dos juicios contra los SS. La primera vez fue en 1969, en Viena, contra Franz Wunsch y Otto Graf. El juicio despertó tensiones entre supervivientes en Israel, pues Helena Citron, por entonces ya casada y con el nombre hebreo de Tsiporah Tehori, voló a Viena a testificar a favor de Wunsch.

«No se lo he perdonado», dice Eta Zimmerspitz Neuman

(#1756). Edith dice que uno de los mayores miedos de Helena es que la acusen de colaboracionista y que la obliguen a salir de Israel. En el juicio de Viena, Linda debía saber que Helena iría a testificar, pero en su testimonio para la Fundación Shoah evita hablar de la presencia de Helena en el juicio.

Ni Wunsch ni Graf fueron declarados culpables. «Eran sádicos —dice Linda—. Aunque yo se lo dijera y se lo dijeran otros testigos. Daba igual... Quedaron libres. No fueron a la cárcel. Los millones que sacaron de Auschwitz se los llevaron a Viena... Y, claro, con diez abogados, quedaron libres.»

Veinte años después, las cosas tomaron un rumbo distinto cuando Linda voló a Alemania a testificar contra otro miembro de las SS: Gottfried Weise. Los prisioneros le apodaban Guillermo Tell porque le gustaba colocar latas en la cabeza y en los hombros de niños para practicar puntería. Linda fue testigo de uno de aquellos asesinatos y también estuvo presente cuando le clavó una bayoneta al niño húngaro al que una de las chicas de Canadá le había tirado agua. Weise también fue el SS que disparó a una de cada diez muchachas que había formado en fila.

«Era muy raro —me cuenta Dasha Grafil, la hija de Linda—. Había cámaras de televisión y periodistas, incluso estudiantes de instituto, todos allí para oír el testimonio de mi madre. [El acusado]— parecía un empresario rico... No parecía capaz de matar a gente».

A Linda le preocupaba que este juicio fuera un fiasco como el de Wunsch y Graf. Igual que en Viena, el juicio empezó con una sesión en la que el tribunal frio a preguntas a Linda durante tres o cuatro horas. El juez y los abogados defensores también le hicieron infinidad de preguntas, pero el hecho era que de Auschwitz sabía más que nadie en el tribunal. «Recuerdo todo lo que ocurrió hace cincuenta y cinco años, pero apenas recuerdo lo que ha pasado ayer o lo que he comido en el almuerzo.» Tenía un humor irónico.

Gracias a su puesto en Canadá, Linda vio a los SS robando y llevándose cosas valiosas para los suyos y para sí mismos. Al igual que la mayoría de las eslovacas, hablaba alemán y entendía lo que los SS se decían entre ellos. En cierto momento, le hicieron una pregunta trampa para ver si se equivocaba: quisieron saber si lo que ella había relatado había ocurrido por la mañana o por la noche.

«No puedo decirles si fue por la mañana o por la tarde porque la cámara de gas funcionaba a todas horas, pero sí puedo decirles si era verano o invierno, por el olor a sucio del suelo», contestó Linda.

Al final el juez le preguntó si había algo más que quisiera contar al tribunal.

Era el momento de Linda. Aquella ancianita de pelo blanco que antaño había sido nuestra Linda Reich se puso de pie y miró a la sala. «Sí, tengo algunas palabras que decirles —exclamó—. Llevo toda mi vida esperando poder alzarme frente a vosotros y señalaros con el dedo. —Avanzó hacia Weise y le señaló para que todo el mundo pudiera verlo—. ¡Y no podéis hacer nada al respecto!»

Después salió de la sala. Su hija se ríe al recordarlo. «Los estudiantes de instituto alemanes siguieron a mi madre fuera y la empezaron a abrazar y a decir: "No se preocupe, esto no volverá a ocurrir".»

Weise fue declarado culpable, pero huyó a Suiza después de que saliera bajo fianza. Le detuvieron doce semanas más tarde y cumplió condena hasta 1997, cuando le liberaron por razones de salud. Murió en 2002.

Poco después de que Ria Hans Elias (#1980) llegara a Israel en la década de 1950, una superviviente la denunció por haberle dado una paliza. Detuvieron a Ria, que tuvo que defenderse de la acusación de haber agredido a otras prisioneras. Según Edith, aquello era muy injusto, porque Ria era de las que más había ayudado a las demás. «Ria era una de las buenas.» Pero la acusación era muy seria. La denunciante no solo acusaba a Ria de pegar a una prisionera, sino que además sostenía que, según palabras de Ria, «era imposible que yo fuera judía; solo las alemanas tenían números como este». Señala el tatuaje de su brazo. De hecho, había unas cuantas supervivientes del primer transporte en Israel, Helena incluida. Pero en 1944, cuando la mayoría de las supervivientes eslovacas llegaron al campo, los SS empezaron a añadir letras a los números de las presas, y la mujer que acusaba a Ria pensaba que la cifra de cuatro dígitos que empezaba por uno significaba que Ria era una *kapo*.

Los números de las supervivientes de Auschwitz representan una forma extraña de sororidad o fraternidad. Los números más bajos representaban mayor estatus entre los supervivientes y les granjeaban respeto, pero los números más bajos también podían despertar suspicacias. La pregunta más frecuente es: ¿qué has hecho para sobrevivir?

Después de contratar a un abogado y de defenderse contra aquella acusación, Ria fue absuelta, pero no antes de pasar tiempo en una cárcel israelí: una verdadera ironía, teniendo en cuenta que también había sido prisionera en Auschwitz.

Cuarenta y siete años después, cuando dio su testimonio a la Fundación Shoah, confesó que sentía una profunda confusión al respecto. «Hace una o dos semanas —dice— estaba segura de que no había hecho tal cosa... Habría jurado que yo no había hecho eso. Pero hoy ya no estoy segura [porque] cuando empecé a pensar en cómo había sido [estar en Auschwitz], estaba... muerta por dentro.»

Edith es fiel en su defensa de Ria Hans. «Si pegó a alguien fue para protegerla. Las chicas nuevas no sabían comportarse ni sabían identificar los peligros. Ria, sí. Seguro que Ria le salvó la vida a esa mujer y ella ni siquiera lo sabe.»

Peggy Friedman Kulik (#1019) siguió siendo amiga de Linda Breder, nacida Reich, hasta su edad de oro. Dasha, la hija de Linda, recuerda oír la risa de las amigas de su madre, que se conocían de Auschwitz y de Canadá, cuando recordaban cómo robaban cosas delante de las narices de las SS. Algunas personas creen que las supervivientes no deberían reír. Pero después de tantos años de sufrimiento y horror se merecen la risa. Todos los supervivientes que conozco tienen un sentido del humor excelente.

Las fotos de Peggy de joven muestran a una chica a quien le gustaba hacer muecas, a pesar de las penurias que vivió después de la guerra. Como tantas otras jóvenes, Peggy tuvo problemas para concebir y llevar sus embarazos a buen término. Casi todas las supervivientes sufrieron abortos o tuvieron que realizar «interrupciones» médicas —como se decía antes— para salvar sus propias vidas. Peggy perdió gemelos. Dos niños. «Un hombre de las SS me dio una patada en la espalda y me dañó el útero.» Al final tuvo un hijo que nació cuatro semanas antes de salir de cuentas.

Para quienes habían crecido en familias numerosas, tener un hijo o dos era duro. Para sus hijos hay otra forma de tristeza.

«Fuimos una generación que creció sin abuelos —dice Sara Cohen, la hija de Danka Kornreich Brandel (#2779) y sobrina de Rena—. Tampoco teníamos muchas tías, ni muchos tíos, ni primos. Hasta que no me uní a la familia de mi marido y le acompañé a reuniones familiares con más de una docena de tíos y tías, e innumerables primos, no me di cuenta de lo que vivían otras familias. Cuando tuve a mis propios hijos y fui testigo del amor incondicional y de la sabiduría que recibían de sus abuelos, entendí por fin lo que me había perdido durante la infancia.»

Bertha Berkowitz Lautman (#1048) emigró a Cleveland, Ohio, donde tuvo un hijo, Jeffrey Lautman. Fue con él varias veces a Auschwitz. Durante su vida, Bertha hizo todo lo posible por educar a los jóvenes sobre el Holocausto. «Es muy importante llevar a niños al campo con supervivientes para enseñarles que el Holocausto no es un engaño. Hay que estudiar y aprender todo lo posible. Hay que seguir y organizarse activamente. Cuando yo ya no esté, todo se va a olvidar. ¿Quién va a acordarse?», se pregunta.

Tú, que estás leyendo estas líneas, lo harás. Sí, lo harás.

Bertha conservó la amistad con muchas de las chicas que conoció en Auschwitz y vivió a un par de manzanas de distancia de una de sus mejores amigas, Elena Grunwald Zuckermenn (#1735). Elena fue la segunda mujer que habló sobre el primer transporte y me confirmó el relato de Rena Kornreich Gelissen sobre el transporte de Poprad en nuestro libro *Rena's Promise*. En esa época, yo todavía no tenía ni idea de que hubiera otras supervivientes, pues Erna y Dina, las mejores amigas de Rena, ya habían fallecido.

No obstante, Elena prefirió mantener su nombre en el anonimato mientras vivió, y con los años perdimos el contacto. Después, cuando estaba trabajando en este libro, recibí un correo electrónico de la hija de Elena con fotos de su madre con Bertha, cargadas con libros escolares y con pinta de estudiantes de instituto.

«Mi hermano y yo creíamos que nuestra madre era muy crítica con nosotros, con nuestras elecciones y decisiones —cuenta la hija de Elena—. Yo algunas veces la llamaba "la Dama de Hierro". Pero me di cuenta de que esa era su forma de protegernos y de guiarnos hacia una vida mejor y con más oportunidades. No hay duda del impacto de aquellos sucesos traumáticos, que afectaron a su naturaleza práctica, a su visión temerosa del mundo y a la importancia que le daba a la familia. Con solo diecisiete años, fue la primera de la familia en abandonar el hogar, sobrevivió a los horrores y experimentó la depravación en los campos de concentración. Tras la liberación, descubrió que era la única superviviente de una amplísima familia. Mi madre se preocupaba sin cesar, pero conseguía canalizar su ansiedad en actividades productivas, regulando la vida familiar y manteniendo una gran red de amistades con supervivientes y refugiados. Siempre sentí que éramos diferentes, quizá incluso especiales, por las experiencias traumáticas de mis padres y la pérdida de la familia. He leído sobre el trauma transmitido de generación en generación, pero creo que la fuerza y la determinación de sobrevivir también pueden transmitirse entre generaciones.»

El trastorno por estrés postraumático (TEPT) todavía no se había definido ni estaba reconocido en las décadas de 1940 y 1950, pero los supervivientes lo sufrieron. Joan Rosner Weintraub (#1188) ofrece un recordatorio conmovedor del modo en que aquello afectó al resto de su vida. «Me dan miedo las sombras. Si voy en coche y detrás de mí hay un policía, me echo a temblar. Me da miedo que venga a por mí. Veo un uniforme y me entra un miedo mortal.»

«Parecemos normales, pero no lo somos —dice Edith. ¿Cómo van a serlo?—. Me quedé sin educación, que era lo más importante de mi vida. Perdí la salud. Volví con el cuerpo roto. Elsa volvió sana, pero todo le daba miedo. Al final, el miedo la mató.»

El miedo también vive en Edith. Pero ella lo oculta mejor.

Por lo general. Basta un pequeño incidente para desencadenar el pánico. La familia de Edith lo llama «la historia de las setas», e ilustra el trauma perdurable que sufren los supervivientes.

Pocos días antes de que Edith, Ladislav y su hijo fueran a visitar a la familia de Edith en Israel, adonde los Friedman habían emigrado en la década de 1950, un noticiario informó de que una familia había ido a recoger hongos en Israel y sin querer había comido setas venenosas. La familia entera había muerto. No informaron de los nombres de las víctimas. Después de varios días viajando desde Praga, la familia Grosman tomó un ferry a Tierra Santa, pero «cuando llegamos al muelle —recuerda George—, no había nadie para recibirnos. Mi madre estaba fuera de sí. Perdió el control».

Edith estaba convencida de que su familia se había muerto envenenada por las setas. Lloró histérica y no había forma de que George o su marido la calmaran. Estaba convencida de que su familia entera había muerto. «Entonces ¡apareció el clan Friedman al completo!», dice George. Habían pinchado una rueda en la autopista. Hubo alegría y muchas carcajadas, pero los nervios del momento revelan el trauma de Edith y de todas las mujeres que sufrieron aquello, por mucho que lo oculten de sus hijos y de sus seres queridos.

Estoy en Tylicz, Polonia, con los hijos de Erna y Fela Dranger (#1718 y #6030). Han volado desde Israel para explorar la región y están buscando algún resto de su familia o de judíos en un pueblo que ahora está dominado por los resorts de esquí. Por las pistas de nieve hay altavoces metálicos atados a postes de telégrafo que emiten a todo volumen pop estadounidense de los ochenta.

«Descendemos de supervivientes muy especiales. No todo el mundo puede sobrevivir en un lugar así mucho tiempo. —Avi es un hombre alto y amable con ojos profundos y tiernos—. Sé que cuando nací, ella [Fela, su madre] tuvo una crisis. —Sus ojos se llenan de lágrimas. Su primo mayor alarga la mano y le da un toque en la pierna. Aunque sean primos, se llevan como hermanos, porque Avi pasó los primeros dos años de su vida en casa de su tía Erna mientras su madre recuperaba la cordura—. Cuando cumplí catorce, tuvo otra crisis. —Su voz tiembla—. Salía al vestíbulo gritando que había gente que iba a pegarle y a matarla.»

«Mi madre era más fuerte —interviene Akiva, el hijo de Erna—. Nunca la he visto llorar ni derrumbarse. Jamás.» No le contó su experiencia a ningún miembro de su familia. Los hijos son, por supuesto, supervivientes indirectos.

«Todas estábamos enfermas —confirma Edith—. Salimos de aquello, pero el daño que se nos hizo, mentalmente, es mucho mayor que lo que les hicieron a nuestros cuerpos. Nunca lograremos librarnos del mal que nos hicieron en el corazón cuando cambiaron el modo en el que miramos al mundo y a la gente. Este fue el mayor daño que nos hizo la guerra.»

La supervivencia trae consigo una variedad compleja de emociones y conjeturas. «Nunca me sentí culpable —dice Rena Kornreich—. ¿Por qué iba a hacerlo? No hice nada malo. ¡Ellos, sí! ¡Ellos son culpables!» En cambio, Edith dice: «La culpa del superviviente nunca se va». Claro que Edith perdió a su hermana Lea. Rena, no.

«No pasa ni un día sin que piense en Lea. Todo lo que hago, lo hago por Lea. Siempre ha sido así. No puedes verla. Nadie sabe que está ahí, pero ahí está. En mi mente, en mi corazón, siempre está ahí.» Edith se da un golpecito en el frágil pecho y mueve la cabeza. En la luz que entra a través de la ventana, estoy segura de ver el espíritu de Lea detrás de su hermana.

La culpa puede ser un dilema para el superviviente. En su faceta de bióloga, Edith busca la lógica y la ciencia tras la cuestión de la supervivencia, preguntándose: «¿y si hubiera sobrevivido por una parte de mi ADN que era diferente del de mi hermana? ¿Qué pasaría si quienes sobrevivimos tuviéramos un gen de supervivencia y los demás no lo tuvieran?».

Muchas supervivientes parecen haber hecho un contrato interno consigo mismas. Rena se había esforzado por recordar todo lo ocurrido para poder contárselo a su madre algún día. Cuando comprendió que habían asesinado a su madre en el Holocausto, se aferró a sus recuerdos para contarle a alguien algún día lo que había ocurrido. Ese alguien acabé siendo yo.

«¿Cómo voy a acordarme de todos los detallitos? —pregunta Joan Rosner Weintraub—. Es humanamente imposible. ¿Cuántos golpes? Hacíamos algo que no les gustaba y nos daban veinticinco latigazos. ¿Se puede sobrevivir a veinticinco latigazos? Ahora solo vivo por mi hija y mis nietos.» Para muchas de estas mujeres, sus hijos dieron sentido a sus vidas.

Los ojos de Avi se vuelven a llenar de lágrimas cuando rinde homenaje a su madre. «Nos enorgullecemos de nuestras madres al saber que sobrevivieron a algo muy difícil, y nos enorgullecemos de todas las jóvenes que sobrevivieron, así como de las que no sobrevivieron, pues hicieron lo posible por levantar sus corazones. Su éxito es tener mucha descendencia, muchos nietos, bisnietos y tataranietos.»

Ella Friedman Rutman (#1950) y su hermana Edie Valo (#1949) volvieron a Eslovaquia y encontraron que solo cinco tíos suyos habían sobrevivido; el resto de la familia había muerto. Por entonces, vivían en Eslovaquia, pero más tarde se mudaron a Canadá —el país—, donde Ella se hizo niñera de los hijos de Edie. «Yo nunca he querido tener hijos —dice Ella—. Cuando estaba en el campo, siempre pensaba que iba a morir. Al final pensé que quizá sería libre, pero que no tendría hijos, porque no quiero que mis hijos pasen por lo mismo que yo.» Tenía treinta años cuando recibió una sorpresa: una hija. «La mejor sorpresa de mi vida. Sin Rosette, no habría vivido de verdad.»

La prima de Ella y Edie —otra Magda (#1087)— era la madre de Donna Steinhorn. «Supe desde muy pequeña que mis padres eran diferentes a los demás —cuenta Donna—. Y eso hacía que siempre quisiera protegerlos. Quería curar las profundas heridas que trataban de ocultarme. Quería hacer todo lo que estuviera en mi mano para que fueran felices.» Del mismo modo, las madres evitaban contar lo que ocurrió en el Holocausto para que sus hijos fueran felices. A pesar de que muchas supervivientes opinaran así, a una hija le contaron demasiado y demasiado pronto, lo cual le acabó provocando un trauma vicario. El genocidio no desaparece. Del mismo modo que persigue a los supervivientes, da forma a la vida de quienes viven con los supervivientes y los quieren.

La madre de Orna Tuckman, Marta F. Gregor (#1796), nunca habló de su experiencia, así que en 2016 Orna emprendió un viaje de autodescubrimiento que la llevó a Eslovaquia y a Auschwitz conmigo. En las ciudades de donde sacaron a las chicas, visitamos las viejas sinagogas y los ayuntamientos en busca de restos de familias antes de recorrer la ruta de Poprad a Auschwitz en el septuagésimo quinto aniversario del primer transporte. Nos encontrábamos en el enorme espacio vacío de la segunda planta del bloque 10, donde metieron a las chicas al principio de su cautiverio —y donde, más tarde, se realizaron los experimentos de esterilización médica en mujeres— cuando Orna, con la mirada perdida, se sinceró: «Creo que a mi madre la esterilizaron aquí. Yo soy adoptada». Orna no supo que era adoptada hasta después de la muerte de su madre. Todas las mujeres que sobrevivieron con Marta habían guardado su secreto.

Tener hijos podría ser el mayor acto de supervivencia y de curación. Una clase de estudiantes de Psicología de la Universidad de Brown le preguntó a Rena en una ocasión qué hizo después de la guerra para recuperarse mentalmente. «Tuve hijos», contestó. Después de su primer aborto, el nacimiento de su hija Silvia fue un milagro. Rena estaba llena de felicidad con su hija en brazos. Miró a su marido y le dijo: «Te quiero, John». Después miró al médico y a las enfermeras: «Le quiero, doctor. Y también a la enfermera. Quiero al mundo entero, aunque en él haya alemanes».

Nacimiento. Creación. Ese era su poder. Su legado de supervivencia.

No me extraña que Marta F. Gregor adoptara a Orna.

Aunque la experiencia de Marta F. muriera con ella y la suya sea otra de tantas historias que nunca llegarán a contarse, la escritura y el arte han sido otras formas de expresión con las que las mujeres han encontrado sentido a la vida. Tras emigrar a Francia, Dina Dranger Vajda (#1528) se casó con un conocido miembro de la resistencia: Emil Vajda. Criaron a su hijo en Provenza. Dina tenía abundantes cuadernos, escritos particularmente en polaco o en francés. Entre sus reflexiones hay también acuarelas abstractas de lo más inquietantes y macabras.

Daniel Vajda, el hijo de Dina, se siente muy conectado con sus primos israelíes, pero se siente muy despegado de la experiencia de su madre:

> Ya sabe que deportaron a toda mi familia, y que hubo muy pocos supervivientes. Tras su deportación, estoy totalmente aislada, soy una inmigrante sobre la faz de la tierra. Incluso la página de Yad Vashem no me aporta mucho. He intentado redescubrir nombres de distintas anotaciones que tengo. La verdad es que es muy corto. Hay que verlo en fragmentos unidos. No obstante, no he tenido el valor de investigarlo de joven, y a los sesenta y ocho años, ahora tampoco tengo energía para hacerlo.

Matilda Hrabovecká, nacida Friedman (#1890), escribió el libro *Ruka s vytetovaným číslom* (Brazo con un número tatuado) y protagonizó el documental y la obra *La dernière Femme du premier Train* (La última mujer del primer transporte), aunque no fuera la última. Matilda falleció en 2015. Hasta la fecha de redacción de este libro, la han sobrevivido al menos seis mujeres del primer transporte. Quizás haya más.

Magda Hellinger, nacida Bau (Madge, #2318), estuvo en el segundo transporte. Emigró a Australia y allí publicó sus memorias. Y, por supuesto, Rena Kornreich y yo escribimos *Rena's Promise*, y ahora Edith y yo hemos colaborado en este libro y en un documental. Edith me advirtió de que este libro «tendría que ser de todas, no solo de una persona». Y así es.

Las supervivientes eslovacas de los primeros transportes cargan con un yugo pesado difícil de entender hoy en día. Ariela Neuman, la hija de Eta Zimmerspitz (#1756), explica que «en Israel, todo el mundo culpa a las mujeres eslovacas porque han sobrevivido. —Por eso tendían a guardar silencio y no hablar del tema. Ariela prosigue—: Cuando lo hacían: "Oh, no, otra vez Auschwitz". Nos sentimos culpables ahora por no haber querido escucharlas. Y casi todas se han muerto ya, y no podemos preguntarles nada».

Por eso, el Archivo Visual de la Fundación Shoah es una base de datos tan importante. Sus historias están ahí, aunque no las hayan capturado a la perfección. Los supervivientes ancianos tienden a saltar en el tiempo, y los entrevistadores a menudo olvidan preguntar cuestiones fundamentales sobre asuntos importantes, como: ¿cuál era su nombre de soltera? ¿Cuál era el número de ella? ¿Cuál era el número de usted? En Auschwitz, el número servía de calendario, pues indicaba la fecha de tu llegada, en qué transporte viajaste, cuánta gente estaba contigo y cuántos fueron a la cámara de gas. Sin número, no podemos situar a supervivientes y a fallecidos en el archivo histórico que Danuta Czech ha compilado con meticulosidad en la obra *Auschwitz Chronicle*.

Las relaciones póstumas traen consigo un peso difícil de imaginar para la mayoría. La hija de Andrew Hartmann, Susan Hartmann Schwartz, habría sido la sobrina de Nusi Hartmann. «El Holocausto se describe con demasiada frecuencia usando la expresión genérica de "seis millones" —escribe Susan—. A veces me quedo pensando: "Mi tía estuvo en el primer transporte. Nusi no solo fue una de seis millones, ni una del medio millón de niños, ni siquiera una de las 999 del primer transporte. Era mi tía. Era la hermana de mi padre. Era una hija querida. Era una persona... Un ser humano. Nusi debió de tener sueños, como todos cuando tenemos dieciséis años. Sus padres no sabían qué significaba aquel primer transporte. ¿Lo sabía ella? A los dieciséis, ¿no estaría petrificada? ¿Le contaron algo sobre los alemanes? ¿El qué? ¿Hizo migas con alguien en el transporte aparte de con su prima Magduska? ¿Alguien la ayudó a mitigar sus miedos, aunque fuera un poco?". No puedo evitar hacerme este tipo de preguntas. ¿Y si hubiera sido mayor? ¿Habría sobrevivido? ¿Qué clase de relación tendríamos si ella estuviera viva? Echo de menos la persona en la que creo que Nusi podría haberse convertido.» Y yo también.

Muchos supervivientes acababan recibiendo alguna compensación económica del Gobierno alemán. No obstante, tenían que solicitar la ayuda, lo cual implica entregar su número de identificación, su documentación médica y una declaración de su experiencia. Cuando una superviviente falleció, sus hijos descubrieron un informe médico que ella había enviado a Alemania para solicitar la devolución de cierto dinero. Confirmaba que un psiquiatra la había tratado por pensamientos suicidas y depresión. Su marido había ocultado a sus hijos el tratamiento.

Los supervivientes que volvían a Eslovaquia y se quedaban allí después de la guerra se enfrentaban a otra dificultad: no podían solicitar compensaciones de Alemania como los supervivientes del oeste. En el caso de Edith, para cuando escapó de la Checoslovaquia comunista, el plazo para solicitar compensaciones había pasado. Al ser una superviviente discapacitada, tenía un buen caso, así que acudió a los tribunales a apelar. El tribunal alemán declaró que ella merecía compensaciones, pero que no podía cambiar la ley. La frase «Es una ley mala» volvía a atormentarla.

Cuando la hija de Ida Newman Eigerman (#1930) rellenó la documentación para su madre, el oficial alemán le soltó: «¡Nadie ha sobrevivido a Auschwitz con un número tan bajo!». Pero sí sobrevivieron, y mientras algunas recibieron compensación, otras decidieron olvidar el papeleo y las molestias que implicaba, o, como fue el caso de Edith y de Linda, no pudieron solicitarla porque vivían en un régimen comunista. La compensación no era gran cosa: equivalía a unos veinte céntimos de euro por hora trabajada.

Peggy Kulik, nacida Friedman (1019), dice: «No pagan lo que se llevaron. Se lo llevaron todo. No pueden pagar por lo que tenía mi padre ni por lo que yo tenía. No hay dinero que compense las vidas que se llevaron. Estuve en un campo de concentración treinta y ocho meses. ¿Me pagaron por trabajar? No. Ni un penique». Además del aborto de los gemelos.

Muchas supervivientes no quieren volver a Auschwitz ni a Polonia. «Nuestras madres no querían que volviéramos a Polonia», cuenta Akiva Koren (el hijo de Erna Dranger). Otras, como Helena Citron y Bertha Berkowitz, organizaron viajes para llevar allí a gente joven. No hay nada como conocer y hablar con un superviviente de verdad. Pero recorrer el campo con uno te cambia la vida. El campo fue su hogar durante casi tres años. Lo conocen bien. Pero para algunas volver era demasiado duro. Hay una foto de 1990 en la que sale Rena bajo el cartel de *Arbeit Macht Frei*, y parece tan triste y perdida como cuando llegó por primera vez a Auschwitz. Quería ir a Birkenau para rezar el *kadish* por sus padres en la cámara de gas, pero ante la sombra de la puerta de la muerte se derrumbó. «Llévame a casa», le rogó a su marido. Se subieron al primer vuelo a Estados Unidos. No volvió nunca. Yo me encargué de cumplir su deseo en 2017.

Una pregunta que surge una y otra vez es por qué sobrevivieron unas mujeres y otras no. Mucho se explica con la frase: estar en el lugar adecuado en el momento adecuado, o estar en el lugar equivocado en el momento equivocado. Pero no hay explicación real aparte de la suerte. Y esa respuesta genera problemas. «¿Cómo puedo decir que yo tuve suerte pero otra chica no la tuvo? ¿Dios cuidó de mí y no de ella? ¡No! Yo no era mejor que ellas, ¿por qué sobreviví?», se pregunta Rena Kornreich. Algunos dicen que fue *bashert*: tenía que ser. El destino.

«¡Eran bajitas!», dice Lydia Marek, la hija de Martha Mangel (#1741) y sobrina de las hermanas y primas Zimmerspitz. Resulta gracioso y sorprendente a la vez... ¿Puede explicarse de forma tan sencilla? «Mi madre medía un metro cuarenta, y sus primas no medían más de un metro cincuenta», explica Lydia. Sus cuerpos necesitaban menos comida y no perdieron peso tan rápido como las mujeres más altas. Además, durante las selecciones para la cámara de gas, las chicas más bajas estarían por debajo de la línea de visión de los guardias y llamarían menos la atención. Cuanto más pequeñas eran, menos amenazantes habrían resultado.

Por supuesto, ser pequeña no habría sido una razón para sobrevivir: había enfermedades, violencia, accidentes, congelación, así como muchos otros peligros que sortear. No obstante, el tamaño sí podría haber sido un factor importante. Todos los hijos con los que he hablado coinciden: sus madres eran muy bajas. Rena bromeaba diciendo que ella era la más alta de la familia. Medía un metro cincuenta y cinco.

Orna tiene una perspectiva diferente. «Los lazos entre aquellas mujeres eran irrompibles. Se salvaron unas a otras.» Aquella fue la mejor pero más oscura etapa de la sororidad. Fay Shapiro y Jeffrey Lautman coinciden. «Yo llamaba a Bertha Berkowitz y a su madre [Magda Friedman] "almas hermanas" —me escribe Fay en un correo electrónico—.

Pactaron que, si sobrevivían, estarían dispuestas siempre la una para la otra en todas las ocasiones felices. Y han cumplido su palabra. De niños, íbamos en un autobús de la empresa Greyhound a Cleveland, o ellos venían en coche desde Baltimore. [En cuanto nuestras madres estaban juntas] parecía que estaban pegadas por el codo.»

Al otro lado del mundo, en Australia, la experiencia de Orna era muy similar. «Mamá tenía suerte de mantener contacto con muchas mujeres con las que había pasado tiempo en Auschwitz. Siete de ellas vivían cerca, en Melbourne. Se veían con frecuencia, y, aunque yo no conocía el contenido de sus conversaciones (que mantenían en lenguas que yo no entendía), recuerdo que a menudo hablaban de su estancia en Auschwitz. A menudo derramaban lágrimas, pero lo que todavía me llama más la atención es la cantidad de risitas y carcajadas que echaban por haber sido más listas que las SS y haber sobrevivido. Incluso en la infancia, me fascinaba ver cuánto se reían a pesar del infierno al que habían sobrevivido.»

Quizá la risa sobre el campo fuera exclusiva de las mujeres que trabajaron en Canadá. Rena nunca mencionó contar historias graciosas a sus amigas, ni Edith tampoco. Canadá era algo muy distinto y, puesto que a las chicas que trabajaban allí se les daba tan bien ser más listas que los guardias y robar productos necesarios para otras prisioneras delante de las narices de las SS, sus actos de subversión se convirtieron en buenos recuerdos. ¿Cuánta gente puede presumir de haberse metido una mañanita en el zapato, como hizo Margie Becker?

Los restos de Canadá ardieron hace mucho tiempo. Solo quedan hileras de cimientos en el campo en el que antaño estuvo el almacén de clasificación y donde tantas supervivientes trabajaron y lucharon por sobrevivir. En donde deberían estar las ruinas del crematorio V ahora no hay más que tierra aplanada. No lejos está la sauna donde Ida Eigerman se coló para darse una ducha.

En la explanada de Canadá, Tammy y Sharon, las hijas de Ida, se preguntan en cuál de los trozos de cemento durmió su madre, en cual trabajó. En la sauna recuerdan la ducha por la que arriesgó su vida. Están mirando el muro del recuerdo, lleno de fotografías, cuando un grupo de estudiantes de secundaria suecos viene hacia nosotras y la sala se llena de caras y voces jóvenes.

«Su madre fue una de las supervivientes del primer transporte a Auschwitz —les digo a los profesores—. En él había 297 adolescentes de la misma edad de vuestros alumnos.»

Los adolescentes rodean a las hermanas de segunda generación de inmediato. Entre los suecos rubios hay refugiados africanos, que reciben abrazos y comparten lágrimas cuando las hermanas cuentan las experiencias de su madre para escapar de la opresión, su vida como refugiada después de la guerra y cómo emigró a otro país.

Varias horas después, nos reunimos con Orna Tuckman y Daniela, la nieta de Ida, en el bloque 25, donde, en 1942, Bertha, Elena y Margie cargaban con cadáveres. El lugar donde Ella salvó a Irena. El lugar donde Edith lloró por Lea. Según la tradición, el *kadish* —la oración judía por los muertos— requiere de diez hombres. Nosotras somos un *minyan* de mujeres. Nos damos las manos y empezamos a rezar. Rezamos por Lea Friedman, por Magda Amster, por Adela Gross, por Magduska y Nusi Hartmann... por todas las jóvenes del primer transporte y de todos los transportes que perecieron en Auschwitz.

Unas palabras finales

*Q*uerido lector:

Por favor, por favor, tienes que entender que en una guerra no hay ganadores. Incluso los ganadores pierden hijos, pierden casas, pierden bienes y pierden de todo. ¡Eso no es ganar! ¡La guerra es lo peor que puede ocurrirle a la humanidad! Me gustaría darte esto: que entiendas a través de tu corazón, no a través de tus oídos, y así entenderás lo que ocurrió en aquellos años.

Se podrían escribir miles de libros sobre el desastre que llamamos Holocausto, pero nunca podremos describirlo del todo. Nunca. Yo estuve allí. Y he vivido con él más de setenta y ocho años. Lo he vivido. He visto como cada una de nosotras se enfrentaba a ello de modos diferentes. ¿Quién tenía la fuerza suficiente para esperar que las cosas fueran a mejor? ¿Quién seguía luchando, no con el cuerpo, sino con el pensamiento? ¿Y cómo podíamos sobrevivir espiritualmente? A decir verdad, yo no creía que pudiera sobrevivir. Pero me dije a mí misma: «haré lo que pueda».

Y sigo viva.

Edith Friedman Grosman
(#1970)

Las familias Grosman y Gross (de izquierda a derecha): Ladislav Grosman, Debora Gross (la hermana de Adela), Edith Grosman (#1970), Anna Grosman (la hija de Debora), Zuzka (la hermana de Ladislav) y su marido, el doctor Bela Spiegel, Juraj Grosman (el hijo de Debora) y George Grosman (el hijo de Edith).

Agradecimientos

*L*a gratitud es una palabra pequeña para una emoción demasiado poderosa. Apenas logra transmitir la profundidad del agradecimiento que siento hacia las familias que me han confiado las historias de sus madres, primas y tías. Siento una gratitud sincera hacia ellos por concederme tal honor. Cuando conocí a Rena Kornreich Gelissen en 1992, no me imaginaba que veinticinco años después conocería a la familia de Adela Gross, descubriría los nombres de las hermanas Benovicova o me atrevería a escribir otro libro sobre el Holocausto.

Este libro no se habría escrito sin Edith Grosman. Su valor para volver al pasado y grabar en vídeo su testimonio de supervivencia, además de en innumerables entrevistas personales, es la fuerza tras esta investigación y esta historia. Incansable con noventa y cinco años, con un cerebro astuto y agudo, Edith soportó mis preguntas y conectó las historias de muchas chicas que había conocido en el campo. Estoy eternamente agradecida por que compartiera conmigo tantas horas y tantas conversaciones profundas llenas de risa, lágrimas y canciones. Gracias por permitirme entrar en tu vida y por aceptarme en tu casa y en tu familia. Aunque no he llegado a conocer a Ladislav Grosman, el marido de Edith, me gustaría darle las gracias a Laco por las novelas sobre su ciudad natal, que me llenaron con su espíritu al principio de esta narración.

La historia de Adela Gross y el descubrimiento de su primo Lou me empujaron a este viaje en 2012. Gracias a la mujer de Lou, Joan, por leer *Rena's Promise*, por encontrar la historia de Adela y por ponerse en contacto conmigo. Si la mano de Dios ha intervenido en algún momento en todo esto, debió de ser cuando nos pusimos en contacto, cuando Lou y la familia Gross descubrieron lo que le había pasado a su preciosa prima pelirroja, desaparecida setenta años atrás.

Le debo profunda gratitud a Ivan Jarny, que se convirtió en mi asistente personal de investigación a la edad de noventa y dos años y siguió ayudándome durante los tres años siguientes. Yo esperaba encontrar a un estudiante joven, pero en vez de eso me topé con un anciano que resultó ser un buscador de la verdad incansable y tenaz desde su Centro del Holocausto Judío de Melbourne, Australia. Nos ayudó a desenmarañar las partes más confusas de esta historia, sobre todo las que giran en torno al doctor Gejza Konka. Los documentos personales de Ivan y las memorias de Giora Amir son testimonios importantes y están entre las fuentes más potentes que encontré para este libro.

En 2016, tuve la suerte de conocer al doctor Pavol Mešťan y a su asistente, la doctora Stanislava Šikulová, una persona brillante y de lo más servicial, en el Múzeum židovskej kultúry v Bratislave (Museo de Cultura Judía de Bratislava). Vuestro conocimiento combinado y vuestras sugerencias fueron fundamentales para que pudiera tirar del hilo del engaño y la traición, de las complicadas maniobras políticas, de las leyes y los códigos, y, por supuesto, del origen de la lista. Gracias por invitarme a la celebración del aniversario y por lo que hacéis cada año en Poprad para aseguraros de que se recuerda, respeta y honra a las chicas.

La casualidad ha tenido un papel importante en cada esquina de la creación de este libro. Escribirlo no habría sido posible si no hubiera conocido a mi agente literario, Scott Mendel, en el quinto centenario del gueto judío de Venecia, Italia, y si no hubiera mostrado interés por la historia. Pocos años después, mi maravillosa editora Michaela Hamilton se subió al barco con la familia entera de la editorial Kensington Citadel Press para convertirse en la campeona de esta historia y de las chicas. Gracias a Arthur Maisel por la meticulosa atención al detalle durante la fase de producción de este libro.

En recuerdo de Irena Strzelecka y su trabajo en el campo femenino de Auschwitz, gracias por todo lo que hizo al compilar la obra *The Tragedy of the Jews of Slovakia* y por dejarnos a Rena y a mí contribuir en la medida en que nos fue posible. Puede que el doctor Ivan Kamenec me facilitara el contacto de los historiadores Jan Hlavinka y Michala Lônčiková, pero le agradezco de corazón sus primeras investigaciones sobre los transportes, que me proporcionaron una hoja de ruta de los documentos que iba a necesitar en el Archivo Nacional Eslovaco. También agradezco los clarísimos catálogos en varios volúmenes del Ministerio de Interior y los documentos del tribunal del Gobierno de Tiso, recopilados por el profesor Eduard Nižňanský, del departamento de Historia General de la Universidad Comenius de Bratislava, junto con sus estudiantes. Tuve acceso a estos catálogos en la Weiner Library, y me llevaron a los documentos históricos que necesitaba encontrar en el Archivo Nacional Eslovaco. Al doctor Marek Púčik, que me proporcionó cajas y cajas, gracias por tu paciencia y tu ayuda en algunas traducciones. Cuando estoy entre montones de cajas y de papeles viejos estoy más feliz que nunca. En uno de esos montones encontré una y otra vez la firma del esquivo Gejza Konka.

Mi más sentida gratitud a los investigadores y archiveros del Auschwitz-Birkenau Państwowe Muzeum: al doctor Piotr Setkiewicz, que me dio la bienvenida a su oficina en 2012 y me enseñó en persona los sitios que no se ven en ninguna visita de Auschwitz y que darían forma a este libro; a Doreta Nycz, que fue la primera en llevarme al bloque 10; a Wanda Hutny, que llevó a los hijos de supervivientes con los que estaba de viaje al bloque 10, donde sus madres habían estado encerradas nada más llegar a Auschwitz; y a Magdalena Gabryś y Katarzyna Kolonko por ayudarme a grabar en vídeo el interior del museo.

De la Fundación Shoah, me gustaría dar las gracias a Crispin Brooks mi primer contacto en 2012, que buscó en su base de datos los testimonios en vídeo de las supervivientes del primer transporte y me dio la primera lista de nombres, con veintidós mujeres, y fotos de ellas de jóvenes. Aquella lista fue el germen de este libro. Gracias también a Georgiana Gomez, la supervisora de acceso del Archivo Visual de la USC, que me ayudó a abrirme paso entre los permisos de los testimonios y las fotografías, para que tú, querido lector, puedas ver también a las chicas. Además quiero mostrar mi gratitud a los archiveros de Yad Vashem por la ayuda que me han prestado desde hace años: Reut Golani, Marisa Fine y Alla Kucherenko, por mostrarle a Orna y a su hijo Gideon la lista original. Gracias también a Liliya Meyerovich del Museo Conmemorativo del Holocausto de Estados Unidos por resolver mis muchas búsquedas y por su pronta respuesta. Y también quiero hacer extensiva mi gratitud a Simon Bentley, director de Yad Vashem en Reino Unido, por su generosae buena voluntad, su apoyo y por su excelente equipo.

Ninguna persona involucrada en este proyecto es más importante que las supervivientes mismas, sus hijos, sus testigos y los familiares de las no supervivientes. A través de ellos descubrí muchas de las historias jamás contadas y es posible que siga descubriendo otras cuando este libro vaya a imprenta. Sois parte de mi familia y de mi corazón de un modo tan profundo que no puedo expresar mi respeto y mi amor por todos vosotros de un modo satisfactorio.

Uno de los recuerdos más potentes que conservo de trabajar en este libro es de cuando estuve en la librería de sir Martin Gilbert con su viuda, lady Esther Gilbert, e Ivan Sloboda, hijo de una superviviente, que nos tradujo un documento histórico sobre la dieta de las chicas. Rodeada por los libros de sir Martin, oyendo el nombre de Rudi Vrba revoloteando en la sala como si nada, durante un instante no sabía si estaba soñando. ¿Quién iba pensar que una chiquilla de Birmingham,

Michigan, que pensaba que la clase de historia era un buen lugar para echar una siesta, iba a acabar rodeada de tales gigantes de la historia del Holocausto? Me conmueve el apoyo que me ofreció sir Martin Gilbert cuando trabajaba en la nueva edición de *Rena's Promise*, y el de lady Esther Gilbert, que ha sido una campeona de este proyecto y me ha animado a recoger las historias de las jóvenes del primer transporte. Espero que el trabajo que he hecho enorgullezca tanto a Rudi como a Martin.

Quisiera dar las gracias a Orna Tuckman, Tammy Forestater, Sharon Newman Ehrlchman, Avi Koren, Akiva Ischari y Daniella y Jonathan Forestater por acompañarme en nuestro viaje por Eslovaquia y Polonia, culminando nuestra visita en Auschwitz-Birkenau. Gracias también al director, cinematógrafo y amigo del alma Stephen Hopkins —también conocido como el Hobbit—, por filmar el viaje y conservarlo para el futuro, y por crear con él un documental sobre las chicas. Dar las gracias es una compensación pequeña por el impresionante trabajo y la incansable investigación que ha hecho. La próxima ronda la pago yo. También estoy en deuda con la querida Isabel Moros por ponerme en contacto con la traductora Martina Mrazova, de Levoča, quien, a pesar de la presión académica de su exigente trabajo, me donó su tiempo para traducir enormes cantidades de material del eslovaco. De entre mis otros traductores y transcriptores, quisiera dar las gracias a Kathleen Furey, Gabriel Barrow, Esther Mathieu, Johnny Baeur, Pedro Oliveira, Shekar Gahlot y, por supuesto, a la maravillosa esposa de Avi, Sara Isachari, por el extenso regalo de traducir testimonios del hebreo. También estoy en deuda con Sara Gordon por leer uno de los primeros borradores, y a Oliver Payne, de *National Geographic*, y a su estupenda esposa, Cindy Leitner, por todo el apoyo que me han dado y por presentarme a Kitry Krause, mi excelente revisora, que ha trabajado a contrarreloj para solucionar erratas de última hora.

Necesito dar las gracias a los muchos familiares de las chicas del primer transporte que me han dado historias y fotografías para que podamos conocer a aquellas jóvenes tal y como eran en 1942: jóvenes e inocentes. Gracias, Beni Greenman (primo de Magda Amster); Peter Chudý (hijo de Klara Lustbader); Andrea Glancszpigel (nieta de Sara Bleich); Dasha Grafil (hija de Linda —Lubusha— Reich); Ilana Lefovitz (hija de Serena Lefkovitz); Donna Steinhorn (hija de Marta Friedman); Celia Pretter y Belle Liss (hijas de Regina Schwartz); Judith Gold (hija de Perel Fridman); Jeffrey Lautman (hijo de Bertha Berkowitz); Naomi Ickovitz (sobrina de Bertha Berkowitz, hija de Fany); Ruth Wyse (hija de Elena Zuckermenn); Vera Power (hija de Regina Wald); Rosette Rutman (hija de Ella Friedman y sobrina de Edie y Lila); Pavol Hell (sobrino de Gertrude Kleinberger); Eva Langer (sobrina de Frida y Helena Benovicova); Ivan Sloboda (hijo de Judita); Sylvia Lanier y Joseph y Robert Gelissen (hijos de Rena Kornreich); Susan Hartmann Schwartz (sobrina de Nusi Hartmann, hija de Eugene Hartmann); Diane Young (sobrina de Magduska Hartmann, hija de Andrew Hartmann); Alena Giesche (amiga de Ruzena Gräber Knieža); Cheryl Metcalf (en nombre de las familias Koplowitz y Zeigler); también a Maya Lee (hija de Magda Hellinger); Sara Cohen y Norman Brandel (hija de Danka Kornreich Brandel) y Zuzana Kovacikova (sobrina de la doctora Manci Schwalbova). Gracias por compartir sus vidas con nosotros. Pido disculpas por no haber incluido vuestras historias y las de ellas en este libro.

La parte más difícil de este libro ha sido escribir las historias de las chicas que no han sobrevivido. Cuando el peso de los fantasmas descendía, Anita Thorn siempre me enviaba mensajes de apoyo para levantarme los ánimos en el momento adecuado. De verdad me hubiera gustado descubrir qué les pasó a Magduska y a Nusi Hartmann, pero representan a cientos de miles —no, millones— de misterios que nunca se resolverán.

Gracias a los astrólogos Molly McCord y Robert Wilkinson por ayudarme a entender las obsesiones ocultas de Himmler y por tomarse en serio mi intuición. Robert Wilkinson retrocedió mucho más allá de las fechas por las que le pregunté en busca de los anuncios del propio Goebbels sobre la Solución Final para revelar una conexión astrológica más profunda y perversa de lo que imaginábamos. Gracias a los dos por vuestra dedicación y servicio a las chicas.

Escribir este libro ha sido un reto emocional, por lo que estoy muy agradecida por el apoyo de mi grupo de escritoras Suki, Felicia y Connie, y a mis amigas Lauren, Nicolette y Tamara. A mi hermano, que es el primer escritor de la familia y que aguantó mi desaparición durante diez meses en los que estuve inclinada sobre el escritorio y pasé de todo el mundo, gracias por tus constantes ánimos y tu fe en mí. Y a mi padre, que no siempre entiende lo que hago pero aun así me apoya siempre.

Pero ha sido mi compañero de escritura, mi amigo y mi marido, Simon Worrall, el primero en insistir en que escribiera este libro. Ha habido momentos en los que me he arrepentido de hacerlo. Gracias por traducir las transcripciones del alemán, por hablar en mi nombre con los archiveros de Ravensbrück, por ser mi primer lector, editor y campeón, por hacer la cena, por fregar los platos, por aguantar mis cambios de humor mientras escribía las penas que a veces rodeaban mi escritorio, y, por encima de todo, por «bailar conmigo hasta el final de los tiempos».

Por último, un reconocimiento a mi adolescente favorita de la próxima generación: Josie Perl, que con catorce años ha terminado de escribir su primera novela, y a *ma petite* Donna Snyder, que me sorprende todo el tiempo con su talento, ingenuidad y sus buenas notas. Dais a mi vida más significado del que os creéis, y siempre estaré orgullosa de quienes sois y de quienes llegaréis a ser.

Lista de fotografías e ilustraciones

p. 1 Mapa de Eslovaquia, 1942: Dibujado a partir del mapa original del Archivo Nacional Eslovaco, Ministerstvo vnútra, 1938-1945; p. 14 con permiso de Lou Gross; p. 14 con permiso de Lou Gross; p. 21 con permiso de Benjamin Greenman; p. 40 Predsedníčka ŽNO, Prešov, y Juraj Levický, archivos de Humenné; p. 63 con permiso de Giora Amir; p. 74 con permiso de Ivan Jarny; p. 117 Museo Estatal y Monumento Auschwitz-Birkenau; p. 198 Museo del Patrimonio Judío, colección: 2000.A.368; p. 224 Archivo Visual de la Fundación Shoah, testimonio de Eugene Hartmann, 1996; p. 238 Museo del Patrimonio Judío, colección: 2000.A.390; p. 252 Museo del Patrimonio Judío, colección: 2000.A.389; p. 260 Archivo Visual de la Fundación Shoah, testimonio de Eugene Hartmann, 1996; p. 271 Colección documental de Yad Vashem, n.º Registro O.75, n.º Archivo 770, n.º 33; p. 279 Colección documental de Yad Vashem, n.º Registro O.75, n.º Archivo 770, n.º 70 ; p. 296 Colección documental de Yad Vashem, n.º Registro O.75, n.º Archivo 770, n.º 55; p. 376 con permiso de Edith Grosman y familia.

Encarte fotográfico:

p. 1 Fotografías de la familia Friedman, por cortesía de Edith Grosman.
p. 2 Fotografías de la familia Hartmann, por cortesía de las familias Schwartz y Young.
Imagen de Magda Hans procedente de la entrevista de Ria Elias, 1997, Archivo de Historia Visual de la Fundación Shoah; sfi.usc. edu.
Fotografía de Annou Moscovikova y Zuzana Sermerova, por cortesía de Juraj Levicky.
Fotografía de Rozalia y Terezia Ziegler, por cortesía de su familia.
p. 3 Fotografía de Lea Friedman y Anna Herskovic, por cortesía de Edith Grosman. Fotografía de Adela Gross, por cortesía de Lou Gross.
Imagen procedente de la entrevista a Irena Ferencik, 1996, Archivo de Historia Visual de la Fundación Shoah; sfi.usc.edu

Fotografía de Magda Amster con sus compañeros de clase, cortesía de Benjamin Greenman y Peter Chudý.

p. 4 Imagen de Helena Citron procedente de la entrevista a Tsiporah Tehori, 1997, Archivo de Historia Visual de la Fundación Shoah; sfi.usc.edu.

Imagen de Irena Fein procedente de la entrevista a Irena Ferencik, 1996, Archivo de Historia Visual de la Fundación Shoah; sfi.usc. edu.

Imagen de Ria Hans procedente de la entrevista a Ria Elias, 1997, Archivo de Historia Visual de la Fundación Shoah; sfi.usc.edu.

Imagen de la escuela Beth Jacob procedente de la entrevista a Margaret Rosenberg, 1996, Archivo de Historia Visual de la Fundación Shoah; sfi.usc.edu.

Fotografía del curso de 1939, por cortesía de Edith Grosman.

p. 5 Fotos de las hermanas Dranger, por cortesía de las familias Koren, Ischari y Vjada.

Fotografía de Ida Eigerman, por cortesía de Sharon Neuman Ehrlich.

Fotografías de las hermanas Kornreich, por cortesía de las familias Gelissen y Brandel.

Fotografía de Sara Bleich, por cortesía de Andrea Glacszpigel.

p. 6 Imagen de Magda Moskovic procedente de la entrevista a Magda Bittermannová, 1996, Archivo de Historia Visual de la Fundación Shoah; sfi.usc.edu.

Imagen de Joan Rosner procedente de la entrevista a Joan Weintraub, 1996, Archivo de Historia Visual de la Fundación Shoah; sfi. usc.edu.

Imagen de Matilda Friedman procedente de la entrevista a Matilda Hrabovecká, 1996, Archivo de Historia Visual de la Fundación Shoah; sfi.usc.edu.

Imagen de Ruzena Gräber Knieža procedente de la entrevista a Ruzena Knieža, 1997, Archivo de Historia Visual de la Fundación Shoah; sfi.usc.edu.

Imagen de Perel Kaufman procedente de la entrevista a Perel Fridman, 1997, Archivo de Historia Visual de la Fundación Shoah; sfi.usc.edu.

Fotografía de Klara Lustbader, por cortesía de Peter Chudý.

p. 7 Fotografía de Magda Friedman, por cortesía de Donna Steinhorn.

Fotografía de las chicas en bicicleta, por cortesía de la familia Rutman.

Fotografía de Minka Friedman, por cortesía de Bernard Weiss.

Imagen de Klara Herz procedente de la entrevista a Klara Baumöhlava, 1996, Archivo de Historia Visual de la Fundación Shoah; sfi.usc.edu.

Imagen de Katarina Danzinger procedente de la entrevista a Katharina Princz, 1996, Archivo de Historia Visual de la Fundación Shoah; sfi.usc.edu.

Foto de Linda Reich Breder, por cortesía de Dasha Grafil.

p. 8 Fotografía de la familia Berkowitz, por cortesía de Jeffrey Lautman.

Imagen de Peggy Friedman procedente de la entrevista a Margaret Kulik, 1997, Archivo de Historia Visual de la Fundación Shoah; sfi.usc.edu.

Fotografía de Regina Wald, por cortesía de Vera Power.

Fotografía de la familia Kleinmann, por cortesía de Peter Guttman.

p. 9 Fotografía de Fanny y Eta Zimmerspitz, cortesía de la familia Zimmerspitz y de Lydia Marek.

Fotografía de Edita Rose Goldman, por cortesía de Eva Zilberman.

Fotografía de Marta Mangel Marek, por cortesía de Lydia Marek.

Archivo de Historia Visual de la Fundación Shoah; sfi.usc.edu.

Imagen de Piri Randová-Slomovicová, procedente de la entrevista a Piri Skrhová, 1996, Archivo de Historia Visual de la Fundación Shoah; sfi.usc.edu.

p. 10 Imágenes de Regina Schwartz y su familia tomadas de la entrevista a Regina Pretter, 1996, Archivo de Historia Visual de la Fundación Shoah; sfi.usc.edu.

Imagen de Alice Ickovic procedente de la entrevista a Alice Burianová, 1996, Archivo de Historia Visual de la Fundación Shoah; sfi.usc.edu.

p. 11 Fotografías de la doctora Manci Schwalbova, por cortesía de Zuzana Kovacik.

Fotografía de Orli Reichert, por cortesía del Museo Estatal Auschwitz-Birkenau.

p. 12 Fotografía de Linda Reich trabajando en Canadá, por cortesía del Museo Conmemorativo del Holocausto de Estados Unidos.

Fotografía de grupo en Praga, por cortesía de Ariela Neuman.

p. 13 Fotografía de Bertha Berkowitz en Bergen-Belsen, por cortesía del Museo Conmemorativo del Holocausto de Estados Unidos.

Fotografía de Ida Eigerman, por cortesía de los Archivos del Comité Judío Americano de Distribución Conjunta.

p. 14 Fotografía de Elena Zuckermenn Grunwald con amigas, por cortesía de Ruth Wyse.

Imagen de brazo con número y bebé procedente de la entrevista a Tsiporah Tehori, 1997, Archivo de Historia Visual de la Fundación Shoah; sfi.usc.edu.

Imagen de la boda de Margie Becker procedente de la entrevista a Margaret Rosenberg, 1996, Archivo de Historia Visual de la Fundación Shoah; sfi.usc.edu.

Fotografía de Bertha y Elena de estudiantes, por cortesía de Ruth Wyse.

Fotografía de Marta F. Gregor y sus amigas, por cortesía de Orna Tuckman.

p. 15 Imagen de Ruzena Gräber Knieža con un niño procedente de la entrevista a Ruzena Knieža, 1996, Archivo de Historia Visual de la Fundación Shoah; sfi.usc.edu.

Imágenes de boda y de tres viejas amigas procedentes de la entrevista de Margaret Kulik, 1997, Archivo de Historia Visual de la Fundación Shoah; sfi.usc.edu.

Imagen de Perel Kaufman con bebé procedente de la entrevista a Perel Fridman, 1997, Archivo de Historia Visual de la Fundación Shoah; sfi.usc.edu.

Fotografías de Suecia, por cortesía de Rosette Rutman y la Finca de Regina Valo.

Fotografía del dormitorio de Suecia, por cortesía de Rosette Rutman y la Finca de Regina Valo.

p. 16 Fotos de la familia Friedman y Gross, por cortesía de Edith Grosman, Hannah Murray y su familia.

Se han hecho grandes esfuerzos por identificar a los individuos retratados en las fotografías. Por desgracia, no ha sido posible en todos los casos. Si algún lector reconoce a alguna persona en las fotografías, la autora agradecería la información, que puede enviarse a través de su página web: **www.renaspromise/education-form.php**. La autora se encargará de transmitir la información a las familias y a cualquier parte interesada.

Transcripciones: Heather Dune Macadam quiere agradecer a la Fundación Shoah por permitirle utilizar las transcripciones de los siguientes testimonios: Linda Breder, 1991 y 1996; Ruzena Knieža, 1997; Katharina Princz, 1996. Para obtener más información, véase sfi.usc.edu.

Traducciones: Heather Dune Macadam quiere agradecer a la Fundación Shoah por permitirle utilizar las traducciones de los siguientes testimonios: Ruzena Knieža, 1997; Katharina Princz, 1996; Tsiporah Tehori, 1997. Para obtener más información, véase sfi.usc.edu.

Archivos

Ara	Archi Mahn-und Gedenkstatte Ravensbrück
AU	Państwowe Muzeum Auschwitz-Birkenau
WM	Museo Imperial de la Guerra, Londres
SNA	Archivo Nacional Eslovaco
USHMM	Museo Conmemorativo del Holocausto de Estados Unidos
USC	Archivo de Historia Visual de la Fundación Shoah en la Universidad de California del Sur (acceso mediante la Universidad de Columbia, Nueva York, y la Royal Holloway University, Londres, Reino Unido)
WL	Wiener Library, Londres
YV	Yad Vashem: Centro Mundial de Recuerdo del Holocausto, Jerusalén

Notas sobre fuentes

NOTA DE LA AUTORA

19 **Emil Knieža**: Autor de *Šiestý prápor na stráž!* (*¡El sexto batallón en guardia!*, 1964), *Kóšer rota* (*El batallón kosher*, 1966), y *Mušketieri žltej hviezdy* (*Mosqueteros de la estrella amarilla*, 1967). Durante la guerra, Knieža luchó del lado de los partisanos.

CAPÍTULO 1

La descripción de Humenné se creó a partir de la unión de los textos de Ladislav Grosman, las conversaciones con Edith Grosman, el archivo fotográfico de la ciudad de Humenné, las memorias de Lou Gross, las entrevistas con Rena Kornreich y mi propia visita a Humenné en 2016, en la que Juraj Levický, un historiador local, me enseñó la ciudad.

32 «**¡Sabbat Shalom!**» Edith Grosman, entrevista con la autora, 20 de julio de 2018.
34 **el pregonero voceó**: de Grosman, *The Bride* [La novia], p. 30.
34 **Jóvenes matones**: Ivan Jarny, *Personal Papers* [Documentos personales]. El apellido de Ivan era Rauchwerger «significa en alemán curtidor de pieles. No me gustaba la asociación y en inglés sonaba raro. También tuve una mala experiencia por mi nombre». Después de la guerra, los rusos casi le fusilaron porque, con un nombre como Rauchwerger, le tomaron por un espía alemán, no un partisano judío. Le salvaron varios amigos y se cambió el nombre para evitar problemas futuros.
34 *Der Stürmer* (*El atacante*): ibid y SNA.
35 **Código Judío**: de diversas fuentes. Amir, Friedman y Jarny.
36 **cien coronas**: Jarny.
37 «**Lo único que se les dejaba hacer...**»: Eugenia Rauschwerger, madre de Ivan Jarny.

CAPÍTULO 2

La recreación del mercado de Humenné proviene de varias fuentes históricas, de entrevistas personales con Rena Kornreich, Edith Grosman y de las novelas de Ladislav Grosman: *La tienda en la calle Mayor* y

The Bride [La novia]. Para presentar a las chicas que acabarían en el primer transporte —las que habían crecido juntas— y para que el lector pueda entender lo cercana que era la comunidad judía, he fundido diversas fuentes para recrear un día casi típico en el mercado de Humenné.

40 **calle Štefánikova**: Gross.

42 **No todas las jóvenes**: Kornreich, entrevista con la autora; Bleich, documentos familiares.

43 **ciudad comercial**: Grosman y Šimkulič.

45 **«Habrá una rama gentil...»**: Rena Kornreich.

46 **Todas las mujeres solteras**: Edith Grosman.

46 **Quedaban menos de dos semanas**: los días 5 y 6 de marzo, muchos rabinos escribieron al presidente Tiso para pedir clemencia antes de que se anunciara que las chicas tendrían que registrarse para «trabajar». El obispo Pavol Jantausch, de Trnava, también escribió una carta de apoyo a favor de la comunidad judía. «Tiso se negó a responder.» «El responsable del Ministerio de Interior interrogó a algunos firmantes de peticiones para averiguar cómo habían sabido de las deportaciones.» Bauer pp. 65 y 267; YV.-M-5/46(3) y M-5/136, p. 188.

47 **La ciudad más grande y rica**: Amir (Giora Amir y Giora Shpira son la misma persona: igual que tantos otros, Giora se cambió el nombre después de la guerra) y Benjamín Greenman, el hijo de Irena, la hermana mayor de Magda Amster. En 1942, Irena y Shany (el hermano mayor de Magda) estaban en Palestina, por lo que escaparon del Holocausto. El nombre completo de la hermana de Giora Shpira era Magdalena (Magda) Sara Shpira; en Israel la conocían como Ilana Zur (Shpira). Murió en 2018. En un *email* con fecha del 13 de febrero de 2017, Benjamin escribió: «Magdalena (Magda) Miriam Zirl nació el 8 de diciembre de 1923 en Prešov. Sus padres eran Adolf Abraham y Ethel Amster. Magda era una chica de buen corazón, generosa y tranquila. Era muy buena estudiante. El 20 de marzo, la Guardia Hlinka empezó a reunir a jóvenes judías mayores de dieciséis años que figuraban en listas procedentes de Bratislava. Magda se escondió en el ático de su casa, pero cuando los guardias empezaron a golpear a su padre porque no delataba su escondite, ella salió y se entregó a los soldados. Llevaron a las chicas de Prešov y sus alrededores al parque de bomberos [y de allí a Poprad]. Las retuvieron hasta el 25 de marzo, cuando las llevaron en tren a Auschwitz. El padre de Magda consiguió un permiso para liberarla del transporte, pero cuando llegó a la estación de tren, ya se la habían llevado. Él siguió el tren hasta Žilina, pero no consiguió llegar antes que el tren. En el campo, Magda trabajó en Canadá clasificando ropa de las personas enviadas al crematorio. En agosto, una epidemia de tifus sacudió el campo. Magda se infectó y falleció el 5 de diciembre de 1942.»

49 **podría haber rezado**: En aquella época en Prešov había una comunidad no ortodoxa judía que era más liberal. La familia de Giora Shpira era más activa en la sinagoga de la calle Konštantínova (que no se ha conservado hasta hoy; ahora es una tienda). No obstante, durante los ritos de paso y festividades, Giora y muchos otros acudían a la sinagoga más grande.

51 **Pasó por delante de la tienda de corsés**: Forstater, mientras caminaba por las calles de Prešov.

52 **Vivir es sencillamente precioso**: Amir.

CAPÍTULO 3

Este capítulo se sirve de muchas fuentes de información reunidas en el Archivo Nacional Eslovaco, fotografías históricas, visitas a edificios y paseos por Bratislava, conversaciones con el doctor Pavol Mešťan y la doctora Stanislava Siklova, el trabajo del doctor Ivan Kamenec titulado «The Deportation of Jewish Citizens from Slovakia in 1942», la obra de Yehuda Bauer *Uncovering the Shoah Conference in Žilina*, Eslovaquia, 2015, y la experiencia personal de Ivan Jarny.

54 **jefe del Departamento Judío**: de la entrevista entre el doctor Pavol Mešťan con la autora; Kamenec; *The Wannsee Conference*.

54 **El Gobierno eslovaco pagaba a los nazis**: «Se pagaban 500 marcos imperiales alemanes por deportado judío, y en total se alcanzó la cifra de 45 millones de marcos por noventa mil judíos eslovacos, lo cual suponía una pérdida del 80 por ciento de los impuestos anuales eslovacos. Desde un punto de vista económicamente cínico, los eslovacos no ganaron nada», Bauer, p. 67.

54 **materiales para el realojo de judíos**: Hay un bidón de Zyklon B expuesto con la orden original firmada en el Museo de Auschwitz-Birkenau.

54 **En 1941, después de que los eslovacos**: ibíd, p. 65.

54 **Conferencia de Wannsee**: *Die Wannseekonference* (La Conferencia de Wannsee), 1984.

54 **ministro de Interior**: Kamenec, p. 120 y Fiamová p. 66.

55 **Koso... insistió en bajar la edad a dieciséis**: ibíd., p. 66.

56 **Aunque cambiar la ley**: ibíd.

57 **la traición económica definitiva**: Bauer, p. 66.

57 **«los representantes del Gobierno alemán»**: Bauer, p. 66.

59 **trabajadoras «contratadas»**: «Listas de judíos», YV.

59 **la empresa de calzado T. & A. Baťa**: Dwork y Engle.

60 **Bratislava-Patrónka**: SNA.

61 **en cuestión de semanas Konka desapareció**: El primer transporte no salió del modo previsto, y aquel fracaso provocó cambios importantes de personal a principios de 1942. Alexander Mach despidió a Gejza Konka por su incapacidad de llevar a cabo las deportaciones

porque, por ejemplo, en Bratislava, el segundo transporte que partió del centro de concentración Patrónka llevaba solo 770 chicas, no el cupo de «mil por tren» que exigían los alemanes. Rajcan y Fiamová.

CAPÍTULO 4

64 **En Prešov, a Adolf Amster**: correspondencia por *email* con Benjamin Greenman; Giora Amir, *A Simple Life*, y entrevista con la autora.
64 **el Vaticano envió a otro representante**: Kamenec, p. 120.
64 **Para contrarrestar la presión**: ibíd. y Bauer, p. 68.
64 **«especialista y consejero en asuntos judíos»**: ibíd.
64 **primer transporte de judíos «oficial»**: Helm, p. 181.
65 **«exagerado» plan**: Fiamová, p. 125.
67 **Cuando Alemania se anexionó Eslovaquia**: ibíd.
67 **El 20 de marzo de 1942 por la mañana**: Ivan Sloboda, entrevista con la autora.

CAPÍTULO 5

68 **«muy interesado»**: diario de Goebbels, 23 de noviembre de 1939; citado en Kurlander, pp. 198-217.
68 **cuanto más apoyo... de los «cosmobiólogos»**: Kritzinger, citado por Kurlander, p. 134.
68 **«científicamente justificada»**: Erkmann, citado por Kurlander, p. 137.
68 **«para averiguar qué iba a hacer Himmler»**: Kurlander, p. 289.
69 **La práctica de la numerología**: McCord.
69 **Johanna Langefeld, de cuarenta y dos años...**: Helm, p. 181.
70 **Himmler le había dado orden de seleccionar... a 999**: ibíd., p. 181.
70 **«herramientas de sabiduría»**: Kurlander.
71 **En el sistema pitagórico**: McCord.
71 **Himmler era un astrólogo ferviente**: Longerich, pp. 77-80; McCord.
72 **«Esta carta astral carece de emoción»**: McCord.
72 **Se sabe que Goebbels**: Kurlander, pp. 122-23.
72 **«destino absoluto e irrevocable»**: Wilkinson.
73 **elementos cruciales en las cartas astrales**: ibíd. El «Marte del transporte del 25 de marzo estaba cerca del Júpiter de la visita de Himmler a Ravensbrück el 3 de marzo, y el sol de aquella visita estaba en el punto exacto por el que transitaba Marte (el planeta de la guerra) el 10 de julio de 1941, cerca de esa hora».
73 **el tren salió de la estación**: Mešťan.
73 **en las cartas astrales**: Wilkinson.

CAPÍTULO 6

La escena dentro de la escuela ha sido reinterpretada a partir de la novela *The Bride*, de Ladislav Grosman, que sin duda bebió de la experiencia personal de su esposa. Hay poco más sobre esta vivencia. La mayoría de los testimonios no tratan de la situación por dentro. La información sobre la personalidad de las chicas se ha desarrollado a partir de los recuerdos compartidos por los amigos o familiares y a partir de las fotografías de la Fundación Shoah.

74 **Fue el jefe del departamento judío**: Kamenec, p. 123, y Bauer, p. 65.

75 **Algunas muchachas pensaban**: Testimonio de Margaret Becker Rosenberg, Fundación Shoah.

75 **Lo mismo se aplicaba a Adela**: Conversación con Jurai Gross, sobrino póstumo de Adela (26 de marzo de 2017).

76 **Llovizna de marzo**: Grosman, *The Bride*.

77 **«Somos fuertes y jóvenes»**: ibíd.

78 **figuraban como «domésticas»**: «Certificado falso», YV.

83 **empezaron a cantar el himno eslovaco**: Margaret Becker Rosenberg, Fundación Shoah.

84 **un barracón de dos plantas**: El 25 de marzo de 2017, el primer ministro eslovaco le estrechó la mano a Edith Grosman frente al antiguo barracón y descubrió una placa a un lado del edificio en el que las tuvieron retenidas a ella y a otras 998 chicas antes de deportarlas.

CAPÍTULO 7

87 **«Lo peor de todo…»**: Giora Amir, entrevista con la autora. La mayor parte de este capítulo proviene de conversaciones y comunicaciones con Giora y Benjamin Greenman.

CAPÍTULO 8

Este capítulo reúne muchos testimonios de la Fundación Shoah: Magda Moskovicová (Bittermanova), Linda Reich (Linda Breder), Kato (Katarina Danzinger), Peggy (Margaret Friedmanova) y Bertha Berkowitz (Lautman), además de entrevistas de la autora con Giora Amir y Edith Grosman.

91 **Eta Galatin**: «Listas de judíos» YV.

91 **ni siquiera aparece**: Esto no era inusual. Hay muchas mujeres que venían de pueblos en los que solo había judíos y desaparecieron por completo; otros poblamientos han sido asimilados con los años por pueblos más grandes.

91 **En la ciudad fronteriza de Bardejov**: Amir. La lista de mujeres que no fue a Auschwitz desde Bardejov se publicó en un periódico de dicha localidad en el septuagésimo quinto aniversario, en 2017. Se habían escondido o habían huido a Hungría. Por desgracia, no sabemos qué les pasó. Algunas acabaron capturadas y deportadas, pero otras lograron escapar y sobrevivir al Holocausto. Hudek, entrevista con la autora.

94 **Anna Judova y Ruzezna Kleinman**: En junio de 2019, mientras repasaba las revisiones de las pruebas de este libro, el hijo de Ruzena

Kleinman (#1033) se puso en contacto conmigo y me envió una fotografía de su madre y su familia. También me informó de que Anna Judova (#1093) también había sobrevivido a la guerra. ¿Quién nos había puesto en contacto? Nada menos que la hija de Mira Gold, que había sido amiga de Peggy, es decir Margaret Friedman Kulik (puedes ver su foto junto con Linda Reich Breder en el encarte fotográfico). La fotografía de Ruzena está colgada en la página web de 999.

CAPÍTULO 9

CAPÍTULO 10

Benjamin Greenman y Giora Amir cuentan la historia de la carrera de Adolf Amster con el tren; los niños Hartmann recuerdan que sus padres contaban una historia similar cuando eran pequeños: la escena se ha recreado gracias a esos recuerdos y mi propia experiencia recorriendo en coche la antigua carretera entre Poprad y Žilina.

119 **60 millones de marcos alemanes**: ibíd.

121 **El doctor Izak Kaufmann se adentró en este caos**: Hudak, Breder, y Kaufmann, YV. WIZO. Muchos testimonios. En el testimonio de Yad Vashem del Recuerdo de Mártires y Héroes, realizado en 1977, hay datos de que el doctor Kaufmann murió en la cámara de gas porque se negó a participar en una selección de prisioneros; este dato no es preciso y proviene de un familiar después de la guerra. De hecho, no hubo selecciones tras la llegada de trenes en marzo de 1942: las cámaras de gas estaban aún en construcción y no las habían probado; todavía no las estaban usando. Las selecciones a la llegada de transportes no empezaron en Auschwitz hasta junio de 1942.

121 **Los SS se burlaron de él**: A partir del testimonio de Linda para la Fundación Shoah, el único en primera persona que he encontrado sobre lo que le ocurrió al doctor Kaufmann en Auschwitz.

122 **de los archivos de Yad Vashem**: YV, certificado falso con el nombre de Stefánia Gregusová.

123 **«Mil mujeres fueron deportadas»**: ibíd.

123 **Jozef Šebesta**: *email* del profesor Pavol Mešťan y la doctora Stanislava Šikulová, 19 de julio de 2019. En la lista de Šebesta hay sin duda supervivientes: Edith Rose (#1371), Elena Zuckermenn (#1735), Eta y Fanny Zimmerspitz (#1756 y #1755), pero también están las hermanas Zimmerspitz, que fueron ejecutadas en 1943 (Frieda, Malvina y Rosalia).

CAPÍTULO 11

125 **«santurronas fanáticas»**: Höss y Helm.

125 **«marimachos»**: Margaret Friedman Kulik, Fundación Shoah.

126 **«Todas iban bien vestidas»**: citado por Hanna Elling.

127 **En 1942, la sección IVB4**: Helm, p. 181.

128 **Al otro lado de la verja**: Edith Grosman, Linda Breder (Linda Reich), Fundación Shoah, n.º 22979 y 53071, y Sarah Helm, p. 180.

129 **«millones de pulgas»**: Linda Breder (Linda Reich).

129 **«diez plagas en un día»**: Tsiporah Tehori (Helena Citron), Fundación Shoah (traducción de Sara Isachari).

129 **Una chica se puso**: ibíd.

130 **«Temíamos que las *kapos*…»**: Edith Grosman.

CAPÍTULO 12

131 **Una de las guardianas**: Laura Špániková (nacida Ritterova) citada en Cuprik.

131 **«Nos seguía pareciendo divertido»**: ibíd.

133 **se reían con lascivia**: Zilberman, p. 13.

136 **«¡Tirad las joyas!»**: Gelissen.

138 **con los prisioneros polacos**: ibíd.

140 «**No llores. Cariño...**»: A Annie Binder la detuvieron por trabajar de secretaria en el Ministerio de Exteriores al servicio del presidente Beneš cuando los nazis invadieron Praga. Estaba interna en Ravensbrück cuando la transfirieron a Auschwitz para trabajar de *kapo*. Sobrevivió a la guerra y posteriormente mantuvo contacto con su buena amiga Ruzena Gräber Knieža.

140 **Muchas de las *kapos* alemanas**: Schwalbova.

CAPÍTULO 13

143 **28 de marzo de 1942**: SNA.

143 «**en el segundo transporte**»: llegó desde Patrónka, no de Bratislava, en la parte occidental de Eslovaquia.

145 «**Si tenéis alguna bufanda...**»: Malvina Kornhauser, nacida Gold (Mira). Fundación Shoah.

145 «**jorobado mundo**»: Schwalbova, p. 204.

146 «**No era humano**»: Edith.

147 **Lia decidió hacer una huelga de hambre**: ibíd.

148 «**protestas personales de las mujeres...**»: ibíd.

148 **Jolana Grünwald y Marta Korn**: AU «Libros de muertes» o *Sterbebücher*. Analizamos la lista original y creamos una base de datos para comparar los datos de fallecimientos tanto de Yad Vashem como de Auschwitz en 2014. Es posible que se hayan descubierto datos nuevos desde entonces.

149 **La destrucción de documentos**: A pesar de los repetidos intentos por encontrar la documentación del campo femenino de Auschwitz a través del Archivo y Museo de Ravensbrück, no parece haber ningún registro claro sobre las muertes de mujeres, según la investigación de Danuta Czech.

149 **2977 prisioneros murieron en marzo**: 580 eran prisioneros de guerra rusos. Czech, p. 151.

149 **la población total del campo**: 1305 eran prisioneros de guerra rusos. Czech, p. 131.

150 «**15 de agosto de 1942...**»: Czech, p. 157.

CAPÍTULO 14

151 «**una chica llamada Ruzena Gross**»: Margaret Rosenberg (Becker), Fundación Shoah. Ruzena Gross tenía treinta y seis años y venía de Humenné. Murió el 18 de octubre de 1942. Los «Libros de muertes» o *Sterbebücher*, se conservaban en el departamento político del campo, pero solo «se conservaron parcialmente». Este registro de cuarenta y seis volúmenes contiene datos de sesenta y nueve mil «prisioneros registrados en el campo y que fallecieron entre el 29 de julio de 1941 y el 31 de diciembre de 1943». Los nombres de estos prisioneros se pueden ver en la base de datos digital de la página web del Museo de Auschwitz. En 2014 intro-

dujimos los nombres de todas las chicas de la lista de Poprad del 25 de marzo de 1942 aparecida en las bases de datos de Auschwitz de Yad Vashem.

151 **hija de uno de los rabinos de Humenné**: Margaret Rosenberg (Becker), Fundación Shoah.

154 **«Yo amo al Señor...»**: Salmo 116: 1-2.

155 **El día de Pascua**: Czech, p. 153.

171 «**Yo robaba de todo**»: Edith Valo (Friedman), Fundación Shoah, testimonio n.º 17457.

173 **Las últimas de la fila**: Las prisioneras confirman que se hacía recuento de las mujeres muertas. Los datos no parecen haber sobrevivido a la guerra.

174 **La tarea de seleccionar mujeres**: testimonio de Mauer y Helm, p. 189.

174 **ir al «sanatorio»**: testimonio de Mauer.

174 **A finales de abril**: Czech, p. 161; Posmysz, Zofia (#7566) era una gentil de Oświęcim arrestada por repartir panfletos antinazis. La internaron en Auschwitz en junio de 1942. Sus memorias son el poderoso testamento de una prisionera no judía.

176 «**Para las familias cuyos hijos...**»: Linda Breder (Reich), Fundación Shoah.

176 **Para entonces, algunas chicas**: Irena Ferenick (Fein), Fundación Shoah.

CAPÍTULO 17

178 «**Maldecían el hecho...**»: Bauer, citado en IFZ, MA 650/1, T75-517 Informe de Inteligencia Alemán, abril de 1942.

179 **Suzie Hegy**: Nacida en 1924, tenía dieciocho años cuando la deportaron a Lublin el 28 de mayo de 1942. Fuente: Yad Vashem, archivo documental n.º 12013.

179 **El 29 de abril de 1942**: Czech, pp. 148-60. (Obsérvese que Czech cita a 999 mujeres jóvenes del primer transporte «oficial». He enmendado eso utilizando la cantidad de 997.)

179 **los clavos de la madera**: Mauer.

180 **quince minutos después**: Helm, p. 189. Czech, «a finales de abril de 1942, había 14 624 hombres en Auschwitz: 3479 eslovacos, 1112 judíos franceses, 287 judíos checos y 186 prisioneros de guerra rusos. Los otros 9560 eran en su mayoría gentiles y prisioneros políticos», p. 161.

180 **Entre el 5 y el 12 de mayo**: Gilbert, pp. 45-46.

180 «**pálida y turbada**»: Helm, p. 189.

180 **Mientras tanto, en Eslovaquia**: Jarny.

180 «**El principio básico...**»: Vrba, p. 52

181 **El ambiente en la sala**: WL y Kamenec, pp. 127-28.

181 «**Los judíos eslovacos trabajan felizmente...**»: ibíd.

181 **En los meses siguientes**: doctor Pavol Mešťan, entrevista con la autora, y Kamenec.

183 «**también había algo raro...**»: Todas las mujeres del transporte en el que iba Vrba se separaron de los hombres en el campo de concentración de Majdanek (Lublin, Polonia) y fueron enviadas a Bełżec, donde las gasearon con los tubos de escape y quemaron sus cuerpos en zanjas al aire libre. «Los crematorios todavía no eran más que un proyecto», Vrba, 52-55.

184 «**Vi una masa enorme de seres...**»: Arny, «Tiso fue ejecutado en la horca en 1942, a pesar de las protestas del Vaticano y de los Estados Unidos».

CAPÍTULO 18

186 **El 4 de julio**: A los nazis les gustaba actuar en fechas señaladas. Como ya he mostrado, las festividades judías eran particularmente peligrosas. Subrayo esto porque me parece irónico que el aniversario de la independencia de Estados Unidos coincidiera con la primera selección en la plataforma de descarga. Czech también apunta que «hacia el 15 de agosto de 1942, solo 69 hombres siguen vivos: mueren más de dos tercios de los hombres».

186 «**A los ancianos, a los niños...**»: Schwalbova, p. 207, y Czech, «a las mujeres les tatuaron los números entre el 8389 y el 8496; a los hombres, entre el 44727 y el 44990», p. 192.

187 **Gertrude Franke y Helene Ott**: Elling, p. 137 y el testimonio de Mauer.

187 «**Cuando empezaron a llegar los transportes...**»: Höss.

CAPÍTULO 19

Este capítulo se nutre de testimonios de supervivientes: Edith, Helena, las *kapos* Luise Mauer y Bertel Teege y el excelente libro de Sara Helm, *Ravensbrück*.

189 «**condiciones locas**»: Edith.

190 «**¡Tu hermano ya no vive!**»: Aron Citron llegó a Auschwitz el 30 de junio de 1942, con otros 400 hombres transferidos desde Lublin. Czech apunta al final de la página 189 de la obra *Auschwitz Chronicle* que el «15 de agosto de 1942, es decir, seis semanas y media después, solo 208 de ellos seguían vivos. En torno a la mitad de los deportados, 192, murieron». Helena utiliza el nombre Moshe en su testimonio de la Fundación Shoah, pero en los datos de defunciones de Auschwitz quien aparece es su hermano Aron Citron (#43934), muerto el 25 de julio de 1942. Tenía dieciocho años.

191 **día de la visita de Himmler...**: compilado a partir de Longerich, Helm y Czech, p. 198.

192 **para el pase de revista...**: Se han reunido muchos testimonios, de: Joan Weintrab (Rosner), Linda Breder (Reich), Edith Grosman, y las *kapos* Bertel Teege y Luise Mauer.

193 **señaló a sus cinco asistentes...**: testimonio de Mauer. A Mauer no la liberaron hasta finales de 1943, Czech, p. 199.

195 **veinte testigos de Jehová**: Czech p. 199.

195 **Höss se quejaba repetidas veces**: Helm, p. 238.

195 «**desahogar su maldad**»: ibíd.

195 **Al final del día:** citado en Czech, APMO/ juicio a Höss, vol. 6, p. 85 y pp. 237-38; diario de Höss, p. 199.

CAPÍTULO 20

197 **equivalentes a 319 campos de fútbol:** Birkenau ocupa 171 hectáreas, Museo de Auschwitz.

198 **barracones de madera pintados de verde:** AU, memorias del bloque 22B, testimonio de Anna Tytoniak (#6866).

198 **Durante el traslado:** Czech, p. 211.

200 **«Era horrible...»:** Linda Breder (Reich), Fundación Shoah.

201 **Las recién llegadas sufrían...:** Edith Grosman, entrevistas con la autora; y Bertha Lautman (nacida Berkowitz), Fundación Shoah.

201 **«Muchas se suicidaban...»:** Edith Grosman, ibíd.

CAPÍTULO 21

202 **En la ciudad de Holíč:** Holíč.

202 **«La gente pregunta si lo que está ocurriendo...»:** Ward.

203 **«No parecen muertas de vergüenza»:** Fialu, 7 de noviembre de 1942.

203 **Un jubilado gentil:** SNA.

204 **El mismo día en que el presidente:** Czech, pp. 217-18.

204 **al menos veintidós mujeres:** Yad Vashem, Documentos checoslovacos, n.º de archivo 12013.

205 **Frida Benovicova había ido al colegio...:** Rena Kornreich contó la primera selección en sus memorias *Rena's Promise*. En 2017, la sobrina póstuma de Frida y Helena, Eva Langer, conectó la narración de Rena con la historia que había oído de alguien que conocía a las chicas y que fue testigo de la primera selección del campo femenino.

CAPÍTULO 22

209 **Juana Bormann:** Gelissen.

212 **Milan, su sobrino de ocho años:** Museo de Herencia Judía, colección: 2000.A.368.

212 **«Algunas incluso llevaban medias»:** Edith.

213 **«lo más importante...»:** Höss.

213 **«hacían cualquier cosa»:** ibíd.

213 **Conseguir un puesto de funcionaria:** Las funcionarias que sobrevivieron solían mantener en secreto sus experiencias y su posición en el campo por miedo al ostracismo después de la guerra, particularmente las que emigraron a Israel.

214 **«armadura de fuerza e indiferencia»:** Schwalbova, p. 206.

CAPÍTULO 23

216 **El 2 de septiembre:** Czech, «De los 1000 hombres, mujeres y niños del transporte de Drancy, Francia, que llegó el 2 de septiembre de 1942, solo se registraron 12 hombres y 27 mujeres», p. 232.

217 «**no estaban del todo vivas**»: Isabella Leitner, citada en Shik, p. 5.

217 «**el aliento que Dios había insuflado...**»: Gelissen, p. 139.

217 «**Las metieron a todas...**»: Kremer, Juicio de Cracovia y Auschwitz, citado en Czech, p. 233.

218 **el espacio perfecto para que se produjera una epidemia**: Raoult Didier, Max Maurin, doctores en Medicina y Filosofía.

218 «**En Auschwitz había calles enteras**»: diario de Kremer, citado en Czech, pp. 230-37.

218 «**El campo femenino fue el que más sufrió**»: Esta sección reúne datos de Rudolf Vrba, p. 361; Manci Schwalbova, p. 208; y Joan Weintrab (Rosner), Fundación Shoah.

218 **Las enfermas y moribundas**: Manci Schwalbova p. 204.

221 **en octubre, a los judíos dejaron de darles**: ibíd.

221 **Al acabar Sucot**: ibíd., con Czech: el bloque 25 era el pabellón hospitalario judío.

serias de la población a final de mes, y las selecciones continuaron causando estragos en la población, igual que las epidemias de tifus y de meningitis o el asesinato.

243 **«valor cabalístico profundo»**: rabino David Adler, correspondencia electrónica.

243 **«la humanidad mediante el acto del descanso»**: La ironía era que los campos se habían diseñado para que los prisioneros trabajaran hasta morir bajo el lema de «El trabajo hace libre», una mentira para los prisioneros judíos. Rabino David Wirtschafter.

245 **«Dios no existe»**: citado en Rudolf Vrba, pp. 171-72.

245 **«un mundo sin lucha...»**: ibíd.

246 **«Los pollos eran más importantes que las personas»**: Marta Marek, nacida Mangel, archivos familiares.

247 **A la mañana siguiente**: Linda Breder (Reich), Fundación Shoah.

CAPÍTULO 28

250 **En una postal festiva**: Museo de Historia Judía, colecciones del archivo documental, 2000.A.371.

251 **Herman Hertzka**: Yad Vashem, imágenes n.º 17-18.

251 **«1 de enero de 1943...»**: Museo de Herencia Judía, Nueva York, n.º de colección 2000.A.382.

251 **«Supongo que habrás recibido...»**: Museo de Herencia Judía, Nueva York, n.º de colección 2000.A.382.

253 **Amputación transmetatarsiana**: Adam, Frankel. Irena Fein no menciona su amputación en su propio testimonio. Después de la liberación, Edith y ella estuvieron en el campo de fútbol de Humenné. Estaban descalzas y, cuando Edith le preguntó qué le había pasado, Irena le contó esta historia.

CAPÍTULO 29

Reunión de testimonios: de Edie F. Valo (#1949), su hermana Ella F. Rutman (#1950), Joan Rosner (#1188), Sara Bleich, Ria Hans, Manci Schwalbova y Edith (#1970).

262 **«Te escribimos cada diez días...»**: Museo de Herencia Judía, colección: 2000.A.377.

253 **«Queridos míos: en primer lugar...»**: YV, grabación O.75, archivo 770. imagen: 67; texto: 4.

254 **un nuevo transporte de Grecia**: Czech, p. 356.

254 **«¡Te felicitamos por tu cumpleaños!»**: Edith es una de las supervivientes que recuerda a Helena en los pañuelos blancos en 1942, lo cual indica que el primer día de Helena no coincidió con el cumpleaños de Franz Wunsch, el 21 de marzo de 1943. Para entonces ya trabajaba ahí y estaba enamorada de él. Es probable que cantara para él en más de una ocasión; por eso he escrito esta escena basán-

dome en su testimonio, según el cual cantó para él en su cumpleaños. A las *kapos* y los SS les gustaba obligar a las prisioneras a actuar para ellos, por lo que es probable que ocurriera más de una vez. Habría que señalar que las prisioneras a menudo se sentían avergonzadas y humilladas al verse obligadas a actuar en lugares donde tanta gente sufría y moría. La experiencia de Rena Gelissen, nacida Kornreich, abundaría en esta idea.

CAPÍTULO 30

CAPÍTULO 31

Este capítulo es la compilación de varios testimonios de la Fundación Shoah, entrevistas personales con supervivientes y las traducciones de las postales de la familia Hertzka, donadas por Eugene Hartmann al Museo de Herencia Judía de Nueva York.

283 **Irena Fein (#1564) estaba trabajando**: Irena Ferenick (Fein), Fundación Shoah.

284 **nuevos bloques**: no sobrevivieron a los bombardeos y no forman parte del complejo del museo.

284 **telegrama... el 15 de octubre**: Hertzka, YV. El padre de Lenka ha muerto, pero la familia se lo oculta.

285 **carta mecanografiada de Ernest Glattstein**: Hertzka, YV, postal n.º 48: Seri Wachs tenía treinta años cuando la deportaron de Prešov en el primer transporte; Margit Wahrmann tenía veintiséis; y Ella Rutman (nacida Friedman, #1950), Edie Valo (nacida Friedman, #1949). Probablemente Ernest fuera un familiar de Gizzy Glattstein, la amiga de Ida Eigerman.

285 **Magduska, y de su sobrina, Nusi**: Eugene Hartmann, Testimonio de la Fundación Shoah.

CAPÍTULO 32

287 **1 de diciembre de 1943**: YV.

288 **Después de quince meses en el *Leichenkommando***: Bertha cuenta que fue «una de las médicas eslovacas». En pro de la estructura narrativa, sugiero que sea Manci, porque se sabe que ayudó sobre todo a jóvenes eslovacas.

291 **«solo alambrada de espino...»**: Linda Breder (Reich), Fundación Shoah.

CAPÍTULO 33

293 **Los números que recibían los hombres**: Czech, p. 604.

293 **El 7 de abril**: Czech, p. 607.

294 **«reducido al cinco por ciento...»**: Rudolf Vrba y Frank Wexler, p. 361. Se trata de una cita exacta del *Informe de fugados de Auschwitz* de 1944; datos posteriores reflejan porcentajes diferentes, pero, como ya se ha visto, los informes sobre mujeres son, en el mejor de los casos, imprecisos. También hay que señalar que este porcentaje corresponde a todas las jóvenes de los primeros transportes, no solo al primero, lo cual incluye a más de seis mil mujeres.

294 **«lograría la salvación de las víctimas»**: citado en Gilbert, p. 279.

294 **El *Hauptscharführer* de las SS**: USHMM.

296 **el plan de Eichmann de gasear cuatro transportes**: Czech, p. 563.

297 **Le habían tatuado el número A-5796**: Czech, p. 632.

297 **toqueteando uno de los botones**: Schwalbova.

CAPÍTULO 34

La escena de Ruzinka, su salvación de la cámara de gas y posterior procesamiento se ha escrito a partir de los testimonios de la Fundación Shoah de Helena Citron y de Margaret Odze, conversaciones con

Edith Grosman y Maya Sarfaty, directora del documental *The Most Beautiful Woman*. Se cree que Ruzinka y sus hijos llegaron a Auschwitz en octubre de 1944 en uno de los transportes eslovacos; no obstante, fuentes de Claims Conference confirman que Ruzinka Grauberova (Rosa Citron) fue deportada en mayo de 1944 en un transporte húngaro. Se han realizado intentos de conectar con los hijos de Helena y Rosa para confirmar este dato.

298 **Era muy raro**: USHMM, Documentación Ornsteinova.

298 **«¡Esta prisionera es mía!»**: Helena no recuerda lo que ocurrió después. «No me di cuenta de lo que me estaba pasando porque quería estar con mi hermana. Estaba en otra parte», cuenta en su testimonio para la Fundación Shoah. Narraciones combinadas de Helena Citron para la Fundación Shoah, la BBC y el documental de Maya Safarty *The Most Beautiful Woman*, estrenado el 14 de noviembre de 2018.

302 **En la sauna**: En 1944, se creó una nueva serie de números que usaba la letra A para las prisioneras judías húngaras; no obstante, el 19 de octubre de 1942, 113 judías de Sereď, en Eslovaquia, recibieron los números entre A-25528 y A-25640. Czech, 735. No tenemos el número de Ruzinka, así que no podemos confirmar la fecha de su llegada.

CAPÍTULO 35

304 **13 de julio de 1944**: YV, archivo 75, registro 770, postal 55. Traducción parafraseada para aumentar la claridad.

305 **A medida que el frente ruso se acercaba**: Esta sección parte de muchas fuentes, que incluyen conversaciones con los doctores Pavol Mešťan y Stanislava Šikulová; libros o artículos de Baeur, Gross, y Amir; los testimonios de la Fundación Shoah de Eugene y Andrew Hartmann; conversaciones y correos electrónicos con Edith Grosman; y los documentos personales y correos electrónicos de Ivan Jarny.

306 **Su madre, Eugenie**: La madre y la hermana de Ivan acabaron en Ravensbrück en enero de 1945. «Mi madre sufrió una paliza brutal y la dejaron en un barracón para que se recuperara. Mi hermana intentó conseguir vendas y un kit de primeros auxilios. Pero no encontró nada. Al volver al bloque, nuestra madre había desaparecido, igual que muchas otras mujeres. A Erika le dijeron que el doctor Fritz Klein había entrado por la noche y había inyectado fenol directamente en los corazones de las víctimas. Cuando se acabó el fenol, utilizaron gasolina.» Fue el 25 de febrero de 1945. Mientras Ivan estaba en las montañas combatiendo como partisano, su familia se había escondido en una cueva y «la vida se les hizo muy difícil, pues no podían encender fuego, ni lavar; tenían que andar

por la nieve en busca de lugares donde hacer sus necesidades, y dormían vestidos, con la ropa de invierno —cuenta Ivan—. Fuera estaban a quince grados bajo cero». Ivan encontró un guardabosques dispuesto a alojar y alimentar a su familia durante tres o cuatro días. Después de dejarlos en la cabaña, regresó a su actividad como enlace entre rusos y franceses. «Cuando acabé mi turno, llené la mochila de ropa sucia, porque mi madre me había dicho que me la lavaría.» La puerta de la cabaña estaba abierta y dos alemanes le gritaron a Ivan: «¡Enséñanos tu documentación!». Ivan huyó. Habían apresado y deportado a su madre y a su hermana.

308 **En los dos meses siguientes... 12 600 judíos**: USHMM.

308 **Cuando llegó Rosh Hashaná en 1944**: Julia Klein (nacida Birnbaum), Fundación Shoah. El término «*davenen*» viene del rey David y los Salmos (35,10): «Todos mis huesos dirán Señor, ¿quién como tú...?». «Cuando alabamos al Señor, lo hacemos con todo nuestro cuerpo: con la mente, el corazón, y la boca expresa la oración mediante el habla, y el resto del cuerpo lo hace con el movimiento. Cada fibra de nosotros mismos nos conecta con nuestro Creador», escribe el rabino Rafe Konikov.

CAPÍTULO 36

Este capítulo es una compilación de varios testimonios de la Fundación Shoah y de las traducciones de las postales de los Hertzka, donadas a Yad Vashem.

310 **Era el 30 de septiembre de 1944**: Los testimonios de la Fundación Shoah incluyen a: Margaret Rosenberg (Becker), Linda Breder (Reich), Irena Ferenick (Fein).

CAPÍTULO 37

316 **«Nos contaban que...»**: Linda Breder (Linda Reich), Fundación Shoah, y Edith Grosman.

316 **«las muertes con Zyklon B...»**: Czech, 743.

316 **«las muertes continuaron»**: Linda Breder (Linda Reich), Fundación Shoah.

316 **«robaban ropa, joyas...»**: ibíd.

316 **los únicos edificios destruidos**: Rena Kornreich Gelissen, entrevistas con la autora.

320 **a cien mujeres polacas**: Czech, p. 773.

321 **«¡Destruiremos... a todos los traidores!»**: Czech, p. 775, y Gelissen, p. 223.

321 **Roza Robota**: Hay que señalar que el registro histórico no recogió ni siquiera entonces los números de Roza ni de las otras tres mujeres ejecutadas con ella.

321 **Los equipos de demolición empezaron**: ibíd.

321 «la documentación de las prisioneras, sus certificados de defunción...»: ibíd., p. 784.
322 «Este tipo de evacuación...»: ibíd., p. 783.

CAPÍTULO 38

Este capítulo toma sus datos de varios testimonios de la Fundación Shoah y de los informes con información fidedigna y por horas recopilada por Danuta Czech, así como de los mapas que Rena Kornreich Gelissen me dio en 1993, del libro de Andrzej Strezlecka *Marz Smeirchi.*

323 «Aunque los océanos fueran de tinta...»: «De una carta de un niño de un gueto polaco que dijo... lo que recuerdo. Les escribe una carta a sus padres porque le detuvieron en otra parte. "Estoy en este lugar espantoso. No tengo zapatos. Tengo hambre. Tengo la ropa... hecha jirones. Tengo hambre. Lo único que quiero es estar con vosotros, pero no puedo escribir mucho. Aunque los océanos fueran de tinta y los cielos de papel, no podría describir los horrores que estoy viviendo"». JHM.
323 «documentos variados del campo»: Czech, p. 784.
326 el comandante Franz Xavier Kraus: Czech, pp. 800-801.
332 «unos 600 cadáveres»: Czech, p. 805.
332 Ruzena Borocowice: Se desconoce su número; tenía diecinueve años cuando la deportaron con Irena Fein en 1942. También era amiga de Lea Friedman. YV, Archivo Documental ID n.º 12013.
332 las cargaron en vagones abiertos para carbón: ibíd. Véase lista en la p. 784.
333 Uno de aquellos grupos: Czech, p. 801.
334 tenía que ofrecer alojamiento a cinco mil: Czech, p. 801.
336 Himmler había empezado a negociar: Longerich, p. 724.
337 los ejércitos de liberación diseñaron: Habbo Knoch.
337 «Había un acre de terreno...»: IWM.
339 «Creíamos que era el fin»: Joan Rosner y Edith Grosman.

CAPÍTULO 39

Esta sección narrativa proviene de todos los testimonios de supervivientes, sus familias y sus fotografías de familia.

LA VUELTA A CASA

349 un fantasma que regresaba de la tumba: Breder, *Recollection of Holocaust Part I*, p. 7.
350 «sacudiéndose el polvo»: Aunque esta frase provenga de Mateo, 10, 14, era una práctica habitual en tiempos del Antiguo Testamento. Los judíos cumplidores de las normas se sacudían el polvo de los pies al salir de ciudades o regiones en las que vivían no judíos.

354 **De las dos mil familias judías**: Šimkulič y Edith.

355 *talit... **bordado a mano***: Lou Gross heredó el chal de los servicios religiosos de su abuelo y lo sigue utilizando en la actualidad.

DESPUÉS

359 **Helena... voló a Viena a testificar**: En su testimonio de la Fundación Shoah, Margaret Odze cuenta que le oyó decir a un amigo a quien habían llamado a testificar en el juicio de Wunsch y Graf: «La trajeron a testificar. Él estaba allí con su mujer y su hija. Ella era una mujer preciosa, y cuando él la vio, se echó a llorar».

369 **«Ya sabe que deportaron a toda mi familia...»**: «*Vous savez que toute ma famille a été déportée, et les survivants étaient très peu nombreux. Après leur disparition, je me retrouve totalement isolé, immigrant sur Terre. Même le site de Yad Vashem ne m'apporte pas grand-chose. J'ai essayé de retrouver les noms à partir de diverses notes que j'avais prises. C'est vraiment très court. À voir en pièces jointes. Toutefois, je n'ai pas eu le courage d'effectuer dans ma jeunesse, et que je n'ai plus l'énergie de reprendre à 68 ans. Amitiés*».

Bibliografía

$\mathcal{H}$eather Dune Macadam agradece a la Fundación Shoah y a su Instituto de Historia Visual por permitirle utilizar los siguientes testimonios: Alice Burianova, 1996; Bertha Lautman, 1996; Edita Valo, 1996; Edith Goldman, 1995; Ella Rutman, 1996; Andrew Hartmann, 1995; Eugene Hartmann, 1996; Ida Newman, 1996; Irena Ferencik, 1996; Joan Weintraub, 1996; Katharina Princz, 1996; Klara Baumöhlová, 1996; Linda Breder, 1990 y 1996; Magda Bittermannova, 1996; Margaret Kulik, 1997; Margaret Rosenberg, 1996; Matilda Hrabovecka, 1996; Perel Fridman, 1997; Piri Skrhova, 1996; Regina Pretter, 1996; Regina Tannenbaum, 1996; Ria Elias, 1997; Ruzena Knieža, 1997; Tsiporah Tehori, 1997; Frances Kousal Mangel, 1996; Samuel Zimmersptiz, 1997; Margaret Odze, 1995; Julia Klein, 1998. Para obtener más información véase sfi.usc.edu.

Adler, David. «Two Kinds of Light: The Beauty of Shabbat Chanukah.» Chabad.org. Chabad-Lubavitch Media Center. Fecha de consulta: 12 de octubre de 2018. chabad.org/ holidays/ chanukah/ article _cdo/ aid/2406289/ jewish/ Two-Kinds-of-Light-The -Beauty -of-Shabbat-Chanukah.htm.
Amir, Giora. *A Simple Life.* Amazon Media. 8 de septiembre de 2016.
——. Entrevista personal. Israel, 30 de marzo de 2017.
Amsel, Melody. «The Jews of Stropkov, 1942–1945: Their Names, Their Fate.» Excerpted from *Between Galicia and Hungary: The Jews of Stropkov.* Avotaynu, Inc. Bergenfield, NJ.: 1999-2018, JewishGen, Inc. jewishgen.org/yizkor/stropkov1/stropkov.html.
Auschwitz: The Nazis and «The Final Solution.» Dirigida por Laurence Rees y Catherine Tatge. Reparto: Linda Ellerbee, Horst-Gunter Marx, Klaus Mikoleit. Reino Unido: BBC-2, 2005. Televisión. Diciembre de 2005. Fecha de consulta: 12 de agosto de 2018. bbc.co.uk/ programmes/ p00tsl60/ episodes/guide. Note: Episode 2: Corruption.
Auschwitz-Birkenau: The Death Marches. «The Death Marches.» 1998. Fecha de consulta: 27 de septiembre de 2018. www.jewish virtual library.org/the-death-marches.
Auschwitz Death Books [*Sterbebücher*]. «Prisoner Records.» Memorial and Museum Auschwitz-Birkenau. Fecha de consulta: 18 de mayo de 2014. auschwitz. org/ en/museum/auschwitz-prisoners.

Bauer, Yehuda. *Jews for Sale: Nazi-Jewish Negotiations 1933-1945*. New Haven, CT: Yale University Press, 1996.

Belt, P., Graham, R. A., Martini, A., Schneider, B. *Actes et documentes du Saint Seige reltifs a la seconde guerre mondiale*. Vol. 8. Liberia Editrice Vaticana, 1974.

Biswas, Prasun, Sukanya Chakraborty, Smritikana Dutta, Amita Pal, y Malay Das. «Bamboo Flowering from the Perspective of Comparative Genomics and Transcriptomics.» *Frontiers in Plant Science*. 15 de diciembre de 2016. Fecha de consulta: 18 de mayo de 2018. www.ncbi. nlm.nih.gov/ pmc/articles/PMC5156695.

Blau, Magda (nacida Hellinger). *From Childhood to Auschwitz-Birkenau*. Melbourne, Australia: 1990.

———. Entrevista 19441. Segmentos 39-59. *Visual History Archive*, USC Shoah Foundation, 1996. Fecha de consulta: 12 de febrero de 2018.

Breder, Linda. From talk: *Recollection of Holocaust Part I*. 1995 y 2005.

———. Entrevista 53071. Cinta 1-4. *Visual History Archive*, USC Shoah Foundation, 1990. Fecha de consulta: 12 de febrero de 2018.

———. Entrevista 22979. Cinta 1-9. *Visual History Archive*, USC Shoah Foundation, 1996. Fecha de consulta: 12 de febrero de 2018.

Breitman, Richard. «Plans for the Final Solution in Early 1941.» *German Studies Review*, 17, n.º 3 (1994): 483-93. Doc.: 10 2307/1431895.

«Cartas recibidas y escritas por Hertzka, Lenka, en Auschwitz, sobre el bienestar de sus amigas y conocidas y la recepción de paquetes en el campo.» O.75/770. Yad Vashem: Centro Mundial de Recuerdo del Holocausto, Jerusalén, Israel.

«Certificado falso con el nombre de Stefania Gregusova emitido para Vliaka Ernejová, y una lista de jóvenes judías deportadas de Poprad a Auschwitz.» Archivos de Yad Vashem. O.7/132.

Cesarani, David. *Final Solution-The Fate of the Jews 1933-1949*. Londres: Macmillan, 2016.

«Cinco postales enviadas por Bertha Berkovits desde Birkenau a Emmanuel Moskovic, de Hrabavec, y Salamon Einhorn, en Kapišová, y una postal enviada a Berkovits, en Kosice, de Nathan Weis, de Bratislava, 1946.» O.75/1749: Archivo documental. Yad Vashem: Centro Mundial de Recuerdo del Holocausto, Jerusalén, Israel.

Collingham, Lizzie. *The Taste of War: World War Two and the Battle for Food*. Nueva York: Penguin, 2012.

Conway, John S. «The Churches, the Slovak State and the Jews 1939-1945.» *The Slavonic and East European Review*, 52, no. 126 (1974): 85-112. jstor.org/stable/4206836.

Cuprik, Roman. «We Were Joking Before the Trip, Women from the First Transport to Auschwitz Recall.» *Slovak Spectator*. Fecha de consulta: 27 de marzo de 2017. spectator.sme.sk/c/ 20494128/ we-were -joking-before-the-trip-women-from-the-first-transport-to-auschwitz-recall.html

Czech, Danuta. *Auschwitz Chronicle: 1939-1945*. Nueva York: Henry Holt, 1989.

Dimbleby, Richard (escritor). «Liberation of Belsen» en *Home Service*. 19 de abril de 1945. Archivo de BBC News. 15 de abril de 2005. Fecha de consulta: 12 de agosto de 2018. news.bbc.co.uk/2/hi/in_depth/4445811.stm.

———. «Richard Dimbleby Describes Belsen.» En *Home Service*, producido por Ian Dallas, BBC News. Archivo de BBC News. 19 de abril de 1945. Fecha de consulta: 12 de agosto de 2018. www.bbc.co.uk/archive/holocaust/5115.shtml.

Documentación legal de los juicios celebrados en el Tribunal Estatal Eslovaco de Bratislava contra criminales de guerra nazis de origen eslovaco, 31/10/1946-15/05/1947. M.5/136 Yad Vashem (creado 31/10/1946-15/05/1947), p. 188.

Drali, Rezak, Philippe Brouqui, y Didier Raoult. «Typhus in World War I.» Microbiology Society. 29 de mayo de 2014. Fecha de consulta: 5 de agosto de 2018. microbiologysociety.org/publication/past-issues/world-war-i/article/typhus-in-world-war-i.html.

Dwork, Deborah; van Pelt, Robert Jan. *Holocaust: A History*. W.W. Norton, 2002.

Eisen, Yosef. *Miraculous Journey*. Chabad-Lubavitch Media Center: Filadelfia. 1993-2017.

Eizenstat, Stuart. «Imperfect Justice: Looted Assets, Slave Labor, and the Unfinished Business of World War II.» *PublicAffairs*, 26 de mayo de 2004.

Elias, Ria. Entrevista 25023. Secciones transcritas: 94, 100-25, 150, 199. *Visual History Archive*, USC Shoah Foundation, 1997. Fecha de consulta 23 de agosto de 2019.

Elling, Hanna. *Frauen in deutschen Widerstand, 1933-1945*. Fráncfort: Roderberg, 1981.

Engle Schafft, Gretchen. *From Racism to Genocide: Anthropology in the Third Reich*. University of Illinois Press, 2004.

Ferencik, Irena. Entrevista 14682. Cinta 1-4. *Visual History Archive*, USC Shoah Foundation, 1996. Fecha de consulta: 12 de febrero de 2018.

Fialu, Fritza. «Ako Ziju Zidia v Novom Domove Na Vychode?» *Gardista* (Bratislava, Slovakia), 7 de noviembre de 1942.

Fiamová, Martina. «The President, the Government of the Slovak Republic, and the Deportations of Jews from Slovakia in 1942.» Uncovering the Shoah: Resistance of Jews and Efforts to Inform the World on Genocide. Žilina, Slovakia, 25-26 de agosto de 2015.

Forstater, Tammy. Entrevistas personales sobre su madre Ida Eigerman. Prešov, Eslovaquia, y Oświęcim, Polonia, 20-27 de marzo de 2017.

Frankel, Adam, MBBS, Ph.D. *Toe Amputation Techniques*. 20 de septiembre de 2018. Editor principal: Erik D Schraga, Medline.

Gelissen, Rena Kornreich, y Heather Dune Macadam. *Rena's Promise: A Story of Sisters in Auschwitz*. Boston: Beacon, 1995 y 2015.

Gigliotti, Simone. *The Train Journey: Transit, Captivity and Witnessing the Holocaust*. Oxford: Berghahn, 2009.

Gilbert, Martin. *Auschwitz and the Allies: A Devastating Account of How the Allies Responded to the News of Hitler's Mass Murder*. Rosetta, 2015.

———. *Endlosun: Die Bertreibung und Vernichtun der Juden-Ein Atlas*. (Reinbeck/Hamburg, 1982), 110-12; Czech, 165 (secundaria).

Glancszpigel, Sara (nacida Bleich). *Family Papers*. Buenos Aires, Argentina. 30 de diciembre de 1971.

Greenman, Benjamin. Correspondencia electrónica con la autora (incluye correspondencias sobre su prima Magda Amsterova), 2012-2019.

Grosman, Edith (#1970, nacida Friedman). Muchas entrevistas personales. Eslovaquia y Toronto, 25 de marzo de 2017-2019.

Grosman, Ladislav. *The Bride*. Traducción de Iris Urwin. Garden City, NY: Doubleday, 1970.

———. *The Shop on Main Street*. Traducción de Iris Urwin. Garden City, NY: Doubleday, 1970.

Gross, Louis, MA-BCD. *Flight for Life: The Journey of a Child Holocaust Survivor*. USA: 2002.

Hartmann, Andrew. Interview 4916. Segments: 3, 27, 34, 59-63. *Visual History Archive*, USC Shoah Foundation, 1996. Fecha de consulta: 23 de agosto de 2019.

Hartmann, Eugene. Entrevista 17721. Segmentos: 8, 59, 60, 79, 120-127. *Visual History Archive*, USC Shoah Foundation, 1996. Fecha de consulta: 23 de agosto de 2019.

Helm, Sarah. *Ravensbrück: Life and Death in Hitler's Concentration Camp for Women*. Nueva York: Nan A. Talese, 2015.

Höss, Rudolf. *Commandant of Auschwitz*. Londres: Phoenix, 2000.

Hoffmann, Gabriel, y Ladislav Hoffmann. *Katolícka Cirkev A Tragédia Slovenských Židov V Dokumentoch*. 16 de marzo de 2016.

Holokaust na Slovensku: Obdobie autonómie. Dokumenty. [Zv. 1-6] / [Ed.]: Nižňanský, Eduard. Bratislava: Nadácia Milana Šimečku—Židovská náboženská obec, 2001, 362 [El Holocausto y Eslovaquia. Periodo de autonomía 938-45]. Documentos, vol. 1-6. Ed. Nižňanský, Eduard. Bratislava, Milan Šimeček Foundation-Comunidad Religiosa Judía, 2001; 362 páginas].

Hudek, Peter, Ph.D. Tour personal en Bardejov. Eslovaquia, 21 de marzo de 2017.

Isenberg, Madeleine. «Poprad.» *Encyclopaedia of Jewish communities, Slovakia* (Poprad, Slovakia). Jerusalén: JewishGen, Inc., y Yizkor Book Project, 2003.

Jarny, Ivan, «To Explain the Unexplainable.» Documentos personales inéditos. Melbourne, Australia.

————. Entrevista personal y correspondencia electrónica. De marzo de 2016 a marzo de 2019.

Kamenec, Ivan. «The Deporation of Jewish Citizens from Slovakia, 1942.» *The Tragedy of the Jews of Slovakia, 1938-1945: Slovakia and the «Final Solution of the Jewish Question».* Museo Estatal Auschwitz-Birkenau y Museo de la Insurrección Nacional Eslovaca (Oświęcim-Bankà Bystrica, 2002), 111-38.

Kapuścińki, Ryszard. *Travels with Herodotus.* Traducción de. Klara Glowczewska. Nueva York: Vintage Books, 2007.

Klein, Julia. Entrevista 37605. Cinta 1-6. *Visual History Archive,* USC Shoah Foundation, 1998. Fecha de consulta: 23 de agosto de 2019.

Knieža, Ruzena. Entrevista 33231. Cinta 1-6. *Visual History Archive,* USC Shoah Foundation, 1997. Fecha de consulta: 12 de febrero de 2018.

Knoch, Habbo, ed. *Bergen-Belsen: Wehrmacht POW Camp 1940-1945, Concentration Camp 1943-1945, Displaced Persons Camp 1945-1950.* Catálogo de la exposición permanente. Wallstein, 2010.

Koren, Akiva, y Avi Ischari. Entrevistas personales sobre sus madres, Erna y Fela Drangerova. Tylicz, Polonia, 21 de marzo de 2017.

Kousal Mangel, Frances. Entrevista 19894. Secciones: 36, 37, 43, 55. *Visual History Archive,* USC Shoah Foundation, 1996. Fecha de consulta: 23 de agosto de 2019.

Kulik, Margaret. Entrevista 36221. Cintas 1-4. *Visual History Archive,* USC Shoah Foundation, 1997. Fecha de consulta: 12 de febrero de 2018.

Langbein, Hermann. *Menschen in Auschwitz.* Ullstein; Auflage: 1 (1980).

Langer, Eva. Correspondencia electrónica personal. 26 de marzo de 2017 a 2018.

Lasker-Wallfisch, Anita. *Inherit the Truth, 1939–1945: The Documented Experiences of a Survivor of Auschwitz and Belsen.* Londres: Giles De La Mare, 1996.

Lautman, Bertha (nacida Berkowitz). *Tomorrow Came Much Later: A Journey of Conscience.* Productor: Alan R. Stephenson; narrador: Ed Asner. Lawrence, KS: Centron Films. Fecha de emisión: 28 de abril de 1981, WVIZ, Cleveland, OH. DVD.

————. Entrevista 22590. Cinta 1–5. *Visual History Archive,* USC Shoah Foundation, 1997. Fecha de consulta: 12 de febrero de 2018.

————. «Oma's Journey.» 17 de abril de 2011. Fecha de consulta: 27 de junio de 2018. www.you tube.com/watch?v=blvu2XaXr2g. Michael Naftali Unterberg.

«Lista de judíos transferidos desde el campo de tránsito de Žilina a Polonia entre 03–10/1942.» M.5/110; 42-76. Yad Vashem: Centro Mundial de Recuerdo del Holocausto, Jerusalén, Israel.

Mandel, Louis. *The Tragedy of Slovak Jewry in Slovakia*. Panfleto publicado por el Comité Estadounidense de Judíos de Checoslovaquia. Online: Jewish Virtual Library: A Project of AICE, 1998-2017. American-Israeli Cooperative Ent.

Marek, Lydia. Entrevista grabada, 12 de octubre de 2018.

Marek, Marta. Virginia Holocaust Museum. 22 de febrero de 2016. Fecha de consulta: 20 de abril de 2018. youtube.com/watch?v=9 WMK JhD-HsYQ. La prima de las Zimmerspitz, nacida Mangel, Martha (#1741).

Martone, Robert. «Scientists Discover Children's Cells Living in Mothers' Brains.» *Scientific American*, 4 de diciembre de 2012. Fecha de consulta: 13 de marzo de 2016. www.scientificamerican. com/article/scientists-discover-childrens-cells-living-in-mothers-brain/?redirect=1.

McCord, Molly. Entrevista telefónica con la autora. 10 de julio de 2018. www.consciouscoolchic.com.

Mešťan, Pavol. Entrevista personal con la autora, 28 de marzo de 2018.

Ministerstvo vnútra, fond 166.1942, 14. oddelenie, caja 179; ministerstvo vnútra, fond 562.1942, 14. oddelenie, caja 205; ministerstvo vnútra, fond 807.1942, 14. oddelenie, caja 214; ministerstvo vnútra, fond 807.1942, 14. oddelenie, obeznik MV z 23.3.1942, Box 214; ministerstvo vnútra, fond 876.1942, 14. oddelenie, caja 215. Archivo Nacional Eslovaco. Bratislava, Eslovaquia.

Národný súd, fond 17/46 A. Vasek, Tnlud, cajas 110 y 111. Archivo Nacional Eslovaco. Bratislava, Eslovaquia.

Némirovsky, Irène. *Suite Française*. Traducción de Sandra Smith. Londres: Vintage Books, 2007.

Neuman, Ariela. Entrevista telefónica con la autora, 28 de octubre de 2018.

Newman, Edie. Entrevista 23821. Cinta 1-5. *Visual History Archive*, USC Shoah Foundation, 1997. Fecha de consulta: 2 de octubre de 2019.

Newman Ehrlich, Sharon. Entrevista personal sobre su madre, Ida Eigerman. Prešov, Eslovaquia, y Oświęcim, Polonia, 20-27 de marzo de 2017.

Nižňanský, Eduard, ed. *Holokaust na Slovensku, Obdobie autonómie (6.10.1938-14.3.1939)*. Bratislava, Eslovaquia: Nadacia Milana Simecku, 2003.

——, e Ivan Kamenec. *Holokaust na Slovensku 2. Prezident, vláda, Senát Slovenskej republiky a Štátna rada o židovskej otázke (1939-1945)*. Bratislava, Eslovaquia: Nadacia Milana Simecku, 2003.

Odze, Margaret. Entrevista 2553. Segmentos 49-52. *Visual History Archive*, USC Shoah Foundation, 1996. Fecha de consulta: 23 agosto de 2018.

Posmysz, Zofia. *Chrystus oświęcimski*. (El Cristo de Auschwitz.) Fundacja na rzecz MDSM w Oświęcimiu. (Fundación Centro de Encuentro Internacional de la Juventud), 2014.

Pretter, Regina. Entrevista 19099. Cinta 1-6. *Visual History Archive,* USC Shoah Foundation, 1996. Fecha de consulta: 12 de febrero de 2018.

Princz, Katharina. Entrevista 8300. Cinta 1-4. *Visual History Archive,* USC Shoah Foundation, 1996. Fecha de consulta: 02 de enero de 2019.

Rajcan, Vanda. «Anton Vašek, Head of the Interior Ministry's 14th Department, His Responsibility, and Information about the Deportees.» Uncovering the Shoah: Resistance of Jews and Efforts to Inform the World on Genocide. Žilina, Eslovaquia, 25-26 de agosto de 2015.

Rokytka, Roman. «The Kolbasian Tragedy: The Eternal Memento of the Nonsense of Human Hate.» *Dolný Zemplín Korzár,* 28 de septiembre de 2004. Fecha de consulta: 7 de diciembre de 2017. dolnyzemplin.korzar.sme.sk/c/4560457/kolbasovska-tragedia-vecne-memento-o-nezmyselnosti-lud skej-nenavisti.html#ixzz4z9RF7M3m.

Rosenberg, Margaret Becker. Entrevista 14650. Cinta 1-6. *Visual History Archive,* USC Shoah Foundation, 1996. Fecha de consulta: 12 de febrero de 2018.

Rotkirchen, L. *The Destruction of Slovak Jewry.* Jerusalén: Yad Vashem, 1961.

Rutman, Ella. Entrevista 17381. Cinta 1-4. *Visual History Archive,* USC Shoah Foundation, 1996. Fecha de consulta: 12 de febrero de 2018.

Safarty, Maya. Directora de *HaYaffa BaNashim* (La mujer más bella del mundo). 2016. Chat de Facebook. 10 de junio de 2018.

Scheib, Ariel. *Slovakia: Virtual Jewish History Tour.* Jewish Virtual Library: Un proyecto de AICE 1998-2017 (Entidad de Cooperación Israelí-Estadounidense).

Shik, Naama. «In a Very Silent Screams [sic]-Jewish Women in Auschwitz-Birkenau Concentration Camp.» SemanticScholar.org (2011).

Šikulová, Stanislava. Entrevistas personales y correspondencia electrónica. Zástupca riaditeľa, kultúrno-propagačný manažér; Múzeum židovskej kultúry v Bratislave [Museo de Cultura Judía, Bratislava], Eslovaquia, 2017-2018.

Šimkulič, Marián, Anna Šimkuličová, y Viliam Schichman. *Zvečnené V Slzách a Pote Tváre: Návrat Rodáka Ladislava Grosmana.* Humenné: ADIN, 2016.

Sloboda, Ivan. Entrevista personal sobre su madre. Londres, Reino Unido, 15 de abril de 2016.

Špiesz, Anton, Ladislaus J. Bolchazy, y Dušan Čaplovič. *Illustrated Slovak History: A Struggle for Sovereignty in Central Europe.* Bolchazy Carducci, 2006.

Strzelecki, Andrzej. *Marsz Śmierci*-przewodnik po trasie Oświęcim-Wodzisław Śląski [Las marchas de la muerte: guía de la ruta Oświęcim-Wodzisław]. Katowice, 1989.

Svitak, Peter. Correspondencia electrónica personal. De marzo a diciembre de 2018.

Teege, Bertel. «Hinter Gitter und Stacheldraht,» ARa 647. Archiv Mahan-und-Gedensstatte, Ravensbrück.

Tehori, Tsiporah. Entrevista 33749. Cinta 1-7. *Visual History Archive,* USC Shoah Foundation, 1997. Fecha de consulta: 12 de febrero de 2018.

The Wannsee Conference. Múnich: Infafilm, 1984.

Tuckman, Orna. Entrevistas personales sobre su madre, Marta Friedman. Prešov, Eslovaquia, y Oświęcim, Polonia, 24 y 27 de marzo de 2017.

Urad Propagandy (propaganda oficial) de la Guardia Hlinka, que incluye una colección de propaganda, proclamas, anuncios y panfletos antijudíos, 1938. M.5/46 Creado en 1938-1945. YV (imágenes).

Vajda, Daniel. Entrevista personal sobre su madre, Dina Drangerova. Francia, 14 de mayo de 2014.

Valo, Edith. Entrevista 17457. Cinta 1-5. *Visual History Archive,* USC Shoah.

Van Pelt, Robert Jan, y Deborah Dwork. *Auschwitz: 1270 to the Present.* Londres: Yale University Press, 1996.

Veinte años de la Asociación de Mujeres Judías Ester. Dirigida por L'uba Kol'ova. Eslovaquia: Consejo Internacional de Mujeres Judías (ICJW), 2016. DVD.

Viets, Jack. «S.F. Woman's Return to the Holocaust: Testimony at Nazi Trial in Germany.» *San Francisco Chronicle,* 11 de junio de 1987.

Vrba, Rudolf. *I Escaped Auschwitz: Including the Text of the Auschwitz Protocols.* Londres: Robson, 2002.

Ward, James Mace. *Priest, Politician, Collaborator: Jozef Tiso and the Making of Fascist Slovakia.* Ithaca: Cornell University Press. 2013.

Weintraub, Joan. Entrevista 20213. Cinta 1-4. *Visual History Archive,* USC Shoah Foundation, 1996. Fecha de consulta: 23 de agosto de 2019.

Wilkinson, Robert. «Astrology Class in May 2016-The Mutable T-square Is About to Become the Great Fracturing of 2016, part 2.» Aquarius Papers.com. Mayo de 2016. aquariuspapers.com/astrology/2016/05/astrology-class-in-may-2016-the-mutable-t-square-is-about-to-become-the-great-fracturing-of-2016-pt-2.html.

———. Correspondencia electrónica personal, 2018.

Wirtschafter, David Rabbi. Correspondencia electrónica personal, 14 de junio de 2018.

WIZO Anniversary. DVD. Múzeum židovskej kultúry v Bratislave [Museo de Cultura Judía, Bratislava], Eslovaquia, 2012.

Yong, Ed. «Foetal Cells Hide Out in Mum's Body, but What Do They Do?» *National Geographic,* 7 de septiembre de 2015. Fecha de consulta: 13 de septiembre de 2015. www.nationalgeographic.com/science/phenomena/2015/09/07/foetal-cells-hide-out-in-mums-body-but-what-do-they-do.

Zilberman, Raquel. «Edith Goldman.» *Hans Kimmel Competition essays: 1979-2007*. Darlington, N.S.W.: Stern, Russell, y Sophie Gelski. Australian Jewish Historical Society, 2011.

Zimmer, Carl. «A Pregnancy Souvenir: Cells That Are Not Your Own.» *New York Times*, 10 de septiembre de 2015. Fecha de consulta: 13 de septiembre de 2015. www.nytimes.com/2015/ 09/15/science/a-pregnancy-souvenir-cells-that-are-not-your-own.html.

——. «Bamboo Mathematicians.» *National Geographic*, May 15, 2015. Fecha de consulta: 18 de mayo de 2015. www.nationalgeographic.com/science/phenomena/2015/05/15/bamboo-mathematicians.

Zimmerspitz, Samuel. Entrevista 35662. Cinta 1-6. *Visual History Archive*, USC Shoah Foundation, 1997. Fecha de consulta: 02 de octubre de 2019.

Índice onomástico